여파

AFTERMATH

경제위기는 우리 시대의 문화다

여파
AFTERMATH

마누엘 카스텔
주앙 카라사
구스타보 카르도소 엮음

김규태 옮김

글항아리

일러두기

사회과학(social science[s]), 사회과학자(social scientist), 사회학(sociology), 사회학
자(sociologist)는 원문을 살렸으나 social science[s], social scientist를 문맥상 사회학, 사
회학자로 새겨야 할 경우는 '사회(과)학', '사회(과)학자'로 번역하였다.

2009년부터 2011년까지 리스본에서 열린 '여파 네트워크Aftermath Network' 모임을 후원한 칼로우스테 굴벤키안 재단Calouste Gulbenkian Foundation에 고마움을 전한다. 모임에서 만난 우리 필진은 쟁점을 토론하고 책의 출간을 계획했다. 그 같은 준비가 없었다면 이 책은 세상의 빛을 보지 못했을 것이다.

005

약어
설명

.

AIG	아메리칸 인터내셔널 그룹American International Group
ALBA	미주대륙을 위한 (볼리바르) 동맹Bolivarian Alliance for the Peoples of Our America
BBS	전자게시판Bulletin Board System
BE	관료적 기업가bureaucratic entrepreneur
BPN	포르투갈기업은행Banco Português de Negócios
BPP	포르투갈국립은행Banco Privado Português
BRIC	브릭(브라질, 러시아, 인도, 중국)Brazil, Russia, India, and China
CDO	부채담보부증권collateralized debt obligation
CDS	신용파산스와프credit default swap
CFDT	프랑스민주노동동맹Confédération Française Démocratique du Travail
EB	기업가형 관료entrepreneurial bureaucrat
ECB	유럽중앙은행European Central Bank
ECLAC	라틴아메리카카리브경제위원회Economic Commission

for Latin America and the Caribbean(CEPAL, Comisión
Económica para América Latina y el Caribe)

EU   유럽연합European Union

ICP   이탈리아공산당Italian Communist Party

IMF   국제통화기금International Monetary Fund

MERCOSUR   메르코수르(남미공동시장: 브라질, 아르헨티나, 우루과이,
            파라과이 등 남아메리카 4개국 공동시장)Common Southern
            Market

NGO   비정부기구non-governmental organization

NHS   (영국) 국민건강보험National Health Service

OECD   경제협력개발기구Organization for Economic Cooperation and
            Development

PATO   억압된 자들의 무대Plataforma Autonoma de Teatro del
            Oprimido

PPIC   캘리포니아 공공정책연구소Public Policy Institute of
            California

PPP   구매력평가purchasing power parity

SASAC   중국 국유자산감독관리위원회State-owned Assets Super-
            vision and Administration Commission

SIV   구조화투자회사structured investment vehicle

TVE   마을소유 집단 경영township and village-owned collective
            enterprise

UDIC   도시개발투자회사urban development and investment company

UNASUR   남아메리카국가연합Union of South American Nations

UNDP   국제연합개발계획United Nations Development Programme

WEF   세계경제포럼World Economic Forum

집 필 진

세라 바넷-와이저 Sarah Banet-Weiser

서던캘리포니아대학University of Southern California 애넌버그Annenberg 스쿨 커뮤니케이션 학부의 미국학 및 민족학 교수다. 『세계에서 가장 아름다운 여성: 미인대회와 국가 정체성 *The Most Beautiful Girl in the World: Beauty Pageants and National Identity*』(1999), 『키즈 룰! 니켈로디언 방송과 소비자 시민정신 *Kids Rule! Nickelodeon and Consumer Citizenship*』(2007), 『진품: 브랜드 문화의 양면가치 정책 *Authentic*™: *The Politics of Ambivalence in a Brand Culture*』(2012) 등의, 저서를 발표했다. 또 『케이블비전: 방송을 넘어선 텔레비전 *Cable Visions: Television beyond Broadcasting*』(2007), 『상품행동주의: 신자유주의 시대의 문화적 저항 *Commodity Activism: Cultural Resistance in Neoliberal Times*』(2012)의 공저자이며, 『아메리칸쿼털리 *American Quarterly*』『언론비판연구 *Critical Studies in Media Communication*』『페미니스트이론 *Feminist Theory*』, 『문화연구 *Cultural Studies*』 등의 학술지에 논문을 발표했다. 현재는 아메리카학회American Studies Association의 공식 학술지인 『아메리칸쿼털리』의 편집장이며, 뉴욕대학출판사의 도서 프로젝트인 비판적 문화커뮤니케이션 시리즈의 공동 편집인을 맡고 있다.

주앙 카라사 João Caraça

옥스퍼드대학교에서 핵물리학으로 박사학위D.Phil.를 취득했고(1973) 리스본대학교 과학부에서 물리학 교수 과정Agregação을 마쳤다(1974). 과학학부장을 거친 후 현재 칼로우스테 굴벤키안 재단의 프랑스 지소장으로 있다. 리스본공과대학교 경제경영학부의 과학기술정책 정교수다. 그는 1990년에서 2003년까지 과학기술에서의 경제경영 분야 과학석사M. Sc 과정을 이끌기도 했다. 카라사는 유럽공과대학EIT의 운영위원이다. 자선연구기금 유럽포럼의 조정그룹을 통합하는 일을 하고 있고 포르투갈 기업혁신협회COTEC의 자문위원장이기도 하다. 포르투갈 대통령의 과학자문위원을 역임(1996~2006)했고, 150편이 넘는 과학 논문을 발표했다.『경쟁의 한계Limits to Competition』(1995)의 공저자이고, 미래기술O Futuro Tecnológico의 공동 편집인이었으며(1999),『정치의 봄Le Printemps du politique』을 공동 작업했다(2007).

아말리아 카르데나스 Amalia Cardenas

카탈루냐 개방대학교 연구원이다. 버클리 소재 캘리포니아대학교와 바르셀로나대학교를 졸업했다. 카르네다스는 대안 경제문화와 스페인 및 세계의 네트워크화한 사회운동에 관한 연구를 수행하고 있다.

구스타보 카르도소 Gustavo Cardoso

리스본대학교 언론사회학부 교수다. 주요 연구 분야는 네트워크 사회의 문화, 재산, 관념의 변화, 분배, 문화상품의 생산, 온라인 소셜네트워킹의 역할이다. 현재는 디지털 리더십의 변화, 저널리즘의 미래, 미디어 정보 해독력에 초점을 맞춰 연구하고 있다. 카르도소는 1996년에서 2006년까지 정보화 사회 및 전기통신 정책 분야에서 포르투갈 대통령 자문위원을 역임했으며, 2008년에는 세계경제포럼에서 차세대 지도자Young Global Leader로 뽑혔다. 유럽 연구 네트워크에서 국제적으로 협동 연구 활동을 수행하면서 바르셀로나의 인터넷학제간연구소Internet Interdisciplinary Institute, IN3, 캘리포니아대학교 애넌버그 언론학부의 세계 인터넷 프로젝트인 "언론 매체에 미치는 인터넷의 충격(COST A20)"과 "초고속 인터넷 사회(COST 298)" 등의 분야에서 합동 연구를 수행하고 있다. 2006년 이후 카르도소는 리스본의 미디어 관측 기관인 오버컴OberCom의 대표를 맡고 있다.

마누엘 카스텔Manuel Castells

서던캘리포니아대학교의 교수이자 통신기술 및 사회 윌리스 애넌버그Wallis Annenberg 센터 소장이다. 또 버클리 소재 캘리포니아대학교에서 사회학 및 도시학부 명예교수로 24년간 강의했다. 카스텔은 미국 정치사회학회, 유럽학회, 스페인 왕립경제학회, 영국 아카데미British Academy의 회원이다. 주요 저서로는 『정보화시대: 경제, 사회, 문화The Information Age: Economy, Society and Culture』(1996~2003) 3부작과 『소통의 힘Communication Power』(2009)이 있다. 유럽연구위원회의 창립 이사였고 현재 유럽 혁신기술연구소 운영위원이다.

호아나 코닐Joana Conill

바르셀로나의 카탈루냐 개방대학교 연구원이며 바르셀로나대학교에서 역사와 영화를 공부했다. 현재는 특히 농업-환경 문화와 대안 사회 운동을 중점적으로 연구하며 다큐멘터리영화도 제작하고 있다.

페카 히마넨Pekka Himanen

헬싱키 알토대학교의 철학교수다. 정보화시대 연구자로서는 국제적으로 명성이 높은 학자로, 이 분야에서 그가 쓴 저서들이 아시아와 아메리카에 이르기까지 20개 언어로 출판되었다(영어, 중국어, 일본어, 한국어, 대만어, 인도네시아어, 러시아어, 우크라이나어, 터키어, 포르투갈어, 스페인어, 카탈루냐어, 프랑스어, 이탈리아어, 독일어, 네덜란드어, 크로아티아어, 에스토니아어, 스웨덴어, 핀란드어). 핀란드 사상 최연소인 스무 살에 철학박사 학위를 취득한(헬싱키대학교, 1994) 후 영국에서 연구 생활을 한 데 이어 캘리포니아로 옮겨 스탠퍼드대학교와 버클리 소재 캘리포니아대학교에서 연구했다. 이때의 연구물 가운데 가장 유명한 것으로『해커 윤리 *The Hacker Ethic*』(2001)가 있다. 그는 또 마누엘 카스텔과 공동으로『정보화 사회와 복지국가 *The Information Society and the Welfare State*』(2002)를 저술했다. 이 책은 세계의 대표적인 학계와 정치권에서 활발한 논의를 불러일으킬 만큼 영향력이 컸다. 세계경제포럼의 차세대 지도자로 선출된 히마넨은 세계적으로 주목받는 학자다.

유텐 싱 You-tien Hsing (邢幼田)

밴쿠버의 브리티시컬럼비아대학교에서 몇 년간 강의한 후, 버클리 소재 캘리포니아대학교의 동아시아연구소와 중국센터에서 지리학 교수 및 선임 연구원으로 재직하고 있다. 버클리 소재 캘리포니아대학교에서 박사학위를 취득했으며, 중국의 경제 발전 과정과 도시의 변화를 중점적으로 연구하고 있다. 저서로『중국의 자본주의화 *Making Capitalism in China*』(1999)와『도시의 대변화: 중국의 부동산 개발 정책 *The Great Urban Transformation: The Politics of Property Development in China*』(2009)이 있다.

페드로 자코베티 Pedro Jacobetty

바르셀로나 카탈루냐 개방대학교의 인터넷학제간연구소IN3와 리스본 기초과학대학ISCTE-IUL, 리스본 사회학연구소CIES-IUL의 연구원이다. 자코베티는 사회운동, 과학기술 연구, 교육, 커뮤니케이션 분야에서 연구 활동을 수행하고 있다.

에르네스토 오토네 Ernesto Ottone

칠레 산티아고의 디에고포르탈레스대학교의 정치학부 석좌교수이며 칠레대학교 부교수다. 소르본 파리3대학에서 정치학 박사학위를 취득했다. 현재 디에고포르탈레스대학교(칠레)와 산마르틴대학교(아르헨티나)에서 '세계화와 민주주의'로, 글로벌연구소MSHF(프랑스)에서 '라틴아메리카와 세계화'로 석좌교수를 맡고 있다. 오토네는 라틴아메리카와 유럽의 몇몇 대학에서 초빙교수를 지냈으며, 유엔 산하 라틴아메리카

카리브경제위원회CEPAL 사무국장(2006~2008)을 역임했고, 대통령실 전략분석실장으로 리카르도 라고스 대통령의 수석 자문위원을 지냈다(2000~2006).

테르히 란타넨Terhi Rantanen

런던정치경제대학교의 글로벌언론학부 교수다. 주요 연구 분야는 세계화 이론, 글로벌 미디어, 글로벌 뉴스, 탈공산주의와 공산주의 언론, 언론의 역사, 언론학 역사 등이다. 란타넨은 글로벌 미디어와 특히 글로벌 뉴스에 관계된 주제로 광범위하게 저술 활동을 했다. 저서로는 『뉴스가 뉴스였을 때When News Was New』(2009), 『미디어와 세계화The Media and Globalization』(2005), 『세계적인 것과 국가적인 것: 공산주의 이후 러시아 언론The Global and the National: Media and Communications in Post-Communist Russia』(2002), 『뉴스의 세계화The Globalization of News』(올리버 보이드-버릿 Oliver Boyd-Barrett과 공동 집필, 1998) 등이 있다.

리사 세르본Lisa Servon

도시학 교수이며 밀라노경영대학원과 뉴욕 뉴스쿨대학교에서 학장을 역임했다. 세르본은 지역사회의 발전, 초소형 기업, 저소득 지역사회에서의 정보기술 활용, 여성과 기술을 주제로 광범위한 연구 활동을 수행했다. 저서로는 『독자적 자본주의Bootstrap Capitalism』(1999), 『디지털 분기의 연결: 기술, 지역사회, 공공정책Bridging the Digital Divide: Technology, Community, and Public Policy』(2002), 『성과 도시계획Gender and Planning: A Reader』(2006) 등이 있다. 현재는 '슬로 시티City Slow' 운동에 관한 비교 연구를 포함해 대안 경제문화에 초점을 맞춰 연구를 수행하고 있다.

존 톰슨John B. Thompson

케임브리지대학교의 사회학 교수이며 케임브리지 지저스칼리지 연구원이다. 1975년 킬Keele대학교를 졸업하고 1979년 케임브리지에서 박사학위를 취득했다. 1979년에서 1984년까지 지저스칼리지의 박사후後 과정 연구원을 지냈다. 1985년에 케임브리지대학교 사회학 강사, 1994년에 사회학 부교수에 임명되었으며 2001년에 사회학 교수가 되었다. 톰슨은 미국과 캐나다, 멕시코, 브라질, 칠레, 중국, 남아프리카공화국에서 초빙교수를 역임했다. 주요 연구 분야는 현대사회정치론, 미디어와 현대 문화의 사회학, 미디어 산업의 사회조직, 정보와 통신기술의 사회정치적 충격, 정치적 의사소통의 변화 형태 등이다. 저서로는 『이데올로기와 현대 문화*Ideology and Modern Culture*』(1990), 『미디어와 근대성*The Media and Modernity*』(1995), 『정치적 추문*Political Scandal*』(2000), 『디지털 시대의 책*Books in the Digital Age*』(2005), 『문화 상인*Merchants of Culture*』(2010) 등이 있다. 톰슨은 정치적 추문에 관한 저술로 2001년 사회학·사회과학 분야에서 유럽 아말피Amalfi상을 수상했다. 현재는 변화하는 출판 산업의 구조와 베스트셀러 만들기에 관해 연구하고 있다.

미셸 비비오르카Michel Wieviorka

파리 고등사회과학원 교수이자 파리 인간학연구원 원장이며 세계학연구 소장이다. 국제사회학 회장을 지냈다(2006~2010). 영어로 된 주요 저서로는 『테러리즘의 조장*The Making of Terrorism*』(1993), 『인종주의의 경기장*The Arena of Racism*』(1995), 『폭력: 새로운 접근법*Violence: A New Approach*』(2009), 『악: 사회학적 전망*Evil: A Sociological Perspective*』(2012) 등이 있다.

로절린드 윌리엄스Rosalind Williams

MIT의 과학기술사 디브너연구소(Bern Dibner가 설립) 교수다. 웰즐리대학교를 다녔고 하버드대학교에서 역사와 문학으로 학사, 버클리 소재 캘리포니아대학교에서 근대유럽사로 석사학위를 받았으며, 애머스트 소재 매사추세츠대학교에서 역사로 박사학위를 취득했다. 기술 문화사가인 윌리엄스는 인간 생활의 환경으로 대부분 구축된 세계의 출현을 탐구하며, 이런 이행 과정의 기록 장치이자 통찰의 원천으로 상상으로서의 문학을 종종 활용한다. 여러 주제 가운데 루이스 멈퍼드Lewis Mumford와 쥘 로맹Jules Romains에 관한 연구가 있고 또한 계몽주의 사상가, 기술결정론을 연구했다. 윌리엄스 교수는 1980년에 MIT로 자리를 옮겨 과학, 기술, 사회 프로그램 분야의 연구원을 지냈고 1982년에는 글쓰기 프로그램(현재는 글쓰기 및 인문학 프로그램임)에 강사로 참여했다. 또 1990년에 1922 클래스 경력개발 교수Class of 1922 Career Development Professor 자격을 얻었고 1995년에 로버트메트컬프연구소the Robert M. Metcalfe 글쓰기 지도 교수가 되었다. 1991년부터 1993년까지 MIT 교수회의 부회장직을 맡았으며 1995년부터 2000년까지 학부생의 교육 담당 학장을 역임했다. 2001년부터 2002년까지 과학, 기술, 사회를 연구하는 대학원 과정 프로그램 학과장을, 2002년부터 2006년까지는 이 프로그램의 총괄 책임자를 지냈다. 2006년에는 과학기술사 베른디브너 연구소에서 교수 칭호를 얻었고, 2004년부터 2006년까지 기술사학회 회장을 지냈다.

경제위기의
문화

: 마누엘 카스텔
  주앙 카라사
  구스타보 카르도소

2008년에 시작된 세계자본주의 위기는 단순히 경제 분야에 국한된 것이 아니며 구조적이고 다차원적이다. 이 위기의 직접적 여파로 발생한 사건들은 글로벌 정보자본주의가 발생하고 성장한 지난 30년간 전개된 것과는 매우 다른 사회경제적 조건으로 세계가 진입하고 있음을 보여준다. 위기를 관리하기 위해 시행한 정책과 전략은—국가별로 복합적인 결과로 나타난—매우 상이한 경제와 제도의 시스템에서 발생하는 것인지도 모른다. 예컨대 뉴딜정책이나 유럽식 복지국가 모델, 브레턴우즈협정과 같은 글로벌 금융 구조가 1930년대의 대공황과 제2차 세계대전의 여파 속에서 새로운 형태의 자본주의를 형성한 것처럼 말이다. 그 같은 케인스식 수정자본주의 체제는 1970년대에 발생한 (석유) 위기 이후에 의문시되었으며, 독립적이면서도 상호 연관이 있는 세 가지 양상, 즉 새로운 기술 패러다임과 새로운 형태의 세계화 그리고 1960년대와 1970년대의 사회운동에서 촉발된 새로운 문화의 영향 아래 구조조정이 이루어지기 시작했다(Castells, 1980; [1996] 2010). 문화의 변화는 거역할 수 없는 자유라는 특징으로 나타났다. 끝내 발견하고야 말겠다는 열정과 지배적인 기업에 대한 불복종 현상이 하나로 뭉치면서 연구 중심의 대학에서 세계를 변화시킨 기술혁신이 나타났다(Markoff, 2006). 또 조직적인 사회 활동과 국가관료주의를 우회

하는 개성화된 문화 속에서 기업가정신entrepreneurialism이 뿌리를 내렸다(Giddens, 1991). 그러나 자유의 문화와 기업가정신이 경제제도의 기반을 변화시키고 자유시장의 세계화 현상을 촉발하면서 규제 철폐와 민영화, 자유화라는 변화로 가는 길을 닦게 된다(Judt, 2010).

글로벌 정보자본주의라는 새로운 시스템과 이것의 사회적 구조인 네트워크 사회는 경제성장 모델의 모순 때문에 발생한 위기의 충격 속에서 궁극적으로 변할 수밖에 없는 요인들을 포함한, 역사적으로 돌이킬 수 없는 현상들(예컨대 인간의 모든 중요한 활동이 서로 연결된 디지털 네트워크를 기반으로 하는, 세계화된 네트워크 사회의 속성)을 보여주었다(Castells, [1996] 2010; Hutton and Giddens, 2000). 이런 의미에서 현재의 위기는 규제가 사라진 세계자본주의의 역동성이 만든 파괴적인 흐름에서 비롯된 것이며, 동시에 글로벌 컴퓨터 네트워크를 바탕으로 무분별하게 양산되어 자본축적과 자본 대출의 원천이 된 합성 채권synthetic securities의 힘으로 성장한 무제한적인 금융시장이 이를 뒷받침하고 있다. 더욱이 규제 철폐와 함께 개인주의라는 삶의 방식이 결합하면서 점점 위험한 결정을 마다하지 않고 단기 이익에 초점을 맞추는 새로운 금융·기업 경영자가 발호하는 결과를 낳았다(Zaloom, 2006; Tett, 2009). 이런 경영자들은 사회적 관심은커녕 자본주의 자체를 대체로 무시하는가 하면, 주주의 이익을 외면하며 자신의 의사결정 과정을 복잡하게 하고 모호하게 가리기 위해 수학 모델을 앞세우면서 자신의 이익을 합리화했다(McDonald and Robinson, 2009). 이러한 "내가 먼저me first"라는 문화는 오늘날 비즈니스 경영의 핵심 요소라 할 수 있다(Sennett, 2006; Moran, 2009).

그러나 위기의 제도적·문화적 기원을 설득력 있게 분석한 엥겔렌Engelen 등(2011)의 다음 글을 보면 알 수 있듯이 2008년과 2011년에 발생한 위기의 중심에는 "엘리트의 자기만족"이 있었다.

위기는 개인투자가나 은행가, 은행들이 내린, 그 자체로는 별문제 없는 작은 결정들이 축적된 결과다. 금융정책을 수립하고 시행하는 규제 당국이나 정치 지도자들에게 관용을 베풀기란 쉬운 일이 아니다. 그들은 "시장의 완벽한 기능을 살린다"는 최첨단의 대규모 프로젝트를 믿었으며, 각각의 경제 단위 수준에서는 "시장 작동을 원활하게 한다는 은행가들의 말"을 믿었다. 그런 주장은 모든 것을 약속했지만 공적 규제를 손상시킨 것 외에는 실제로 아무런 결실도 맺지 못했다. 오히려 은행 시스템의 역기능이 위기의 분산보다 집중을 불러온 데서 알 수 있듯 약속한 것과는 반대되는 현상을 초래했다(Engelen 외, 2011: 9).

자본주의가 이처럼 특수한 유형으로 진화하는 과정은 이제 한계에 부딪쳤다. 2008년 가을에 폭발 단계로 접어든 자본주의를 제지할 수 있는 것은 국가의 개입이라는 낯익은 수단뿐이었다. 그러나 국가는 시장근본주의market fundamentalism를 옹호하는 사람들 때문에 이미 오래전부터 혼돈 상태에 빠져 있었다. 자본주의가 무너지는 것을 막을 수 있는 핵심 조치 중 하나는 금융시장과 금융기관에 대한 규제를 강화하는 것이었다. 그런데 이것은 대대적인 대출 축소와 중지로 이어졌다. 2000년 이후 용이해진 대출이 소비를 촉진하고, 소비가 미국 국내총생산GDP 성장의 4분의 3, 유럽에서는 3분의 2를 차지하던 터라 불경기가 닥치자 북아메리카와 유럽이 모두 타격을 입었다. 수요가 급격히 줄어들고 많은 기업이 도산하거나 회사 규모를 축소했다. 그러자 실업과 불완전고용이 눈에 띄게 증가하면서 다시 수요를 위축시켰고 사회보장 지출social spending이 늘었다. 각국 정부의 초기 대응은 신속하지 못했고 균형 있는 조치를 취하지 못하고 우왕좌왕했으며 위기의 심각성을 깨달았을 때에는 붕괴 직전에 빠진 금융 시스템을 안정화하는 데 급급했다. 이런 어려움 속에서 각국 정부는 은행과 금융기관을 구제하기 위해 세금을 쓰거나 국제금융시장에서 국부펀드와 중국의 대출금 등 자금을 빌렸고, 휘청거리는 공공부채를 메꾸기 위해 정부의 재정을 퍼다 쓰기에 바빴다(Stiglitz, 2010). 둘째, 일부 국가에서는 경제를 활성화하고 신속하게 일자리를 창출하기 위해 인프라스트럭처infrastructure에 공공투자를 집행하는 일종의 신新케인스주의에 의존했다. 고용 창출이 시급했기 때문에 대부분의 공공투자는 교육, 연구, 기술, 재생에너지 등 장기적으로 생산성을 높일 수 있는 정보 인프라보다 교통, 공공사업 등 생산성이 낮은 인프라에 치중됐다. 각국 정부는 실업보험 규모를 확대했고, 일시적으로는 사회질서와 정권 유지를 위해 사회보장 지출을 계속했다.

종국에는 공공부채가 크게 늘어나 예산 부족이 만성화되었으며 미상환 부채에 대한 이자 지급이 예산의 주요 항목 중 하나가 되었다. 갈수록 늘어나는 지출을 충당하기 위해 정부가 새로 차입금이 필요할 때, 공적 자금으로 되살아난 금융기관은 정부가 요청하는 대출을 거부하거나 최고의 시장 금리를 매겨 부당한 위험프리미엄을 요구했다. 그결과 정부가 어쩔 수 없이 예산을 삭감하고 긴축정책을 강요받는 상황이 되어 사회보장 지출이 맨 먼저 줄어들자 사회적 불만이 일고 심지어 사회불안이 야기됐다. 한마디로 금융위기는 산업의 위기를 유발했고 그것은 다시 고용의 위기를 낳아 수요의 위기로 이어졌다. 수요의 위기는 궁극적으로 국가재정의 위기로 이어져, 경제 붕괴를 저지하기 위해 정부가 대대적으로 개입해야 했다. 정부가 재정적 의무를 다하는 데 실패하기 시작하자 정치 시스템이 왜곡되었고 정당들은 서로를 비난하고 정치적 경쟁 세력을 제압하는 데 도움도 안 되는 구조 계획 방해에 나서느라 바빴다. 각국은 다른 나라가 부도 위기에 몰리지 않는 한 그 나라에 대한 지원을 거부했고, 구제금융을 받을 국가가 경제 주권을 포기해야만 자금을 지원했다(Coriat, Coutrot, and Sterdyniak, 2011). 정치권과 금융기관에 대한 신뢰를 잃은 시민들은 정치헌금을 중단하고 금융기관에서 돈을 대거 인출했다. 경제위기는 정치적 정당성의 위기를 심화시켰으며 결국 사회 안정을 전체적으로 위협했다(Judt 2010, Engelen 외, 2011).

위기가 시작된 지 수년이 지났지만 아직도 끝이 보이지 않는다. 완전한 붕괴를 일시적으로 간신히 피했다고는 해도 위기는 계속 악화되고 있기 때문이다. 더 의존적이고 수단과 방법을 가리지 않는 금융 시스템은 정부의 구제금융과 회생 자금을 지원받지 않고도 또다시 수익을 올리고 있다. 그러나 점점 악화되는 국가재정 위기는 위기관리에 지렛대로 쓸 정부의 영향력마저 박탈하고 소비자는 소비를 줄였으며 복지국가는 초기 단계로 후퇴하게 되었다. 현재 각국 정부가 단결하지 못해 유로존이 흔들리는 가운데 독일은 경제적 영향력을 이용해 유럽 대부분 국가의 권한을 축소하는 재정동맹을 더욱 강하게 밀어붙이고 있다. 사회적 저항이 빈발하고 정치 영역에서 인기에 영합하는 정책이 분출하는가 하면, 방어적인 개인주의 문화가 외국인 혐오와 인종주의를 부채질하고 있다. 적대감이 확산되는 가운데 사회적 네트워크는 장애에 부딪치고 정부와 국민 간의 거리는 점점 멀어졌다. 희망을 품은 대안 문화가 나타나는 한편 두려움의 문화가 동시에 번져나갔다.

그럼에도 글로벌 정보자본주의가 활개를 치는 상황에서 무제한적인 개인주의와 경제자유주의, 기술 낙관주의 문화가 주도권을 행사하는 시대로 접어들었다. 세계자본주의의 사회경제적 구조에 중요한 어떤 변화가 일어난다는 것은 새로운 경제문화economic culture가 형성됨을 의미한다. 문화와 제도는 모든 경제 시스템의 기초다(Ostrom, 2005). 문화(행동을 지향하는 가치와 믿음의 독특한 조합)는 물질적인 현실이기 때문에 우리는 위기에서 발생하는 한계와 함께 대중의 생활을 자발적으로 기회에 적응시킬 때 파생되는 문화의 징후를 발견할 수 있어야 한다. 이 책에서 성찰할 주제 중 하나가 바로 이런 문화의 원형과 점증하는 경제위기의 여러 징후와 그 형태가 어떻게 상호작용하는지 관찰하는 것이다.

위기와 그 여파의 특징을 결정짓는 사회적 현상을 설명하기 위해 우리는 미국과 포르투갈 두 국가의 위기 진행 과정에서 나타난 중요한 특징에 관해 논할 것이다. 물론 미국과 포르투갈은 다른 국가이며 위기와 위기관리에서도 두 나라는 독특한 모습을 보인다. 그뿐 아니라 이 글을 쓰는 동안에도 위기의 형태가 계속 변하고 있기 때문에 독자가 이 책을 읽을 때쯤이면 앞으로 묘사할 내용이 이미 지나간 역사가 될 수도 있다. 그럼에도 서로 다른 맥락에서 전개된 위기의 직접적 여파를 이 책의 서문에서 간략하게 개괄함으로써 제기되는 쟁점들을 관측하고, 각 장에서는 이를 심도 있게 분석할 것이다.

>> >>

2008년 말경에 터진 세계 금융위기는 글로벌 정보자본주의의 본고장인 **미국에서부터 시작해 세계경제를 곤두박질치게 했다.** 글로벌 정보자본주의는 1980년대 이래 자본주의의 두드러진 특징이었다. 앞에서 언급한 대로 이번 위기는 정보화된 세계경제가 보여준 독특한 역동성의 직접적인 결과이며 여섯 가지 요인이 조합되어 벌어진 일이기도 하다.

첫째, 금융에서의 기술적 변화가 글로벌 컴퓨터 네트워크를 이용하는 세계 금융시장 형성의 토대를 마련했고, 금융기관은 발전된 수학적 모델을 처리하는 전산 처리 능력을 갖췄다. 이런 수학적 모델은 점점 복잡해지는 금융 시스템을 관리하고 세계적으로 상호 의존적인 금융시장에서 빛의 속도로 이루어지는 전자상거래를 감당할 능력이 있는 것으로 간주되었다.

둘째, 금융시장과 금융기관의 자유화와 규제 완화는 표면적으로는 기업 간의 자유로운 자본 유통을 세계 규모에서 허용하는 것이었지만 이는 국가 규제 당국의 조정 능력을 넘어서는 일이었다.

셋째, 모든 경제조직, 경제활동, 경제 자산이 증권화되어 재무 평가 자체가 기업과 정부, 통화, 나아가 모든 경제 실체의 가치를 평가하는 최고의 척도가 되어버렸다. 더욱이 새로운 금융 기술은 파생상품이나 선물futures, 옵션 같은 이색적인 금융상품을 양산하는 길을 열었고, 신용파산스와프CDS 등 증권화한 보험이 서로 복잡하게 뒤얽혀 결국에는 가상의 자본이 되어 금융시장에서 외형적인 투명성을 무너뜨리고 기존의 회계 처리를 무의미하게 만들었다.

넷째, 중국이나 일부 산유국과 같은 신흥공업국의 자본축적과 미국의 자본 대출 사이의 불균형으로 미국에 신용팽창을 초래했고 그는 무분별한 미국 소비자들의 대출 열풍으로 이어졌다. 소비자들은 지불

능력이 없는 상태에서도 부채에 의존하는 생활에 익숙해졌다. 그 같은 도덕적 해이는 실제로는 무책임한 대출 담당자들이 방관한 결과다. 이들은 필요하다면 연방정부가 소비자를 기꺼이 구해줄 것이며, 그러지 않을 수 없을 거라고 언제나 확신했다.

다섯째, 수요와 공급의 원리에서 볼 때 금융시장은 부분적인 기능밖에 담당할 수 없으며, 주로 '정보 교란information turbulences'과 '불합리한 과잉irrational exuberance'으로 형성되었기 때문에 부동산 거품이 꺼진 뒤 2007년 미국에서 시작된 서브프라임 모기지 사태는 세계 금융 시스템과 국제 부동산 및 주택 담보대출 시장 전체에 커다란 충격을 줄 수밖에 없었다(Akerloff and Shiller, 2010).

여섯째, 증권 거래나 금융 현장에서 적절한 감독이 부족했기 때문에 무분별한 중개인들이 무모한 대출을 부추기는 방법으로 경제에 영향력을 행사하여 자신의 이익을 챙기는 일이 가능해졌다.

역설적이게도 위기는 기술혁신과 네트워킹, 고학력 노동력을 활용한 결과 생산성이 비약적으로 증가한 '신경제'라는 가마솥에서 만들어졌다. 위기가 시작된 미국에서는 실제로 1998년에서 2008년 사이에 누적 생산성이 거의 30퍼센트 증가했다. 그러나 단견短見과 탐욕이 뒤섞인 관리 정책 때문에 실질임금은 10년 동안 겨우 2퍼센트 증가하는 데 그쳤고, 대학 졸업자의 실질 주급週給은 2003년과 2008년 사이에 6퍼센트나 떨어졌다. 그렇지만 2000년대를 거치는 동안 부동산 가격이 급등했고 노동자들의 임금이 정체 상태에 있거나 인하되는 가운데서도 궁극적으로 연방정부 산하기관의 비호를 받은 대출기관은 앞서 언급한 노동자에 대한 광란적인 모기지 대출로 먹고 살았다. 이론상으로는 생산성이 증가하면 그것이 임금에 반영되어 성장의 혜택이 부유층에서 서민층으로 확산된다. 그러나 그런 일은 결코 일어나지 않았다. 금융회사와 부동산업자들이 지속 불가능한 거품을 일으킨 후 생산성 증가의 혜택을 거둬갔기 때문이다. 금융 서비스산업에서 거둔 이익은 1980년대 10퍼센트에서 2007년에 40퍼센트로 증가했으며, 금융 부문의 주식 가치도 6퍼센트에서 23퍼센트로 늘어났다. 반면, 금융산업이 민간 부문의 고용에 기여한 몫은 5퍼센트에 지나지 않았다. 요컨대 신경제의 실질 혜택은 증권시장으로 흘러갔고, 소비자에 대한 대출-대여가 확산되는 동안 가치가 훨씬 높아진 주식의 차익은 가상의 자본을 만드는 데 이용되었다. 그렇게 되자 미국에서는 1993년부터 2008년 사이에 은행 대출이 총대출액에서 겨우 20퍼센트에 지나지 않았다. 나머지 대출은 머니마켓펀드Money Market Funds(초단기 금융상품)나 상장지수펀드Exchange Traded Funds, 헤지펀드 그리고 규제가 완화된 틈을 타 대출기관으로 변신한 투자은행에서 이루어졌다. 더욱이 은행들은 대부분의 대출금을 자체의 수신 잔고(예금) 대신에 증권화 사업으로 마련했다.

그뿐 아니라 중국과 인도, 브라질 등 신흥공업국의 경제가 자본 성장의 선두로 이동하면서 세계경제가 확대된바, 낮은 대출 금리의 이점을 이용해 미국과 세계의 그 밖의 시장이 자국의 지불 능력과 수입 능력을 유지하기 위해 신흥공업국으로부터 대출받은 자본이 늘어나면서 금융시장이 붕괴할 위험성이 커졌다(Wolf, 2008). 이라크 침공에 쓰인 미국 정부의 막대한 군사비도 부채로 조달된 것이다. 그 결과 아시아 태평양 국가와 미국의 예산 구조가 밀접하게 맞물리면서 아시아 국가들이 현재 미국 재무성 국채 중 많은 부분을 소유하게 되었다. 생산성은 주목할 만큼 증가해 인플레이션은 비교적 억제되었지만, 대출 규모에 비추어 소비자나 기관의 상환 능력은 오히려 줄어들었다. 미국의 가처분소득에서 가계 부채가 차지하는 비율은 1998년 3퍼센트에서 2008년 130퍼센트까지 폭증했다. 그 결과 전체 대출에서 차지하는 우대주택대출prime mortgage의 연체 비율도 1998년 2.5퍼센트에서 2008년에는 118퍼센트로 증가했다.

이렇게 해서 금융위기가 미국과 유럽에서 전례 없는 규모로 발생했다. 기업과 가계경제가 동시에 파괴적인 결과로 치달으면서 시장의 자동 조절이라는 신화가 종말을 고한 것이다. 2008년, 금융시장 시가총액의 절반 이상이 사라졌다. 많은 금융 기업이 도산했으며(리먼브러더스는 그중 악명 높은 한 가지 사례일 뿐이다) 나머지 기업도 부도 직전으로 몰렸다. 미국에서 수백 개 은행이 자취를 감췄다. 국제통화기금IMF은 세계적으로 금융기관이 입은 손실을 미화美貨 4조3000억 달러로 평가했다.

그러나 사회적 진공상태와 같은 일은 발생하지 않았다. 사회 시스템은 내부 모순의 결과로는 무너지지 않는다. 위기, 그로 인한 갈등 그리고 위기 처리는 언제나 사회적 과정social processes을 의미한다. 그리고 다른 모든 현상과 마찬가지로 이런 사회적 과정은 사회적 행위자의 관심과 가치관, 믿음, 전략에서 발생하고 형태를 부여받는다. 즉 하나의 시스템이 자동적으로 자신의 논리 구조를 재생산하지는 않는다는 말이다. 시스템을 예전 단계로 회복하려는 시도가 있고, 또 관심과 가치의 새로운 조합을 바탕으로 새로운 시스템을 재조직하려는 움직임이 존재한다. 이렇듯 최종 결과는 종종 서로 다른 견해를 가진 지도자들의 갈등과 타협의 산물이다.

미국에서는 혹독한 위기가 사회정치적 개혁을 기치로 내세운 버락 오바마의 당선에 핵심적 역할을 했다. 그러나 오바마는 붕괴한 금융시장이 미국을 심각하게 위협하는 상황에서 취임할 수밖에 없었다. 그는 먼저 금융기관을 구제하는 데 초점을 맞췄고, 이어서 의료 개혁을 추진하고 경제에 활력을 불어넣는 동시에 금융 시스템을 규제하기 위한 사회정치적 합의를 이끌어내려고 했다. 그러나 조세 증가와 정부 개혁에 대한 공화당과 티파티tea party*라 불리는 우파 포퓰리즘 운동 측의 극렬한 반대 때문에 오바마의 개혁 정책은 대부분 교착상태에 빠지거나 궤도를 이탈했다. 또 부시 행정부에서 물려받은 두 차례 전쟁 비용을 마련해야 했고, 특히 공화당이 하원을 장악한 이후 재정수입을 늘릴 방법이 없게 된 오바마는 경제 회생을 꾸준히 추진할 수 있을 만큼의 공공투자도 하지 못하는 상황에 처했다.

실업률은 여전히 두 자릿수이고 지방정부와 주 정부들은 재정 위기

*미국의 조세 저항 운동으로 특정 정당이 없으면서 정치적으로는 보수 성향을 띠어 '극우 반정부 운동'을 뜻하기도 한다.

에 시달리고 있었다. 민간과 공공 부문의 사회적 비용(예컨대 실업수당) 삭감과 해고 사태는 사회적 분노에 불을 붙였다. 대중의 신뢰가 바닥에 떨어진 상황에서 세금 인상은 정치적으로 어려웠다. 늘어나는 재정적 자를 메우기 위해 오바마는 부채 상한선을 늘려야만 했는데 그렇게 하기 위해서 공화당이 제시한 조건을 받아들일 수밖에 없었다. 더욱 절실해진 사회 안전망이 오히려 축소되는 가운데 재정 위기는 시한폭탄이 되었다. 어쩌면 1960년대 이후 가장 개혁적일 새 행정부는 경제를 소생시키거나 사회를 안정시킬 수 없는 상태에서 생존 전략 마련에 돌입했다. 오바마 행정부 고위 경제팀의 긴밀한 협력에 힘입어 오직 금융 시스템만이 다시 예전의 행복한 시절을 누리는 곳이 되었다. 오바마를 위해 모여든 민주당 좌파는 좌절했으며 에너지 기업 코크인더스트리스Koch Industries 등 가장 보수적인 기업군에서 강력한 지원을 받는 우파의 포퓰리즘 운동이 정치 시스템을 장악했다. 그들은 경제를 자신들의 이해관계에 맞게 재조정하기 위해 줄곧 공세를 취했다. 미국에서 기술혁신과 창업 정신, 생산성이 계속 성장함에도 외국인의 대對미국 투자와 대출에 의존하는 상황 역시 확대되고 경제 불균형과 빈부 격차가 한층 두드러졌다. 과거 글로벌 정보 모델도 상당히 축소된 상태로 복구되고 있지만 부와 권력이 소수 엘리트 계층의 수중으로 점점 집중되는 가운데 미국 기업자본주의는 경쟁력의 중심부였던 경제와 사회 분야의 많은 부분이 분리되는 것을 감수해야 했다. 역설적으로 그런 상황은 미국 중산층 대부분을 차지하는 백인 노동자들의 포퓰리즘 운동에 힘입은 것이다. 이 같은 금융자본주의의 개조된 모델은 지속가능할 것으로 보이지 않는다.

>> >>

포르투갈의 상황은, 미국에서 유럽으로 건너간 위기가 금융 부문에서 시작해 경제 전반으로 확대된 생생한 사례다. 이 위기는 정치위기로 이어졌는데, 미국에 뿌리를 둔 신용평가기관 그리고 독일과 프랑스가 주축을 이루는 유럽연합EU 체제에 비해 각 국가의 정치적 자율성이 제한된 상황에서 나타난 현상이다. 2007년 미국에서 발생한 서브프라임 사태는 빠른 속도로 유럽으로 확산되었으며 결국 포르투갈에까지 밀어닥쳤다. 가뜩이나 취약한 경제구조를 안고 있던 작은 나라인 포르투갈에서는 금융이 불안해지자 심각한 결과가 나타났다. 사실 포르투갈 사람의 생활수준은 1974년 4월 25일 일어난 혁명* 이후 25년 동안 꾸준히 개선되었다. 포르투갈은 1990년대를 지나면서 생산성이 증대했으며 민간 부문에서 투자가 확대되었다. 국민건강보험의 기반이 잡혔고 공교육의 혜택도 골고루 누릴 수 있었다. 2000년대 초에는 포르투갈의 영아 사망률이 선진국 중 최저 수준을 보였고 실업률도 EU 국가 중 최저 수준이었다. 또 기업의 혁신과 전파 속도, 대학 재학생 수, 고등학교 졸업률, 첨단 기술과 재래 기술 제품의 수출액 등 포르투갈은 다방면에서 인근 유로존 국가보다 더 우수한 실적을 올리고 있었다.

그런데 1990년대 초 이후 포르투갈의 모든 정당이 공유한 경제정책—1998년 세계박람회 개최, 2004년 유럽축구선수권대회 개최를 위한 축구장 건설, 신고속도로 등 이를테면 국가의 지원을 받는 기반구조 프로젝트—은 경제성장에 그다지 도움이 되지 않았다. 어쨌든 2000년대 전반기에 경제가 거의 정체 상태에 빠지기는 했어도 포르투갈은 2007년 전까지 다시금 경제성장을 이룩했고 일자리도 늘어났다. 2007년 9월 포르투갈을 강타한 세계 금융위기의 첫 번째 징후는 그런 흐름을 배경으로 나타났다. 그때까지 유로존에서 발생한 부동산 담보대출 위기mortgage crisis가 영향을 미친 결과 유로화의 유동성 위기로 변질되고 실물경제에서 필요한 대출마저 영향을 받았는데, 그런 현상은 유럽중앙은행ECB이 통화시스템에 더 많은 자본을 투입하는 4개년 계획을 시작하는 시점에 일어났다.

유럽에서도 서브프라임 거품이 꺼지자 금융 부문에서 자산의 질이

---

* 이른바 카네이션혁명으로 정권이 교체되었고, 새 정부는 포르투갈의 아프리카 식민지들에 독립을 허용했다.

악화되었고 금융기관에서 유동성에 문제가 생겨 은행의 위기로 이어졌다. 주식시장이 무너지자 유로존 국가의 자산이 타격을 입었으며, 경우에 따라 국가별로 예산 운영에 어려움이 가중되어 국가 부채의 위기가 나타났다. 더욱이 몇몇 국가는 안정화 계획을 현장에서 수행하거나 채무보증을 섰다가 파산에 몰린 은행들을 구제해야 했다. 2008년 가을에 아이슬란드는 충격파를 겪은 후 3대 은행을 국유화했다. 은행 상호 간의 유동성 교환이 빈약한 포르투갈에서는 포르투갈기업은행BPN이 파산했다. 2008년 11월 포르투갈 정부는 금융 시스템이 붕괴하는 사태를 방지하기 위해 BPN을 국유화했지만 이미 은행에 대한 신뢰가 심하게 요동치는 상황이었다. 수년간 누적된 포르투갈 경제의 구조적 취약성이 부채 부담으로 이어졌고, 그 같은 구조는 포르투갈 정부가 BPN과 포르투갈국립은행BPP, 두 개 국립은행에 구제금융을 실시한 후 더욱 악화되었다. 게다가 이 은행들은 잘못된 투자와 은행 경영진이 벌인 사기 행각—미국 매도프Madoff 사건*과 매우 유사한—으로 손실이 누적된 상태였다.

유럽의 각국 정부는 은행을 긴급구제하는 데 그치지 않았다. 2008년과 2011년 위기를 거치는 동안 기본적으로는 민간 부문의 급격한 수요 감소를 부분적으로나마 상쇄하고자 경제 안정화 장치와 부양책을 동시에 강구하는 방식으로 세계 경제위기에 대응했다. 이 같은 확장 일변도의 재정 정책은 생산과 고용의 급격한 하락을 막기는 했으나 정부에 엄청난 부채 부담을 안겨주었다. 그 과정에서 채권자들이 유로존 국가의 부채 상환 능력을 의심하게 되었다. 통화동맹을 맺은 국가들(EU회원국)은 화폐의 평가절하에 의존할 수 없기 때문이다. 이것은 포르투갈처럼 부채 부담이 높지만 수입 대비 수출 비중이 적고 경제성장이 더딘 유로존 국가에게는 더욱 난처한 상황이다. 유로존 회원국이 되면서 이 나라는 저금리로 돈을 빌려 민간과 공공 양쪽에 자금을 투

---

*버나드 매도프 전 나스닥증권거래소 회장이 벌인 500억 달러 규모의 금융사기 사건.

입하고 투자와 소비를 활성화하여 산적한 문제를 그럭저럭 돌파할 수 있었다. 그러나 이 과정이 다시 부채의 증가를 불렀다.

포르투갈은 그리스와 아일랜드에 이어 유로존 국가에서는 세 번째로 국제적 지원을 요청한 나라가 되었다. 포르투갈에 대한 구제금융을 하면서 드러난 사실이지만 유로존 내에 극심한 부채 위기는 없다. 위기는 오히려 EU 회원국의 입지나 유로 통화 자체보다 회원국 사이에서 격차가 크게 벌어진 몇몇 국가에 있다. 포르투갈에 대한 구제금융 역시 단순히 국가 부채의 문제에 그치지 않는다. 이는 세계 규모의 카지노 안에서 돈을 만들 수 있고, 그 돈은 도박꾼(금융시장의 투자자들)은 물론 도박장의 딜러(신용평가기관)에 의존해도 얻을 수 있다는 것을 의미한다. 구제금융을 받은 유로존의 세 나라가 모두 단일통화 제도 아래 저금리로 돈을 빌릴 수 있는 상황에서 중장기적으로 그런 시나리오가 지속될 수 있다고 확신하고 도박을 벌인 것은 분명하다. 그러나 포르투갈이 다소 독특한 사례에 해당하는 이유는 은행 시스템 자체에는 근본적인 위험이 없었기 때문이다. 정치 시스템에서는 이미 경제성장을 달성하는 중이었고 공공 부문의 개혁도 이루어지고 있었다. 포르투갈의 공공부채 규모는 구제금융을 받지 않아도 되는 이탈리아나 벨기에 같은 나라보다 낮았다. 예산 적자 규모도 일부 유럽 국가보다 적었으며, 비록 그 전 10년간 정부가 선택한 정책이 불규칙적이기는 했지만 결손을 줄일 수도 있었다.

그렇다면 왜 포르투갈은 구제금융을 받았는가? 차후에 신용평가 등급이 하락할 가능성이 있다고 본 데다 그리스와 아일랜드에서 발생한 시장의 공포라는 전염병이 정보 교란을 촉발해 자기실현적self-fulfilled 예측을 낳았기 때문이다. 동시에 공매도空賣渡, short-term selling•로 단기간에 이익을 볼 수 있다는 흥미로운 전망이 나왔다. 또 신용평가기관들은 포르투갈의 금리(이자율)를 경제적으로 지속가능성이 있

• 주식이나 채권을 가지고 있지 않은 상태에서 행사하는 매도 주문.

는 수준 이상으로 인상하도록 부추겨 이 나라를 EU-IMF의 공동 구제금융이라는 외견상 단기 처방으로 내몰았다. 포르투갈에서 진행된 과정에 관해 금융위기가 경제위기로, 경제위기에서 정치위기로 위기가 꼬리에 꼬리를 물고 옮아간 것이라고 누군가 주장한다면 그것은 정확한 지적이라 할 수 있다. 포르투갈이 구제금융의 필요성을 느낀 까닭은 유로존에서 현재 통화정책을 담당하는 기관이 정치적으로 구조가 취약하며 그 기관들이 위기를 다룰 만한 능력이 없었던 데다 생각이나 접근방식이 서로 달랐기 때문이다. 그런 과정에서 EU의 각국 정부와 ECB는 위기를 거리와 광장에서 시민 시위가 벌어지는 정치 영역으로 몰고 갔고, 현대 민주주의 제도의 기반을 약화시켰다. 결국 각국 정부와 EU는 자신들의 힘을 약화시키는 신용평가기관이나 국가 간 연합(예컨대 독일-프랑스 축)과 같은 새로운 역할자의 등장을 허용했다. EU는 구제금융이 아닌 다른 방식으로 포르투갈을 지원할 수는 없었을까? 아마 가능했을 것이다. ECB는 이탈리아와 스페인이 똑같은 처지에 놓였을 때 몇 달 뒤 중앙은행이 개입해 예상되던 긴급구제 신청을 막았듯이 포르투갈의 국채를 매입할 수 있었다. 포르투갈에 대한 구제금융은 신용평가기관이 제안하고 EU의 정치기구와 금융기관이 추진하는 미래 시나리오의 향배가 한 나라의 경제 회복력과 정치 주권을 어떻게 약화시키는지 잘 보여주는 사례다.

또한 포르투갈에 대한 구제금융은 규제받지 않는 금융시장에 EU 내부의 정치권이 어떻게 굴복하는지도 잘 보여준다. 금융시장에 대해 정치가 통제력을 회복하는 것이 현행 제도에서는 점점 어려워지고 있음이 명백해 보인다. 이런 사실은 또한 왜 사람들이 정치력이 지배하는 장소에서 자신의 견해로 자신의 미래를 선택하는 토론의 장을 찾는지 설명해준다.

>> >>

이런 배경에서 미국과 유럽연합에서 발생한 이번 위기의 직접적인 여파로 4개 층의 경제가 출현하고 있는 것으로 보인다.

1. 극히 소규모의 인구 집단을 위해 개편된 정보자본주의 경제로, 전문 계층이 지배하는 것으로 보이며 기술과 조직 혁신의 새 물결이 존재한다. 에너지, 나노기술nanotechnology, 생물정보학bioinformatics 등의 분야에서 새로운 제품을 내놓고 새로운 과정으로 전개되는 일종의 신경제가 출현하고 있다. 벤처 자본의 활동 영역은 축소되었기 때문에 이 같은 새로운 혁신의 흐름은 인구 대부분의 소비를 늘리는 힘은 없다. 전반적인 경제 회복에는 오히려 방해가 된다.
2. 국가재정 위기가 심화됨에 따라 고용과 수요를 창출하는 능력이 갈수록 상실되는 위기에 놓인 공공 및 반半공공 부문이다.
3. 생존을 위한 전통적 경제활동이다. 비제도적 경제의 중요한 구성 요소로서 생산성은 낮고 비숙련 기술의 일자리를 제공해 고용 창출 능력은 높다.
4. 삶의 의미에 대한 서로 다른 가치관을 조합한 것이 바탕이 되는 대안 경제 부문이다. 꼭 수익 창출을 위한 생산을 배제한 영역을 의미하지는 않는다. 우리는 이 책에서 이 같은 삶에 대해 관찰한 것을 토대로 탐험에 나설 것이다.

사실 원하는 만큼 소비할 수 없다면 대중은 다른 곳에서 욕구를 충족하는 방법을 찾아야 한다. 그러나 가치관을 바꾸지 않으면 욕구를 충족할 수 있는 곳은 없다. 이 말은 대중이 소비만능주의consumerism를 대체할 공동 목표를 세우고 새로운 경제문화 ―실제로 다양한 경제문화가 존재한다― 를 창조하지 않는 한 만족하기가 어렵다는 뜻이다. 새로운 가치는 진공상태에서는 만들어지지 않기 때문에 이런 비非소비 문화는 세계 곳곳의 사회에 존재하는 사회적 실천을 토대로 해야만 가능할 것이다. 또는 삶을 파괴하는 방식이라는 이유로 소비문화를 거부함으로써 현재의 경제체제에서 중도 탈락한 사람들이 비로소 실현할 수 있는 것인지도 모른다. 이들은 네오 히피neo-hippies가 아니다. 이들은 어떤 사회구조에서도 존재할 수 있고, 매우 혁신적인 형태(예컨대 히마넨Himanen의 용어를 빌리면, 선의의 해커ethical hackers*)로 나타날 수도 있다. 그러나 새로운 경제문화는 다른 방식의 삶을 추구하는 선도 그룹과 소비할 기회와 방향감각을 상실한 과거의 소비자들—신용카드가 정지되는 것 외에 잃을 것이 없는 대중—사이에서 역사적 수렴의 결과로 나타날지도 모른다는 견해도 있다.

그러나 북아메리카와 유럽을 벗어나면 세계는 대부분 위기에 빠지지 않았다. 적어도 지금까지는 지배적인 경제 시스템을 뒤흔드는 세계 자본주의 위기에는 빠지지 않았다. 그렇다. 개발도상국에서 살아가는 대중에게는 빈곤과 착취, 환경오염, 전염병, 만연한 소요와 불확실한 민주주의가 일상사가 되었다고 볼 수 있다. 그러나 중국에서 보듯이 때로는 공산당이 관리하는 주변자본주의peripheral capitalism가 세계경제에서 가장 역동적인 구성 요소로 성장하며 사실상 과거보다 훨씬 더 큰 규모의 새로운 자본축적을 과시하고 있다. 자본주의가 팽창하는 신구 영역 간에는 경제적, 문화적으로 상호의존성이 있기 때문에 아시아와 라틴아메리카, 아프리카의 발전상을 고려하지 않고는 위기와 그 여파를 이해하기가 어렵다. 요컨대 우리는 세계자본주의의 이 비대칭적 발전의 원인과 결과를 주목하며 "자본주의의 비세계적인 세계적 위기non-global global crisis of capitalism"를 분석하고, 쇠퇴하는 영역과 확대되는 영역 사이의 상호작용을 해명해야 한다. 라틴아메리카와 중국의 경우에서 본 이런 역동성에 관한 분석이 왜 21세기에 출현하는 세계의 실질적인 모습을 반영하는 자료와 가설을 제공하는지도, 책의 끝 부분에서 밝혀질 것이다.

이 책에서 영역 간, 다문화 간 분석으로 제기하는 핵심 주제는 경제—모든 경제—는 문화라는 것이다. 문화적 실천은 재화와 서비스

---

*보안을 갖춘 컴퓨터 시스템에 침투하여 시스템의 취약점을 파악, 해결할 수 있도록 하는 컴퓨터 해커.

의 생산, 소비, 교환 과정에 뿌리를 두고 있다. 비비아나 젤라이저Viviana Zelizer(2011)의 설득력 있는 주장대로 경제 형태를 결정하는 것은 문화다. 시스템의 위기가 있다면 그곳에는 반드시 인간 행동의 근본 원리로서 기능하던 어떤 가치관이 지속가능하지 않게 되는 문화위기의 조짐이 나타나기 마련이다(Aitken, 2007; Akerloff and Shiller, 2010). 이런 점에서 문화가 근본적으로 변화할 때만 새로운 형태의 경제조직과 경제제도가 탄생하며 경제 시스템이 지속적으로 진화할 가능성도 보장될 것이다(Nolan, 2009). 우리의 가설은 지금이 그런 역사적 이행기라고 추정한다. 그러므로 우리는 여러 관점에서 어떤 문화적, 사회적 상태가 위기로 이어졌는지를 검증한 일련의 연구 결과를 소개할 것이다. 그리고 위기의 여파 속에서 나타난 서로 다른 문화의 사회적 생산성을 평가할 것이다. 인간의 운명을 결정하는 사회적 현실을 어떤 문화가 지배하는지에 따라 사회는 해체 과정이나 극심한 갈등 국면으로 진입할 수도 있고, 아니면 삶의 유용한 가치에 근거한 새로운 문화를 맞이할 수도 있다.

차 례

AFTERMATH

제1부

전조前兆

현대사에서
진행 중인
종말

: 로절린드 윌리엄스

들어가며: 수행하지 않은 사례 연구

>>

2009년 여름 리스본에서 우리 연구진이 만나서 맡은 학술적 임무는 겉보기에는 현대사에서 자명한 모델에 바탕을 둔 것이었다. 경제위기는 2008년 가을에 발생했다. 우리는 문화 차원에 각별한 관심을 갖고 경제위기의 여파를 고찰하고자 했다. 위기와 여파, 원인과 결과로서 이 문제는 매우 간단해 보였다.

　중요한 명사 앞에는 확실히 번거로운 수식어가 붙는 법이다. 이번 위기가 본질적으로 경제economic위기일까, 아니면 금융financial위기일까? 둘 중 하나라면 경제와 금융을 구분하는 기준은 무엇일까? 아니면 예컨대 엘리트 특권계층의 "조용한 쿠데타quiet coup"(Johnson, 2009; Johnson and Kwak, 2010 참조)라는 말처럼 근본적으로 정치political위기였을까? 또 위기의 여파를 문화적인 것cultural으로 만드는 요인은 무엇일까? 레이먼드 윌리엄스Raymond Williams(1958)가 반세기 전에 꿰뚫어 본 대로, 문화라는 개념은 19세기 초 이래 사회, 산업 등과 같은 주요 개념과 더불어 진화했다. 문화와 사회, 산업의 상호 진화는 세계 변화를 만들어내는 동시에 그 변화의 영향을 받았다. 그렇다면 21세기 초에 문화는 무엇을 의미하는가?

나는 이 같은 의문에서 출발해 「캘리포니아대학교 버클리 캠퍼스에서 나타난 2008년 경제위기의 영향」 같은 유망한 사례 연구 관련 작업을 수행하기로 결심했다. 2004년 캘리포니아 주 정부는 캘리포니아대에 그 학교가 받는 재정 지원금 총액의 40퍼센트가 넘는 32억5000만 달러를 지원했다. 전체 예산이 약 11억 달러였던 버클리 캠퍼스에 제공된 주 정부 지원금funding은 캠퍼스 총지원금의 35퍼센트에 해당하는 4억5000만 달러였다. 그러나 2008년 가을에 발생한 경제위기로 주 정부의 조세수입이 급격히 줄어들었다. 당시 주 정부가 타격을 크게 받은 이유는 개인소득세 의존도가 특히 높았기 때문이다. 그 후 캘리포니아대에 대한 주 정부의 재정 지원 규모가 32억5000만 달러에서 2009년에 26억 달러, 2010년에는 18억 달러로 줄어들었다. 이는 대학교의 수입이 급격히 줄어들었음을 의미한다. 그다음으로 큰 비중을 차지하는 학교 재원은 연방정부 자금이 3억 달러, 등록금 수입과 민간 기금 모금액이 1억5000만 달러, 기부금이 1억에서 1억2000만 달러로, 주 정부 지원금에 비해 규모가 훨씬 작았다. 그 정도로는 다음 회계연도에 필요한 예산을 메우기에 터무니없이 부족했다(Birgeneau, 2011b; Freedberg, 2011; Hoey, 2011).

버클리 캠퍼스 경영진은 캘리포니아대 총장실과 협력하여 지출을 줄이기 위한 고통스러운 조치를 곧바로 단행했다. 캠퍼스 서비스를 축소하고 급여로 나가는 지출을 줄이기 위해 휴가 사용을 의무화했으며 비상준비금을 사용하고 등록금과 기타 학내 수수료를 급격히 인상했다. 그 조치는 캠퍼스의 모든 구성원에게 영향을 미쳤다. 등록금은 2008년 봄에 8퍼센트, 2009년 가을과 2010년 봄 학기에 2차 인상으로 30퍼센트, 2010년 가을에 10퍼센트 이상을 올려, 불과 2년여 만에 상승폭이 거의 50퍼센트에 이르렀다. 등록금 수입은 학생들을 대상으로 하는 학비 지원financial aid의 원천이므로 등록금 인상은 저소득계층 학생들에게는 이득이었다. 그러나 나머지 학생들은 예기치 못한 급격한 등록금 인상에 미처 대비할 방도가 없었다.

이번 사례 연구에 착수하면서 나는 버클리 캠퍼스에서 나타난 **문**

화적 여파가 1950년대에 발생한 '충성 서약'*과 관련한 논쟁 그리고 1960년대 '자유언론운동'** 시기에 두드러지게 나타난 학생운동의 여파와 관련이 매우 깊을 것이라 판단했다(Kerr, 2001~2003). 이런 문화적 배경을 감안하면 놀라울 것도 없지만 지출을 줄이려는 학교 측의 조치는 조직적 항의를 불러왔다. 흔히 '학생 시위'라 일컫지만 버클리 캠퍼스와 다른 대학교 학생들뿐 아니라 학생이 아닌 활동가, 특히 대학 노동조합원들이 시위에 참여했다. 지극히 몇몇 학과에 편중되기는 했지만 일부 교수진이 시위대를 격려했고 매우 드물게는 시위에 적극적으로 참여했다. 학생들의 가장 큰 불만은 등록금이 갑작스럽게 인상된 점이었다. 두 번째는 도서관 이용 시간 단축과 같은 학생 서비스의 축소였다. 노동조합의 경우에는 조합원들이 의무적으로 휴가를 사용하는 대신 급여는 삭감되지 않는 선에서 유지되었기 때문에 강제 휴직과 해고가 주요한 불만 요소였다. 교수들의 불만은 좀 더 보편적인 것이었다. 그들은 주로 연구 사업에서 이익을 위해 서류를 부풀리고 공모했다는 의심을 받는 것에 분노했다.

시위대는 스프라울 홀 광장Sproul Hall Plaza에서 집회를 열고 고위 운영진의 집무실이 있는 캘리포니아 홀 앞에서 시위를 벌였으며 건물을 점거해 캠퍼스에서의 일상 활동에 지장을 주었다. 이를테면 종종 화재 경보기를 울려 사람들이 건물에서 긴급하게 대피해야 하는 상황을 만들었는데 이는 버클리 캠퍼스의 학생운동에서 전통적으로 내려오는 매우 익숙한 항의 방법이다. 2009년 11월 시위대가 휠러 홀Wheeler Hall을 점거하자 대학 경비대는 경찰을 불러들였다. 시위대와 대치한 이 일로 경찰의 만행에 대한 비난이 이어졌다. 연좌시위는 12월 초까지 계속되

---

*충성서약loyalty oath: 미국 내 모든 조직의 구성원으로서 충성을 맹세하는 전통. 트루먼 정부에서 공화당의 극단적 반공주의에 맞서기 위해 도입된 이후 전 사회조직으로 퍼졌으며 특히 학교에서 기독교에 대한 충성서약을 하는 관행은 종교의 자유에 위배된다는 연방대법원의 판결로 논란이 분분했다.

**자유언론운동Free Speech Movement: 60년대 버클리 대학에서 시작된 학문의 자유와 사회문제에 대한 자유로운 발언이 기폭제가 되어 전국으로 퍼져나간 사회운동.

었고, 일부 시위자들이 야간 행진을 감행하며 최고조에 이르렀다. 일부는 마스크를 쓰고 학내에 있는 총장 사택까지 횃불을 들고 가서는 창문에 돌을 던졌다. 건물 방화도 거의 성공할 뻔했다. 2010년 봄에 건물 점거 시위가 또다시 발생했으며 이사회 회의 현장에서 벌인 시위, 단식투쟁, 새크라멘토Sacramento 행진을 포함한 '행동의 날' 등이 계속되었다.

버클리 캠퍼스에서 낯익은 이런 전략과 전술은 줄곧 '버클리 문화'의 일부로 설명되고 옹호되었다. 그러나 경제위기에 대한 반응으로서는 그 같은 대응이 비효율적이었다. 기본적으로 시위대의 요구 사항이 일관되지 않은 것에도 일부 원인이 있었다. 학내 서비스, 일자리와 연봉을 그대로 유지하라는 요구는 대학 측에서 보면 더 많은 수입이 있어야 수용 가능한 것이다. 한편 등록금과 기타 학내 수수료를 인하하고 심지어 면제하라는 요구는 학비 지원과 직결되는 재정수입을 포함해 대학의 수입을 더욱 줄이자는 주장과 다름없었다. 게다가 대학의 재정수입이 급격히 감소한 데 책임이 없을 뿐더러 어려움을 헤쳐나가려고 고군분투하는 캠퍼스 관리자들을 표적으로 삼는 바람에 시위는 효과적이지 못했다. 시위대는 대학 운영진이 학교 자금을 좀 더 지혜롭게 운용하고 주 의회가 캘리포니아대에 자금을 더 넉넉하게 지원하도록 설득하는 등 재정 자금원을 적절하게 확보했어야 한다고 주장했다.

그러한 주장으로 시위대는 집회에 참가하지 않은 대부분 직원과 학생, 교수들을 설득하는 데 실패했다. 그들은 휠러 홀 점거 당시 강행된 경찰 투입에 맞선 항의 시위에만 지지를 보냈다. 때때로 시위 구경꾼들이 시위 전술이 상황에 걸맞지 않다는 반응을 보이면, 구태의연한 시위 전술을 재현하다가 빈축을 사기도 했다. 2009년 11월 18일 이사회 회의장에서 학생 시위대가 "우리 승리하리라We Shall Overcome"를 부르기 시작했다. 그러자 회의에 참석한 일부 아프리카계 미국인 직원들이 시민권 투쟁을 할 때 부르던 노래를 등록금 인상 반대 시위에서 부른다고 분노하기도 했다(Birgeneau, 2011c).

그로부터 얼마 지나지 않은 2009년 12월 2일, '자유언론운동'을 촉발한 마리오 사비오Mario Savio가 "당신의 몸을 기계 위에 올려라"라는 연설을 한 지 45주년이 되는 날을 맞아 버클리 캠퍼스의 학생과 교수들은 스프라울 홀 층계에서 기념 행사를 열 예정이었다. 그러나 '죽은 운동' 대신 자신들의 대의명분을 주장하고 싶었던 시위대가 그 계획을 방해했다. 시위대는 다른 학생과 교수들이 발언하도록 내버려두지 않았고 사비오의 연설 가운데 몇몇 구절을 반복해서 제창했다. 그런 아이러니한 행위는 행사를 계획한 당사자들이 발언의 자유를 박탈당했다고 느끼게 했을 뿐 아니라 제삼자 입장에 있는 사람들의 눈길을 끌어 다음과 같이 보도한 신문기자도 있었다.

> 이번 시위는 (…) 쟁점에 관해 지속적 혼란을 보여주었다. 시위대는 등록금 인상에서부터 소수민족 학생의 입학, 캘리포니아대 운영이사들을 향한 분노에 이르기까지 모든 쟁점을 다루었다. 그러나 대학 지원 자금 규모와 관련하여 중요한 발언권이 있는 입법기관과 주지사 또는 유권자들에 대해서는 분노를 표시하지 않았다 (Krupnick, 2009).

2011년에도 학내 시위가 계속되었지만 시위 구호는 경제위기와 한층 더 멀어졌다. 예컨대 캠퍼스에 텐트를 치고 '점령운동'을 벌이려는 시위자들을 막는 과정에서 경찰이 가혹 행위를 한 것으로 의심되는 사건에 항의하거나, 체포된 시위자들의 석방을 요구했다. 특히 2년 가까이 캠퍼스 전역에서 소란을 벌였음에도 예산 삭감 기조를 완화하거나 주 정부의 캘리포니아대 지원금 규모를 회복하는 요구에 대해 대중의 광범위한 호응을 이끌어내는 데에는 성공하지 못했다.

그러는 동안 버클리 캠퍼스의 예산 구조가 크게 바뀌었다. 2004년만 해도 주 정부의 지원금이 이 대학의 최대 수입원으로서 전체의 35퍼센트를 차지했다. 대학과 주 정부는 장기적인 예산 협정을 맺고 있었다. 협정에 따르면 2011년에 버클리 캠퍼스에 총 6억 달러를 지원하기로 약속돼 있었던 것이다. 그런데 2011년이 되자 주 정부는 당초 약속한 규모보다 3억6500만 달러나 적은 2억3500만 달러만을 지원했다.

그 밖에 별도로 1500만 달러를 지원하겠다던 약속도 주 정부의 조세 수입이 예상대로 거두어지지 않아 지원되지 않을 것이 거의 확실해 보였다.

2012년 초에 이 대학의 수입 가운데 주 정부의 지원금은 운영예산의 10.5퍼센트로 전체 예산에서 차지하는 비중이 네 번째에 그쳤다. 한편 비중이 가장 큰 것은 외부 연구 지원금(7억 달러 이상)이었고 등록금과 기타 학내 수수료(약 5억 달러), 민간의 사회공헌헌금(약 3억 1500만 달러)이 뒤를 이었다. 당시 버클리 캠퍼스에는 운영예산이 1억 달러 정도나 부족했다. 이 문제를 해결하고자 학교 측은 소폭일지언정 등록금과 학내 각종 수수료를 재인상하고 캘리포니아 이외 지역의 학부생을 전체 학생의 약 20퍼센트까지 대거 받아들였다. 또 비상준비금 사용, 민간 모금 장려, 운영예산 절감 등 다양한 조치를 강구해나갔다(Birgeneau, 2011a, b; Freedberg, 2011; Hoey, 2011).

주 정부의 자금 지원이 거의 끊기면서 캘리포니아대 버클리 캠퍼스의 성격이 재정립되었다. 몇 년 사이에 "주에서 지원하는state-supported" 대학교에서 "주에 위치한state-located" 대학교로 바뀐 것이다(Freedberg, 2011; Hoey, 2011). 버클리 캠퍼스는 준準연방quasi-federal이나 준準사립quasi-private 대학으로서 완전히 '민영화'되지는 않았다. 그러나 캘리포니아 주의 시민들에게 수준 높은 대학 교육 서비스를 제공하는 의무를 여전히 수행한다고는 해도 그 역할이 크게 줄어들었다. 이는 대학 당국과 운영진이 민영화를 추진했기 때문이 아니다. 그들은 오히려 주 정부가 지원금을 축소하는 것에 항의했고 예상되는 결과를 경고하기까지 했다(Birgeneau, 2011a).[1]

가장 크게 민영화한 것은 캘리포니아 유권자들의 의식이다. 내가 캠퍼스에서 벌어진 '주목 끌기 활동attention-getting actions'을 조사하는 동안, 가장 중요한 문화적 여파가 여론에서 발생했다. 캘리포니아 공공정책연구소PPIC에서 오랫동안 조사해 수집한 데이터에 따르면 2008년 경제위기는 교육의 가치에 관해 대중의 자각을 일깨운 것으로 나타났다. 그것은 특히 K~12(유치원에서 고등학교까지) 과정뿐 아니라 대학 교육에서 두드러졌으며, 강력한 교육체계를 지지하는 열망을 강화했다. 주 정부에 바라는 우선순위에서 교육보다 앞서는 것은 공공의 안전과 관련된 지원뿐이었다.

그렇다고 해서 주 정부의 지원 삭감이 반드시 대학 시스템에 심각한 문제를 안겨줄 것으로 대중이 확신한다고는 결코 해석할 수 없다. 유권자들은 대학 교육을 지원하기 위해 고율의 세금과 값비싼 등록금은 기꺼이 받아들이지만 실제로 현재의 시스템을 유지하기 위해 반드시 그럴 필요가 있는지에 관해서는 매우 유보적인 입장이었다. 캘리포니아 대학도 다른 모든 서비스 분야처럼 재정 삭감 노력을 한 번은 받아들여야 한다는 정서가 강력하게 작용하고 있었다. 한편으로 캘리포니아의 교육체계에서 고위 경영진 규모와 보수 등 대학들에 만연한 '낭비 요소'를 없애야 한다는 여론이 거세게 일었다.

무엇보다 복잡한 문제는 질적 우수성과 접근성에 관해 "뜻이 있으면 길이 있다"는 식의 정서가 깔려 있다는 점이었다. 관계자들이 관료주의와 과잉 보상(급여)을 없애고 관리 감독을 강화하면 여전히 우수한 학교로 남을 수 있다는 것이다. 개인과 가정에서는 수입이 낮아도 대학 교육 비용 중 상당한 몫을 감당해야 한다.(2012년 초를 기준으로 등록금 면제 대상은 가계소득이 8만 달러 이하인 가정이다.) 학내 시위대나 유권자들은 모두 대학이 전보다 훨씬 적은 재원으로도 효과적으로 운영될 수 있다고 확신했다. 다만 시위자들이 대체로 등록금을 획기적으로 인하하거나 면제하기를 바라는 반면 유권자들은 '무임승차' 같은 것을 거부했다.

그러나 그런 유권자들도 대학 문이 좁아지는 문제에 관해서는 심각하게 우려했다. 한 여론조사에서 유권자의 4분의 3은 학생들이 대학 교육을 받기 위해 너무 많은 돈을 빌려야 한다고 응답했다. 또 55퍼센트의 유권자는 재정 지원이 필요한 사람은 거의 누구나 대출이나 학자금 융자를 받을 수 있어야 한다고 생각했다(40퍼센트는 동의하지 않음). 대학은 누구나 들어갈 수 있어야 한다는 보편적 원칙을 지지하고 그 원칙이 위협받는 것을 매우 걱정스런 일로 보는 유권자가 2007년

10월에는 43퍼센트였는데 2010년 11월에는 57퍼센트로 늘어났다. 그러나 유권자들은 공립대학의 교육비가 너무 올라 대학 교육을 원하는 사람을 배척할 수 있음을 크게 우려하는 한편 학비가 너무 싸도 악용하는 사람이 있을 것이란 점 역시 우려한다.

이러한 연구 결과는 복잡하고 가변적이긴 하지만, 전체적으로 시민들의 인식이 크게 나빠진 것만은 분명하다. 첫째, 캘리포니아 주의 대학 교육체계의 미래를 계획하는 능력을 포함해 주 정부에 대한 유권자의 신뢰가 급격히 떨어졌다. 주 정부의 대학 교육계획을 어느 정도 또는 크게 신뢰하는 유권자 비율은 2007년 10월에 57퍼센트에서 2010년 11월 40퍼센트로 내려갔다. 반면 거의 또는 아예 신뢰하지 않는다는 유권자 비율은 같은 시기에 42퍼센트에서 57퍼센트로 올랐다.

둘째, 유권자들은 대학 교육을 공유재산이라기보다 개인 소비재로 인식한다. 대학 시스템은 젊은이들에게 경제적으로 더 나은 미래를 약속하는 교육을 제공하는 기관이라는 인식이 지배적이다. 한편 유권자들에게 대학이 경제적 기회와 관련해 비판적인 기능을 담당하는 연구기관이라는 본연의 역할을 상기시키면, 그 역할 역시 인정한다. 그러나 대학을 바라보는 주된 시각은 대학이 하나의 교육기관이라는 것이다. 게다가 교육의 가치를 이해하는 사람들이 교육을 받을 수 있어야한다는 굳은 믿음에는 교육의 가치가 무엇보다 야심 있고 자격을 갖춘 사람이 누리는 개인적 혜택이라는 가정이 깔려 있다. 다시 말하면, 대학 교육 시스템이 공공의 혜택이라는 시각이 있기는 하지만 미약한 수준이다. 공공의 혜택이라는 말이 쓰일 때에는 대개 경제적 혜택으로 이해한다. 민주적 자율성을 갖춘 박식하고 사려 깊은 시민 양성이라는 비경제적 혜택이 공교육에 있다는 관념은 어디에서도 찾아볼 수 없다(Baldassare 외, 2010; Simon, 2011 참조).

이런 현상은 여전히 **위기**crisis인가, 아니면 **여파**aftermath인가? 유권자 인식의 중요한 변화는 경제위기 뒤에 나타났지만 그렇다고 이것이 위기에서 비롯된 여파임을 의미하는 것은 아니다. 오히려 일찍이 강화되고 있던 문화의 진행 과정이 이제야 드러난 것일 수 있다. 주립대학 제도는 제2차 세계대전이 끝난 뒤 미국의 고등교육이 전례 없이 팽창하던 시기에 중추적 기능을 했다. 학생 대부분이 가난하거나 평범한 가정 출신이고 미국 대학생 세 명 중 두 명이 주립대학에 다녔다. 그러나 2008년에 경제위기가 발생한 이후 3년 동안 규모가 크고 재정이 탄탄한 주립대학들조차 앞다퉈 준연방, 준사립 기관으로 거듭나려고 했다. 그뿐 아니라 캘리포니아 주 이외 지역 출신으로 비싼 등록금을 감당할 수 있는 학생들을 유치하려고 애썼다. 재정이 빈약하고 규모가 작은 공립대학들은 단지 살아남기 위해 고군분투했다.

버클리 캠퍼스에서 일어난 사건을 조사하기 시작했을 때, 나는 그 사례가 2008년의 경제위기가 미국 문화에 미친 여파로서—위기의 원인을 바로잡기보다 오히려 심화하는 것으로서—어느 정도 대표성을 띨지 제대로 가늠하지 못했다. 그런데 전국적으로 발생한 다양하고 체계적인 속임수와 금융제도의 구조적 결함, 특히 주택금융에서 촉발된 인재人災는, 교사와 사서들의 해고로 이어졌다.

이런 표현이 원인과 결과를 지나치게 단순화한 것임은 분명하지만 그렇다고 정도가 심한 것은 아니다. 재난이 발생하면 무엇보다 평소에 상황이 어떻게 돌아갔는지 드러나게 마련이다. "심각한 경기 침체의 뚜렷한 특징 중 하나는 이미 진행 중인 극심한 경제 변화를 가속화하는 경향이 있다는 것이다." 이번 경우에 재난이 "보기 드물게 잔인한 속성"을 명백히 드러내는 가운데 미국인들을 "승자와 패자로 구분하고, 서서히 중산층의 공동화를 불렀다(Peck, 2011; 재난의 폭로 기능에 관한 내 견해는 Rosalind Williams, 2002 참조)".

믿기 어려운 이런 불합리한 결론은 캘리포니아 주에만 적용되는 것이 아니다. 또 대학 교육이나 미국에만 국한된 이야기도 아니다. 미국과 유럽연합 모두에서 위험할 정도로 높은 전국 실업률은, 정부의 경기부양책이 아니라 이미 더딘 경제성장을 더욱 둔화할 수 있는 긴축예산을 편성하라는 요구로 이어졌다. 시간이 지나면 고용 증가와 균형예산을 달성할 수 있는 가장 합당한 토대가 경제성장임에도 이런 요구가 나온 것이다. 이렇게 완전히 비논리적이고 오히려 문제를 키우는 행태가 "뉴 노멀new normal"•로 선언되었다. 현재 미국과 유럽에서 일어나는 현상을 보면 바닥이 보이지 않는 토끼 굴로 떨어지고 있는 것 같아 당혹스럽다.

나는 버클리의 사례든 또는 다른 사례를 연구하든 우리가 출발선 상에서 암묵적으로 사용할 모형, 즉 위기와 여파, 원인과 결과, 경제적인 것과 문화적인 것을 먼저 검토하지 않으면 생산적인 결과가 나올 수 없음을 깨달았다. 따라서 지금부터는 다음과 같은 의문에 관심을 돌릴 것이다.

- 빈번하게 사용되지만 충분히 분석되지 않은 용어로서 위기는 오늘날 세계에서 어떤 의미를 담고 있는가?
- 위기와 그에 따른 여파를 어떻게 구별할까? 언제 위기가 끝나고 언제 여파가 시작되는가?
- 이런 맥락에서 우리는 문화 또는 문화들의 의미를 어떻게 사용하는가?
- 개인과 집단은 당대에 일어나는 사건을 어떻게 역사로 인식하고 경험하고 이해하는가?

공자가 일러준 현명한 조언대로 세상의 질서를 잡으려는 노력은 모두 "이름을 바로잡으면서" 시작해야 한다.

말language이 바르지 않으면 말한 것이 이치에 맞지 않는다. 말이 이치에 맞지 않으면 해야 할 일이 이루어지지 않는다. 해야 할 일이 이루어지지 않으면 도덕과 예술이 타락한다. 정의가 타락하면 사람들은 어찌할 줄 모르는 혼란 속에 놓이게 된다. 따라서 말에는 임의성이 없어야 한다. 이것이 무엇보다 중요하다(공자, 1980판: bk 13, v. 3).

　　• 시대 변화에 따라 새롭게 부상하는 판단 기준.

먼저 **위기**와 **여파**라는 용어에서 시작해보자.

위기와 여파 개념의 역사
»

2008년 가을, 금융권이 요동치기 시작하자 미국인들은 그 사건에 이름을 붙이려고 시도했다. 이때 미국 영어에서 어느 정도 영향력을 얻은 용어가 "대불황 The Great Recession"이다. 이 용어는 역사적인 기준에 눈금을 맞춘 것으로서 1930년대의 대공황과 그 이후 규칙적으로 나타난 좀 더 가벼운 불경기 사이의 어느 시기를 가리킨다. 그러나 이미 우리는 위기와 여파를 혼동하기 시작했다. 공황과 불황은 모두 다른 사건의 여파이기 때문이다. 대공황의 경우 발단이 된 사건은 1929년 10월에 일어난 주식시장의 붕괴 Crash였다. 2008년에 벌어진 사태는 좀 더 일반적이어서 그해 가을 fall (한 해의 어느 시기와 사건의 추세를 둘 다 편리하게 설명하는 단어다)에 일어난 사건 전체가 간단히 "위기"라는 말로 요약되었다.

위기 crisis라는 단어는 그리스어 *kerein*에서 유래한 것으로 '분리하다, 자르다, 고정시키다, 정착시키다 또는 정하다('정확한 certain 날짜'라는 표현에서 쓰는 것처럼)'라는 뜻이다. 따라서 이 단어는 명확하게 정의되는데, 절정에 이르거나 위험하거나, 어쨌든 결정적인 사건을 가리킨다.[2] 상호 연관성이 깊다고 여겨졌던 의학과 점성술에서 처음 사용되었는데 그 시기는 1500년대로 거슬러 올라간다. 그런 맥락에서 위기는 "병이 진행되는 중에 회복될지 아니면 죽을지 결정되는 중요한 진전이나 변화가 일어나는 시점으로 병의 호전 또는 악화에 영향을 미치는 전환점"을 의미한다.

17세기에 이르자 "위기"는 정치와 상업에도 적용되어 좀 더 일반적인 의미로 사용되기 시작했다. 즉 "어떤 일이 진행될 때 지극히 중요하거나 결정적인 단계나 전환점, 또 상황이 나아질지 악화될지 결정하는 중대한 변화가 임박한 상태, 정치나 상업에서 특별히 어렵고 불안정하며 긴장된 시기"의 의미로 사용되었다. 의료 분야에서 쓰이든 좀 더 일반적인 용법으로 쓰이든 위기는 언제나 지속적인 진행progress(처음에는 병의 진행, 17세기에는 '어떤 일'의 진행)과 대조적인 의미로 정의된 점이 주목할 만하다. 바꿔 말하면 진전하는 생각, 좀 더 적절한 표현으로는 진전하는 이데올로기는 역사에서 우세한 개념으로 등장한다. 동시에 위기라는 개념은 꾸준한 진행을 방해하는 불길한 사건이라는 의미로 역사에 적용되기 시작한다. 이러한 변증법은 19세기에 들어서 더욱 분명해진다. 예를 들어 1875년에 발간되어 널리 읽힌 플라톤 번역본에서 벤저민 조웨트Benjamin Jowett는 "평범한 정치인은 평범하지 않은 위기에 쉽게 실패하는 경향이 있다"고 썼다. 또한 위기는 위기 선동자crisis-mongers(1841), 위기의 중심crisis-centre(1898, 서아시아 지역을 가리킴), 그리고 (칭찬의 의미로) 위기 모면crisis-avoiding(1900)과 같은 문구에서도 사용되기 시작했다.

　20세기에는 일이 계속 진척되는 상태를 나타내는 단어로 '진행progress' 대신 '위기'가 사용되기 시작했다. 제1차 세계대전과 제2차 세계대전 사이에는 위기의식의crisis-minded, 위기를 인식하는crisis-conscious과 같이 하이픈으로 연결된 새로운 단어가 생겨나 전반적인 우려anxiety의 상태를 정의하는 데 사용되었다. 1940년에 윌리엄 엠프슨William Empson은 『폭풍전야Gathering Storm』라는 적절한 제목이 붙은 책에서 "일상생활에서 항상 느끼는 감정에 위기감crisis-feeling도 포함시키는 것이 중요하다"고 썼다. 위기관리crisis-management—미래학자 허먼 칸Herman Kahn이 군사적 위험danger의 고조에 관해 쓰면서 처음 사용한 용어—라는 도전은 이제 일상사가 되었다. 위기를 관리하는 능력이 정치적, 군사적 지도자의 자질이 되자 의문이 일었다. '평범한normal' 역사는 진행인가 위기인가? 그리고 평범한 역사에 위기가 만연하기 시작할 경우 위기와 여파의 차이는 무엇일까?

　우리가 프로젝트를 진행한 지 1년 반이 지나서야(이 사실을 인정하는 것이 당황스러운데) 나는 우연히 영어 단어인 여파를 농업과 연관시킨 소설인 조지프 오닐Joseph O'Neill의 『네덜란드』(2008)를 읽게 되었다. 여파가 막연히 수학mathematics과 관련된 단어일 것이라고 지레짐작했던 나는 오늘이 일러준 대로 옥스퍼드 영어사전을 찾아보았다.:3 위기처럼 여파도 16세기에 영국(잉글랜드)에서 처음 사용되었으며 최초로 사용한 시기는 1523년으로 거슬러 올라간다. 또 위기와 마찬가지로 여파도 "두 번째 또는 그 이후의 풀베기, 초여름에 풀을 벤 다음에 자란 풀을 베는 작업"이라는 유기적 과정을 가리켰다. 예를 들어, 플리니우스Pliny가 쓴 『세계의 역사History of the World』의 1601년도 영어 번역본에는 "풀이 너무 높이 자라면 베어 내고 두 번째 이후 수확된 풀after-math을 넉넉히 모아 건초로 만든다"라고 쓰여 있다. 이것은 원인과 결과의 순서가 아니라 첫 번째 풀이 자란 뒤에 두 번째부터 수확하는 유기적인 순환과정이다. 일반적으로 첫 번째 베어 낸 풀보다 두 번째 것이 양이 적고 가치도 떨어진다. 시인인 앤드루 마벌Andrew Marvell은 1673년에 "두 번째 이후 수확된 풀은 처음 베어 낸 풀과 거의 또는 전혀 같지 않다"고 썼다.

19세기 중반부터 여파라는 단어는 '~위기'와 마찬가지로 뜻이 추가되어 "(일반적으로 불쾌한) 사건이 남긴 상태나 상황, 또는 그 사건에 덧붙어서 발생한 일"이라는 좀 더 보편적인 의미를 띠게 되었다. '사건'의 예는 낙담한 사랑(코벤트리 패트모어Coventry Patmore, 1863: "꽃이 피지 않는 베어 낸 풀 사이에서……")에서부터 반역(하틀리 콜리지Hartley Coleridge, 1851: "대반역의 여파The aftermath of the great rebellion")까지 다양하다. 20세기에는 여파가 대단히 역사적인 사건, 특히 전쟁(1946년에 처칠은 "영국의 삶과 힘은 (…) 전쟁에서뿐 아니라 전쟁의 여파를 겪는 동안 완전히 검증될 것이다"라고 선언했다)에 적용되면서 농업에서 기원한 단어라는 흔적이 거의 사라졌다.

1946년 존 허시John Hersey가 뉴요커New Yorker 지에 히로시마 원폭 투하에 관해 쓴 글에서 생존자 5명의 삶을 언급한 대목에서도 이와 비슷한 극적인 용법이 보인다. 35년 뒤 새로 발간된 책에서 허시는 그 후 수십 년 동안 5명의 삶을 추적하여 설명을 거의 두 배로 늘렸다. 새로 나온 책의 제2부 제목이 "여파"였다. 여파의 결과가 행복일 가능성도 있다. 마틴 루터 킹Martin Luther King은 "비폭력의 여파는 소중한 공동체의 탄생이지만 폭력의 여파는 비극적인 고통이다"고 했다(1958). 그러나 대부분의 경우 여파는 우울증이나 숙취 같은 좀 더 부정적인 의미를 내포한다.

나는 이 두 단어만 추적해서는 두 단어가 상호작용하며 발달한 과정을 제대로 이해할 수 없다고 생각했다. 언어에 대한 섬세하고 정교한 접근 방식은, 러니드 핸드Learned Hand 판사가 사법 판결문에 대해 한 말을 인용하면, "사전 밖에 요새"를 지어서는 안 되고, 전후맥락에 맞게 더 광범위한 목적이나 대상을 고려해야 한다(Liptak, 2010). 맥락의 문제는 2010년 가을에 내가 "서서히 진행되는 위기에서의 의사소통"에 관한 토론에 MIT 측 패널로 참석해달라는 요청을 받았을 때 명확해졌다. 행사의 제목은 매우 흥미로운 모순어법처럼 느껴졌다. 급격하고 결정적인 전환점으로 이해되는 위기가 어떻게 서서히 진행될 수 있을까? 나는 생각을 거듭하다가 "서서히 진행되는 위기"라는 자기모순적인 개념은 아마도 리오 막스Leo Marx (2010)가 말한 "의미론적 공백semantic void"이라는 개념을 가리키는 것이라 짐작했다. 의미론적 공백이란 역사의 변화가 그 변화를 표현하고 분석할 언어의 자원보다 앞서 나가서 기존 언어로는 새로운 역사의 조건을 표현하거나 분석하기에 부적합한 상황을 가리킨다. 막스는 19세기 후반에 그 같은 공백이 존재했지만 그에 대한 의미가 채워지기 시작한 것은 상대적으로 최근에 등장한 기술technology이라는 단어가 출현하면서라고 주장했다.

나는 서서히 변화한다는 특징에 특별히 주목해 2008년 경제위기를 다룬 신문 기사와 논평을 주의 깊게 살피기 시작했다. 말하자면 내가 사용한 방법은 전체적인 인상에 근거했기 때문에 협의의 의미 분석은 배제할 수밖에 없었다. 주로 날마다 뉴욕타임스를 읽는 것에 의존하는 방식이었다. 그것은 매우 제한된 자료지만 서서히 변화하는 위기에 관해 그리고 변형된 **위기**와 **여파**에 관해 곰곰이 생각할 거리를 많이 제공해주었다. 거의 매주 칼럼니스트인 밥 허버트Bob Herbert와 폴 크루그먼Paul Krugman은 일부 금융 지표상으로 위기는 '끝났지만' 자신들이 경제적 위기, 특히 고실업으로 정의한 '진짜' 위기는 전혀 끝나지 않았다고 불평했다.

금융위기가 발생한 지 1년 뒤 뉴욕타임스의 주간 뉴스 섹션은 "대불황은 끝났지만 해고는 끝나지 않았다(Goodman, 2009)"라는 헤드라인으로 장식됐다. 그 후 1년 반이 지난 2011년 봄에는 뉴스위크의 인쇄판과 온라인판을 통해 전 영국 총리인 고든 브라운Gordon Brown (2011)이 "세계가 앞으로도 지금처럼 간다면 미래의 역사가들은 3년 전에 일어난 심각한 금융 붕괴는 연속적인 위기의 예고편일 뿐이며, 그러한 위기들로 세계화 자체에 대한 대중의 동의가 무너졌다고 말할 것이다"라는 불길한 예언을 했다.

또 2011년 봄—다시 뉴욕타임스로 돌아가서—에 연방준비제도 이사회의 인사청문회에서 MIT의 경제학자인 피터 다이아몬드Peter Diamond가 결국 인준을 받지 못한 것은 경제위기가 아직 계속되고 있다는 가정에서 나온 결과였다. 상원의원인 리처드 C. 셸비Richard C. Shelby (앨라배마 주, 공화당)는 "다이아몬드 박사에게 위기관리 경험이 있습니까? 없습니다"라는 자문자답 형식의 발언을 했다. 위기관리 능력은 명백히 연방준비제도의 이사로 취임하기에 적합한지를 판단하는 새로운 기준이 되었다(Diamond, 2011).

경제뿐만이 아니다. 이라크와 아프가니스탄에서 미국이 주도한 전쟁과 관련해 "이 위기가 정말로 끝나기는 할까?"라는 질문이 끊임없이 제기되었다. 뉴욕타임스의 수석 전쟁특파원은 아프가니스탄에서 "4년을 끈 전쟁의 종반전이 마침내 시작되었다. 그러나 종반전이 정확히 언제 끝날지 분명하게 아는 사람은 아무도 없다(Filkins, 2010)"라고 썼다. 2011년, 9·11 테러 10주년 기념행사에서도 같은 유형의 질문—이 사건이 끝났는가, 아닌가?—이 분위기를 지배했다. 9·11위원회의 공식 보고서의 부제는 공격의 계획부터 여파까지였고(국가 테러공격위원회와 젤리코Zelikow, 2011), 9·11 공격을 다룬 많은 책 중에서 최소 두 권의 제목이 였다(Botte, 2006; Meyerowitz, 2006).

2009년 파키스탄 홍수, 2010년 초 아이티 지진과 그 직후에 발생한 멕시코 만의 원유 유출 사건, 2011년 초 일본에서 발생한 지진과 쓰나미, 2011년 봄 미국 남부와 중서부, 뉴잉글랜드 지역을 강타한 토네이도와 홍수 등 경제위기 이후에 닥친 환경 재앙을 분석할 때도 결코 끝나지 않을 것처럼 보이는 위기를 묘사하는 데 비슷한 용어가 사용되었다. 예를 들어, 아이티의 지진 위기—또는 여파라고 해야 할까?—를 다룬 어느 보고서의 제목은 "서서히 진행된 재난의 특별한 고통"이었다(Polgreen, 2010).

서서히 진행되는 위기라는 개념을 자연의 위기를 추정할 때처럼 경제적·군사적 위기에 적용할 때 우리는 인간이 만든 과정을 자연화해naturalize 인간의 통제를 넘어선, 제지할 수 없는 힘으로 특징 지어버릴 수 있다. 요컨대 인간의 역할을 부정하는 것이다. 그러나 그런 시각은 양방향으로 작용할 수 있다. 자연재해는 부분적으로 인간이 일으킨 것일 뿐 아니라 자연의 영향과는 분명히 구별되는 인간의 영향으로 일어남을 인정함으로써 자연재해를 인간화할humanize 수도 있는 것이다. 2011년 봄에 발생한 미시시피 강의 홍수가 평범한 사람들에게 미친 영향—"수천 가정의 뒷마당이 물에 잠겼다"—은 "쏟아지는 악성 자산으로 하류의 시장이 범람하는 동안 자신의 재산 주위에 담을 쌓아 올린 경제 엘리트층"이 고지高地를 발견한 것과 대조를 이룬다(Carroll, 2011). 2010년 아이슬란드의 에이야프얄라요쿨Eyjafjallajokull 화산 폭발은 '오일쇼크'에 빗대어 '화산재 쇼크'라 불렸다(Jolly, 2011). 특히 2011년에 쓰나미가 일본을 덮친 데 이어 원자로 노심 용융meltdown이 발생한—불가항력과 인간의 실수가 결합된 혼합형 위기의 대표적인 예—직후, 세계경제를 '용융 상태'라고 지칭하는 경우가 예전보다 늘었다(Norris, 2011).

그 무렵부터 위기와 여파에 대한 오늘날의 논의들이 두 용어를 재정의할 뿐 아니라 현대사를 설명하기 위해 새로운 비유를 만들어내고 있다는 점이 분명해졌다. 거듭 모습을 드러내는 역사적 패턴은 논리적인 인과관계라기보다 어느 정도 미학적인 형태였다. 일종의 집단적인 자유연상 훈련으로 유체流體가 흐르는 이미지가 반복되는 것이다. 예컨대 "유출"(특히 모든 사람이 멕시코 만에서 원유가 유출된 것을 알고 있던 2010년에는), "홍수" "화산재 구름" 또는 가장 꾸준히 연상되는 "용융"의 이미지가 그러하다. 이러한 이미지 뒤에는 아마 세계무역센터가 무너져 내리는 이미지가 있을 것이다. 와르르 무너질 때 그 건물은 유체로 변하는 듯했다.

이 모든 경우에, 취약한 장소에서는 문제가 계속 퍼져나가고, 다른 지점에서 생긴 문제와 만나 재난이 교차하고 상승작용을 일으켜 새로운 역사의 패턴이 만들어진다. 뉴욕타임스의 한 평론가는 멕시코 만 유정 폭발 사건과 같은 위기를 과소평가하려는 인간의 "본능적인 natural" 성향에 스필로노믹스spillonomics라는 명칭을 붙였다(Leonhardt, 2011). 멕시코 만의 유정에서 뿜어져 나오던 원유가 마침내 제어되던 무렵 타임스의 한 시사평론가는 그의 글에서 유전은 "환경 참사를 넘어서는 재앙"이라고 표현했다. 그는 이렇게 주장했다.

> (원유 유출 사건은) 고질적인 정치 문화에서부터 실업 위기, 아프가니스탄에서 벌어지는 해결하기 어려운 전쟁에 이르기까지 국민 생활의 다양한 영역에 피해를 주는 혼란을 지겹게 상기시킨다. (…) 이런 형상화는 우리의 집단의식에 교묘하게 스며든다. 이는 가장 총명한 엔지니어들의 노력과 가장 값비싼 기계로도 어쩔 수 없는 거대하고 당혹스러운 무언가가 계속 작동하고 있다는 골치 아픈 증거다(Goodman, 2010).

이러한 이미지는 맑은 이성을 일깨우기보다 인간의 정신 상태 중 상상력이 가장 활발한 영역인 집단적 잠재의식에 스며든다. 의식의 전체 스펙트럼에서 위기와 여파는 "자연적"이든 "인간적"이든 모두 사정없이 밀려들어 끝없이 파괴를 재현하는 피해라는 이미지 틀에 합쳐진다.

언론에서 현대사에 관해 언급할 때에는 어조나 암시, 맥락에 세심하게 주의를 기울여 읽어야 한다. 그런 메시지가 전달하는 미학적 유형은 미셸 푸코Michel Foucault가 지식의 "적극적인 무의식", 지식의 "고고학"이라 불렀던 문화의 단계로까지 우리를 이끈다. 이는 의식적 논의의 단계보다 한 층 아래에 있지만 매순간 그러한 논의를 당연한 것으로 만든다. 푸코가 『말과 사물Let Mots et les choses』에서 설명한 것처럼 그러한 탐구는, "하나의 문화가 사물들의 근접 관계를 어떻게 경험하는지 그리고 사물들을 검토해야 하는 기준인 관계와 질서의 판tabula을 어떻게 형성하는지 (⋯) 요컨대 유사성의 역사와 더불어 어떻게 형성하는지에 초점을 맞춘다(Foucault, 1970)".

그런 의미에서 현대의 위기와 여파의 역사는 "유사성의 역사"다. 2008년에 생생하게 경험한 경제 사건은, 피해를 입히며 확산되는 유출이라는 면에서 유사한 사건들로 이루어진 네트워크의 일부로 경험하고 인식된다. 이것이 현대의 역사가 "사물들"의 "근접 관계"로 경험되는 방식이다. 찰스 페로Charles Perrow의 용어(1984)를 빌리면, 서로 교차하는 유출 사건들은 집합적으로 현대사의 "뉴 노멀"을 형성하는 "정상적인 사건들"이다. 위기는 더 이상 역사의 전환점이 아니라 역사에 내재하는 상태이며, 위기의 "정상적"인 작용의 일부인 여파와 구별하기가 어렵다. 그렇다면 2008년의 위기에는 새로운 역사적 인식의 출현을 부추기고 가속화하는 문화적 차원이 존재한다.

역사는 궁극적으로 패턴을 만드는 훈련이며, 18세기 후반 이후 서구의 역사 개념에는 선형적 진보linear progress라는 패턴이 우세했다. 인간이 인간을 제외한 자연을 지배하는 물질적 힘을 극단적으로 증대해간다면 역사는 더 이상 반복과 좌절의 순환과정을 밟지 않을 것이며 점진적이지만 꾸준히 진보하는 사회 패턴으로 새로 형성될 거라는 생각이 가능해졌다. 19세기 후반과 20세기에는 점차 진보의 물질적 수단이 수단뿐 아니라 목적도 정의하게 되었다. 이는 개념의 중대한 변화이지만, 서서히 확장되는 인간의 힘으로 역사의 기본 패턴이 형성된다는 믿음은 그대로였다(Rosalind Williams, 2004; Rosalind Williams 1993 참조).

그런데 이러한 심성 모형mental model과 잘 맞지 않는 역사적 사건이 21세기 초에 많이 일어났다. 역사가 진보한다는 믿음은 여전히 강하다. 특히 발전된 기술로 생산한 기계와 도구가 증거로 제시되면 더욱 그렇다. 그러나 더 큰 규모의 시스템, 특히 환경, 군사, 경제 시스템이 포함되면 그런 시스템과 결부된 현대사 패턴은 선형적이지 않으며, 끝이 보이지 않는 위기가 중심에서 확산되는 패턴으로 상상된다. 각 중심에는 각 여파가 포함되어 있으며 퍼져나가는 다른 중심들과 서로 개입하는 패턴이 형성되어 전체 문제는 부분들의 합보다 훨씬 더 커진다. 일반적으로 기술적 장치와 시스템이 서로 대체하기보다 쌓이는 것처럼, 이런 장치나 시스템과 밀접하게 관련된 역사적 개념도 축적된다. 역사의 진보와 역사의 위기, 선형적 패턴과 네트워크형 패턴이 공존하며 이는 현대 세계를 설명한다.

상호 갈등하는 역사 패턴이 공존하기 때문에 역사에 대한 현대인의 사고에도 근본적인 모순이 드러난다. 다시 뉴욕타임스의 예를 들면, 칼럼니스트인 토머스 프리드먼Thomas Friedman이 이 문제를 가장 잘 표현했다. 2006년에 프리드먼은 인류가 평평한 세계를 이룰 절호의 기회를 맞이했다고 강조한 "간추린 21세기 역사"를 발간했다. 『세계는 평평하다 The World is Flat』라는 이 책은 베스트셀러가 되었다. 2008년에는 『뜨겁고 평평하고 붐비는 세계: 왜 녹색혁명이 필요하고, 그것은 미국을 어떻게 부활시킬 수 있을까 The World is Hot, Flat, and Crowded: Why we Need a Green Revolution and how it Can Renew America』를 출간했다. 또 2011년에는 인구 증가, 지구온난화, 식량 가격의 상승, 유가 인상, 정치적 불안정이 교차하며 반복되는 것을 경고하는 「지구는 가득 찼다 The Earth is Full」라는 논평을 발표했다. 그 논평에서 프리드먼은 "우리는 위기가 없으면 시스템을 바꾸지 않을 것이다. 그러나 걱정 말라. 위기가 다가오고 있다"고 경고했다. 인간은 "위기가 주도하는 선택(여기서 프리드먼은 베테랑 환경운동가이자 기업가인 폴 길딩Paul Gilding의 말을 인용했다)" 쪽으로 머리를 돌려 세계의 붕괴가 아니라 새로운 지속가능성을 얻을 수 있는 방법을 찾아낸다는 것이다(Friedman, 2006, 2008, 2001).

지구는 평평하고 그리고 가득 찼다. 지구의 구원자는 환경운동가이며 기업가다. 위기가 역사적 생활세계lifeworld*를 주도하고 있지만 새로운 지속가능성은 그저 가시선 밖에 있다. 당대에 일어나는 사건의 패턴을 생각하는 방법이 이렇게 혼란스럽고 복잡한 것은 세상에 대한 인간의 요구가 지속가능한 정도를 훨씬 넘어서는데도 기술혁신을 이용한 자본주의적 축적이라는 지배 이데올로기가 위기를 심화하기만 하는 새로운 역사적 환경 때문이다.

생활세계로서의 역사
»

푸코의 말을 빌자면 인간은 "발아래에서 다시 요동치는 똑같은 땅"을 이해하려고 노력한다(Foucault, 1970: p. xiv). 왜 똑같은 땅이고 어떻게 요동치고 있을까? 또는 리오 막스가 기술에 관해 제기했던 물음을 현대사에 던져본다. 새로운 단어와 개념을 만들어 이해하고 분석할 필요가 있는 새로운 세계의 조건은 무엇일까?

『말과 사물』에서 푸코 자신은 "관찰하는 주체에 절대적으로 우선순위를 두는 현상학적 접근 방식"이 "초월적 인식으로 귀결"될 때는 이를 단호히 거부한다고 표명했다. 푸코는 "인식의 주체 이론theory of the knowing subject" 대신에 "담론적 실천 이론theory of discursive practice"을 추구한다(Foucalut, 1970: p. xiv).

물론 앞에서 지극히 선택적으로 제시한 인상적인 증거들—기본적으로 미국의 주류 언론에서 무작위로 얻은 토막 정보—과 현대사의 문화 개념이 갈등을 겪고 있다는 전반적인 가설에는 커다란 틈이 있다. 그런데 진보에 대한 뿌리깊은 믿음과 그러한 믿음에 도전하는 위기적 사건의 흐름이 서로 갈등을 빚고 있다고 싸잡아서 단정하기도 어렵다. 좀 더 본질적인 증거를 바탕으로 이 문제를 연구하면 역사가와 사회(과)학자에게 바람직한 협력 기회를 제공할 수 있을 것이다. 특히 이 문제를 "담론적 실천"으로 검증할 때 더욱 그렇다. 역사를 바라보는 당

•학문적으로 수립된 객관적 세계와 대립되는 일상적인 삶의 세계.

대의 인식과 경험을 이해하려고 할 때 가장 중요한 도구로는 일반적으로 인문학, 특히 문예비평을 들 수 있다. 단어 계수word counts*와 언어 지도linguistic maps가 도움을 줄 수도 있지만 그러한 작업만으로는 부족하다. 현대사의 패턴을 파악하려면 바탕에 깔린 무의식적인 인식의 규칙과 우리 시대의 관념을 드러내는 다양한 자료를 전후 맥락에 맞춰 창의적으로 읽어야 한다.

또 흥미로운 점은 역사를 "아래에서부터from the bottom up" 연구할 때 역사학자들과 사회(과)학자들이 협업할 가능성이 있다는 점이다. "아래에서부터"라는 생생한 공간적 은유는 엘리트층과 대조되는 평범한 사람들을 연구하고 특히 역사를 설명할 때 배제된 다양한 집단(노동자, 피식민지인, 여성, 더 나아가 비非인적 행위자들)을 포함시키는 역사학자들이 흔히 사용한다. 그렇다 하더라도 전문적인 정식 역사학자는 포괄적으로 작업하는 사람이라는 가정은 여전히 유효하다. 모순되는 역사 모형의 가설을 평가할 때, 비역사가들—역사 속에 살고 있는 사람—이 역사를 어떻게 인식하고 경험하는지를 묻는다는 의미에서 아래로부터의 역사가 필요하다. 사람들은 세계의 변화와 지속성을 어떻게 표현하고 설명할까? 과거와 미래의 역사와 관련하여 자신들을 어떻게 생각할까? 한마디로 그들은 역사적 세계로서 자신의 생활세계를 어떻게 경험할까?

생활세계는 20세기 초에 현상학자들이 과학적 연구에 앞서 연구의 토대가 되는 일상적인 경험의 세계를 정의하기 위해 제시한 개념이다. 1936년에 에드문트 후설Edmund Husserl은 그 특징을 다음과 같이 설명했다. "그것은 참으로 생생하고 진정 살아 있으며 경험할 수 있는 세계다. 생활세계에서 우리 모두의 삶은 실제 전개되고 있는 그대로 존재하며 (…) 우리가 물리학이라는 특별한 기술을 창안했다는 사실에도 변하지 않고 있는 그대로 남아 있다. 이 말을 하는 것도 너무나 진부하

---

* 문장 내의 단어를 세는 것.

다(Husserl, [1936] 1976: 50–51)."

후설은 반半의식적이고 상식적인 경험을 과학적 성찰이라는 추상적 접근 방식과 구별하고 가치판단을 내렸다. 그는 다채롭고 복잡하며 심지어 혼란스러운 생활세계는 자신이 보기에 생활세계에서 유래한 생기 없는 파생물인 과학 모형보다 높이 평가되어야 한다고 생각했다. 세계를 과학적으로 설명하는 데 애를 너무 쓰다 보면 일상적이고 적극적으로 생활세계에 참여하고 있다는 기초적인 사실을 잊어버린다. 후설은 관심의 전환이야말로 다름 아닌 위기—"유럽 과학의 위기"—라 믿었다. 그리고 그 위기가 생활세계 자체에 지속적으로 해악을 끼친다고 생각했다(후설과 현상학에 대한 논평은 Abram, 1996: 40–41과 Welton, 1996: 303 참조).

아마도 역사라는 단어는 역사학자들의 연구보다 선행하고 그것의 토대가 되는 "진정 살아 있고 실제로 경험 가능한" 세계를 내재적으로 가정하는 "특별한 기술art"로서의 물리학으로 대체될 수도 있을 것이다. 실질적인 결론은 두 가지다. 첫째, 세계를 생활세계로 파악하려는 탐구자는 의식적이든 무의식적이든 모든 감각과 인식의 형태를 거친 증거를 포함시켜야 한다. 둘째, 생활세계에서 나온 증거의 유효성은 그 속에 사는 사람들의 상호주관적인intersubjective 경험에 따라 평가된다. 연역적 추론이 아니라 언어와 사회제도를 창조해내고 사용하는 등의 기본적이고 반복적인 인간 행위에 의해 공유된 경험을 지속적으로 현실에서 확인하는 것이다.

푸코는 현상학적 접근 방식에 찬성하지 않았다. 그런 접근 방식은 "관찰하는 주체에 절대적인 우선순위를 두는데" 그러한 우선순위를 불필요하다고 보았기 때문이다. 사실 그런 방식은 기껏해야 통합적이고 반사적인 전체로서 "구체화된 위치에서 생생하며 수평적인 영역으로서의 세계에 접근하는" 인식자를 포함할 뿐이며, 이런 인식자는 "인식 행위와 인식되는 내용"에만 접근할 뿐이다(Lowe, 1982: 1). 역사적 생활세계의 경우도 그것을 "관찰하는 주체"가 파악하지만 이는 주체가 담론과 특정한 묘사와 관련된 인식 행위에 몰두하고 자신은 인식하는 것의 "내용"에 관여할 때로 제한된다. 내용을 인식하는 동안 변화한다는 것이 문제를 더 복잡하게 만든다. 역사적 생활세계는 그 자체로 역사다. 우리 발밑의 땅이 바뀌는 것이다.

최근의 방법들과 대조적으로 현대사의 생활세계에 관해 매우 흔한 설명 중 하나는 변화의 속도가 빨라지고 있다는 것이다. 19세기와 20세기 초에 선형적 진보라는 역사 개념이 발전하면서 역사의 진보를 설명하는 기준descriptor으로서 좀 더 일반적인 사회 변화가 아니라 "기술의 변화"가 점점 더 많은 관심을 받았다. 사회의 발전 속도는 계속 점진적일 수 있지만 기술 영역에서는 헨리 애덤스Henry Adams가 말한 "가속의 법칙"이 지배하는 것처럼 보였다. 이 저명한 미국의 역사가—미국역사학회의 창립자이자 초대 회장—는 자전적 저서인 『헨리 애덤스의 교육The Education of Henry Adams』에서 그 '법칙'을 개략적으로 설명했다. 간단한 계산을 거쳐 그는 새로운 에너지원을 개발하면 역사의 변화는 가속화한다는 결론을 내렸다. 예컨대 가속페달을 집단적으로 밟는 것 같은 효과가 나타난다는 것이다. 신중한 애덤스는 이를 두고 진보progress라고 주장하지는 않았지만 인류에게 비할 수 없이 중대한 결과sequence라고 강조(1918)했다.

애덤스는 에너지에 초점을 맞추었기 때문에 가속 효과를 오히려 과소평가했다면, 애덤스 이후 다른 역사학자들은 그 외의 많은 물질적 과정이 애덤스가 글을 쓴 시점인 20세기 초부터 "하키 스틱" 모양으로 급격히 상승했음을 증명했다. 그 예로는 급격히 증가하는 인구, 산업 생산, 자원의 소비, 생물종의 멸종, 그 외 지구 전체에 영향을 끼치는 인간 행동의 많은 척도를 들 수 있다(McNeill, 2000).

20세기의 역사학자들이 가속화된 인간사史의 (변화) 속도에 자연사史의 (변화) 속도가 얼마만큼 휘말리고 있는지 평가하는 데는 어느 정도 시간이 걸렸다. 제1차 세계대전과 제2차 세계대전 사이에 아날학파Annales School의 역사학자들은 장기간 지속되는 "맨 아래 단계"의 사건들, 즉 주로 인간 의식의 단계 밑에서 발생하는 물질적인 삶의 조건의 집단적이고 장기적인 변화에서부터 역사를 연구했다. 예를 들면 1968

년에 엠마뉴엘 르 로이 라뒤리Emmanuel Le Roy Ladurie는 흔히 아날학파 의 최고 업적으로 간주되는 저서를 썼다. 랑그도크Languedoc의 농민들 을 연구해 쓴 이 책의 주인공은 300년 동안 지속된 농사 주기cycle였 다. 지세地稅 등록 자료, 곡물 가격, 인구 기록부, 문맹률의 변화, 그 외 많은 척도로 쌓은 방대한 증거를 바탕으로 주기를 추적했다. 아날학파 역사학자들은 기후변화, 토지 생산성, 인구 등 서서히 진행되는 사건들 을 그보다 빠른 속도로 진행되는 **사태**conjuncture(200~300년에 걸쳐 벌 어지는 사회적, 정치적 변화)와 **대사건**événement(이름 있는 사람들, 한평생 벌 어지는 사건들을 포함해 한 사람이 일생 동안 인식할 수 있는 사건)과 비교했 다(Le Roy Ladurie, 1974; McCants, 2002; Long 2005 참조).

아날학파 역사학자들이 자연 세계를 인류 역사에 도입한 것과 같은 시기에, "하키 스틱"형의 물질적 변화로 인해 과거에는 **장기 지속하던** 사건들이 이제는 한 사람의 일생 동안 일어날 수도 있는 역사적 생활 세계가 만들어지고 있었다. 이러한 변화는 인류사의 배경으로 간과되 지 않고 오히려 개인과 집단의 높은 관심을 불러일으키고 있다. 아날학 파를 창시한 역사학자들이 사용한 용어에서 **위기**는 의미상 사건사史, 즉 뚜렷하고 갑작스러운 역사의 전환점으로 쓰인다. 이제 환경 위기는 몇 세기가 아니라 수십 년 단위로 측정되는 사건들에 사용되는 통상적 인 명칭이 되었다.

지금은 역사의 개념과 실제를 처음 고안한 기원전 5세기 그리스의 생활세계가 아니다. 연구나 탐구의 대상으로서의 역사를 발명한 사람 들은, 상대적으로 일시적이고 허약하며 우발적인 인간의 행위와 말을 설명하고, 안정되고 지속적이며 예측 가능한 보금자리로서의 세계를 염두에 두었다. 인류 역사의 시간상수time constant는 자연(인간 이외의 자 연이라는 의미) 역사의 시간상수와 크게 다른 것처럼 보였다. 현대사의 생활세계는 그리스의 생활세계와 완전히 다르다. 또한 지식과 물질적 힘이 확장되어 인간이 지구를 지배할 것이라고 가정했던 과학혁명, 산 업혁명의 생활세계와도 완전히 다르다.

그 대신에 21세기 초에 등장한 역사적 생활세계는 교차하는 여러 위기로 점점 더 커지는 우려와 진보를 향한 오랜 희망이 뒤섞인 듯 보인다. 이 생활세계에서 진보는 갈수록 물질적 "변화"로 정의되고, 물질적 변화는 그 어느 때보다 느려 보이는 사회 진보에 비해 거침없이 가속화되고 있다. 동시에 위기들은 서로 상승작용을 일으키며 다가오고, 본래의 위기와 구별하기 힘든 끝없는 여파로 변형되고 있다.

나는 캘리포니아 주 유권자들에게서 나타난 미묘하고 모순된 생각은 이렇게 상충되고 불안정한 역사적 생활세계 측면에서 봐야 가장 잘 이해할 수 있다고 믿는다. PPIC에서 실시한 여론조사 결과에서 알 수 있는 것은 의식의 분열이라기보다는 현대사에 대한 이중의식이다. 진보로서의 역사 패턴은 여전히 존재하고 강력하지만, 위기로서의 역사 패턴 역시 강력하다. 두 가지 패턴은 많은 시민의 의식 속에 겹쳐 존재하며 현재 일어나는 사건들을 해석하는 설득력 있는 모형을 함께 제시한다. 현대사를 진보의 패턴으로 인식하면 미국 정부에서 오랫동안 그랬던 것처럼 개인과 가족이 더 나은 경제적 미래로 이어질 대학 교육에 투자하는 것이 타당하다. 교차하는 위기 패턴으로 역사를 인식하면 대학 기관에 대한 불신은 대체로 특정 상황에 국한되지 않고 막연한 비난으로 고착화된다. 오랫동안 시민들의 높은 신망을 누리던 대학들조차 이제는 요동치는 불신의 자장 속으로 빨려들고 대학 교육에 대한 불신이 교육 혜택에 대한 자각 정도보다 더 커지는 것이다.

또한 현대사를 인식하는 두 가지 패턴이 공존한다는 사실은 캘리포니아대에 관한 많은 논의를 포함해 오늘날 대학 교육에 관한 논의를 두 가지 매우 다른 담론 구조가 공존하며 지배하는 데 대한 설명이 될 것이다. 한 가지는 교육기관으로서의 대학에 전반적으로 불신을 표현하는 것이다. 모든 교육기관은 부패하고 불공정하며 오만하다는 것이 그 이유다. 이를테면 대학들이 높은 봉급, 부당한 승급, 짧은 근무시간으로 비위를 맞추면서 투정부리는 교수들을 달랜다. 한편에서는 고비용이 드는 행정 직원을 과도하게 채용하지만 정작 직원들은 기업체의 직원처럼 열심히 일하지 않는다. 그 밖에도 관료주의의 수렁에 빠져 있으며, 낡은 교수법에 기댄 채 교육 도구들을 혁신하지 않는다는 등 불만이 쏟아지고 있다. 반면 캘리포니아 주에서 실시한 여론조사 결과에서 잘 알 수 있듯이 학부모들은 대부분 자녀가 캘리포니아대에 다닐 수 있기를 간절히 원하며 자녀들도 마찬가지다. 미국인들은 대부분 미국 대학에 다니는 것을 큰 특권으로 생각하며 공립대학에 입학할 기회와 비용을 감당할 가능성이 줄어드는 것을 크게 우려한다.

이러한 모순은 혼란, 잘못된 정보, 또는 마술적 사고의 탓으로만 돌리기에는 너무 심각하다. 이 세 요소가 분명히 실재하는 것은 사실이지만 말이다. 모순이 심각한 이유는 최근의 사건들이 역사를 진보의 패턴으로 보는 믿음에 도전하고 있기 때문이다. 한때 사랑받은 진보라는 시각이 지금은 위협받고 있다. 미국 사회에서 집단의 문제는 개인이 노력해서 해결하기에는 너무 방대하고 또 복잡하게 얽혀 있다. 모든 기관이 부패하거나 비효율적으로 비칠 때 또는 둘 다일 때 공동의 노력에 불신이 생긴다. 신뢰할 수 있는 기관을 만들 수 없다는 인식이 이번 경제위기의 한 원인이었다. 위기가 여파의 형태가 아니라 경제위기를 민주주의의 위기로 바꾸면서 그러한 불신을 가속화했다.

공동의 노력이 없다면 사회 진보로서의 역사는 계속될 수 없다. 우리는 상호 강화시키는 위기의 네트워크로 변형되는 역사를 봐야 하는 운명일까? 역사 패턴을 이해할 필요성은 단순한 의견이나 기분과는 비교할 수 없는 절실한 문제다. 역사 패턴을 이해하는 것이 삶을 예측하는 감각의 기본이 되기 때문이다. 이것은 상실과 변화의 세계에서 살아남고 적응하는 데 필요한, 정치 감각에 앞서는 보수적인 본능이다. 예측 감각이 근본적으로 위협받을 때, 역사가 지금까지의 방식대로 진행되지 않는 것 같을 때 개인은 변덕스럽고 격렬하게 반응한다. 그 격렬함이 여론조사에는 잘 드러나지 않는다. 그것을 파악하기 위해서는 충실한 조사와 그에 대한 해석뿐 아니라 현대사에 관한 미학적이고 서사적인 차원의 설명에도 관심을 기울여야 한다(Marris, [1974] 1986; 경제에 관한 열정의 강도에 관해서는 Rosalind Williams, 1982; Latour and Lépinay, 2008 참조).

결론: 종말 의식

>>

19세기에는 선사시대prehistory(1865년 존 러벅John Lubbock이 『선사시대』를 발간하면서 공용화된 용어)라 일컫는 시기의 고고학적, 인류학적 발견이 다수 이루어지면서 역사의 시간 척도가 확장되었다. 비슷한 시기에 엔트로피entropy 이론이 등장함에 따라 먼 미래에 벌어질 우주의 "열사熱死"를 상상할 수 있게 되면서 인간은 역사의 먼 미래를 생각하기 시작했다. 역사는 당분간 가속화될 수 있지만 결국에는—아주 먼 미래에—모든 것이 정지되고 소진되기 시작할 것이다(Smith, 1998; Brush, 1967 참조). 과거와 미래의 두 방향에서 모두 보편적인 역사는 더 이상 인류 역사, 특히 6000년의 역사나 기독교의 예언과 관련된 역사와 합리적으로 맞지 않는 시간 척도를 나타내고 있다.

그 이후로 인류 역사는 세계시世界時 앞에서 정박지를 잃었다. 심원한 시간deep time●을 발견한 것은 인류가 맞이한 매우 흥미로운 지적 모험 중 하나지만, 그러한 흥미는 두 방향에서 조화를 이루지 못했다(Rosalind Williams, 1990; 22-50). 적어도 미래에 대해서는 심원한 시간이 점점 더 비현실적이고 무서운 개념이 되었다. 20세기 말쯤 신비한 암흑 에너지dark energy●●의 존재가 증명되면서 은하들이 더 이상 서로 빛을 전달하지 못하는 지점까지 우주가 팽창할 수 있다는 이론이 나왔다. 과거와 미래는 모두 인간이 탐지할 수 있는 범위를 넘어설 것이고, 지각 있는 생명체는 무엇이든 쥐 죽은 듯한 우주의 정적 속에 갇히게 될 것이라고 주장했다(Greene, 2011).

프랭크 커모드Frank Kermode는 종말 의식The Sense of an Ending이라는 강의와 그 후 발간한 책에서 시간의 확장이 현대문학에서 차지하는 중요성을 강조했다. 어떤 작가든 "그 한가운데에서" 길을 찾는, 같은 처지의 인간—우리 자신—을 상대로 이야기를 전개한다. 우리는 종말을

● 지질학적 시간
●● 우주의 가속 팽창을 일으키는 미지의 힘

"느껴야" 하고 또 "이해해야" 한다. 이 말은 인간 개인과 집단에 모두 해당되는 이야기다. 역사의 끝을 생각할 때 항상 보이는 것은 인간의 종말이기 때문이다(Kermode, [1996] 2000). 일단 시간 척도가 인간 세대에서 측정할 수 있는 정도를 넘어서면 그 의미를 전달해야 하는 새로운 부담이 문학에 주어진다.

역사도 마찬가지다. 역사 이야기는 거대한 줄거리일 필요가 없으며 심지어 일반적 의미의 줄거리나 이야기일 필요도 없다. 그러나 역사는 패턴과 시퀀스(경과), 구조 면에서 불가피하게 소설과 공통점이 있다. 매우 방대한 자료 중심의 양적 역사 연구에는 여전히 패턴이 내포되어 있다. 시간이 지나면서 변하는 것과 지속되는 것의 형태shape와 질서에 관한 기본적 의문을 패턴이 담고 있기 때문이다. 인류 역사의 생활세계에 관한 현상학적 연구를 수행하려면 "다음에 일어날 일"이라는 문제를 다루어야 한다. 생활세계의 "내용"은 일상적이고 물질적인 무수한 상호작용뿐 아니라 그 의미에 대한 불가피한 추측까지 포함하기 때문이다. 생활세계에서 중요한 차원은 그 세계의 지평선이다. 거기에는 늘 가장자리가 있고 인간에게는 그 가장자리 너머를 보고 싶은 강렬한 욕망이 끊임없이 일어난다. 이런 의미에서 초월성이라는 것이 언제나 생활세계의 일부를 이룬다.

커모드는 인간의 이야기에는 일반적으로 세 개의 대안, 즉 구원, 끝없는 순환, 파괴가 있다는 점을 상기시킨다. 이 세 가지가 모두 현대사의 개념에서 한 자리를 차지하고 있는 것은 분명하다. 구원의 전망은 기독교식의 황홀감 또는 (그리스도의) 재림, 그리고 다른 종교의 믿음에서도 분명하게 나타난다. 또한 진보를 대하는 세속적인 시각에도 나타나는데, 요원하지만 역사는 행복한 목표를 향해 움직인다고 단정한다. 커모드가 영대永代, aevum라고 부른 끝없이 순환하는 시간 속에서는 인간이 불멸하지는 않지만 세대에서 세대로 이어지면서 지속적인 기간이라는 형태로 전前 세대를 배우고 흉내 내고 반복한다. 여기서 인간뿐 아니라 모든 생명체는 저마다의 영원성 개념으로 자신의 종을 영속하는 생성의 순환을 가진다(Kermode, [1996] 2000: 79, '영대'에 대해서는

69-89 참조). 진보가 위기를 낳는 것처럼 보이는 세계에서 영원한 순환이라는 시각은 **지속가능성**이라는 개념으로 부활했다.

파괴는 종교적 의미로서의 종말, 세속적인 의미로는 수렴, 즉 절정에 이른 위기에 존재한다. 커모드의 분석에서 위기는 더 이상 임박한 것이 아니라 역사의 지평선에 내재해 있다. 위기는 진행 중인 역사 속으로 침범하고 한데 휩쓸렸다. "정확하게 확인할 수 있고 명확하게 예측되었던 예전의 종말은 모호해졌다. 이제 종말론은 역사 전체에 퍼져 있다. 매순간 마지막(종말)이 나타난다(Kermode, [1996] 2000: 26)."

위기가 증폭되고 수렴되면서 사건으로서의 위기가 최종적으로 생활세계를 파괴하는 위기로 진화한다. 역사의 먼 지평선이 가까이 와 있다. 각각의 특정 위기가 더 큰 종말의 전조가 되기 시작한 것이다.

자본주의의 위기보다 더 일상적인 위기는 없다. 모든 위기는 저마다 특징이 있고 인간의 입장에서는 모두 대단히 파괴적이지만 예측이 가능한 것은 아무것도 없다. 그리고 지적인 면에서 보면, 그런 위기들은 자본주의가 어떻게 작동하고 얼마나 몰락하기 쉬운지 다시금 상기시키는 역할만 한다는 점에서 지루하기까지 하다. 왜 우리는 위기에 특별히 관심을 기울여야 할까? 왜 특수 집단을 만들어 위기의 영향을 연구해야 한단 말인가?

나는 이 연구에 참여한 우리의 무의식적인 동기가 "종말에 대한 예감"이라고 말하고 싶다. 2008년 경제위기가 일상적인 것은 아니지만 강력하게 상호작용하면서 역사적 생활세계를 재편하는 위기 중의 하나라고 느끼는 것이다. 우리는 인간 제국이 과거에 더 한계를 드러냈던 제국들과 마찬가지로 영원히 지속되지 않을 것임을 알고 있다. 현재의 인구 증가율과 자원 사용률을 비교하면 지구의 자원 균형은 지속될 수 없다. 지속가능성의 시나리오는 존재하지도 않고 현실적이지도 않아 보인다. 기후변화, 핵전쟁, 세계 규모의 전염병, 물과 식량 쟁탈전 등 위협적이고 무서운 시나리오가 지속가능성의 시나리오보다 훨씬 더 타당성이 있을 것이다.

이 시나리오는 이미 인류 역사의 생활세계 일부가 되었다. 이는 미래의 종말이 아니라 현재 진행 중인 종말을 구체적으로 보여준다. 우리는 이미 종말의 이미지와 함께 살고 있다. 웨스트버지니아 주의 화산 폭발, 이라크 남부의 말라붙은 습지, 베이징의 파괴된 동네들, 인간을 제외한 생물종의 끊임없는 멸종 등이 그 예다. 길들여지지 않은 야만인과 사람의 발길이 닿지 않은 미개지만 지구상에서 사라지고 있는 것이 아니다. 그 모두와 좀 더 일상적인 다른 많은 것이 거세지는 상실의 파도 속으로 사라지고 있다(Lévi-Strauss, 1992: 414).

그런 것들이 사라지는 장면을 상상하기 위해 최후의 바닷물고기가 죽거나 우림의 마지막 나무가 쓰러질 때까지 기다릴 필요는 없다. 버클리 캠퍼스가 훌륭한 대학으로서의 지위를 잃을 것이라고 추측하여, 이상적인 종합 계획의 지원 아래 공적인 임무를 부여받고 학문적으로 탁월성을 보유한 버클리가 사라질 것을 애석해할 필요도 없다. 세계의 이런 부분들은 우리가 지켜보는 동안에도 사라지고 있기 때문이다. 종말은 지금 바로 여기, 우리 주변 곳곳에 존재한다. 인간 제국은 이제 새로운 역사의 공간일 뿐 아니라 변화와 영원 사이에 걸쳐 있는 새로운 역사의 시간이기도 하다. 이 시간에는 시간의 끝이 현재에 흡수되어 있다. 시간은 흘러가지만 끊임없이 종말을 재현하고 있다(Kermode, [1996] 2000: 여러 곳). 위기는 더 이상 명확하게 정의되는 사건도 아니고 최후의 대재앙도 아니다. 위기는 그 자체의 여파를 포함한 채 내재하는 조건이며 끊임없이 역사의 생활세계를 지배하고 있다.

이러한 세계에서 소설의 언어는 오락거리가 아니라 역사 변화—표면적이 아닌 근본적 변화—의 문화적 징후를 통찰하는 원천으로서 그 무엇으로도 대체할 수 없다. 무라카미 하루키는 자신이 쓴 소설이 비현실적 혼란을 더 이상 찾지 않는 서구 독자들에게는 다르게 이해되기 때문에 자신의 소설이 "감지할 만한 변화를 겪고 있다"(2010)고 말했다. 그때 그는 문화적 변화와 관련해 강력한 증언을 한 셈이다. 그리고 "변화의 호흡에 맞는 새로운 단어를 만들라"는 하루키의 전언은 학자는 물론 모든 사람에게 해당되는 것이다.

인간 역사의 "종말 의식"을 표현한 창의적인 문학의 역할을 보여준

예를 하나 더 소개하면서 이 글을 마무리하겠다. 바로 가브리엘 가르시아 마르케스Gabriel García Márquez의 『백 년 동안의 고독One hundred years of Solitude』(1967)이다. 이 책은 출간되자마자 "마술적 리얼리즘" 작품이라고 일컬어졌는데 지금은 이 두 단어의 결합이 더 이상 비논리적으로 보이지 않는다. 백 년 동안의 고독—문명의 압축된 역사—의 무대는 콜롬비아에 있는 작가의 고향을 모델로 한 마콘도Macondo라는 허구의 마을이다.

마콘도는 또한 2010년 4월에 폭발한 석유 시추 시설인 딥워터 호라이즌Deepwater Horizon의 암호명이기도 하다.(이러한 암호명은 석유회사나 가스회사가 탐사 활동의 초기에 유망한 연안 지역을 가리키기 위해 통상적으로 사용하는데, 양산에 들어가기 전에 보안을 유지하고 기억하기 쉬운 이름을 붙인다.) 우리가 아는 것처럼 이 이야기는 인명 손실 외에도 지금까지도 파악되지 않는 생물과 지원 시스템의 엄청난 손실, 그리고 연안 시추 작업의 일시적 중단으로 끝났으며 순전히 그 여파가 위기를 지속시키고 있다.

가르시아 마르케스의 이야기는 저주받은 마콘도 마을에 강풍이 휘몰아치며 끝난다. "무시무시한 회오리바람" 속에서 재앙의 마지막 생존자는 "살아 있는 동안 [자신이 살았던 순간]을 해석하고 그러면서 자신에 관해 예언한다. (……) 마치 말하는 거울을 들여다보는 것처럼." 여기에는 자신이 죽음을 향해 가고 있으며 이 세계와 자신에게 "두 번째 기회"는 없다는 인식이 들어 있다(Márquez, [1967] 1991: 422). 자신이 쓴 작품에서 작가는 살아가는 동안 자기 시대를 해석하고, 해석하면서 예언한다. 그러면서 종말이 사방 곳곳에 존재함을 여실히 자각한다.

문화의 **분리**와 근대정신의 **쇠퇴**

: 주 앙 카 라 사

오랜 기간을 거쳐 도달한 근대성modernity

유럽에서 여러 급진적 개혁이 서로 강력하게 결합한 것은 근대정신이 태동하기 이전의 일이다. 격자형의 새로운 도시 주거지는 12세기와 13세기에 등장했다. 길드guild는 조합원들에게 사회정치적 역할을 부여할 만큼 조직이 커졌는데 그 전에는 결코 경험하지 못한 일이었다. 무역금융의 방편으로 환어음이 만들어졌고 아라비아숫자가 도입되어 공증 시 장부 작성이 수월해졌는가 하면 유럽 벌판에서는 최초로 대포가 불을 뿜으면서 봉건 질서의 붕괴를 예고했다. 나침반 덕분에 바다에서는 공해公海의 위험을 무릅쓰고 신천지를 발견하려는 모험이 가능해졌다. 포병대가 빠르게 발달해 선원들을 보호할 수 있게 되자 무역 항로 개척에도 나섰다. 그런 혁신에 의해 사회가 변화했다. 정보통신의 진정한 혁명이라 할 수 있는 인쇄기의 발명이 혁신을 가속화했고 종이는 이를 더욱 촉진했다. 그러나 근대정신의 여명기에 나타난 가장 중대한 발명은 15세기에 피렌체의 장인들이 시작한 자연계를 새롭게 묘사하는 기술이었다. 현실을 보는 새로운 방법인 선원근법은 변혁을 향한 첫걸음이라 할 수 있다. 선원근법은 주체적 관찰자와 관찰 대상을 명확하게 분리했다. 대상을 같은 시야에서 묘사할 때 어떤 대상의 크기는 그 대상을 재현하는 주체라 할 수 있는 관찰자와의 거리에 따라 달라진다. 이제 신성神性의 모습은 더 이상 인간보다 크지 않았다. 사실 신성의 거대함은 오직 관찰자와 멀리 떨어졌다는 속성에서 비롯된 것이다. 그런 재현 방법이 '객관적인 것objective'으로 받아들여진 것은 "카메라 오브스쿠라camera obscura"*를 사용해서 얻은 대상으로 확실히 이해할 수 있다는 사실에서 연유했다. 물리적 현상으로서의 빛과 생리적 (시각) 능력으로서의 상像이 개념적으로 분리한 것은 이 같은 정신의 연상 작용이었다.

분리의 문화에서부터…
>>

근대정신의 지적인 힘은 자연현상을 분석하는 방법인 "분리separation"의 놀라운 능력과 강력함에서 나온 것이다. 비판적인 경향과 실험에 바탕을 둔 새로운 문화가 등장했으며 새로운 땅, 새로운 민족, 새로운 하늘, 새로운 별 등 유럽은 속속 새로운 발견으로 가득 찼다. 과거의 질서는 신뢰를 잃었으며 새로운 세계관이 모습을 드러냈다. '기하학적' 특성을 지닌 이런 세계관은 불변의 법칙을 숨기고 있다가 차례로 자연계의 법칙을 형성하는 대자연 속에서 균형을 추구하는 노력으로 이루어졌다. 태곳적부터 무한한 시간까지 우주의 움직임을 묘사하는 이 법칙은 지속적이고 영원하고 절대적이다. 갈릴레오가 자연이라는 책Book of Nature은 자연의 언어natural language로 쓰인 성서에서 분리되어 수학이라는 언어로 쓰였다고 선언한 이래 이 법칙은 수학적 언어로 만들어졌다. 자연법칙의 객관성은 도구의 사용으로 확인되었고 그 타당성은 다른 관찰과 측정이 발표됨으로써 뒷받침되었다.

이 분리의 합법성은 새로운 교회—국가를 형성하는 세속의 권력과

---

* 라틴어로 '어두운 방'이라는 뜻. 한쪽 벽에 작은 구멍이 있고 반대편 안쪽으로는 밖에 있는 대상의 거꾸로 된 상이 비치는 장치로 카메라의 어원이다.

분리되는—가 들어선 프로테스탄트 국가에서 순전히 종교개혁의 힘으로 보장되었다. 원양항해와 관련 있는 무역과 사업이 전반적으로 확대되던 사회 분위기가 분리의 영역을 더욱 넓혀나갔다. 당시까지 분리는 사적인 영역에 국한되고 농업사회의 (공공) 영역을 벗어나지 않았다. 당시 도시는 근대정신의 등불이었다. 그리고 근대정신을 소중히 간직하고 키우기 위해 새로운 과학아카데미가 세워졌다. 기하학적 세계관은 19세기에도 변함없이 힘을 발휘했고, 세잔Cézanne은 자연의 모든 형식은 구球와 원뿔, 원통으로 돌아갈 수 있다고 단언했다.

근대성이 거둔 성과는 곧 이와 같은 무역의 문화와 군사력, 항해술, 금융, 사적 전유專有, 새로운 지식 등의 승리였다. 지식 분야에서 나타난 최초의 갈등은 놀랄 것도 없이 철학과 신학의 분리였다. 철학자들은 현실에 대한 경험적 분석에 우선순위를 두기 시작했다.

이는 1000년간 지켜온, 진리에 이르는 길은 종교에 있다는 철칙에만 대한 최초의 심각한 도전이었다. 철학자들은 철학적 직관도 신성한 계시만큼이나 진리의 원천으로서 타당하다고 주장했다. 예상대로 그 당시에 정신과 물질의 분리가 확립되었다.

그다음에는 자연철학(과학을 지칭하는 데 채택된 명칭)이 철학에서 분리되었다. 이론화를 추구하는 과학자들은 귀납법에 의존했고, 경험적이고 반복 가능하며 증명할 수 있는 관찰로 힘을 얻었다. 한편 진실의 요소가 포함되지 않은 사변과 같은 형이상학적 추론에는 반대했다. 이런 대립에는 성과가 있었다. 철학이나 인문학에서 분리된 과학자들은 사회적 관계에서 중립적 주장을 뒷받침하는, 역사를 뛰어넘어 축적되는 과학 지식이라는 개념을 성립시켰다.

과학은 물리학에서 출발했는데 갈릴레오가 볼 때 물리학은 역학力學이었다. 공학 기술과 전쟁, 항해술 등의 진전으로 인해 근대성의 '역학적' 추동력은 매우 강력해서 수학—셈과 수(산술), 형태와 측정(기하학), 비율과 조화(음악), 천체의 위치와 운동(천문학) 등을 관통하는 수학은 16세기까지 자연을 이해하는 통로였다—은 자연으로부터 추상화되어 그야말로 자연의 언어가 되었다. 이제 물리학(역학)이 자연이 되었다. 물리학의 뒷받침으로 향상된 상징 언어로서의 수학은 자연법칙에서 자연 존재들을 분리할 수 있었다. 즉 모형에서 대상이, 인식론에서 존재론이 분리되었다. 이는 전 세계에서 영토를 확장한 유럽 근대국가들이 거둔 성공만큼이나 놀랄 만한 성과였다. 자기 눈으로 똑똑히 본 것을 누가 의심했겠는가?

근대성의 새로운 세계—지중해 주변 지역이 아니라 지구 전체—는 시간과 공간의 분리, 그리고 자연법칙이라는 제국에서 얻은 새로운 개념을 자양분 삼아 성장했다. 공간을 무한대로 전용할 수 있게 되었고 시간은 직선으로 변했다.

이런 개념을 완벽하게 해석하고 활용할 줄 아는 새로운 사회조직—새로운 회사나 기업—이 근대성에 경제적 성공을 가져다준 것은 놀라운 일이 아니다. 그런 조직이 창출한 부富는 조직의 존재 가치와 수적 증가를 정당화했다. 기계의 발명으로 시간을 지배하게 되자 기술의 중요성을 깨달았다. 산업혁명이 본질적으로 기계의 힘과 인간이 만든 생산물의 혁명이었다는 것 역시 놀랄 만한 일이 아니다. 회사 설립과 도시 경제의 발달로 인해 처음에는 국가 단위로, 나중에는 해외까지 시장경제가 발달하면서 공간을 지배하는 것은 그 타당성을 인정받았다.

근대성은 자본주의가 번성하는 길을 열어주었다. 자본주의는 생산수단과 그것이 낳은 부의 사적 소유를 기반으로 하는 경제체제다. 자본주의의 원리는 자본축적을 극대화하는 것이며, 그것을 가로막는 요인은 오직 자원 '부족'과 더 많은 축적을 가능하게 할 지식의 '결핍'뿐이다. 간혹 망각하는 사실이지만 자본주의는 축적한 자본을 합법적인 재산으로 보장해줄 국가 간 체제interstate system를 필요로 했고 근대성은 자본의 운용을 가능하게 하는 적절한 뼈대를 제공했다. 이를테면 강력한 엔진(근대적 기업)과 그 엔진을 가동하게 하는 기술 발명과 연구, 금융 혁신을 통한 돈의 점진적인 비非물질화, 그리고 계속해서 세계로 확장되는 국가 간 체제 등이다. 그리하여 자본축적에는 한계가 없게 되었다.

경제활동과 부의 성장이 산업혁명과 결합하자 사회에 막대한 영향을 끼쳤다. 자본축적의 새로운 매개체가 생겨나고 시장(즉 원거리 무역이 발생하는 곳)이 통제하는 경제체제가 확립되었다. 사회 변화 역시 심화되고 다양한 결과를 낳았고 일상생활에 더 많은 분리를 초래했다. 산업사회에서 경제와 사회가 뒤바뀌는 현상이 일어났다. 과거에는 경제적 관계가 사회적 관계에 뿌리를 두었지만 이제는 사회적 관계가 경제체제 안에 자리 잡았다. 경제가 사회에서 분리되었으며 나아가 가정이 일과 분리되었다. 고용의 개념이 탄생했다.

이 새로운 체제는 본질적으로 위기로 치닫는 경향이 있었다. 말하자면 생산구조와 인프라의 진화에 기인하는 구조조정structural adjustment 위기다. 인프라는 바꾸기가 어렵다. 그것은 엄청난 투자를 필요로 하며 경제활동의 새로운 기본 여건에 적응하는 데 값비싼 대가를 치르게 한다. 산업혁명의 여명기 이후로 최소한 두 세대 중 한 세대는 구조조정 유형의 위기를 목격했다. 생산의 기술 인프라가 수력식 기계화에서 증기식 기계화로 바뀌었고(1830년대), 전기화electrification를 거쳐(1880년대 이후) 값싼 석유와 대량생산을 기반으로 한 완전 동력화(1930년대 이후)에 이르렀다. 경제 전체가 컴퓨터화했다고 설명할 수 있는 현재 상황은 1980년대에 도래했다. 우리가 위기를 끔찍하고 파괴적이라 여긴다면 2030년대로 예상되는 구조적 변화의 새 물결에 미리 대비하는 것이 좋다.

자본주의 시장경제는 언제나 끈끈한 국가 간 정치체제interstate political system를 갖춘 환경에서 작동한다. 앞서 말한 대로 자본축적을 허용하는 재산법을 집행할 강력한 국가 간 시스템이 필요하다. 결국 자본은 자본의 생존을 인정하는 상대를 먹여 살린다. 바로 이 점이 국가 간 체제에서 패권국은 있으되 제국은 허용되지 않는 까닭이다. 자본은 패권에 민감하게 반응한다. 또 패권국이 언제까지나 패권을 휘두를 수 있는 것도 아니다. 패권국이 무기한으로 게임의 법칙을 정할 수도 없다. 네 세대에 한 세대꼴로 다른 유형의 위기를 목격한다. 전쟁으로 치달아 패권국이 다른 패권국으로 대체되는 위기다. 그러한 예는 1610년 이후 수십 년간(30년 전쟁) 목격되고 1710년(식민지 정복을 둘러싸고 촉발된 전쟁), 1810년(나폴레옹전쟁), 1910년(제1차 세계대전)에도 보인다. 세계 체제가 거의 지구 전체를 아우르는 오늘날, 현재의 "오일 전쟁"이 미국 패권의 종말을 알리는 신호탄일 가능성을 배제할 수 없다. 21세기의 첫 10년 동안 서구 사회에서 발생한 주요 위기는 무작위적 우연의 일치가 아닐 것이다. 역사 자체가 반복되는 법은 없다. 오히려 인간의 과오가 되풀이되고 또 되풀이되면서 경제성장이 아닌 인간 행위의 주기cycle를 만든다.

근대성은 분리의 문화culture of separation에 의해 탄생했다. 현실에 대처하는 근대성의 힘은 근대국가에 엄청난 부와 번영을 가져다주었다. 19세기 말 근대 문화의 뛰어난 힘은 네 가지 가치로 요약된다. 그것은 자연(자연법칙에 관한 지식을 이용해 변형할 수 있는 무한한 자원), 과학(진리를 발견하는 타당한 방법), 보편성(유럽 민족들이 도입하고 세계 곳곳에서 받아들인 가치이자 자각), 주권(국가 간 체제에서 각 국가는 하나의 원자atom처럼 더 이상 나뉘지 않고 합법적인 구성 인자로 활동한다)이다.

20세기에는 대서양 너머의 새로운 패권국(미국)의 영향력 아래 근대성의 개념은 계속 이어졌다. 주로 교육제도가 조장한 지나친 전문화에 기인해 새로운 분리들이 보태졌는데 이제는 극심한 경쟁과 첨단 기술과 같은 시장경제의 목표에 발맞춰 교육제도가 재조직되고 있다. 과학은 두 차례의 세계대전을 거치며 엄청나게 발달하고 전진했다.

이런 과정에 이어 과학이 분리의 결정적 시기에 이르렀다. 최초의 과학 기반 기술science-based technologies들이 1940년대에 빛을 본 이후 줄곧 우리 곁에 있다. 그 기술들의 혁신적 힘은 군사력도, 결론적으로 시장도 아니며 과학을 고유한 호기심의 영역으로 온전히 되돌려놓는 것이었다. 기술과학techno-science은 원자폭탄과 함께 탄생했다. 계속해서 호기심이 주도하는 과학에서 점진적으로 떨어져 나간 기술과학이 엄청나게 발전해 경제에 커다란 영향을 주었다. 물론 문제가 없지는 않았다. 과학(기술과학의 의미에서)의 중립성은 결정적으로 죽음을 맞았다. 오펜하이머Oppenheimer는 앨라모고도Alamogordo•에서 "우리는 순수성을 상실했다"고 털어놓았다. 당시에 이미 오펜하이머는 장기간에 걸쳐 기초를 잘 닦은 과학의 가치가 이제 사라졌다는 사실을 이해했다. 그러나 그 결과까지 예측하지는 못했다.

… 문화의 분리에 이르기까지

»

세계는 냉전 질서가 판치던 1950년대에도 계속 변화했다. 1970년대의 "석유 위기oil crises"는 기술과학의 생산물이 사회적으로 최초로 선택받아 배치되는 발판을 마련했으니 바로 정보통신기술information and communication technologies이 그것이다. 기술경제성techno-economic이 구조적으로 발달하는 새로운 시대가 열렸으니, 바로 우리가 살고 있는 이 시대로서 한 세대 만에 과학 기반 기술이 원숙한 해결책을 제공하는 경지에 이르렀다.

그러나 그 같은 해결책은 당연하게도 새로운 이슈들을 몰고 왔다. 정보통신이 폭발 상태에 이른 제2의 혁명은 지구에서의 삶의 인식을 송두리째 변화시켰다. 지상地上 공간은 "오그라들었고" 지식은 빛의 속도로 전 세계에 유포되고 있다. 금융은 갈수록 경제를 더욱 통제하며 마침내 산업혁명이 낳은 또 하나의 본질적 영향인 통화제도를 점점 더 비물질화함으로써 경제를 포로로 잡았다. 돈은 관습이 되었다. 세계화가 시작된 이래 금융은 하나의 추진력이었다. 새로운 기술을 활용해 원거리—국경을 초월하는 의미에서—에서 조정하는 능력을 확대한 것이다. 이런 추세는 냉전이 끝나자 더욱 확산됐으며 그 결과 수많은 기회가 생겨났고 그 기회를 활용하기 위해 기존 구조에 도전하는 새로운 네트워크가 만들어졌다. 네트워크를 추진하는 세력 간에 극심한 경쟁이 뒤따랐고 조직과 체계성, 마케팅, 디자인, 소프트웨어, 전문 훈련 등

*1945년 세계 최초로 원자폭탄 시험 폭파에 성공한 실험장이 있는 곳.

의 상업 활동과 관련된 새로운 지식이 점점 더 많이 투입되어 시장경제를 성장시켰다. 새로운 서비스와 각종 활동이 급증했고 경제에 막대한 영향을 미쳤으며, 그것들 각각은 자체의 문화를 발전시켰다.

계몽주의 논쟁이 격렬해진 20세기로 전환되는 과정에서 성장과 분리가 확대되면서 두 개 이상의 문화가 출현했다. 이제 우리는 우리 사회 안에서 과학의 문화와 인문학을 구별할 뿐 아니라 정치, 비즈니스, 미디어, 군사, 종교, 교육 분야에서 잘 정의된 기존 문화와 사회과학의 문화(포스트모더니즘의 출현으로 강화된)를 식별할 수 있다. 또한 리스크와 폭력의 다양한 문화와 개인 자율의 문화를 구분할 수 있다.

우리는 '뒤범벅'이 된 문화를 발전시켰다. 그러나 더욱 심각한 문제는 이 새로운 바벨탑에서는 누구든 그저 클릭 한 번으로 합리적 영역(말하자면 정치)에서 모호한 영역으로 옮겨갈 수 있다. 무지가 되살아날 수도 있는 그런 환경에서 신비주의는 여느 것과 마찬가지로 하나의 비즈니스처럼 보인다.

따라서 미래 세대가 걸머질 막중한 과제는 역설적으로 매우 단순하다. 집적된 문화 속에서 분투하는 것이다. 그 이유 역시 아주 단순하다. 근대성이 이제 힘을 다했기 때문이다. 앞으로 논의하겠지만 근대성은 금융자본주의 때문에 고갈되었다. 심지어 금융자본주의는 근시안적이고 병적이며 배타적으로 현실에 집착해 미래(기본 가치)를 조롱거리로 만들기까지 했다.

우리는 불확실성의 시대에 살고 있다. 그러나 인간은 언제나 불확실한 세상에서 살아오지 않았던가! 과거에 우리는 질서를 부여하고 '현실'을 분류함으로써 불확실성을 줄이는 메커니즘을 만들어냈다. 그러나 결국 모든 제도가 진화했다. 즉 적응하거나 사라졌다. 세 가지 예를 들어보자. 첫째는 중세 교회다. 당시 교회는 죄와 회개를 고안해서 무지한 대중을 지배했다. 그 방법의 바탕에는 신앙고백이 있었다. 종교는 근본주의로 치닫는 경향이 있다. 말하자면 다양성을 싫어한다. 근대정신은 과거와 조상을 모두 무시했고 그 결과 로마가톨릭교회는 권력을 억제당해 시들해졌다. 둘째는 민족국가다. 국가는 교육제도를 도입하고 학위 제도를 만들어서 무지한 대중을 통제했다. 비판적 사고를 자극하고 지식의 원천에 대한 신뢰성을 판단하는 방법을 가르친 이 시스템은 시험이라는 강력한 제도를 함께 시행했다. 그러나 국가도 곧잘 이해 갈등을 일으키고 세계화는 금융 규칙을 거스르는 미미한 자극마저 파괴해 국가의 약화를 적극 부추겼다. 마지막 예는 시장이다. 시장경제에서 활발한 활동을 벌이는 컨설팅 회사들이 출현해 무지한 대중을 통제한다. 컨설팅 회사는 광고를 거리낌 없이 활용해 목표를 달성한다. 그러나 시장은 본질적으로 위기로 치닫는 경향이 있으며 신뢰는 갈수록 악화된다. 완벽한 사람은 아무도 없다!

우리는 지정학적·기술경제적 그리고 인식 등 서로 다른 과정의 변화에서 비롯된 극심한 위기 속에 살아가고 있다. 문화의 분리가 우리를 위기로 이끌었고 우리는 초등학생처럼 이 위기들을 서로 엉클어놓았다. 오늘날은 모든 것이 연결되어 있다. 복합적인 세계에 살고 있는 것이다. 우리 주변은 복합적인 것들로 둘러싸여 있다. 그뿐 아니라 오늘날 우리는 스스로가 복합성의 산물임을 알고 있다. 이것은 새로운 현상이다.

기후변화에서 생명의 지속가능성에 이르기까지, 혁신에서 도시 정비에 이르기까지 오늘날 우리가 직면한 거대한 도전은 본질 자체가 복합적이다. 복합성이란 무엇인가? 간단히 말해 그것은 하나의 시스템을 그 내용과 분리하는 것이 불가능함을 뜻한다. 생명체를 살고 있는 환경에서 분리할 수 없고 대상과 그 측정 도구를 분리할 수 없다. 분리는 끝났다!

우리는 열린 시스템에서(그리고 우리는 열역학적이다) 살고 있다고 말할 수 있다. 결정론(즉 정보 보존)이나 환원주의(수학적 언어의 사용), 이원론(관찰자의 독립성)처럼 19세기 말에 고안된 지식의 장치가 현실을 재현하는 면에서 심각한 타격을 입었다. 기계가 인간의 노동력을 대신하는 진보적인 방식이—처음에는 기계가 대신하고 이제는 통신이 주도하는—노동조건과 고용조건, 그리고 그런 요인이 뿌리박은 사회구조를 극적으로 변화시켰음을 우리는 알고 있다. 발달한 경제의 효율성은 과학에 기초한 혁신 시스템을 다루는 능력에서 파생되었는데, 문제는 관리governance 방식의 질적 수준이다. 그러나 우리가 어떻게 전체를 이해할 수 있단 말인가? 특히 통합의 문화가 결여된 상황에서? 어쩌면 우리는 "자연의 변형을 통한 진보"라는 근대정신의 목표에서 벗어나 지식의 목표를 새로 규정해야 하는지도 모른다.

먼저 우리는 어떤 가치가 변화했는지 이해해야 한다. 그리고 어느 방향으로 갈지, 새로운 문화가 얼마나 간절히 필요한지 따져봐야 한다.

어쩌면 우리는 현재 눈앞에서 전개되는 네 가지 인식의 위기를(각각 잘 정립된 근대성의 가치에 대응하는) 깨달을 수도 있다. 이는 자연의 위기, 과학의 위기, 보편성의 위기 그리고 주권의 위기다. 이 각각의 위기에서 근대성의 문화를 특징적으로 나타내는 어휘인 자연, 과학, 보편성, 주권을 흔들고 그것들을 대신하는 새로운 개념이 출현했다. 바로 환경, 지식("지식경제"에서처럼), 세계화, 거버넌스governance*다.

오늘날 환경이라는 개념은 자연을 바라보는 과거의 방식과 관계가 있다. 그러나 당시에 인간은 현상이 일어나는 시나리오로서 자연을 영원한 것으로 이해했다. 인간은 자연을 통제하거나 변화시켜도 자연은 언제까지나 아무 탈 없이 남아 있을 것으로 생각했던 것이다. 그러나 이제 환경이라는 개념과 더불어 커다란 변화가 일어나고 있다. 환경은 더 이상 영원한 시나리오가 아니라 등장하는 배우가 완성하는 (사실 시나리오는 없다) 무대가 되었다. 또 작가도 플롯도 없으며 배우가 자신이 연기하는 줄거리를 스스로 만들어나간다. 배우가 인기 하락을 포함한 모든 결과에 책임을 지는 것이다. 이제 사악한 세력이 기어들어오고 있으며 이 세력은 미래가 현재보다 더 나빠질 것이라 선언했다. "현재에 노력을 다시 집중하자"라는 근대정신과 반대되는 구호가 등장했다. 현재적 감각에 미래에 대한 고통이 장착된 것이다.

지식이라는 말은, 세계화된 세계에서 새로운 서비스의 성공과 새로

* 전 지구적 관리경영.

운 경제의 자양분인 기술과학과 함께, 여러 분야(법률, 조직, 마케팅, 디자인, 소프트웨어, 훈련)의 정착을 의미하는 것으로 재정의되고 있다. 이렇게 새로운 개념의 지식은 1990년 이후 쓰인 모든 정책 관련 문서에서 과학을 대체했다. 그러나 과학은 단순히 경제 도구가 아니라 새로운 기술의 원천이었다. 과학은 300년 동안 근대성의 세계관을 받쳐주는 주된 요소였으며 진리 탐구의 가장 중요한 기준이었다. 과학의 문화는 목표 설정과 시행착오에서 건설적인 역할을 했고 시민권을 확립하는 데 매우 중요한 요인 중 하나였다. 과학은 영원불변을 목표로 삼고 장기적 비전을 제공했다.

새로운 단어인 지식은 시장에 예속된 봉신封臣이며, 시장에서 일상적으로 운용된다. 시장은 변화를 환영하지만 장기적으로는 불투명하다. 정신없이 (경제적) 가치를 찾으면서 시장은 근시가 된다. 결국 오늘날 지식은 근시안성에 의해 고통받는다. 눈앞의 이익만 생각하는 사고방식이 만연해 있는 것이다.

세계화라는 개념은 보편성을 대체했다. 우리는 200년 동안 보편성의 법칙을 만끽했다. 우리는 태어났다는 이유만으로 영원하고 신성하며 지속적인 권리를 누렸다. 이 권리는 국가권력으로부터 시민을 보호하고, 시민 정신의 자유로운 발현을 허용하기 위해 도입된 것이었다. 물론 권리를 행사하기까지 과정이 순탄하지는 않았다. 긴 투쟁 끝에 사회 발전과 복지는 정점에 이르렀고, 그 과정은 파란만장한 전투로 점철되었다. 그러나 세계화가 이 같은 질서를 뒤흔들어버렸다. 세계화의 영역에서 기득권은 존재하지 않으며 오직 권리를 놓고 끝없이 벌이는 협상과 재협상의 계약만 있을 뿐이다. 시민의 개인 공간은 시장市場에 정복당할 수밖에 없었다. 이 구조는 시장에서 실적을 극대화하고 시장의 유용성을 보여주는 공간이다. 협상과 수익성, 체계적인 경쟁 과정이 시장의 작동 원리다. 사람은 있으나 마나한 존재이며, 사람의 중요성은 생산자나 소비자로서의 기능에 종속된다. 실제로 사람들은 자원으로 바뀌었다. 즉 '인적 자원'이다. 사람은 '평생학습'을 통해 재활용되어야 하며 그렇지 않으면 시장에서 쓸모가 없다. 사람은 골칫거리가 되었고 경제적 활용 가치가 없을 때에는 제거될 수도 있다. 세계화된 세계는 컴퓨터화된 정글이다. 일종의 적막이 세계를 뒤덮고 있다. 다시 억압이 도시에 모습을 드러냈다.

거버넌스는 신속하게 주권을 대체했다. 수백 년 동안 국가들은 (그리고 힘의 균형은) 유럽의 정치적 안정에 기여한 베스트팔렌조약의 질서를 지키는 초석이 되었다. 민족국가라는 개념은 시험적으로 다른 대륙으로 수출되어 어느 정도 성공을 거두었다. 그리하여 각국 정부는 그 나라의 합법적인 대표로 인정받았다. 말하자면 국내 치안과 복지에 도덕적 책임이 있는 당사자이자 외교의 대화 상대로 자격을 인정받았다.

그러나 수사적 표현으로 자유화, 규제 철폐, 민영화라 불리는 시장의 세계화가 경제 영역에서 각국 민족 정부의 힘을 빼앗고 속속 물러나게 하고 있다. 불황으로 정치 영역에 파란이 일면 국가는 무시할 수 없는 정치경제적 힘을 지닌, 먼 곳에 있는 새로운 배후의 통제를 받는다. 지금은 누가 통치하는가? 중요한 결정은 어디서 내리는가? 해명할 책임은 누구에게 있는가? 우리가 그들에게 투표했는가? 거버넌스라는 낱말은 선진국의 모든 활동 영역에 만연한 유행어가 되었다. 사람이나 기관들이 거버넌스라는 말에 불안을 느끼는 것은 당연하다.

자연, 과학, 보편성, 주권 같은 강력한 가치가 몰락하면서 비통, 당장의 이익, 억압, 불안이 뒤섞인 감정이 퍼져나갔다. 내일은 오늘보다 더 악화될 것이다. 그리고 시장은 오늘만이 우리가 가진 전부임을 확실히 알려준다. 당장의 소비만이 유일하게 허용된 확실성이다. 마케팅의 광고 문구는 우리에게 즉각적인 결정을 강요한다. 금융자본의 지배적 우월성—정체를 알 수 없고 무한대의 자본축적이 가능하다는 점—이 그런 추세를 되돌릴 수 없을 만큼 가속화했다. 최종 의정서는 경제에서 금융의 자체 분리를 선언했고, 자본축적 과정을 완전히 통제하려는 것은 헛된 시도가 되었다. 금융은 아무도 모르게 지나치게 높이 날려고 하다가 자신의 날개를 녹여버렸다. 그리고 그 결과, 극심한 위기에 빠진 미래의 지식경제가 새로운 질서를 열 것이라는 기대는 곤두박질하고 말았다. 수백 년 만에 처음으로 (전시는 제외하고) 우리는 터널 끝에 비치는 빛을 보지 못하는 상태에 이르렀다. 이제 우리는 미래를 두려워하게 되었다.

새 로 운 이 야 기

≫

이 말은 결국 자본주의가 근대정신을 죽였다는 의미다. 무엇 때문에 이렇게 되었는지 우리는 알지 못한다. 이제는 이 문제를 해결하기 위해 신이나 악마의 힘을 빌릴 수도 없다. 최고 수준의 대학에서는 아직 집단적인 위축 현상이 나타나지 않았다. 우리는 그저 현재를 서구의 문화적 진화에 오이디푸스 콤플렉스가 깔리는 순간으로 인식할 수 있을 뿐이다. 그 의미를 파악하기란 매우 어렵다. 우리는 무슨 일이 일어났고 무슨 일이 다시 시작될지 이해하려고 한다. 그러려면 이 네 가지 인식상의 위기에서 발생하는 신호와 국가 문화를 약화시키는 다른 위기의 신호—기관에 대한 신뢰 상실, 현재 진행 중인 주요한 자원전쟁, 대학 교육 시스템이 침체할 가능성, 궁극적으로 비서구권 강대국에서 밀려올 급진적 개혁의 물결—를 결합해야 한다. 이 모든 대표적인 위기는 신성하고 전능한 권력으로서 중세의 유산이라 할 수 있는 (유럽) 국가가 더 이상 미래의 주인이 되지 못할 것이라는 사실을 암시한다. 국가는 즉각적인 해결에 관심을 집중하는 대신 미래에 눈을 돌리고 행동을 외면하고 있다. 미래 역시 민영화되었다. 유럽은 썩어가는 현재라는 늪에 빠진 것처럼 보인다.

미국은 유럽에서 빠져나와 더 멀어져가고 있다. 인터넷은 미국인을 유럽 태생이 아니라는 열등감에서 벗어나게 했다. 미국이 새로운 네트워크를 구축해 21세기에도 주도적인 자리를 차지할 수 있을까? 21세기 세계가 다극화한 18세기 유럽과 비슷하게 보일까? 아무도 모른다.

기독교도가 지배한 유럽은 새로운 협정을 적용할 수 없는 지역적 특성 때문에 비운을 맛보았다. 따라서 앞으로 유럽이 나아갈 길은 명확하다. 남반구와 동양과 새로운 동맹을 맺지 않으면 유럽 국가들은 로마가 멸망한 뒤에 그랬던 것처럼 망각의 바다에 다시 빠질 것이다. 유럽은 새로운 미래를 만들어야 한다. 우리는 미래에 희망을 걸어야만 한다.

따라서 이 같은 위기의 여파는 새로운 통합의 문화를 만드는 출발점이 되어야 한다. 우리는 자연에 대한 황홀감을 되찾아야 하며, 일리야 프리고진Ilya Prigogine*이 멋지게 제안했듯이 새로운 동맹을 구축해야 한다. 우리는 복합성의 문제를 밝히는 새로운 수학과 학제 간 연구interdisciplinarity를 소중히 여기면서 세계와 사회, 우리 자신에 대해 체계적으로 캐묻기를 윤리적으로 포용하는 문화를 창조해야 한다. 우리는 새로운 존재론이 널리 퍼지도록 해야 한다. 그리고 사회적 소통은 인식이 아니라 다양성과 정체성의 가치를 인정하는 바탕 위에서 진행되어야 한다. 미래로 나가는 새로운 항해의 등대지기가 되기 위해서 기관은 연구를 진전시키고 성찰하며 완전히 자율적인 네트워크를 만드는 방향으로 대학 교육 과정을 재설정해야 한다. 경제는 영원하지도 않고 완벽한 규칙을 만들 수도 없지만 어떤 자연법칙에도 제약을 받지 않는다. 경제는 시간이 흐르면서 변할 수도 있는 재산의 개념에 기초한 것이다. 그러나 우리에게는 미래 세대에 대한 책임이 있다. 우리는 그들이 지구라는 보금자리에 살 권리가 있음을 인정해야 한다.

오늘날 우리가 보듯이 점점 다극화하는 세계는 우리가 경험한 현재의 세계화 현상이 썰물처럼 빠져나가고 있음을 뜻하는지도 모른다. 새로운 시대가 다가오고 있으며 그에 맞게 새로운 정책을 준비해야 한다. 그러나 적합한 정책을 세우기 위해서는 우리가 어디로 가고 싶은지 알아야 한다. 우리는 새로운 이야기를 구상해야 하며 사회 관행을 개혁해야 한다. 또 시민사회를 조직하고 강화해야 한다.

근대정신의 인식 목표—자연의 변형—역시 차례로 변화해야 한다. 유일한 진리 대신 우리는 미와 관용을 찾아야 한다. 우리는 통합된 소

*복잡계 이론을 주창한 러시아 태생의 화학자이자 사상가.

통 경로를 계속 열어놓아야 하며, 미래를 계속 열어놓기 위해, 공동의 지구에서 혜택받은 거래를 지속하기 위해 새로운 소통 경로가 열리도록 자극해야 한다. 우리는 도시 관리에 더 적극적으로 참여할 필요가 있다. 그리고 지식의 해방 기능을 재창조할 필요가 있다. 우리는 끊임없이 호기심을 길러야 한다. "희망을 품으려면 미래를 살펴라"라는 지혜로운 말을 한—300년 전에 한 말이지만 오늘날에도 여전히 타당하고 유효한—안토니우 비에이라_{António Vieira}•의 탁월한 안목이 필요할 것이다.

•포르투갈 출신의 예수회파 신부이자 철학자.

제2부

어떤 위기이며, 누구의 위기인가?

우리는 '위기'를 어떤 의미로 사용하는가? 열정적인 담론의 공간에서 사용하는 다의적polysemic 의미의 위기가 암시하는 바를 명확히 밝히는 것이야말로 위기를 이해하는 필수 요건일 것이다. 그러나 이 책의 목적이 2008~2012년에 일어난 위기에 대한 인식의 혼란을 극복하고 이 용어의 의미를 정확하게 설정하는 것이니만큼, 정의가 아니라 관찰과 분석에서부터 시작해야 한다. 더욱이 이 특수한 시기의 위기를 앞에 놓고 토론과 논쟁을 거듭해온 학술 영역 간에는 우리 견해와 모순되기보다는 상호 보완적인 여러 관점이 존재한다. 여기에서는 위기의 형성 과정에 대한 서로 다른 두 가지 접근 방식을 제시함으로써 이런 보완적 관점의 견해를 설명하고자 한다. 제시된 해석을 둘러싸고 대체로 공통되는 두 가지 핵심적인 분석은 다음과 같다.

첫째, 이 위기는 복합적인 차원의 결과이며 초학제적transdisciplinary인 관점에서만 이해할 수 있다는 것이다. 엄밀한 경제이론으로도 이번 위기의 형성 과정은 설명할 수 없다. 사회학이나 정치학의 관점도 경제나 문화를 언급하지 않고서는 설명이 불가능하다. 이런 맥락에서 이 책의 필진, 특히 제2부의 필진은 관찰된 현상을 이해할 때 전통적인 학술 분야의 경계에 구애받지 않고 자유롭게 분야를 이동하는 훈련을 거쳤고 또 여러 분야를 전공하고 개방적인 사고 능력을 폭넓게 갖춘 사회 (과)학자들로 구성되었다. 제2부의 두 장은 오로지 사회 진화의 위기적 순간을 이해하기 위해 쓰였으며, 다양한 맥락을 언급하면서 경제, 사회, 문화, 정치에 대한 분석을 시도했다. 동시에 위기에 대한 인식을 흐리는 이데올로기적 신비화를 걷어내고 인간의 행동을 이해하는 데 필요한 이론과 함께 데이터 분석도 곁들였다.

둘째는 이번 위기의 진화적 특성, 즉 역동적인 변화에 관한 논의인데, 여기에서 위기의 근원은 1990년대 이후의 시장자유주의와 개인적 탐욕으로 조직화된 경제제도의 특정한 경제문화에 뿌리박고 있다. 또 이 제도는 정보통신기술의 놀라운 발전으로 가능해진 일들과 규제받지 않는 팽창주의적 금융자본의 축적이라는 세계적 전략에 이용되는 문화를 포함한다. 일단 글로벌 네트워크를 갖추고 금융시장에 뿌리내린 경제는 시장의 부침(浮沈)을 설명할 때 시장 자체의 구조 논리와 경제 메커니즘을 동원한다. 그러나 경제위기의 결과로 사회 전체의 문화와 제도가 지대한 영향을 받았다. 실제로 이 과정에서 위기는 금융위기에서 경제위기로 변화했으며, 경제위기는 다시 제도의 위기로 이어져 결국 신뢰의 상실로 특징지어지는 문화위기로 번졌다. 그리고 끝내는 '사회적 유대의 종말'이라고 선언되는 다차원적 사회위기를 불렀다.

제2부의 두 장에서는 다양한 이론적, 경험적 관점을 강조하는 가운데 한 가지 일관된 주장을 볼 수 있다. 이른바 '경제위기'는, 특정한 형태의 자본주의가 구조적으로 위기를 겪고 사회적 변화를 거치는 진화 과정이라는 것이다. 자본주의가 역동적인 것만큼이나 지속가능하지 않은 까닭은, 가공의 가치를 창조한다는 자본주의의 급속한 팽창력과, 힘이 부족한 가운데서도 자본주의의 무자비한 확장을 관리하려고 드는 제도의 힘이 서로 균형을 이루지 못하기 때문이다. 게다가 이번 위기는 우연한 사건이 아니다. 위기는 변화의 과정에서 출현했으며 경제와 사회에 미치는 결과는 아랑곳하지 않고 자신들의 이익을 극대화하기 위해 강력하고 새로운 시스템을 구축하려 한, 부자와 힘 있는 자들이 고안한 도구 때문에 발생한 것이다. 종종 인용되는 "위기는 곧 기회"라는 중국 속담이 이 경우에 해당할지는 모르지만 우리는 현실 세계에서 이 속담의 진정한 의미를 다시 반추해봐야 한다. 이 말의 진정한 뜻은 대다수의 위기가 소수의 사람에게 기회라는 것이다.

위기는 변신한다

: 존 톰슨

두 가지 장면에 관한 생각

»

2007년 9월 14일, 런던, 케임브리지, 노팅엄, 뉴캐슬 등 영국 여러 도시에 있는 노던록Northern Rock은행 앞에 불안을 느낀 은행 고객들이 예금을 인출하려고 장사진을 쳤다. 노던록은행이 중앙은행인 잉글랜드은행에 긴급 유동성 지원을 요청했다는 뉴스가 나온 직후였다. 잉글랜드은행은 노던록은행에 315억 달러의 자금 지원을 보장한다고 발표했다. 노던록은행은 140만 명에 이르는 예금주에게 은행이 파산할 위험은 없다며 안심시키려고 했지만 수천 명에 이르는 고객들은 불안을 떨치지 못하고 예금을 인출했다. 수십 년 만에 처음으로 영국에서 뱅크런 Bankrun(예금 인출 사태)이 일어난 것이다.

2011년 6월 29일, 아테네 도심의 신타그마 광장Syntagma Square에 수많은 사람이 몰려들었다. 노인, 젊은이 가릴 것 없이 일부는 피켓을 들었고 어떤 이들은 주위를 서성거렸다. 헬멧과 방독면, 보호대를 착용한 전투경찰이 한 손에 방패를 들고 다른 손에 경찰봉을 쥔 채 광장을 둘러싸고 있었다. 광장의 동쪽에 우뚝 선 의회 건물 안에서는 그리스 의회가 유럽연합EU과 국제통화기금IMF이 최근에 요구한 긴축정책을 놓고 열띤 논쟁을 벌이고 있었다. 긴축정책은 그리스가 자국 GDP의 153

퍼센트에 이르는 약 3300억 유로의 국가 채무에 대한 디폴트(채무불이행)를 막고 이자를 지급할 수 있도록 1200억 유로를 그리스에 추가로 긴급 대출해주는 조건에 따른 결과였다. 의회가 가혹한 긴축 법안을 승인했다는 뉴스가 퍼져나가자 광장에서 폭동이 일어났다. 시위대와 경찰이 충돌했고, 경찰은 군중을 향해 최루탄과 섬광 수류탄을 터트렸다. 그중 일부는 도망쳤고 일부는 격렬한 충돌에 가세하여 시위의 양상은 갈수록 치열해졌다. 현장은 곧 아수라장으로 변하고 말았다.

약 4년이라는 시차를 두고 일어난 두 사건은 겉으로는 상관없어 보이지만 세계 금융시장에 일어난 대혼란의 단면을 보여준다. 두 사건에 어떤 연결 고리가 있을까? 아테네 한복판에서 벌어진 폭동과 노던록은행 앞에서 불안한 예금주들이 장사진을 이룬 사건 사이에는 어떤 관련성이 존재할까? 두 사건 모두 세계 금융시장에 드리운 하나의 근본적인 위기의 표출일까? 아니면 본질도 다르고 원인도 각기 다른, 무관한 위기의 표출일까? 노던록은행 앞의 장사진은 2008년 9월에 일어난 리먼브러더스의 파산과 그해 가을 내내 (미국) 정부가 은행과 다른 금융기관에 막대한 긴급구제 자금을 지원해주면서 정점에 이른 위기의 최초 징후이며, 아테네 시위는 흔히 '여파aftermath'라 부르는, 그저 어떤 사건에 이어 뒤늦게 나타나는 하나의 결과에 불과할까?

이런 여러 질문 중 어떤 것에 대해서도 우리가 시원하게 대답하지 못한다는 것, 그것이 진실이다. 우리가 사용하는 "위기"와 "여파"라는 용어는 너무 느슨하고 부정확해서 금융제도와 금융거래가 전보다 더 복잡하고 더 상호 연관적이며 더 불투명해진 세계에서 일어나는 현실을 제대로 표현할 수가 없다. 우리는 어떤 상황에 관해 명확히 선을 그어 이해하려는 경향이 있다. 말하자면 "여기에 어떤 사건이 일어났다. 이것이 실재하고 그 결과가 여기에 있다"고 우리가 일종의 확신을 갖고 말할 수 있게 해주는 깔끔한 개념으로 현실을 묶어서 표현하려 하는 것이다. 그러나 지난 몇 년간의 사건이 인간의 좋지 못한 지적知的 성향에 대해 말해주는 것이 있다면, 그것은 오늘날 주변에서 일어나는 현상 전체를 모든 차원에서 이해했다고 하는 어떤 허장성세를 향한 경고

일 것이다. 사회(과)학자들은 아마추어 배우들처럼 지나간 일을 회고하
며 재검토하는 경향이 있다. 우리(말하자면 사회과학자들)는 세계가 애
초에 예상한 대로 전개되지 않음을 깨달으면 기존의 생각을 끊임없이
재구성해본다. "원인"이라 볼 수 있는 전제조건과 "결과"라 할 수 있는
여파가 발견되고 아울러 별개의 시작과 끝이 존재하여 "위기"로 느껴
지는 상황이, 나중에 되돌아보면 그저 단순한 에피소드로 드러날 때가
있다. 더 이상 "시작"과 "끝"이 명확하지 않은, 꼬리에 꼬리를 무는 수많
은 사건 속 하나의 현상으로 말이다. 실제 "원인" 또한 우리가 단지 부
분적으로만 알고 있는 건지도 모른다. 그렇다면 어느 한 시점에서 사건
의 "결과"에 관해 말하는 것은 시기상조가 될 것이다. 우리는 우리가 연
속적인 사건의 시작에 있는지, 아니면 중간이나 끝자락에 있는지 알지
못하기 때문이다. 물론 사회학자로서 우리는 사회적 세계와 그 속에서
일어나는 것을 끊임없이 이론으로 정립하려는 시도를 해야 한다. 그것
만이 그 현상을 이해하는 유일한 방법이며 사회생활의 불협화음을 지
식의 형태로 바꾸는 길이기 때문이다. 그러나 우리의 이론이 아무리
정교하다고 해도 세계는 언제나 그 세계에 대한 우리의 이론보다 훨씬
더 뒤죽박죽인 경우가 많다.

　오늘날 글로벌 금융 경기장에서 벌어지는 사건의 복잡성과 불투명
성을 감안하면 이 장은 한 가지 의문에 대해 설명하는 매우 평범한
글이 될 것이다. 그 한 가지 의문이란 오늘날 우리가 과연 위기 속에
살고 있는지, 그렇다면 그 위기란 또 어떤 위기인지 하는 것이다. 이 위
기란 많은 이야기가 서로 관련되어 있지만 한 가지로 나타난 위기인가,
아니면 본질적으로는 서로 무관한 다른 위기들인가? 만약 서로 연관
된 많은 이야기를 담고 있는 하나의 위기라면 그 속에 담긴 이야기를
묶어주는 것은 무엇인가? 만약 서로 관련이 없는 것이라면 왜 각각의
위기가 서로 꼬리를 물고 이어져 나타나는 것처럼 보일까?

　이런 의문에 의미 있는 대답을 하기 전에 우리가 사용하는 개념을
좀 더 명확히 해둘 필요가 있다. 물론 위기라는 말 자체의 개념이 가
장 중요하다. 이 점을 분명히 하기 위해 나는 먼저 지금까지 선진 자

본주의 사회에서 나타나는 위기의 특징을 분석한 것 중에서 우수하다고 평가받는 연구를 잠시 되짚어보고자 한다. 이제는 고전이 된 위르겐 하버마스Jürgen Habermas의 『정당성 위기 *Legitimation Crisis*』가 그것이다. 물론 하버마스가 분석한 것은 (현재와) 매우 다른 역사적 국면에 적용된 것이라—말하자면 사회복지 비용의 증가가 "국가재정의 위기"라 불리는 현상에 경보를 울린 1970년대 초—그때 이후 세계 자본주의에서 벌어진 변화라는 관점에서 보면 하버마스의 견해는 매우 낡은 시각으로 보이는 측면도 있다. 그럼에도 위기에 관한 하버마스의 분석은 여전히 가치가 있다. 또한 우리가 "위기 이동의 논리the logic of crisis displacement"라 부를 수 있는 것에 대한 하버마스의 혁신적인 사고는 오늘날 나타나고 있는 현상을 이해하는 데 중요한 단서를 제공한다.

위기 이동의 논리

하버마스는 『정당성 위기』(1988: 1-4)에서 위기를 두 가지 유형으로 구분한다. 즉 그가 "시스템 위기"라고 부른 사회-경제생활 영역에서 일어나는 위기와 "정체성 위기"다. 두 가지 위기 유형은 하버마스가 좀 더 폭넓게 구분한 '시스템'과 '생활세계lifeworld' 개념과 관련이 있다. 여기서 시스템은 목적의식이 분명하고 합리적인 행동에서 나오는 것으로 자체적으로 규제되는 질서다. 이때 각각의 행동은 돈과 권력 같은 어떤 메커니즘이나 "매개체media"로 조정된다. 이와 대조적으로 생활세계는 상징적인 구조로서 증거가 따로 필요 없는 의미 있는 공간이다. 여기에서 문화적 전통과 사회적 상호작용 그리고 개인의 정체성이 유지되고 재생산된다. 시스템이나 생활세계에서 모두 위기가 일어날 수 있지만 각 위기의 성질은 독특하다. 시스템 위기는 자기통제라는 시스템의 메커니즘이 그 기능을 다하지 못할 때 일어나는 것으로 시스템 통합이 고장 난 것과 관계있다. 각자의 행동을 조정하는 매개체가 제 역할을 하지 못하면 시스템은 작동을 멈춘다. 이에 대한 전형적인 예가 경제에서 생산과잉이 초래하는 위기다. 자본주의 세계에서 기업은 시장에서 소화할 수 있는 정도 이상으로 상품을 생산함으로써 가격 폭락과 경기 침체를 초래한다. 그렇게 되면 결국 (영업) 수입이 줄어들어 많은 기업이 궁지에 몰리게 된다. 이와 달리 정체성 위기는 사회 통합이 제대로 작동되지 않는 것과 관련이 있는데 사회 구성원들이 혼란을 뚜렷이 의식하고 그들의 '집단적 정체성'이 어떤 식으로든 위협을 받는다고 느낄 때 일어난다. 시스템 위기가 모두 정체성 위기로 이어지는 것은 아니지만 일부는 정체성 위기를 초래하기도 한다. 하버마스가 관심을 기울인 의문은 언제 그리고 어떤 조건에서 시스템 위기가 정체성 위기로 변하는가 하는 것이다.

이 질문에 대해 하버마스가 제시한 핵심적 내용은 "위기 이동의 논리"라는 말로 요약된다. 물론 하버마스는 위기가 한 시스템에서 다른 시스템으로 이동한다는 말을 하기는 했지만 정확하게 '위기 이동'이라는 용어를 사용하지는 않았다. 하버마스가 주장한 핵심은 다음과 같다. 위기는 자본주의 사회에서 궁극적으로 자본가와 임금노동자 사이의 구조적인 불균형 때문에 일어나며 이때 경제 시스템은 위기의 기본적인 원천primary source으로서 그대로 남아 있다는 것이다. 그러나 국가가 경제 규제에 직접 개입하고 경제성장의 부정적 결과를 무엇보다 복지 서비스의 창출로 보상하는 점을 감안하면, 경제에 뿌리를 둔 위기는 정치 영역으로 이동해 "합리성 위기"로 나타난다. 합리성 위기는 정치 영역에서 벌어지는 상충된 갈등을 해결하지 못한 데서 비롯된 정치의 무능력을 가리킨다. 예를 들어 한쪽에서는 복지 서비스를 확대하라고 요구하고, 다른 한쪽에서는 재정적으로 도움이 될 수 있게 세제 혜택 등으로 충분한 이익을 보장해달라고 요구한다. 하버마스(1988: 46)가 말하듯이 "합리성 위기는 시스템 위기에서 이동한 것으로 이것은 경제위기처럼, 일반화시킬 수 없는 이익을 얻기 위한 사회화된 생산과 책임 조정 사이의 모순을 드러낸다". 공공 부문에서 정당성이 사라질 때 합리성 위기가 이번에는 "정당성 위기"로 변한다. 이것은 시스템 위기의 또 다른 표현이라기보다는 정체성 위기라고 할 수 있다. 정당성 위기는 경제나 정치 시스템이 그 역할을 지속하기 위해 해당 주민에게서 받는 충분한 지지를 받을 수 없을 때 나타난다. 즉 힘이나 폭력에 기대지 않고 스스로 재생산되는 것을 기대할 수 없을 때 일어난다. 신뢰가 상실되거나 환멸감이 만연한 현상 등은 하버마스가 염두에 둔 정체성 위기의 좋은 지표가 된다.

하버마스가 주장한 것을 더 세세하게 언급할 생각은 없다. 하버마스의 주장에는 여러 측면이 있는데 그에 대해서는 몇 가지 의문을 제기할 수 있으며 또 이미 제기된 것도 있다. 어쨌든 그의 주장은 이제는 지나가버린 여러 가지 역사 상황과 결부된 것이다. 서구에서는 신자유주의가 30년간 득세하면서 국가와 자본주의경제의 관계를 근본적으로 변화시켰으며, 하버마스가 예견하지 못한 일종의 위기 조건을 만들어냈다. 그러나 하버마스의 설명에는 한계도 있지만 분명한 가치도 있다. 이 점을 명확히 하기 위해 간단히 요약하면 그의 주장에는 세 가지 핵심이 담겨 있다.

1. 먼저, 위기의 주요한 근원으로서 경제 시스템의 중요성을 강조한 하버마스의 주장은 옳았다. 반면에 경제의 특징이 시스템 위기를 일으킬 개연성이 있다고 설명한 부분은 자본주의를 사회화된 생산과 사적 전유私的專有 사이의 근본적인 갈등에 기초한 생산 시스템으로 바라본 마르크스의 다소 전통적인 견해에 지나치게 의존했다. 물론 그 견해도 중요하다. 그러나 이런 생각은 경제위기를 이해함에 똑같이 (어쩌면 더) 중요한, 막스 베버Max Weber나 슘페터Schumpeter, 케인스Keynes 같은 경제학자들이 더욱 강조한——말하자면 자본주의경제와 근대국가의 활동이라는 두 영역이 작동하는 데 돈과 부채와 대출이 근본적으로 중요한——자본주의의 또 다른 특징을 간과했다.

2. 오늘날 우리가 보기에 유용성의 한계로 비치는 하버마스 설명의 두 번째 특징은 초점을 내적으로 개별 민족국가에 맞추면서도 그 범위가 넓고 깊은 **기관 간 초국가적 연동**transnational interlocking of

institutions은 무시한다는 점이다. 여기에는 명목상으로 서로 다른 국가에 기반을 두지만 기능하는 방식에서는 근본적으로 초국가적 형태를 띠는 기업 및 금융기관이 포함된다. 또 채권시장이나 신용평가기관, IMF나 유럽중앙은행ECB 같은 국제적인 조직의 더욱 복잡해지는 활동을 매개로 초국가적으로 연동된 금융 및 정치기구 역시 포함된다. 공평하게 말하면 최근 몇 년간 하버마스는 그가 "탈국가적postnational 국면"이라 부르는 현상의 특성과 결과에 점점 몰두하고 있다. 그러나 하버마스가『정당성 위기』에서 발전시킨 논리는 오히려 베크(Beck, 2006: 24-33)가 적절히 비유했듯 "방법론적 민족주의"의 틀에 단단히 고정되어 있다.

3. 하버마스가 주장한 것 중에 여전히 불투명하고 만족스럽지 못한 세 번째 측면은 이른바 시스템 위기와 그가 말하는 정체성 위기의 정확한 관계다. 여기서 제기되는 중요한 질문은 경제 시스템의 기능 장애가 어떤 조건 아래서 이른바 전문가들이 '고착화'시킨 기술적 문제 이상의 심각한 결과를 낳는가 하는 점이다. 언제 보통 사람들이 위협을 받는 상태가 되는가? 말하자면 언제 실직을 당하는가, 언제 노후를 대비한 저축을 빼앗기는가, 또 언제 개인 생활이든 사회생활이든 보통 사람의 삶에 심각한 손해를 끼치며 그들의 삶을 크게 방해하는 위협이 되는가? 하버마스가 이런 문제를 제기한 것이 옳다는 데는 의심의 여지가 없지만『정당성 위기』에서 그가 제시하는 답변은 전혀 명확하지가 않다.

오늘날, 하버마스의 설은 유용성의 한계라는 면에서 심각한 결점이 있기는 하다. 그럼에도 서로 다른 위기를 구분하는 하버마스의 방법을 받아들이고 위기 이동의 논리에 관한 그의 암시적인 견해를 염두에 두는 것은 여전히 가치가 있다고 생각한다. 다만 용어는 바꿀 필요가 있다. 나는 정당성 위기라는 정교한 도식은 일단 제쳐두고, 각각의 위기를 좀 더 간단히 구분하는 방법을 선택하고자 한다. 우선 금융 시스템의 작동 이상을 포함하는 금융위기financial crisis가 있고, 정치 시스템의 고장이나 정부에 대한 심각한 도전이 나타나는 정치위기political crisis가 있다. 이때 정부는 어떻게든 (실패할 가능성이 있음에도) 정부에 제기되는 요구에 부응하려고 한다. 정치위기는 정부의 정통성이 도전받거나 그 정통성이 새롭게 또는 더 극단적으로 의문시되는 상황일 수도 있다. 이어서 광범위한 사회문제라 할 수 있는 사회위기social crisis가 있는데 이 위기 상황에서 사람들은 자신이 사는 세상이 근본적으로 방해를 받는다고 느낀다. 그리고 자신의 생존 조건이 위협받거나 침해당하고 있으며 미래는 의심스럽기만 하다고 생각한다. 이런 위기의 유형은 나름대로 독특한 특징이 있지만 시간이 지나면서 위기의 형태가 변할 수 있다. 다시 말해 금융위기에서 정치위기나 사회위기로 진화할 수 있다는 말이다. 이와 같이 위기가 진화 또는 변신할 수 있다는 생각은 분명히 위기 이동이라는 하버마스의 발상에서 유래한 것이다. 물론 나는 '이동'보다 '변신metamerphosis'이라는 용어가 더 적절하다고 생각한다. '변신'에는 형태의 변화라는 의미가 내포되어 있다. 이 말은 이동처럼 위기가 사회생활의 한 영역에서 다른 영역으로 옮겨갔다는 것을 암시하지 않는다. 금융위기가 정치위기나 사회위기로 변신한다고 해서 금융위기가 멈추는 것은 아니다. 그저 다른 무엇으로 변할 뿐이다. 형태를 바꾸고 그 과정에서 새로운 특징을 띠면서 금융위기 자체보다 **더한** 무엇으로 바뀌는 것이다. 요컨대 우리는 현재 상황을 주시하면서 이런 개념과 구분이 사건의 경과를 조명하는 데 도움을 주는지 살펴야 한다. 그러나 먼저 좀 더 광범위한 맥락에서 이 사건들을 바라봐야 한다.

자본주의, 국가, 부채

2007~2008년 금융위기는 흔히 미국의 저소득 가정에 대한 무모한 담보대출에서 비롯된 은행위기(이른바 서브프라임 모기지)로 묘사된다. 게다가 금융기관들은 이 모기지를 분산시키고 위장하는 방법으로 재포장 상품을 만들어 위기를 자초했다. 이것이 사건의 핵심임은 분명하

나 어디까지나 이야기의 일부에 지나지 않는다. 2007~2008년의 사건은 자본주의의 본질에 근원적 뿌리를 둔 부채debt라는, 광범위한 금융시스템의 위기 중 일부로 이해하는 것이 가장 정확하다. 자본주의는 근본적으로 신용거래—지급 약속—와 이자를 낳는 대출의 형태로 끊임없이 돈을 주고받는 방식에 의존한다는 점에서 빚에 의존적인 체제다. 이때 은행과 기타 금융기관은 생산과 소비 양쪽에 자금을 지원한다.[1] 신용과 부채가 없다면 재화와 서비스의 생산과 소비가 멈출 것이며 자본주의는 돌아가지 않을 것이다. 그런데 16~17세기에 유럽에서 근대국가가 출현한 이후에는 국가도 부채에 의존했다. 초기의 근대국가는 육해군의 창설 비용이나 전비 충당, 전쟁을 대비한 군사력을 유지하기 위해 엄청난 빚을 졌다(Mann, 1993: ch. 11 참조). 전쟁 비용 조달은 초기 근대국가가 직면한 최대의 재정 문제였다. 실제로 잉글랜드은행은 17세기 말에 윌리엄 3세의 전쟁 부채를 해결할 목적으로 설립되었다(Alessandri and Haldane, 2009: 3). 국가는 또 기반 구조를 개선할 목적으로 부채를 졌으며, 나중에는 점점 늘어나는 교육비와 복지 서비스 비용을 충당하기 위해 빚을 졌다. 국가 지출의 상당 부분을 국채 발행으로 해결했다. 고정 금리와 만기일이 정해진 정부 채권은 단기금융시장에서 판매 목적으로 개인투자가에게 발행되었다. 이는 향후 세수와 관세를 통해 늘어날 국가 세입으로 안정성을 담보한 것인데, 정부는 채권을 발행하여 국가의 지출을 감당할 수 있었고, 이로써 개인투자가들에게는 상대적으로 안전한 금융 수익을 안겨줄 수 있었다.

근대 유럽 초기에 등장한 국가와 개인투자가 간의 역사적인 동맹은 양쪽에 모두 이익이 되는 방식이었지만 쉽사리 깨질 수 있는 미묘한 균형 관계라는 측면도 있었다. 은행이나 개인투자가들은 국가가 상환을 이행하지 않으면 돈을 날릴 위험이 있었다. 역사적으로 국가 부도는 은행이 파산하는 유일한 이유였다. 프랑스는 1500년에서 1800년 사이에 여덟 차례나 국가 부도를 냈다. 스페인의 경우 그 300년 동안 여섯 차례, 19세기에만 일곱 차례 국가 부도를 냈다(Reinhart and Rogoff, 2009: 86 ff.). 시간이 지나면서 은행과 개인투자가들은 자신의 투자 자금을 보호하기 위해 국가로부터 재보장을 받는 방법을 모색했는데 재보장의 두 가지 유형이 특히 중요하다(Ingham, 2008: 77 ff.). 첫째, 국가 부채의 채권자들은 인플레이션을 억제하는 방법으로 재보장받는 길을 찾았다. 인플레이션이 발생하면 고정 금리로 묶인 정부 채권은 가치가 떨어지기 때문이다.[*] 둘째, 채권자들은 세금이나 관세 수입 등 국가 수입이 발생할 것이라는 확신을 필요로 했다. 그런 수입이 있어야 국가가 이자를 지급할 충분한 능력이 되고 만기가 되었을 때 원금을 온전히 상환하여 채무불이행default 상황을 면할 수 있기 때문이다. 장기채에 정부가 지급하는 금리는 국채에 대한 수요에 따라 좌우된다. 이 수요는 다시 정부의 신용도에 달려 있다. 즉 정부가 인플레이션을 통제할 수 있는 능력과 이자와 원금 등을 지급할 만큼 충분한 조세수입이 있는지가 관건이다. 국가의 지출을 관리하는 측면에서 정부는 신중한 정책이라 평가될 만한 정책들을 채택하는 방식으로 신용도를 확보하려고 애쓴다. 무엇보다 정부는 인플레이션을 억제하고 특정 시점에서 허용할 수 있는 한도 범위 안에서 전체 부채와 적자를 유지하는 적자재정의 기준을 지키려고 한다.(국가의 연간 예산에서 수입과 지출의 균형을 맞춰야 한다는 엄격한 잣대는 20세기를 지나오면서 대부분 포기됐다.)

최근 들어 무디스Moody's나 스탠더드앤드푸어스Standard & Poor's 같은 신용평가기관이 민간 기업뿐 아니라 국가나 지방자치단체의 신용도를 평가하는 데도 점점 중요한 역할을 담당하고 있다. 신용평가를 하는 것이 새로운 일은 아니다. 신용평가 제도는 대출 신청과 제공, 부채의 역사에서 지속적으로 운용되어왔다. 새로워진 것은 이런 행위가 체계적인 상업 활동이 되어 신용도를 평가하는 소수의 전문화된 기관의 역할로 분리되었다는 점이다. 신용평가기관의 역사는 20세기 초로 거슬러올라간다. 존 무디John Moody가 1909년에 신용도를 평가하는 사업체를 설립했다. 스탠더드앤드푸어스의 역사는 1941년 스탠더드 통계

[*] 원금과 이자 모두 인플레이션율 만큼.

회사와 푸어스 출판사가 합병하면서 시작되었으나 사실상 헨리 푸어 Henry Poor가 철도와 다른 인프라 시설 개발에 투자한 내용을 담은 정기 회계 자료를 출판하기 시작했던 1850년대 중반으로 거슬러 올라간다(Sinclair, 2005: 22-26). 규모가 훨씬 작은 피치Fitch 신용평가사는 존 피치John Fitch가 1913년에 금융통계 전문 출판사로 설립한 회사다. 이들 기관의 평가 작업은 처음에는 미국 내의 철도와 운하, 제조업체, 금융기관에 초점이 맞춰져 있었다. 그러다가 1971년에 브레턴우즈체제 the Bretton Woods system가 끝나고 1970년대와 1980년대를 거치면서 금융 규제를 푸는 자유화 추세가 일자 신용평가기관의 활동 범위와 권한이 엄청나게 커졌다. 투자가들은 갈수록 투자 결정을 신용평가 회사에 의존했다. 2000년대 초 양대 평가기관은 미국과 국제시장에서의 부채 규모를 약 30조 달러로 평가했다(Sinclair, 2005: 4). 이들 평가기관은 AAA(트리플 A)에서부터 D(디폴트)에 이르기까지 다양한 자신들의 평가가 기업이나 정부, 지자체 등이 지고 있는 부채에 대해 지불해야 하는 금리 수준에 직접적 영향을 미친다는 이유로 금융시장에서 엄청난 권력을 행사한다. 평가 점수가 높을수록 채권자가 상환해야 하는 빚에 대한 채무불이행의 위험이 낮아진다. 그러면 당연히 채무자가 부담하는 이자 비용도 줄어든다. 다른 한편으로 신용평가 회사가 채무불이행 위험이 높다고 (또는 실제보다 더 높다고) 평가해 낮은 점수를 주면 상환할 때까지 채무자의 비용이 늘어난다.

이런 점에서 볼 때 국가와 개인투자가 사이의 역사적 동맹은 파우스트적인 계약Faustian pact 같은 것이었다. 국가는 지출을 충당하고 장기부채를 갚을 재원을 얻었지만, 낮은 인플레이션과 건전한 재정 정책을 운용해야 한다는 측면에서 그에 상응하는 대가를 지불해야 했기 때문이다. 만일 국가가 약속한 기준에서 벗어나면 단기금융시장에서는 즉시 국가를 응징하는 조치에 나섰다. 정부 채권의 매각 사태는 불확실성에서 촉발된다. 투자가들은 다시 고금리로 유인할 때만 채권 매입에 응하기 때문에 국가 부채의 이자 부담이 더 커진다. 또 다른 측면에서 보면, 부분적으로는 복지국가의 등장과 마셜T. H. Marshall (1992)이 잘 분석했듯이 시민권의 속성이 광범위하게 변화한 것을 새로운 요인으로 꼽을 수 있다. 즉, 서구 국가들에서 정부는 의료와 교육 분야 같은 공공서비스에 대한 국민의 기대치가 꾸준히 높아지는 상황에 직면했다. 그밖에도 일부 다른 재화와 서비스에 대한 정부의 재정지출을 요구하는 수요가 증가했다. 동시에 그런 요구를 억제하거나 반전시키려는 시도가 뒤따랐는데 이는 대중의 극심한 불만과 분노, 항의를 유발하는 한이 있더라도 국가는 자신의 채권자를 다시금 안심시켜 수용할 수 있는 금리로 계속 자금을 지원받아야 했기 때문이다.

국가와 개인투자가들 사이의 역사적 동맹은 근대 유럽 초기에 결성된 이래로 거의 고스란히 유지되었지만 결정적인 면에서 한 가지가 달라졌다. 근대 초기에는 은행이 대여자로서 마지막 수단이었고, 은행의 최대 위험 요인은 국가의 파산이었다. 그러던 것이 200년 만에 입장이 바뀌었다(Alessandri and Haldane, 2009: 1). 이제는 국가가 은행의 마지막 자금줄이 되었으며 유사시에 국가는 거꾸로 은행에 구제금융을 하겠다고 나서게 되었다.

위기의 변신

2007~2008년에 금융시장에서 일어난 이야기는 이미 기록이 충분하기 때문에 이 자리에서 시시콜콜 반복할 필요는 없을 것이다.[2] 그러나 이들 사건 이전에 일어났고 이 일을 촉발한 폭넓은 구조적 변화를 간단히 되짚어볼 필요는 있다.[3] 1970년대 이후 선진 자본주의경제에서 금융 부문이 엄청나게 확대되었는데 이런 흐름은 결과적으로 전체 부채 규모를 비약적으로 늘어나게 했다. 금융시장에 대한 규제를 풀고 정부의 관리 감독 기능이 약화된 상태에서 금융자본을 끌어들이는 한편 세수 확대로 국가의 재정을 늘리려는 일부 국가가 금융 부문 확대를 적극 조장하고 촉진한 것이다. 금융 부문 확대 양상은 앵글로-색슨 세계에서 신자유주의가 기승을 부리고 뉴욕의 월스트리트와 런던 구

시가지가 세계 금융 센터로서 전통적으로 지배권을 휘두르던 미국과
영국에서 가장 심했다. 정부 규제에서 자유로워진 은행과 금융기관들
은 활동 영역을 대대적으로 확대했으며 신규 대출과 재포장 금융상품,
가용 금융자산을 확장함으로써 이익을 창출하려는 혁신적인 길을 모
색했다. 은행 자산은 표 3.1에서 보듯이 비약적으로 증가했다. 이 표는
GDP 대비 영국의 은행 자산 실태를 보여주는 것으로서 19세기 후반
부터 영국 은행 시스템의 자산이 GDP의 약 50퍼센트 선에서 전체 경
제활동과 대체로 비슷한 변화를 겪는다. 이런 추세는 1970년대 초반에
변화하기 시작해 2001년에 들어서자 영국의 은행 자산이 영국 연간
GDP의 500퍼센트 이상으로 증가했다(Alessandri and Haldane, 2009:
3). 비슷한 양상은 미국에서도 나타났다. 미국에서는 금융 기업의 자산
이 1946년 GDP의 1.35퍼센트에서 2009년에 약 110퍼센트로 늘어났
다(US Federal Reserve, 2010; Ingham, 2011: 234). 그러나 은행의 자산
은 대출금이며 동시에 은행이 예금주에게 갚아야 할 부채다. 이렇게 엄
청나게 증가한 미상환 부채에는 채무불이행에 따른 손실을 상쇄할 만
한 자기자본과 유동성 비율liquidity ratios 증가가 수반되어야 하지만 실
제로는 정확히 반대 현상이 벌어졌다. 20세기가 시작되면서 영국과 미
국에서는 자기자본 비율이 500퍼센트나 떨어졌고 유동성 비율은 그
절반의 기간에 같은 크기로 감소했다(Alessandri and Haldane, 2009:
3). 대출로 생긴 이익금은 준비자산을 늘리는 데 사용되지 않고 고액
의 배당금과 보너스 지급, 투기사업에 쓰였다. 결론적으로 은행 시스
템은 확실한 위기에 처했다. 그것은 폭발할 때만을 기다리는 자산 거
품이었다.

　'파생'상품이나 '증권화securitized'한 금융상품의 거래 증가에 대해서
는 특히 질리언 테트Gillian Tett(2009)가 잘 분석했다. 새로운 금융 수단
을 다양하게 활용한 금융상품에 관한 연구는 많지만, 테트는 비판적인
견지에서 그런 수법의 증가에 연구 초점을 맞추고 있다. 그런 새로운
거래 형태는 실제로는 금융 시스템의 바닥에 깔린 취약한 구조를 악
화할 뿐이다. 부채는 급증하고 지급준비금이 고갈되자 은행의 대차대

표 3.1 GDP 대비 영국의 은행 부문 자산, 1880~2006

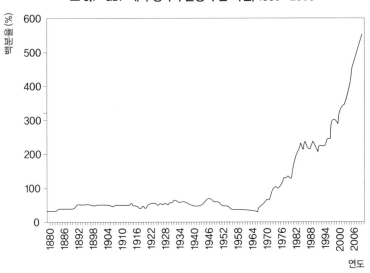

출처: Sheppard(1971)와 잉글랜드은행

조표가 열악해지는 취약한 구조가 드러났다. 새롭게 "증권화"한 자산은 대차대조표를 계속 악화시키면서 위태로운 상황으로 몰고 갔다. 그 같은 형태의 새로운 자산은 공식적인 대차대조표에서 사라졌지만 미국과 영국의 은행들은 법적인 독립체로 해외에 등록된 구조화투자회사structured investment vehicles, SIV ** 를 통해 자산을 넘기는 방식으로 감독 당국의 눈을 피할 수 있었다. 은행들은 이런 자산을 잘게 쪼개 여러 개로 만들어 담보의 다양한 분할 발행인 "트랑셰ranches"로 포장하거나 재포장해서(부채담보부증권CDO) 수도 없이 되팔았기 때문에 부도가 났을 때 누가 최종적으로 리스크를 떠맡는지가 불분명해졌다. 채무 불이행과 관련된 리스크는 신용파산스와프Credit Default Swaps, CDO ***

---

*영국의 은행 부문 자산의 실태는 1966년 이후에는 더 광범위한 의미를 담고 있지만, 협의의 측면에서 볼 때 증가의 양상은 똑같다.

**투자은행들이 장기 고수익 자산에 투자할 목적으로 설립한 투자 전문 자회사.

***채권을 발행한 기업이나 국가 등이 부도가 났을 때 손실을 보장해주는 금융파생상품.

라는 수단을 이용해 다른 사람에게 넘긴다는 환상이 생겨났다. 그 결과 은행이나 다른 금융기관이 대차대조표상에 나타난 자산의 실질적 가치를 전혀 알지 못하고, 연쇄 거래 당사자 한 명이 파산했을 경우 무슨 일이 발생할지도 모르는 것으로 드러났다. 주택 담보대출이나 다른 자산의 증권화는 리스크를 감소·분산시킬 수 있을 것이라 생각했지만 실제로 증권화는 전체 금융 시스템에서 리스크를 키우고 만 것이다.

채무불이행은 2006년 후반기에 시작해 미국에서 주택 가격이 폭락하여 담보대출—특히 이른바 서브프라임 모기지(비우량주택담보대출)—의 연체가 꾸준히 증가하던 2007년과 2008년 내내 지속되었다.:[4] 담보대출 증권의 시장가격이 무너졌고 은행들은 거래가 불가능한 수조 달러어치의 부채담보부증권이나 신용파산스와프를 보유하게 되었다. 채무불이행이 시작되자 노던록이나 리먼브러더스처럼 모기지 시장에 깊이 연루된 은행과 금융기관들의 운영 실태가 여실히 드러났다. 2008년 9월 15일, 리먼브러더스는 미국 역사상 최대 규모가 된 기업 파산 신청을 냈다. 신용파산스와프를 이용해 다양한 금융기관의 채무에 보증을 선 거대 보험사인 AIG(아메리칸 인터내셔널 그룹)도 점점 더 난관에 부딪쳤다. 신용평가 회사들의 평가가 떨어지자 AIG는 파산 위기에 몰렸다. 리먼브러더스가 파산한 직후 비슷한 규모의 2차 부도가 초래할 위험을 예상한 미 연방준비은행FRB은 9월 16일 850억 달러에 이르는 거래신용credit facility으로 AIG에 대한 구제금융에 나섰다.(AIG에 대한 정부 지원금 총액은 결국 1800억 달러에 이르렀다.) 다음 날 미국 정부는 은행과 금융기관이 보유한 이른바 부실 자산toxic assets을 구입하기 위해 재무부가 마련한 7000억 달러의 긴급 구제금융 조치를 승인한다고 발표했다. 영국 정부는 이미 앞장서서 국유화하는 방법으로 노던록을 구제한 사례가 있는데 이번에도 역시 상당한 주식을 받는 조건으로 은행을 지원하는 대대적 투자를 감행했다. 이로써 금융 시스템의 붕괴는 막았지만 혹독한 대가가 뒤따랐다. 2009년 말까지 은행을 지원하고 경제를 회생시키기 위해 미국 정부는 최소 3조 달러를 투입했으며 영국 정부는 8500억 파운드를 썼다. 은행의 대차대조표는 부채가 과잉 노출되어 취약해졌고, 그렇게 불거진 금융권의 위기는 정치권으로 확실하게 옮겨갔다. 국가들은 금융 시스템의 붕괴를 적어도 일시적으로는 막았다. 그러나 그 대가는 어떠했는가?

엄청난 비용이 들어간 구제금융은 금융위기에서 촉발된 불황과 결부되어 관심의 초점이 이제는 국가로 이동했다. 부채의 증가로 국가의 재정 상태는 엄청나게 허약해졌고, 무엇보다 불황으로 세수稅收가 눈에 띄게 줄었다. 신용평가기관과 단기금융시장은 재정이 고갈된 것으로 보이는, 즉 과다한 국가 부채와 부채를 갚은 결과 다시 재정수입(잔액)이 줄어든 국가들에 관심을 돌렸다. 이른바 유로존의 언저리에 있는 몇몇 국가—아일랜드, 그리스, 스페인, 포르투갈—가 집중적인 관심의 대상이 되었다. 이들 국가재정의 취약성은 그 이유가 다양하다. 아일랜드의 경우 은행 시스템 붕괴와 구제금융 비용이 연관된 것이라면 그리스와 스페인, 포르투갈의 국가재정 취약성은 누적된 부채와 관광업의 불황, 부채에 의존한 호텔 및 주택 건설, 유로존의 기이한 통화정책에서 비롯되었다.

EU의 회원국은 유로존에 합류할 때 재정적자를 GDP의 3퍼센트로 제한해야 하고 GDP 대비 부채 비율이 60퍼센트를 넘지 않아야 한다는 마스트리히트조약Maastricht Treaty을 준수해야 한다. 유로 회원국이 된 국가는 유로존의 강대국인 독일의 신용을 발판 삼아 저금리로 돈을 빌릴 수 있었다. 그러나 유로에 합류하기 위한 예산 규정은 엄격하게 적용되지 않고 싼 이자로 돈을 빌릴 수 있게 되면서 이런 상황이 더 많은 돈을 싸게 빌리려는 회원국들을 자극했다. 적극적으로 돈을 대출해주려는 채권자들이 저금리로 더 많은 돈을 빌리려는 국가들을 찾았다. 또 유로존의 몇몇 국가는 실질적인 재정 상태가 투명하지 못했다. 그런 가운데 2000년대 초 골드만삭스를 비롯한 월스트리트의 투자은행들이 그리스 및 다른 유럽 정부와 손을 잡고 은밀하게 금융수단을 개발해 이들 정부의 실제 적자 규모를 은폐하고 EU의 적자 규정을 지키는 것처럼 꾸며 대출을 늘렸다. 그리스가 유로존에 합류한 직후인 2001년 골드만삭스가 고안한 한 가지 거래 수법은 은행들이 미래

의 그리스 공항 착륙 요금을 미리 받는 대가로 그리스에 엄청난 현금
을 지원하는 것이었다. 현금을 선불로 받음으로써 사실상 미래의 이익
을 담보로 잡은 거래였다(Story, Thomas, and Schwartz, 2010). 이 거래
는 대출 대신 권리 매각으로 분류되었기 때문에 그해의 그리스 대차대
조표에는 부채로 잡히지 않았다.

2009년 10월 집권한 그리스 중도좌파 정부는 발표된 지표보다 국
가재정이 실제로는 훨씬 더 열악하다는 것을 밝혀냈다. 전 정부에서 평
가한 2009년의 예산 적자는 GDP의 6~8퍼센트였다. 그러나 실제 적
자 규모는 12.7퍼센트로 올랐다가 다시 15.4퍼센트까지 상향 평가되었
다. 국가 파산을 우려한 신용평가기관들은 그리스의 국채를 투기 등
급junk status으로 떨어뜨렸다. 그러자 그리스 국채의 금리가 급등했다.
2009년 초에 10년 만기 정부 채권의 금리가 6퍼센트 이하이던 것이
그해 하반기에는 12퍼센트 이상으로 올랐고, 2011년에는 결국 18퍼센
트 근처까지 상승했다(표 3.2 참조). 이는 급격히 상승한 국채 때문에 신
용평가기관과 그리스의 투자자들에게 점점 신뢰를 상실한 결과이고,
작게는 아일랜드와 포르투갈의 신용 추락의 여파로 인해 약정한 부채
상환을 이행할 수 없을 것이라는 예측이 반영된 결과였다. 국채는 리
스크가 높을수록 투자자를 유치하기 위해 금리가 더 높아지게 마련이
다. 인상된 금리라는 가혹한 조건이 따르면 악순환이 반복된다. 국가가
국채 소유자에게 지급할 금리가 높을수록 이자 부담도 높아진다. 이로
써 부채 상환을 위해 채권시장에서 자금을 조달해야 할 필요성과 국가
가 부도날 가능성이 동시에 커지는 것이다.

현실적으로 국가 부도가 일어날 가능성에 직면한 나라는 다시 구제
금융에 손을 내밀게 된다. 그리스의 경우에는 유로존 국가와 IMF에서
1100억 유로를 대출받는 형태로 구제금융이 이루어졌다. 2010년 5월
에 승인된 이 대출금은 그리스 정부가 지출 비용을 삭감하고 세금 인
상으로 재정수입을 늘려 그리스의 부채 규모를 줄이는 엄격한 긴축 조
치와 연계해서 지급된다는 조건이 붙었다. 1년 뒤 그리스는 그 정도의
대출로도 충분하지 않게 되었다. 그래서 똑같이 엄격한 긴축 조치를

표 3.2 유로존의 국채 수익률, 2009~2011

출처: 톰슨 로이터스 데이터스트림

조건으로 추가 구제금융—현금 차관과 채권 교체bond swaps, 부채 상환 연장이 혼합된 형태로 3년간 약 1200억 유로—이 이루어졌다.

그리스는 유럽의 리먼브러더스로 묘사되었다. 그리스가 파산하면 금융 시스템에 충격을 주게 되고 계속해서 포르투갈과 스페인 등 다른 나라의 부도를 유발할 것이라는 이유 때문이었다. 그러나 신용과 부채의 구조 측면에서 볼 때, 그리스는 자신이 파산하여 채권자인 은행으로 하여금 대차대조표가 취약해진 구조를 드러내게 만든, 대출금의 이자를 지급할 능력도 없는 서브프라임 모기지의 대출자(은행 고객)들과 같았다. 부채담보부증권과 신용파산스와프를 사고판 대가로 미국의 모기지 시장에서 파산 상태가 노출된 많은 은행이나 금융기관과 같이, 유로존 국가의 많은 은행—특히 표 3.3에서 보듯이 독일과 프랑스의 은행—로 또한 그리스(그 외의 많은 국가도)의 부채와 연관된 것으로 드러났다. 2011년 독일의 은행 자금 226억 달러가, 프랑스 은행들의 경우 150억 달러가 그리스의 국가 부채에 잠겨 있었다. 그리스 민간은행에 빌려준 다른 형태의 자금을 포함한다면 그리스에 들어간 돈은 독일이 339억 달러, 프랑스가 567억 달러로 늘어난다. 잠시 미국의 서브프

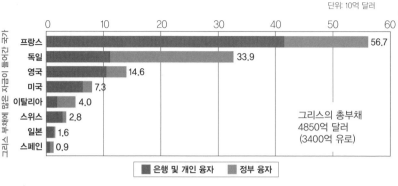

표 3.3 알려진 그리스의 부채, 2011년 7월

단위: 10억 달러

그리스 부채에 많은 자금이 들어간 국가

프랑스		56.7
독일		33.9
영국		14.6
미국		7.3
이탈리아		4.0
스위스		2.8
일본		1.6
스페인		0.9

그리스의 총부채
4850억 달러
(3400억 유로)

■ 은행 및 개인 융자 ■ 정부 융자

출처: BIS 분기별 리뷰

라임 모기지 시장에서 촉발된 문제에서 논의가 비켜난 것 같지만 사실 우리는 지금 본질적으로 똑같은 위기를 다루고 있다. 말하자면 위기가, 부도 리스크에 심하게 노출되어 취약한 대차대조표를 보인 은행이나 금융기관에서 촉발되었다는 점에서는 똑같기 때문이다. 그러나 이제 잠재적인 파산 당사자는 담보대출금을 상환할 수 없는 개인이나 가계가 아니라 국가다. 이런 상황이 문제를 전혀 다른 차원으로 끌고 간다. 더욱이 많은 국가의 재정 구조가 취약하다는 사실을 감안하면 이들 국가가 한 차례 또는 연속적으로 파산 상태로 내몰리는 경우 국내 은행들을 또 다시 구제할 수 있다고는 전혀 보장할 수 없다.

2007~2008년 이후 우리가 겪은 위기가 근본적으로 금융위기라면, 이 위기는 자본주의적 대출—부채 구조에 뿌리를 둔 1970년대 이후 대출—부채의 1차 기관인 은행의 변화에서 나온 것이라고 볼 수 있다. 위기는 정치권으로 옮아가서 실질적으로 또는 잠재적으로는 정치 위기의 형태를 띠었다. 이 같은 변신 때문에 국가와 정부가 직접 위기에 연루되었고 세 가지 유형의 전선으로 내몰렸다. 첫째, 국가와 정부는 공적 자금을 은행 구제에 대주면서 은행가들의 책임을 너무 쉽게 면제해주었다. 또 많은 은행이 효율적으로 국유화되었지만 은행 경영자들에게 제한을 취하는 조치는 거의 이루어지지 않았다. 그들에게 지급하는 어마어마한 급여나 보너스, 혜택을 줄이지도 않았고 세계경제

를 나락으로 빠뜨린 행위에 대한 재再규제도 가하지 않은 것이다. 은행가와 그들이 저지른 무분별한 행동에 대한 대중의 당혹스러움과 분노가 이제는 정부로 향했다. 정부는 은행이 어려울 때는 구제금융을 해주려고 나서지만, 정작 금융 부문을 개혁하거나 추가 구제의 가능성을 줄이는 새로운 정책을 수립하고 개발할 필요가 있을 때는 용기도 줏대도 없이 우유부단한 모습을 보였기 때문이다.

국가와 정부가 직면한 두 번째 전선은 한층 더 심각하다. 구제금융과 불황으로 몇몇 국가의 취약한 재정 상태와 허점이 여실히 드러났기 때문에 각국 정부는 총부채 규모와 이자 비용을 줄이기 위한 방편으로 공공 부문에서 지출을 단속해야 하는 상황으로—외부 압력의 내용과 정도는 제각기 달랐지만—내몰렸다. 공공지출을 두고 벌이는 싸움이 금융위기의 새로운 전선을 형성했다. 언제나 국가와 개인투자가들 사이의 역사적 동맹이던 파우스트적인 계약을 금융위기가 악화시켰다. 17세기 이래로 국가는 단기금융시장에서 개인투자가들에게 국채를 팔아 재정지출에 충당할 재원을 얻었고 부채 비용(이자)을 갚았다. 그러나 거래를 계속하기 위해서는 국가가 인플레이션율이나 적자재정에 확실한 기준을 세워 총부채와 적자재정을 적정 한도에서 유지해야 했다. 이런 상황에서는 국가가 끊임없이 공공지출을 통제하거나 감축하도록 압력을 행사하게 된다. 그런 압력은 구제금융과 같이 국가가 엄청난 규모의 추가 지출을 갑자기 부담해야 할 때, 경기 침체나 후퇴로 인한 세수 감소 등 갑자기 재정수입이 줄어들 때, 또는 이 두 가지 요인이 겹칠 때 더욱 심해진다. 이런 조건에서 정부는 시장에서 기대하는 적자재정 수준에 맞추기 위해 어쩔 수 없이 공공지출 비용을 삭감하거나 또는 그런 조치 외에 세금을 더 걷어야 하는 곤란한 상황에 직면한다. 만약 조치를 취하지 못한다면 부채 비용이 올라가는 리스크를 감수해야 하며 그럴수록 국가재정 상태가 더욱 악화되기 때문이다. 그러나 공공지출을 삭감하고 세금을 인상하는 것은 좌파 우파를 가릴 것 없이 어느 정부라도 달가워하지 않는 정책이다. 이 두 가지는 정부의 실행이 일반 시민의 삶에 직접적 영향을 미치는 핵심 영역이기 때문이

다. 공공서비스를 줄이고 공무원 급여와 복지를 축소하고 공공 급여
를 받는 수많은 직원을 일터에서 내몰고, 또 공공 자산을 매각하고 의
료비와 교육비 부담을 개인에게 더 많이 전가하며 해당 기관의 구조조
정을 단행하고 직접세와 간접세를 인상하는 것은, 어떤 정부라도 시행
하기가 결코 쉽지 않은 정책이다. 정부가 이런 정책을 시행한다면 당장
다양한 계층의 국민이 분노와 원한, 적개심을 갖게 될 것이다. 국민 삶
의 질은 이런 변화에 직접적으로 또 실질적으로 영향을 받는다. 국민
은 다른 사람들이 저질러놓은 일을 정부가 비용을 들여가며 뒤치다꺼
리한다고—이는 상당히 정당한 분노다—느낄 것이다.

 오늘날 이와 같은 위기의 현장에서 벌어지는 장면 두 가지를 잠깐
생각해보자. 2011년 6월 29일 수요일, 그 이튿날은 영국의 공공 부문
노동자들이 전국 총파업을 하기로 예정되어 있었다. 그 파업은 50만
명이 넘는 노동자들이 참가할 예정이어서 수년 만에 최대 규모가 될
것으로 보였다. 전국에 걸쳐 초·중·고교와 대학, 병원, 공항, 법원, 정부
청사에 파업의 여파가 미칠 전망이었다. 수천 곳의 학교가 휴교에 들어
가고 교통이 마비될 것이었다. 노조가 연립정부에서 제안한 공공 부문
의 연금 개혁에 항의하는 파업을 계획한 것이다. 당시 개혁 조치는 모
든 공공 부문 노동자에게 지급할 연금을 산정함에 퇴직할 당시의 임금
과 연계하는 최종 급여 방안final-salary schemes을 폐지하는 내용을 담고
있었다. 또 대부분의 노동자가 납입하는 연금 기금을 대폭 인상—소
득의 3퍼센트로, 많은 노동자에게는 연금 기금 부담액이 두 배로 오르
는 결과를 가져오는 수준이었다—하고, 연금 수급 연령도 늦췄다. 많
은 공공 부문 노동자들이 파업을 환영했다. 그들은 단지 나중에 받을
연금을 염려했기 때문이 아니라—물론 그 이유가 컸지만—예산 삭감
조치와 예산 적자를 줄이는 방안으로 공공지출을 대폭 축소하려 한
정부의 방침에 분노한 것이었다. 이 모든 것을 종합해볼 때 노동자들
은, 위기를 초래한 당사자는 여전히 고액 연봉과 터무니없는 보너스를
요구하며 풍족한 개인연금을 받는 은행 경영진인데 정작 위기의 뒤치
다꺼리는 노동자들이 감당해야 하고 그로 인해 노동자의 생활수준이

심각하게 위협받는다고 느꼈다.

메리는 버밍엄Birmingham 북쪽의 캐녹Cannock에 있는 보상처리센터의 금융 부서에서 일하고 있다. 메리는 동료 대부분과 함께 그 파업에 동참할 예정이었다. "지금까지 여기서 일하면서 금융 부서에서 파업했다는 말은 들어보지 못했어요. 사실 우리가 하는 일은 사람들을 배려하는 거예요. 사람들의 생활을 어렵게 만드는 것은 우리가 절대 하고 싶지 않은 일이죠(Gentleman, 2011: 6)." 그러나 이번에는 달랐다. 메리와 동료 노동자들은 연금액과 연금 수급 연령의 변동에도 관심이 높았지만, 1년 안에 전체 사무실을 폐쇄하고 중부 지역에 있는 다른 사무실로 직원들을 이동 배치한다는 결정이 났을 때 더욱 분노했다. 연금의 변동은 정부가 결정한 일련의 조치 중에서도 노동자가 인내할 수 있는 한계를 벗어난 것이며, 이는 노동조건의 지속적인 악화로 이어질 것이었다. "추가 부담액이 얼마나 늘어나는지 알고 충격을 받았어요." 메리는 연금 개혁이 자신의 재정 상태에 미칠 여파를 걱정하며 말했다. 다른 사람들과 마찬가지로 그녀는 이 같은 변화가 자신에게 어떤 의미인지 알기 위해 공공·상업서비스 노동조합Public and Commercial Services Union 웹사이트에 있는 온라인 연금 계산기를 이용했다. 나이, 급여, 연금 기금 가입 기간, 이 세 가지 정보를 입력하면 추가 부담액이 얼마인지, 손실 액수는 얼마인지, 얼마나 더 근무해야 하는지 등을 바로 알 수 있다. 연금 계산기는 연금 개혁의 내용을 노조원들이 이해하기 쉽게 알려주는 간단한 장치다. 메리는 자신이 받는 1만7000파운드의 연봉 가운데 매달 45파운드를 연금 기금으로 추가 납부해야 한다는 사실을 알게 되었다. 교사로 근무하는 남편의 연금 기금 변동분까지 더하면 두 사람의 월 가계소득 감소액은 매달 215파운드에 이른다. "한 푼이라도 아껴 쓰던 신혼 시절로 돌아간 느낌이었죠. 나이를 먹으면 생활이 나아져야 하는데 다시 옛날로 돌아간 거예요." 메리는 위기에 책임을 져야 할 사람들은 달라지는 것이 없고 자신과 남편은 공공서비스에 일생을 바치라는 처벌을 받은 느낌이 들었다. "화가 났어요. 정부는 은행에 구제금융을 해주고 금융시장은 이렇게 엉망진창이 되었는데 우리 같은 일반 대중이 그 비용을 부담하는 거죠."

같은 날인 6월 29일 수요일. 아테네 중심가에 있는 신타그마 광장으로 군중이 모여들었다. 그리스 의사당에서는 구제금융 확대로 EU와 IMF가 1200억 유로에 이르는 2차 긴급대출을 승인하는 조건으로 내건 새로운 긴축 조치를 놓고 의원들이 격론을 벌이고 있었다. 긴장이 감돌았다. 신타그마 광장 주변의 도로에서는 청년들이 돌을 던지고 경찰은 시위대를 향해 최루탄을 발사하고 섬광수류탄을 터뜨렸다. 시위대와 경찰 기동대 사이에 격전이 벌어졌다. 의사당 안에서는 게오르게 파판드레우George Papandreou 총리가 가혹한 긴축 조치가 담긴 법안을 지지해달라고 의원들을 설득하고 있었다. 의사당 밖은 초긴장 상태였다. 오후 4시 30분이 막 지나면서 긴축법안이 아슬아슬한 표차로 통과되었다는 뉴스가 퍼져나가자 광장 주변에는 긴장이 고조되었다. 시위가 격렬해지고 양측 간의 전투가 더욱 치열해졌다. 매일같이 광장에 모여든 군중 중에는 나이를 불문하고 평범한 그리스 시민이 많았다. 이들은 어이없는 상황에 분노하고 기가 질렸다.

은행에 근무하는 20대의 마리아 시파라는 시위대의 한 사람이었다. 그녀는 "우리는 멈추지 않을 겁니다, 우리는 멈추지 않아요"라고 힘주어 말한다. 목소리에는 분노가 역력하다. "저들이 멈춰야 해요. 정부가 멈춰야 해요." "어떻게 멈추게 할 건데요?" 기자가 묻는다. "파업으로 시위로, 모든 수단을 다 동원해서라도 멈추게 해야죠. 우리는 이곳에 나와서 시위할 겁니다." 테오프라스토스 밤푸렐리스는 일자리를 찾지 못한 젊은 토목기사로서 왜 자신이 시위대에 합류했는지 설명한다. "내가 여기 나온 것은 청년 실업률이 너무 높이 올라가고 있기 때문입니다. 우리는 일자리도 없고 돈도 없어요. 그러니 사는 게 너무 힘들죠." 30대 초반의 젊은 건축기사인 소피아 차다리는 자신이 이곳에 나온 이유를 이렇게 말한다. "우리는 은행에 집을 빼앗기는 사람들을 봤어요. 그런 일이 있으니까 사람들이 이것이…… 음, 사회적 재난이라고 느끼는 겁니다." 쉰네 살로 세 자녀를 둔 게오르기아 마브리오기아니는 자신이 운영하던 작은 사업체가 파산한 이후 2년 동안 일을 하지 못했다. "내

평생 시위라고는 해본 적이 없어요. 그러나 보다시피 많은 사람이 지금 벌어지는 사태에 항의하잖아요. 정치인들에게는 이제 더 이상 기대할 게 없어요. 그러니 사람들이 정신 차리고 이제는 결정 과정에 직접 참여하려는 거죠." 연금 수급자인 카를로스 마르구니스는 그리스인들이 사기당했다고 느끼기 때문에 위기는 악화되기만 할 것이라 생각했다. "요 몇 년간 부채 문제에 대해 말하는 사람이 아무도 없었어요. 그러다가 갑자기 무자비한 난관에 부딪힌 겁니다. 먹는 게 먼저냐, 이자가 먼저냐? 빚을 갚을 것인가, 생존해야 할 것인가? 당신이라면 어떻게 하겠어요?"(Smith, 2011; Howden, 2011; Newsnight, 2011)

위기의 최전선에서 포착한 이 두 장면은 서로 다른 시간과 공간에서 벌어지는 수많은 사건 중 두 순간을 캡처한 것일 뿐이다. 그러나 우리 주위에서 벌어지는 위기의 중요한 단면을 일깨워준다. 오늘날 우리가 직면한 문제는 단순히 금융위기나 정치위기에 그치는 것이 아니다. 여전히 금융위기의 측면이 있으며, 어느 때보다 심각한 정치위기임 역시 분명함에도 그렇다. 오늘날 우리는 본격적인 사회위기와 맞닥뜨렸다. 금융위기가 정치위기, 사회위기로 변신한 것이다. 앞에서 언급한 두 장면은 이 위기가 수많은 보통 사람에게 과거 어느 때보다 절박한 현실 문제임을 말하고 있다.

2008년 가을 시점으로 돌아가보면, 그 당시 금융위기는 보통 사람에게는 비현실적인 측면이 있었다. 뭔가 낯설고 이해할 수 없는 사건이 당신이 이해하지 못하는 삶의 현장에서, 당신이 결코 만난 적 없는 사람들이 사는 먼 곳에서 벌어지고 있었다. 만약 당신에게 그 같은 사건에 휘말린 은행예금이 있었다면 당신은 아마 그 돈이 안전한지 걱정했을 것이다. 노던록의 예금주들이 그랬듯이 어쩌면 예금을 인출해서 더 안전해 보이는 어딘가에 돈을 맡기려고 애썼을 것이다. 그러나 그런 사람은 전체 시민 중 극히 일부에 지나지 않았다. 그리고 은행에 대한 정부의 구제금융은 적어도 일시적으로는 대부분의 시민이 맡긴 예금이 안전하다는 것을 의미했다. 게다가 정부가 은행의 구제금융과 경기 회복을 위해 투입한 돈은 너무도 엄청난, 천문학적인 금액이어서 그 의도나 목적이 개인에게는 사실상 의미가 없었다. 1조 달러라는 돈이 현실적으로 피부에 와 닿겠는가? 8000억 파운드의 돈이 일반 대중에게 무슨 의미가 있을까? 그 정도 규모라면 보통 사람이 상상기란 어렵다. 그러나 정부가 당신의 급여를 동결하거나 삭감할 것이며, 당신은 연금 기금으로 매달 45파운드를 더 내야 하고, 당신이 생각한 것보다 직장을 6년 더 다녀야 하며, 세금은 늘어나지만 동네 도서관은 문을 닫을 것이며, 당신 자녀가 대학 등록금을 자비로 부담해야 한다고 생각하면, 너무나도 분명한 현실이 된다. 그때 위기는 당신의 삶과 주위 사람들의 삶에 직접 영향을 주기 때문이다. 그러면 이 문제는 그동안 당신이 당연시하던 것을 파괴하고 당신과 친구, 가족의 삶을 방해하며 삶의 질을 유지하는 사회적, 물질적 조건에 영향을 주는 '사회위기'라고 할 수 있다. 이제 이 위기가 어떤 의미인지 이해할 것이다. 그러면 이 위기는 이제 더 이상 워싱턴이나 런던, 브뤼셀에서 당신이 이해할 수 없는 방법으로 어마어마한 돈을 경제에 쏟아붓고 숫자를 주무르는 은행가나 전문 관료들이 고착화한, 추상적이고 기술적인 문제로 보이지는 않을 것이다. 이제 이 위기는 당신의 삶에 직접 (악)영향을 끼치는 정치적이고 사회적인 문제가 되었다.

국가와 정부들이 맞닥뜨린 세 번째 전선은 제대로 가늠하기가 더 어려우면서도 더 우려스럽고 더 심각하다. 이것은 새롭게 시작하는 더 광범위한 적자에 정부가 어떻게 대처할 것인지의 문제다. 정확하게는 유럽의 각국 정부가 현재 직면한 문제이기도 하다. 그리스가 파산한다면 즉시 그리스와 프랑스, 독일, 영국 등지 은행들의 대차대조표에 타격을 줄 것이며 금융 부문에 엄청난 손실을 안길 것이다. 이 같은 시나리오가 은행 자체나 유로화에 어떤 결과로 나타날지는 매우 불투명하다. 만약 국가 파산 사태가 스페인과 포르투갈 또는 그 외 이탈리아까지 번진다면 위기는 통제가 불가능해지고 유로화 체제가 무너질 것이다. 이것이 바로 프랑스와 독일 등 유럽의 각국 정부가 자국민들의 비판에도 그리스의 파산을 막는 데 충분한 자금을 동원하려 노력을 기울인 이유다.

유럽의 각국 정부는 은행을 지원해줄 마지막 수단이 국가이기 때문에 그리스—그밖의 다른 나라도—의 국가 파산이 유럽의 은행들을 벼랑 끝으로 몰고 갈 경우를 대비해 국가가 은행 시스템을 지탱해야 한다는 사실을 잘 알고 있다. 그리스의 부채 상환 기일을 오랜 기간 연장해줄 경우에 닥칠 위험이 무방비 상태에서 갑자기 터진 국가 파산으로 인한 위험—은행에 그리고 은행을 지원할 정부와 세계 금융시장에 닥칠—보다는 덜하리라고 생각하는 것이다.

물론 그리스의 부채 상환 기일을 연장해주는 것이 문제 해결이 될지, 아니면 단순히 문제를 미루는 것에 그칠지는 논란의 여지가 있다. 유로존의 위기가 거듭되면서 많은 관측자가 보기에—또 실제로 많은 정치 지도자가 볼 때—그리스의 부채 규모가 지나치게 크고, 특히 긴축정책의 (부작용인) 디플레이션 효과까지 감안하면 그리스 정부가 부채를 상환할 수 있는 때를 예측하기란 불가능하다는 것이 점점 분명해졌다. 2012년 2월 마침내 2차 구제금융 조치가 승인되었을 때 지원 규모는 총 1300억 유로로 늘어났는데(유럽 역사상 최대 규모의 구제금융이다)여기에는 민간 은행이나 투자자들이 53.5퍼센트의 손실을 보고(즉 "헤어컷haircut")* 그리스 국채의 액면 가치를 현실화하는 규정도 들어 있었다. 그리스 입장에서는 약 1000억 유로에 이르는 부채를 탕감받는 효과가 있다. 이는 그리스가 부채를 2020년까지 GDP의 120퍼센트로 끌어내려야 하는 조치였다. 또 구제 조치에는 그리스 정부가 더 한층 임금을 인하하고 공무원을 감축하는 등 또다시 가혹한 긴축정책을 실시해야 한다는 요구가 들어 있었다. 그 같은 조치는 완강한 저항과 극렬한 반대에 직면할 수 있는 도전적인 과제였다. 그뿐 아니라 추가적으로 재정지출을 축소하면 그리스의 불황이 길어질 것이 확실했다. 그리스에서 재정지출은 2009년에서 2011년까지 거의 12퍼센트나 줄어들었으며 실업률은 20퍼센트 가까이 치솟았다. 그리스는 국가 파산을 막

* 가치가 하락한 주식이나 채권과 같은 유가증권의 장부 가치를 현실화하는 것.

기 위해 계속 긴급대출을 받으려고 하지만 미래는 여전히 극히 불안정하다. 만일 엄격한 예산 삭감을 단행하고 세금 인상과 공공 자산을 매각하는 방법으로 정부 수입을 추가로 확보하는 데 실패한다면, 그리스는 앞으로 부채 상환을 중단할 것이고 그러면 국가 파산의 리스크가 다시 불거질 것이다. 그런데 그리스의 상황이 안정된다고 해도 금융 태풍의 핵은 이내 다른 유로존 국가로 옮겨갈 수 있다. 2011년 11월 중순에 이르러 10년 만기 이탈리아 국채의 수익률이 7퍼센트 이상으로 올랐다. 그 시점에 아일랜드나 포르투갈, 그리스와 같이 경제 규모가 작은 나라는 유로존 내의 협력 국가나 IMF 지원을 받는 길을 모색해야 했다. 이탈리아는 유로존에서 경제 규모가 세 번째로 큰 국가로서 그리스, 아일랜드, 포르투갈의 부채 총합의 2.7배에 이르는 약 1조9000억 유로의 부채를 안고 있어서 이탈리아를 안정화하는 과제는—스페인, 포르투갈, 아일랜드는 말할 것도 없고 프랑스계 벨기에 은행 덱시아Dexia의 금융구제 때문에 부채가 현저히 늘어난 벨기에에도 마찬가지다—그리스의 위기조차 작아 보이게 한다. 그래서 유로화와 유로존의 미래는 결코 확실할 수 없다.

이상이 2012년의 상황이다. 위기의 여파가 아니라 그 한복판, 매우 불확실한 상태에 있다. 출발점은 어느 정도 정확히 분석하고 기록할 수 있지만 끝은 아직 보이지 않으며 결과도 결코 예측할 수 없다. 금융시장의 규제가 풀리자 은행가들이 무모하게 행동하면서 금융위기가 시작된 것은 분명해 보인다. 그것이 모양을 바꿔 금융, 정치, 사회위기로 광범위하게 변신한 것이다. 이제 정부와 정치인들이 위기의 최전선에 내몰린 상태에서 개인투자가들과 운명을 함께하는 파우스트적인 계약의 덫에 빠진 채 엄청난 시련에 직면해 있다. 동시에 정치인들에게 속았다며 분노를 터뜨리는 국민이 정부의 정당성에 의문을 표시하며 정부가 채택하려는 정책에 거세게 반발하는 실정이다. 그리고 이번 위기가 금융위기이자 정치위기인 것만큼이나 사회위기가 된 현 시점에서, 미래는 은행가나 정치인뿐 아니라 보통 사람들의 손에, 희생을 요구받는 이들의 대응 방식에 달려 있다. 뉴욕과 워싱턴, 런던, 브뤼셀, 베를린 등의 정부 청사와 은행에서 무슨 일이 벌어질지가 중요하듯이 아테네와 캐녹, 로마 등지의 거리에서 앞으로 무슨 일이 벌어질지도 똑같이 중요하다.

금융위기인가, 사회 체제의 위기인가?

: 미셸 비비오르카*

2008년에 시작된 금융위기에 관한 수많은 출판물이 쏟아져 나온 것은 인상적이지만, 3~4년이 지난 지금은 일종의 무기력증을 느낀다. '이 위기'를 다룬 새로운 책이나 기사가 더 필요가 있을까? 사실 여전히 필요하다. 지금껏 나온 출판물은 대부분 경제학자나 언론인이 썼다는 아주 단순한 사실을 고려한다 해도 사회학적 관점을 견지한 책이 일부 있지만, 사회(과)학적 연구물은 진정 단 한 권도 없기 때문이다.

그와 같은 출판물을 사회(과)학자social scientist가 쓰는 시기는 경제학자들이 쓰는 시기와 분명히 다르다. 사회(과)학자는 진행되는 상황에 반드시 부합하지는 않는 실증적 자료를 바탕으로 깊이 있게 조사하고 연구해야 하기 때문이다. 또 경제와 금융 위기가 경제학자들에게 중요한 반면 이 주제가 사회(과)학자들에게는 반드시 관심을 기울여야 할 만큼 중요한 주제가 아닐 수 있다. 현존하는 위기가 사회(과)학자들을 출동시켰는지, 연구 프로그램에 착수하게 했는지, 과학의 동향과 방향orientation 간 균형을 잡도록 영향을 끼쳤는지, 또는 새로운 패러다임을 낳았는지 등에 관해서는 일이 다 벌어지고 사정을 모두 알게 된 뒤에

* 크리스틴 쿠퍼-로벨Kristin Couper-Lobel이 프랑스어 원문을 영역했다.

야 비로소 말할 수 있다.

그러나 1929년 위기를 경험하면서, 그런 현상에 부딪쳤을 때 사회 (과)학자들이 유난히 어려워하거나 말을 아낀다고 확신하게 되었다. 찰스 캐믹Charles Camic(2007)이 입증했듯이 1929년 미국에서 발생한 위기—대공황—는 금융위기와 관련하여 상당한 제도적 변화를 가져오거나 가속화했는데, 특히 예산과 인원 감축이 두드러졌다. 무엇보다 대공황 위기 후 등장한 나치즘 때문에 유럽, 특히 독일로부터 미국으로 밀려드는 이주민의 물결이 변화의 방향에 주목할 만한 영향을 주었다. 그러나 일단 제도적 측면은 제쳐두고 위기와 직접 관련된 지적知的 생산물에만 집중하겠다. 우리가 주목하는 것은 대공황 이전에 연구 전통이 강했던 농촌사회학을 제외하면 아무래도 사회(과)학자들이 이 주제와 주제에 내포한 쟁점을 거의 완전히 외면했다는 사실이다. 그와 달리 경제학자와 정치학자, 법학자들은 처음부터 이 영역에 관한 연구를 대대적으로 선점했다. 또 우리가 주목하는 것은, 루스벨트가 정책을 수립하는 데 사회(과)학자들이 일정한 역할을 했지만 뉴딜정책New Deal으로 상황이 근본적으로 달라지지는 않았다는 점이다. 사회(과)학자들의 역할은 정치학자나 법학자의 역할에 비하면 초라했다. 당시의 위기가 무엇보다 경제문제로 인식되었고, 법률 정비를 포함해 정치적 대응이 필요했기 때문이라는 이유로 이런 차이나 회피 현상을 설명할 수 있을까? 물론 당시 상황은 정치학자와 법학자들이 주도적인 역할을 하기에 적합했다. 그런데 이 물음이 중요한 까닭은 현재의 위기에 대한 우리 사회(과)학자의 분석이 앞으로 사회(과)학자들 역할의 중요성 여부를 결정지을 것이기 때문이다.

대공황이 일어난 지 몇 년 뒤인 1934년, 1935년이 되어서야 미국의 사회(과)학자들은 대공황과 관련된 연구에 참여하기 시작했다. 당시까지 주요 사회학 전문지에 게재된 논문이나 역대 미국사회학회American Sociological Association 회장들이 연설한 내용을 살펴보면 대공황에 관해 그들이 놀라울 정도로 둔감했음을 알 수 있다. 예컨대 찰스 캐믹이 작성한 목록(2007)을 보면 1930년에서 1934년 사이에 『미국사회학저널

American Journal of Sociology』에서 출간한 금융위기를 다룬 단일 주제의 논문이 있긴 하다. 사회(과)학자가 소외 상태에서 벗어나 (사회가) 위기에 직면했을 때 유용한 활동을 할 수 있다는 발상은 루스벨트가 뉴딜정책을 막 추진한 1933년 중반에 형성되기 시작했다. 앞에서 언급한 농촌 연구를 제외하면, 중요한 최초의 저서는 스튜어트 채핀F. Stuart Chapin의 『현행 미국제도Contemporary American Institutions』(1935)이며 "사변적이고 조급하게 쓴"이 책에 뒤이어 몇몇 사회(과)학자들이 가족, 실업 등을 주제로 실증적 연구물을 출간했다. 그 몇 해 전에 어느 소도시를 연구한 바 있는 로버트 린드Robert Lynd (1929)는 그 도시를 재방문해 조사하고 "미들타운Middletown"에서 일어나는 불황의 영향에 관한 연구물을 다시 냈다. 1936년에 처음으로 독특하고 중요한 프로그램이 윌리엄 오그번William F. Ogburn과 이 분야에서 이름난 몇몇 학자의 주도로 추진되어 『불황의 사회적 측면 연구 Studies in the Social Aspects of the Depression』라는 포괄적인 제목으로 발표되었다. 전공 논문 13편이 포함되었는데, 캐믹뿐 아니라 우리가 모두 지적하듯이 그 출판물은 전반적으로 굳은 확신을 줄 만한 어떠한 연구 결과도 내놓지 못했다. 그 연구진은 대공황에 관한 실증적 연구를 활성화하려고 했지만 사실상 어니스트 버지스Ernest Burgess (Schroeder and Burgess, 1938)가 내린 다음과 같은 결론을 보여주는 데 그쳤다.

> 사회(과)학자들은 (…) 지난 10년 동안 경기 순환에 따른 시장 변동에 영향받는 사회제도의 기능에 대한 지식을 쌓을 귀한 기회를 놓쳤다. (…) 사회학도들은 미국 역사에 남은 대공황에 대해 의미 있는 기록 작업을 하지 못했다. 사회(과)학은 개인적으로나 집단적으로나 실패했다(Camic, 2007: 271 재인용).

그 실패의 결과 또는 실패의 측면이 미국 사회학을 점점 문화적인 주제와 범주category를 중시하는 경향으로 이끌었으며 이는 사회학이 심리학과 사회인류학에 더 가까워지는 계기가 되었다.

우리가 과거에 일어난 사건을 객관적인 시선으로 보려면 아마도 다른 나라의 사례 연구가 필요할 것이다. 그동안 이 분야에서 위기에 초점을 맞춘 가장 주목할 만한 연구는 현재는 고전이 되어버린 마리 야호다Marie Jahoda, 폴 라자스펠드Paul Lazarsfeld, 한스 차이젤Hans Zeisel의 실업자에 대한 연구(1933)다. 오스트리아의 소도시 마리엔탈Marienthal의 실업자들을 대상으로 한 연구로, 당시 마리엔탈에서는 전부터 좌파 정치와 노동조합 세력이 강했음에도 매우 높은 실업률로 인해 노동자뿐 아니라 시민들에게서도 어떤 의지나 의욕이 보이지 않는 상태였다.

그러므로 위기와 사회(과)학은 명백한 상관관계가 없음을 인정해야 한다. 그리고 최선의 길은 당연하게도 위기의 원인 분석에서 시작하는 것이다.

두 가지 접근법

애초부터 다수의 논객이 가장 쉬운 방법은 사건을 순차적으로 추적하는 것이라고 말했다. 세부적으로 달라지는 몇 가지를 제외하면 그다음부터 듣는 이야기는 비슷하다. 자크 아탈리Jacques Attali의 저서(2008)는 하나의 패러다임으로 이루어져 있다. 그의 주장은 대체로 이렇다. 우리는 위기가 금융 문제라고 들었다. 소비자의 무분별한 카드 사용, 특히 미국의 주택 거품, 서브프라임(비우량대출), 증권화, 마지막 해결 방법으로 정부의 개입을 요청했으나 실패한 금융기관이나 은행의 파산 등등. 이런 문제는 이른바 기술적 실업technological unemployment,[*] 해고, 직장 폐쇄, 빈곤 등의 형태로 세계적 사회, 경제위기가 번져나갔다. 그로 인해 소요나 폭동, 포퓰리즘populism,[**] 민족주의 또는 좌파의 극단적인 행동과 같이 정치적으로 부정적인 영향을 극대화할 것이다. 조만

[*] 기술의 발달로 기계가 노동력을 대체해 생기는 실업, 마르크스형 실업.

간 어려운 시기가 지나고 나면 위기는 해결될 것이다. 그렇게 "위기에서 빠져나갈" 것이다. 경제는 다시 회복될 것이며 가뿐해지고 어쩌면 전보다 더 활성화될 수 있다. 신뢰 회복 정책을 실시하는 정부의 주도와 은행 시스템의 개선을 발판으로 삼아 경제가 유연하게 작동될 것이다. 어쩌면 세계 차원에서 경제와 금융 수준에 커다란 진전이 이루어져 힘을 받을 수도 있을 것이다.

물론 이런 묘사가 전적으로 틀린 것 같지는 않다. 그러나 많은 점에서 이 같은 견해는 근거가 없다. 이 견해에서 보이는 경제지상주의 economism는 문제를 지나치게 단순화하는 경향이 있다. 경제학으로 모든 것을 설명하기 때문이다. 이를 발전시킨 사람들 측에서 보면 마르크스주의자들의 주장은 놀라울 따름이다. 이 견해를 믿는다면 경제의 하부구조가 정치·이데올로기적 상부구조를 통제하니 마치 정치가들은 현재의 재앙에 전혀 책임이 없는 것처럼 된다. 오직 필요한 것은 상황이 반전되기만을 기다리는 것뿐이다. 이런 현상은 이미 나타나고 있는데 흔히 '국가의 재개입 return of the state •••'이라 일컫는다.

이 이야기에는 "우리는 고통을 겪을 것이며 허리끈을 바짝 졸라매야 한다. 그러나 결국 상황을 극복할 것이다"라는, 해피엔딩으로 끝나는 '영웅신화'와 같은 뉘앙스가 깔려 있다. 이런 전설을 만들어내는 사람들은 전문가든 경제학자든 누가 되었든 자신감을 보인다. 그들은 어떤 사태가 벌어질지 과거에도 알지 못했으면서 현재 벌어지는 상황이나 앞으로 무슨 일이 일어날지에 대해 정통한 지식으로 설명할 자격이라도 갖춘 듯이 자처한다. 심지어 가장 적절한 공공정책을 제안할 수 있는 것처럼 말한다.

그뿐 아니라 그들 중 일부는 이미 미국에서 진행 중인 시나리오를

•• 『케임브리지 사전』에는 포퓰리즘이 "보통 사람들의 요구와 바람을 대변하려는 정치사상, 활동"이라 정의되었다. '대중주의' '민중주의' 정도로 직역할 수 있는 이 말은 '인기 영합적인' 측면에서는 부정적이지만 '대중의 뜻을 따르는 정치 행위'라는 점에서는 부정적인 의미로만 보기 어렵다.
••• 신자유주의의 규제 완화에 따른 시장의 실패로 정부의 개입이 다시 강화되는 현상.

예견했다고 주장한다. 즉 부동산과 소비재 시장에서 사람들이 무분별하게 대출한 결과 거품이 꺼지는 것이 불가피했다고 설명한다. 그들이 인정하는 것은 기껏해야 위기가 이렇게 빨리 지구 전체로 확산될 것이라고는 생각하지 못했다는 정도다. 지난 20년 동안 세계화globalization를 말하면서도 그 세계화가 "글로벌global" 위기를 부를 수 있다는 생각을 하지 못했으면서, 지금이 세계화가 맞은 최초의 위기라고 거침없이 주장한다. 확실한 것은 그들이 몇몇 국가나 세계의 어느 지역에서는 실제로 지금의 위기로 인한 고통을 겪지 않는다는 사실을 예견하지 못했다는 점이다. 또한 이들은 그리스나 스페인 같은 국가에서 일어난 경제적, 정치적 결과를 상상하지 못했다. 문화적, 사회적 여파도 예측하지 못했고 위기가 원인이 되거나 위기 때문에 강화된 저항력과 복원력의 형태도 알아채지 못했다.

논법의 두 가지 유형

사실 엄밀히 말하면 현재의 위기에 관한 논법의 특성을 두 가지 유형으로 분석할 수 있다. 한 가지 유형은 예컨대 프랑스의 '경제학자 서클Le Cercle des Économistes ●에서 나온 집단적 사고(2009)에서 찾아볼 수 있다.

앞에서 살펴본 대로 첫 번째 논법은 현재의 위기를 분석할 때 그 대상을 미국으로 한정하면서 2007년 8월에 시작해 2008년 서브프라임 모기지 사태로 탄력을 얻은 금융 현상으로 간주하는 것이다. 그때 소비자신용이 표류하고 대출자의 실제 능력과 균형이 맞지 않는 유동성 금융자산이 출현했다. 독성(부실화)이 있는 것으로 판명된 일부 자산의 증권화가 위기를 부채질했다. 금융위기는 전 세계에 급속도로 번졌으며 사회적 곤경과 엄청난 정치적 긴장을 부르는 경제위기로 확대되었다고 묘사한다. 이런 주장을 하는 사람들은 상상력이 부족하다. 더욱

●1992년에 설립된 프랑스의 싱크탱크로서 현재 경제인과 경제학자 30명이 경제학 논쟁에 참여하고 있다.

이 국가별 차이나 세계 여러 지역 간의 차이조차 예측하지 못했다.

이런 견해는 2008년 9월 15일로 거슬러 올라가 최종적으로 리먼 브러더스가 파산하도록 내버려두어 위기가 시작되었다고 보는 경제학자들의 지배적인 접근법이다. 그리고 그 날짜가 미국 증권거래소가 붕괴된 1929년 10월 29일, 즉 '검은 화요일Black Tuesday'만큼 중요하다고 주장한다. 이 첫 번째 접근법에는 주로 통화주의 경제학자들, 특히 밀턴 프리드먼Milton Friedmann의 추종자들과 그에 대항하는 케인스주의 경제학자들 사이의 견해 차이에 기초한 논쟁이 있다. 통화주의자들은 유동성(금융자산)의 과잉을 현재 위기의 주된 원인으로 생각한다. 위기는 과잉 유동성의 파괴적인 효과를 의미하며 의심스러운 부채와 그 밖의 '부실' 자산의 최후라는 것이다. 그러나 이들은 위기가 오히려 일종의 정화 작용을 해서 위기 이후에 새롭게 출발할 수 있고 자본주의의 새로운 주기가 생겨난다고 설명한다. 이런 생각은 또 국가의 개입을 은근히 제안한다. 물론 이때의 개입은 일시적인 것으로, 길어야 위기가 끝날 때까지로 제한되어야 한다고 본다. 즉 적정한 선까지만 국가가 역할을 떠맡는 것이다. 이에 비해 케인스학파는 성장의 피로exhaustion 과정을 주장한다. 이 과정에서 금리 인하, 공공사업 투자, 소비를 자극하는 유동성의 주입 등 국가가 시행하는 다양한 처방으로 다시 활성화해야 한다는 것이다. 덧붙일 것은, 케인스주의 경제학자들이 통화주의자들보다 위기에 관한 두 번째 논법 유형에서 제시하는 관점에 훨씬 더 개방적일 수 있다는 점이다. 이들은 대처와 레이건이 시작한 (시장에 대한) 정부의 불개입 정책의 결과로 위기가 시작됐으며 어쩌면 그때보다 더 앞설 수도 있다고 본다.

논법의 두 번째 유형은 현재의 위기가 실제로는 1970년대 중반부터 몇몇 국가에서 일기 시작한 변화의 시기—확실히 가장 중요한—의 한 시점일 뿐이라는 것이다. 사실 그 시점부터 위기가 시작되었다는 징후가 있다. 여기서 말하는 위기 현상은 1973년 10월 17일에 발발한 제4차 중동전쟁Kippur War과 관련 있는 석유 위기에서 촉발되었다. 이때 아랍 산유국들은 '원유' 가격을 눈이 번쩍 뜨일 정도로 갑자기 인상했다. 이 견해에 따르면 당시 전 세계가 제2차 세계대전 후의 30년을 마감하는 일련의 변화에 휩쓸려 들어갔다. 당시 많은 국가에서 지배적인 발전 모델을 재분배에서 찾고 그것을 국가(복지국가)의 중요한 역할로 삼았다. 그리고 산업화 시대의 가치에 강한 응집력을 보인 경제활동 조직에 국가가 대대적으로 개입하는 특징이 있었다. 산업화 시대의 가치란 기술의 진보와 함께 과학을 신뢰하면서 만족지연deferred gratification*에 집착하는 것이었다. 기업 경영자들은 생산성의 극대화에 매달렸고 종종 포디즘Fordism**이나 테일러Frederick Winslow Taylor***식 "최선의 방법one best way"을 신조로 삼는 특징을 보였다. 좀 더 일반적으로 말하면 이런 방식 때문에 산업사회에 뿌리박힌, '고용주에게 반발하는 노동운동'이라는 기본 갈등이 생겨났다.

당시의 발전 모델은 또 높은 성장률이 특징으로, 금융을 통제하고 불평등을 규제했다. 우리로서는 축소할 의도가 없는 그 자체의 특수한 성격을 제외하면, 소련은 어느 정도 이런 모델의 극단적 형태였다. 더욱이 국가의 성장 모델에 도전하는 세계화가 시작된─소련이 와해되면서 탄력을 받은 과정─때가 이 모델이 쇠퇴하는 시점이었다. 앞서 본 대로 논법의 두 번째 유형은 일부 경제학자들에게 꼭 낯설기만 한 것은 아니었는데 그럼에도 정치적 의견을 표현하거나 또는 예컨대 사회(과)학자들이 언론에서 목소리를 낼 때면 어김없이 등장했다.

두 가지 논법으로부터 어느 정도 축약된 그림에 근거하여 훨씬 더 구체적인 접근법을 제시하는 것이 가능하다. 첫 번째 논법 유형에서 우리는 세계시장과 더불어 원자재 수출국이나 중국, 브라질, 러시아, 인도 등 "신흥" 공업국의 두드러진 외환 보유고 증가를 언급할 것이다. 그리고 국제무역의 규제로 발생한, 특히 미국뿐 아니라 인도와 중국이 2008년 협상을 중단한 이후 도하라운드Doha Trade Round****가 실패

*즉각적인 보상을 미루고 차후의 보상을 기다리는 능력을 말하는 심리학 개념. 여기서는 성장에 따른 재분배의 혜택을 기다린다는 의미.
**헨리 포드Henry Ford가 자동차 생산에 처음 도입한 대량생산 방식.
***미국의 기술자로 과학적 관리법의 창시자.

한 데 따른 난관에 주목한다. 우리는 또 무능에서 부패에 이르기까지 신용평가기관이 저지른 믿을 수 없는 부적절한 행태를 강조하고자 한다. 이 기관들은 판사와 배심원이라는 두 가지 역할을 동시에 수행했다. 원래는 증권을 객관적으로 등급화하는 기관이면서 그 증권을 발급하는 대리 기관을 자처한 것이다. 물론 의뢰인들에게서 두둑한 보상을 받았다. 만약 우리가 위기를 분석할 때 상대적으로 제한된 자료와 날짜에 국한된 어떤 특정 위기만 다룬다면, 자본주의에서 나타나는 전형적인 여러 사건 중의 하나에만 매달리는 결과가 될 것이다. 비록 그 과정에서 색다른 관점과 유력한 논거를 용케 얻는다 해도, 이 위기에 대한 해결책은 금융과 경제에서 찾아질 것이 틀림없다. 경제가 다시 힘을 받아 정상적으로 작동하려면 소비와 투자를 통해 새 출발을 해야 하고 그리하여 적절한 절차에 따라 퇴출됐던 금융산업이 일상적 기능을 되찾을 수 있다. 간단히 말해 첫 번째 논법에서 위기는 시기적으로 어려운 순간을 말한다. 이 위기는 우리에게 국가가 나서서 다양한 규제책으로 신자유주의 이데올로기를 제거할 것을 호소하라고 말한다. 물론 경제가 말끔히 정리되고 다시 시작한다고 해도 대대적인 변화는 없을 것이다.

두 번째 논법도 좀 더 정교하게 제시할 수 있다. 이 유형은 특히 1970년대 중반에 시작된 과정을 다루는데 모든 위기를 그저 '구조적 structural 위기'나 '체제적systemic 위기'로 분류할 수 없다고 보며 오히려 세계를 새로 변화시키는 발명이 일으키는 광범위한 변화에 관해 질문한다. 즉 인터넷과 디지털 기술이 지구에 혁명적 변화를 몰고 오는 데 일조했으며, '포스트모던'과 '탈산업화post-industrial'라는 새로운 가치가 출현하고, 구세계가 해체되는 동안 '스태그플레이션stagflation'(인플레이션과 불경기의 조합)이 세계를 위협하고 있다. 동시에 부자가 더욱 부유해짐에 따라 불평등이 심화되며, 경영자들은 금융자본주의의 핵심으

●●●● 2001년 11월 14일에 카타르 수도 도하에서 열린 각료회의에서 합의된 WTO 제4차 다자간 무역협상.

로 자리 잡게 된다. 기업들은 전보다 더 광범위한 분야에서 아웃소싱을 통해 경영의 유연성과 하도급 체제를 안정화하고 있다. 이런 관점에서 우리는 현재의 위기와 관련해 두 가지 가설을 소개할 필요가 있다. 이 위기는 오랜 정화 과정long purge의 종말을 고하는 것일까? 즉 경제학자인 장 푸라스티에Jean Fourastié가 사용한 용어로 프랑스인들이 1945년부터 1977년까지의 긴 과정을 일컫는 "영광의 30년les trente glorieuses" *의 마지막 단계를 지칭하는 것일까? 아니면 1970년대 중반 이후 형성된 신자유주의 모델이 실패하고 우리가 현재 성장의 끝자락에 가까이 온 것을 알기에 한두 가지 새로운 발전 모델을 만들어낼 필요가 있음을 권고하는 것일까?

첫 번째 시나리오에 따르면 위기가 지나간 뒤 우리는 좀 더 뚜렷한 방식으로 새로운 세계로 진입할 수 있다. 이 시나리오는 진부하지만 소비지상주의를 비판하면서 지속가능한 발전이나 '녹색 성장'에 기대감을 가질 수 있다. 이 개념들은 1960년대 말 이후의 산업사회에 대한 도전에 그 뿌리가 있는데 현재의 위기로 인해 되살아났다(예컨대 Stiegler, 2009 참조. 이 책은 관심과 주제를 1960년대 말로 되돌린다). 두 번째 경우는 전후post-war 시기의 사고방식, 복지국가, 경제 규제, 노동과 생산 조직에 관심을 갖고 주주의 이해에 얽매이지 않는 경영으로 되돌아가려는 경향이 있다. 또 미셸 알베르Michel Albert의 용어를 빌리자면 "라인자본주의Capitalisme Rhénan" **의 노동조합주의 개념을 포함한다. 그러나 전후 시기의 발전 모델에서 더 이상 영감을 얻지 못한다면 새로운 세계를 여는 데 실패하고 장기 불황이나 경기 후퇴를 맞게 되는 상황도 예상할 수 있다. 달리 말하면, 두 번째 접근법에서 국가의 지속적 개입은 보통 위기 상황에 직면했을 때 기본 요소가 된다. 두 번째도 마찬가지로 "영광의 30년" 모델로 회귀하려 하거나 새로운 개입 방법을 개발

---

* 제2차 세계대전의 종전에서 1970년대 중반까지 프랑스의 경제 부흥기를 말함.
** 라인자본주의: 프랑스 경제학자 미셸 알베르가 사용한 개념으로 신자유주의 중심의 영미와 구별되는 독일식 자본주의 모델이다. 금융의 중심에 증권거래소가 아니라 예금은행이 있다.

하는 양상을 띠게 된다. 가장 최근의 관점에서 보면 이는 독일의 사회학자 울리히 베크Ulrich Beck가 맹렬히 비난한 "방법론적 민족주의"에서 벗어나 우리로 하여금 초국가적 또는 지역적(예컨대 유럽) 또는 세계적 차원에서 적용되는 새롭거나 수정된 규정을 생각하게 한다는 점에서 국가의 역할에 대한 문제 제기다.

두 논법의 접점

지금까지 설명한 위기를 이해하는 두 가지 접근법은 극단적으로 상반되는 변형이 발견되기는 하지만 그렇다고 서로 모순되는 것은 아니다. 따라서 일부 경제학자들은 위기를 일차적으로 통화와 금융의 문제로 보고 위기에서 벗어나는 기본 해결책으로서 미국을 포함해 전 세계가 글라스스티걸법Glass-Steagall Act의 원칙으로 돌아가야 한다고 제안한다. 1933년 루스벨트 정부가 들어서고 몇 주 뒤 미국에서 발효된 이 법은 시장 활동과 예금은행의 활동을 엄격하게 분리할 것을 명시한 법률이다. 달리 말하면 자금을 대여하는 은행에 대출자의 상환 능력을 보장하는 책임을 지우고, 동일한 은행에서 발생할 수 있는 리스크를 (부채 담보부)증권으로 전환하여 제거할 수 있도록 하는 증권화 업무를 중지하도록 하는 법이었다. 은행과 금융시장의 분리를 명령한 이 법률은 미국에서 1999년에 폐지되고 금융서비스현대화법Gramm-Leach-Bliley Act이 그 자리를 대체했다. 그로 인해 그간 은행이 안아야 했던 부채를 금융시장에서 양도 가능한 증권으로 전환하는 것이 가능해졌다.

다른 한편, 궁여지책이지만 두 번째 접근법은 금융 또는 경제 차원의 위기라는 진단과 이에 대한 단기적 고려에서 벗어나 그런 차원들을 단지 하나의 특별한 양상에 불과한 것으로 보이게 만드는 거대한 변화를 고찰하는 데 초점을 맞춘다. 예컨대, 작가 아민 말루프Amin Maalouf는 문화 및 문명의 결핍으로 격동하는 세상에 가로막힌 장벽을 헐어야 한다고 주장한다(2009). 그렇다고 그가 "문화 충돌"의 개념을 말하는 것은 아니다. 그는 자신이 생각하는 계몽의 중심인 서구가 스스로의 가치를 더 이상 신뢰하지 않는 모습에 놀라는 동시에 아랍 세계는 문화적·역사적 교착 상태로 후퇴하고 있다고 진단한다. 그는 예를 들어 세 가지 유혹, 벼랑의 유혹(일부 대원이 등반 팀 전체를 끌어안고 함께 낭떠러지로 뛰어내리는 행동), 벽의 유혹(폭풍이 지나가기를 기다리는 동안 철수하고 후퇴하는 등 "벽으로 물러나는" 태도) 그리고 정상summit의 유혹(인류가 역사의 황혼기에 접어들었다는 생각)을 물리칠 것을 주문한다. 말루프는 생존하기 위해 필수적으로 요구되는 것과 인류의 변신에 대한 희망을 생각하고 있다.

그러나 특정 분야에 관한 제한된 분석과 사회적 시각을 초월한 광범위한 분석 사이 어딘가에, 하나의 규율이 지배하는, 어느 시기와 장소의 특정한 상황에 국한된 견해와 넓은 사회적 관점, 어쩌면 비교적 광범위한 시공간의 개념으로 수많은 규율이 가능한 견해를 모두 표명함으로써 위기를 분석하는 방법은 존재할 수 없는 것일까? 위기가 발생하기 전까지 실물경제에서 금융경제가 분리되었다는 주장은 매우 흔했다. 예컨대 사람들은 기업이 생존 경쟁력이 있는 공장을 닫고 노동자를 해고할수록 주식은 더욱 오르자 매우 부조리하다고 생각했다. 그러나 위기는 금융 부문과 생산 부문 사이에 엄연히 존재하는 강력한 연결 고리를 증명해주었다. 금융 시스템의 붕괴가 고용과 성장에 재앙을 불러왔기 때문이다. 이런 점에서 이 두 영역을 따로 구분하지 말고 연결해서 분석하는 편이 더 바람직하지 않을까? 우리는 이쯤에서 다양한 제안을 또다시 생각할 수 있다. 가장 흥미로운 제안은 다니엘 코엔Daniel Cohen(2009) 같은 경제학자들에게서 나왔다. 그들은 1970년대 이후, 금융이 다른 어떤 분야보다 더욱 많은 변화를 보여왔는데 그 변화에 앞서 금융은 규제 완화와 관계자들의 책임감 상실, 개인주의 및 냉소주의의 만연과 함께 각 국가 해당 부처의 방기가 지배적인 분위기였다고 설명한다.

구조적 위기 또는 체제적 위기라는 관점과 가장 거리가 먼 변형된 시각에조차, 지배적인 담론에는 사회학적 요소가 담겨 있다. 예컨대 우리는 규제가 완화되던 시기에 끊임없이 발생한 사회적 불평등에 주목하여 사회가 그토록 극심한 불평등에 눈감을 수 있다는 사실에 문제를 제기했던 견해를 알고 있다(예컨대 극단적으로 혹평하는 Frédéric Lordon, 2009 참조). 우리는 경제위기가 젊은 세대에게는 그들이 태어날 때부터 있었던 현상이라는 사실에 주목한다. 젊은 세대는 늘 실업, 답답한 현실, 지위 상실의 두려움, 목표와 희망도 없는 미래에 대한 생각 속에서 현재를 살아가고 있다. 또 1990년대 이후, 프랑스에서 가장 우수한 그랑제콜Grandes Écoles•의 학생들—미래의 엘리트인—이 놀랍게도 옛이야기에나 나옴직한 수준의 급여를 받으려고 금융수학을 공부한다는 사실과 아울러 경영자를 대체한 주주의 권한 내지는 증권 거래의 사회적 환경에 주목한다. 사회학적 분석과 경제학적 분석을 구분함이 반드시 고전적 위기 또는 구조적 위기라는 생각과 대립하는 것은 아니다. 사실 우리가 위기를 어떻게 생각하는지 그 스펙트럼을 살펴면 이 두 분석의 차이는 더 크다. 사회학적 관점에서 볼 때 넓은 의미에서의 위기는 금융이나 경제에만 해당하는 문제가 아니며 그와 별도로, 위기의 근본 원인은 대체로 문화적·사회적·정치적 역동성 등 다른 것에 있을 수 있다. 결국에는 위기가 인구 변동:[1]이라든지 환경 및 기후와 인간의 관계 등 세계 수준에서 진행되는 변화의 전체 맥락에서, 또 먹고 소비하고 생산하는 우리 습관에서 생겨날 것이다. 위기는 그 범위를 확장하여 에너지나 식량과 관련된 사건에서도, 우리의 삶 속 디지털 기술이 지배하는 폭넓은 영역과 인터넷과 관련된 변화에서도 발견된다. 또한 1970년대 중반 이후 좌파의 고전적 모델 및 이념의 퇴조로 일종의 규제 철폐와 국가 기능의 축소를 수용하면서 시작된 위기는 정치적 변화로도 설명이 가능하다. 오늘날 좌파는 공산주의라는 부모를 여읜 고아와 같은 존재가 되었다. 사회민주주의social democracy조차 보증인으로서의 역할에 힘겨워하는 실정이다. 따라서 위기는 인간이 자연과 문화, 그리고 그것들의 관계를 이해하는 인지 방식 변화와 맞

• 대학 위의 대학으로 널리 알려진 프랑스 고유의 엘리트 고등교육기관.

물려 있다. 결국 위기는 모든 사회집단에 똑같은 방식으로 영향을 주는 것이 아니다.

따라서 현재의 위기를 진단하기 위해서는 앞서 언급한 '불황의 사회적 측면 연구'라는, 미국에서 실행된 일련의 연구에서 다뤘던 13개 분야(가족, 종교, 교육, 시골 생활, 국내 인구 이동, 소수집단, 범죄, 건강, 여가 생활, 독서, 소비, 사회활동, 사회복지정책)를 단순히 다시 살피는 수준이 아니라 광범위한 영역의 사회학적 분석이 필요하다. 실상 가장 중요한 작업은 어떤 개념이 유용할지 깊이 생각해보는 것이다.

규모와 상관없이, 위기에 초점을 맞춘 듯한 사회학적 연구는 보이지 않기 때문에 사회학에서 자연발생적인 한 부류가 이 분야를 선점하고, 다가올 중대한 위험, 즉 개인이 자신이나 가족 같은 1차 집단 또는 공동체에 사로잡혀 느끼는 외국인 혐오증, 인종주의, 포퓰리즘, 반유대주의, 희생양 물색, 파시즘 또는 나치즘 등 주요 전체주의 행태를 주장했으면 하는 유혹이 존재한다. 실제 이런 형태의 전개가 일어나지 않는다고 누가 장담할 수 있겠는가. 아니 우리는 이미 미디어를 통해 미국과 영국에서 일부 그 예를 목도한 바 있다. 그러나 여기에서 우리는 어떤 결정도 섣불리 내려서는 안 된다. 요컨대 1933년에 루스벨트가 미국인들에게 제안한 것은 뉴딜정책이지 파시즘이 아니다. 영국도 파시스트 국가가 되지는 않았다. 그러나 오늘날 상대적으로 고통을 더 크게 느끼는 대상은 이주민이며 실제 위기는 그들에게 또 다른 이동을 강요하고 있다. 이주민을 받는 국가들은 이민과 거주 조건을 더욱 까다롭게 하면서 증명서를 발급받지 못한 이주민들을 추방하고 있다. 이번 위기가 미친 직접적인 영향 중 한 가지는 이주민이 고국으로 송금하는 일이 줄어들고 있다는 것이다. 그러나 당분간은 인종주의나 외국인 혐오의 물결, 심지어 정치생활에서 미약하지만 파시즘이 엿보이는 점에 대해서도 말할 수 없다. 어쨌든 미국에서는 위기가 선포되었음에도 대통령에 당선된 사람이 흑인인 버락 오바마이며 그가 당선된 것은 상당 부분 공화당 후보보다 위기에 대처하는 능력이 더 낫다고 판단되었기 때문이다.

"위기"는 사회과학 용어로서는 낯설지 않을 수도 있지만, 사회학의 용어로서는 다소 낯선 어휘이고 따라서 사회학사전이나 백과사전에 늘 등장하는 어휘가 아니라는 사실을 주목해야 한다(예컨대 최근에 조지 리처George Ritzer가 편집하고 루트리지Routledge출판사에서 간행한 백과사전에도 표제어로 나와 있지 않다). 간혹 사전에서 위기를 설명한다고 해도 대개는 짤막하게 쓰였는데 그 이유를 여기서 다루지는 않겠다. 오늘날 위기 연구에 집중하는 사회학자들이 있다. 예를 들면 "위기학crisology"이라는 개념을 다룬 프랑스의 에드가 모랭Edgar Morin (1976)이나 같은 해에 『위기를 넘어서Beyond the crisis』(Touraine 외, 1976)라는 설득력 있는 제목의 책을 공동 간행한 알랭 투렌Alain Touraine이 있다.

주로 경제학자들의 제안에 기초해 기술하는 위의 두 가지 접근법으로부터 위기에 직면한 상황에서 절박한 문제가 무엇이고, 사회(과)학이 연구할 수 있는 범위는 어디까지인지 알 수 있다. 위기가 진행 중인 동안에는 그 의미와 영향에 초점을 맞춰 연구할 수 있다. 1970년대 중반 이후 시간이 지나면서 변화의 몇 가지 차원을 조사하는 방법으로 위기를 예상할 수 있었다. 어떤 한 가지 발전 방식이 해체되면서 그와 동시에 생겨나는 새로운 방식을 가로막지는 못한다. 새로운 방식은 생산, 문화 등 모든 영역에서, 또는 지식의 모든 유형에서 형태를 따오면서 나름대로 자신의 길을 모색한다. 이런 관점에서 보면 지리적으로 제한된, 또는 적어도 애초에는 금융과는 다른 문제에 속한 위기도—예를 들어 에너지나 신기술, 기후, 식량과 관련된 위기—일반적인 변화의 과정으로 생각할 수 있는 여지가 있다. 더욱이 이 관점은 위기에서 탈출하는 방법을 고민할 때 중요한 암시를 줄 수도 있다. 위기는 단기적인 문제인가 장기적인 문제인가, 위기는 금융 특유의 문제인가 경제 일반과 연관된 문제인가, 위기에 다른 차원의 어떤 문제가 섞인 것은 아닌가 하는 의문에 단서를 제공할 수도 있다. 만약 위기가 금융 이외의 다른 분야, 심지어 어쩌면 결정적인 역할을 할지도 모르는 분야에서 비롯된 것이라면 오직 금융과 경제 분야로 국한된 해결책은 불충분하고 부적절하다.

그러나 어떤 조건에서 사회(과)학은 접근법을 가리지 않고 현재의 위기에 유효하게 대처할 수 있을까? 이 물음에 대답하려면 우리는 위기를 낳은 원인만큼이나 복잡한 변화를 다룰 수 있는 개념에서 시작해야 한다.

세 개의 분석 도구
»

사회학에는 우리와 같이, 사회학자들이 개입할 때 위기를 우선적으로 다루어야 한다고 믿는 사람들에게 제공하는 명확한 분석 도구가 있다. 비교연구는 우리로 하여금 사회학자들이 위기의 순간에는 자신의 역할을 수행할 수 없다는 사실을 강력히 주장할 수 있게 해준다.

시스템의 문제로서의 위기

사회(과)학은 위기를 일으킨 원인을 연구하는 토대 위에 발전해왔다. 그런 점에서 에밀 뒤르켐Emile Durkheim이 유행시킨 아노미Anomie라는 개념은 위기와 직접 관련이 있다. 아노미 개념에서 볼 때 위기는 시스템(특히 사회, 정치, 경제 시스템)이 제대로 작동하지 않거나 작동을 멈춰 통제가 불가능한 쪽으로 변화하는 것을 의미한다. 그런 상황에서는 예컨대 좌절과 공포에 의해 반응하는 행동 등이 나타난다.

뒤르켐이 정의한 아노미는 한 사회에서 규범이 결핍되었거나 효력을 발휘하지 못하는 상태를 뜻한다. 뒤르켐은 『사회분업론*The Division of Labour in Society*』(1893)에서 아노미 개념(이 말은 뒤르켐 이전에 1887년 귀요Guyau가 사용했다)을 소개하고 『자살론*Suicide*』(1897)에서 본격적으로 사용했다. 특히 뒤르켐은 아노미에 따른 자살을 그것과 다른 현상의 양상과 구분했다. 아노미형 자살은 규범이 부재하는 상황에서 발생하며, 그 외 예컨대 직장 생활이나 업무 속에서 아노미가 지속적으로 유지되거나 갑자기 규범이 효과를 발휘하지 않아 행동을 통제하지 못할 때 발생한다. 예를 들어 금융위기가 닥쳤을 때 아노미가 자살을 부추긴다.

빈번히 인용되는 논문인데, 아노미 개념은 로버트 머튼Robert Merton이 일탈deviance 현상을 설명할 때 다시 사용했다(Merton, 1938). 머튼에 따르면 아노미는 뒤르켐이 말한 대로 복잡해지거나 사라진 규범과 가치 안에서는 모습을 감춘다고 한다. 아노미는, 목표 달성에 성공한 수단에 숨어 있거나 위기 속에는 결코 존재하지 않는, 합법적이고 투명한 가치를 얻는 데 성공하는 수단 속에 깃들어 있다. 이때 일탈한 사람은 사회적으로 용인된 가치를 받아들이지만 그 같은 가치를 얻기 위해 비합법적인 수단을 사용한다. 그 가치는 개인적 성공일 수도 있다. 성공을 얻는 합법적 수단은 노동이나 교육에서 그 예를 찾을 수 있다. 오늘날 일부에서는 다른 사람들의 연구나 전문적 활동의 결과라 할 수 있는 공로라는 성공을 개인적으로 달성하기 위해 범죄나 비행과 같은 비합법적 수단을 사용하려고 한다. 현재 이런 발상은 일탈에 대한 순응이라는 가설로 이어진다. 누구나 그렇듯이 그들은 돈이나 사회적으로 성공했다는 징표를 원하지만 규칙에서 벗어난 수단으로 그것들을 얻는다.

이쯤에서 덧붙여야 할 것은, 아노미의 개념에는 마땅히 토론에 붙이거나 비판받아야 할 어떤 생각이 우리 사회에 존재함을 암시한다는 사실이다. 에밀 뒤르켐이나 1930년대, 1940년대 또는 1950년대 미국의 기능학파functionalist*가 모두 위기의 첫 번째 사례로 시스템 내부의 고장 또는 시스템 자체의 붕괴, 그리고 특히 사회 유대의 문제를 언급한다. 연대solidarity나 사회적 관계망social fabric의 기능이 정지하거나 그럴 위험이 있다는 것이다. 그리고 신뢰의 결핍도 있다.

어떤 면에서는 자연발생적 사회학과 현재의 위기를 다루는 상투적

---

*일반적으로 B. K. 말리노프스키와 A. R. 래드클리프-브라운 등에서 비롯되는 민족학·문화인류학 학파를 말한다. 뒤르켐의 사회학에서 영향받아 개인의 생물적·심리적 과정으로부터 완전하게 독립한 문화 그 자체의 보편적 법칙을 발견하고자 하는 비교사회학적 태도를 보였다.

담론의 배후에 있는 사회학은 사회, 민족, 국가의 밀접한 관련성에 대한 생각 및 고전적 범주와 상당히 부합한다. 그런 관점에서 국가 책임자들이 경제와 금융 문제에서 신뢰를 회복하기 위한 정책을 펼치려고 한다. 더 나아가 권력을 쥔 사람들은 국익이라는 한 차원 높은 이름으로 국민이 자신을 지지하기를 기대한다. 위기에 효율적으로 대처하여 혼란을 방지하고 극단적인 움직임을 최소화하며 급진적인 경향을 억제하겠다는 생각 역시 고전적인 접근법에 속한다. 여기서 위기란 사회 시스템에 일시적으로 발생한 문제이며 하나 또는 몇몇 사회의 재난 상태다. 이때 국가의 임무는 국제적인 합의나 협상이 뒷받침하고 적절한 정책, 예컨대 경제성장을 회복하는 정책으로 그 상황을 종식하는 것이다. 국가를 제외하면 이런 유형의 접근법을 실행할 주체는 많지 않다. 기껏해야 그 전 시기에 부적절한 행위를 저질러 공공기관—은행, 금융기관, 거래 담당 기관—에 의해 행동에 제약을 받거나 관리받는 행위자만 있을 뿐이다.

뒤르켐과 기능주의자들에게서 유래한 위기 접근법은 사회 시스템이나 사회유형을 바꿀 때가 되었다는 생각으로 이어질 수 있다. 그러나 대부분의 경우 현재의 어려움을 해소하기 위해 그 전 상태로 돌아가자는 호소를 확산하고 있다. 이를 근거로 하여 사회(과)학자가 논의에 개입할 수 있다. 그러나 그 개입은 기껏해야 처리 방안이나 해결책을 제안할 수 있을 뿐 위기에 직면했을 때 행위 주체들이 잘 대처하도록 그들과 관련된 사안을 분명히 밝힘으로써 주체를 형성하는 데에는 별 도움이 되지 않을 것이다. 바로 이 점 때문에 나는 고전적인 접근법이 그다지 쓸모 있다고 보지 않는다.

위기학 Crisology

앞에서 지적한 대로 1970년대 중반에 에드가 모랭은 위기에 관한 과학적 연구, 즉 "위기학"의 발전을 제안했다(1976, 1984). 그 제안은 오늘날 우리가 '위기'라고 알고 있는 현상의 정점에 이른, 일반적인 변환이

일어나는 역사적 맥락에서 쓰였다는 점에서 선구적인 글이었다. 에드
가 모랭은 위기란 무엇인가를 노출하고 영향력을 갖는 다음과 같은 사
건이라고 보았다.

1. **노출하는 사건** : 위기는 평소에 보이지 않던 것을 드러내고 우리
   가 듣고 싶지 않은 것을 듣지 않을 수 없게 한다. 위기는 현실에
   내재된 요소를 드러내지만 그것이 단순히 사건만은 아니다. 위기
   는 진실의 순간이다. 따라서 우리는 현재의 위기가 제어되지 않은
   자본주의를 드러내며, 특히 전체적으로 잔인하고 불공정의 극치
   를 달리는 금융자본주의를 드러낸다고 말할 수 있다. 무엇보다 우
   리는 이번 위기가 2008년 9월보다 훨씬 전에 시작된 어느 과정의
   폭발로서 이해한다.
2. **영향력 있는 사건** : 모랭은 위기가, 해체하고 분열하고 파괴하는
   힘뿐 아니라 변화를 개시하는 힘으로도 작용한다고 본다. 그렇다
   면 위기는 건설과 혁신, 발명의 차원을 포함하는 과정의 임계점
   이다.

위기가 임계적이라는 관점은 어원으로 뒷받침된다. 그리스어의
*krisis*는 결정decision을 의미한다. 이 말은 처음에는 의학에서 사용되
었다. 위기crisis는 에드가 모랭이 환기한 대로 진단을 가능하게 하는 임
계점이다. 이런 시각에서 보면 위기를 혼잡과 무기력, 견뎌야 할 상황,
결과, 불합리한 요소의 발달 등과 동의어라고 할 수만은 없다. 모랭은,
위기는 규제를 완화하고 상태를 고착화하며, 시스템에서 조직적인 유
연성을 구성하는 힘을 마비시키고 경화硬化시킨다고 적고 있다(1984:
144-145). 그러나 위기는 그와 대조적으로 일부 행위자의 행동과 결정
에 호의적인 조건으로 이루어져 있기도 하다. 게다가 행위자가 자신의
행동을 개선하기 위해 생각하고 분석하게 하거나 이를 강제하는 요인
이 되기도 한다. 모랭(1984: 140-141)은 다음과 같이 기술하고 있다.

우리는 위기라는 개념의 부적절함과 거기서 발견되는 흥미로운 점을 동시에 포착할 수 있다. 위기라는 개념에는 뭔가 불확실한 것이 내재되어 있다. 왜냐하면 위기라는 개념은 문제가 된 시스템 특유의 결정론으로 후퇴하는 것과 상응하고 이는 지식의 퇴보와 같기 때문이다. 그러나 그 퇴보는 위기의 복잡성에 관한 진전된 이해로 보완될 수 있고 또 보완되어야 한다.

위기가 "영향력"과 "노출"이라는 두 가지 특징을 지닌다는 생각을 고수하는 에드가 모랭은, 위기가 실재하는 문제점과 난관의 원인을 드러낸다는 당연한 사실을 우리가 인정하기를 청한다. 작동하는 것에는 한계와 결점이 있고 부적절한 무언가가 들어 있기 마련이다. 그러므로 위기는 무언가 새로운 것을 만들어내는 장려책이지만 동시에 무언가 특수한 맥락에서 지상 과제의 성격을 띠는 권고를 담고 있다. 이런 맥락에서는 감정과 정열, 공포가 모두 이성으로 왜곡되고, 특히 합리적인 수단을 이용해 위기를 끝내려는 노력으로 왜곡되기도 한다. 흔히 위기 국면에서 많은 사람은 희생양을 찾고, 포퓰리즘이 기승을 부리며, 행위자들은 더욱 급진적이 된다. 위기가 닥쳤을 때 행동 양식에 분파주의가 끼어들 수도 있고, 메시아 운동으로 치장한 마법과 불합리한 공간이 나타날 수도 있다는 점을 강력하게 제기할 필요가 있다. 이때의 행동 양식은 매우 다양하며 어떤 형태의 결정론도 따르지 않는다. 경계할 것은 위기 국면에 놓인 시스템에 속한 대부분 행위자가 정상적으로 작동되는 시스템의 행위자보다 훨씬 더 예측 능력이 떨어지고, 더 자의적인 경향으로 변한다는 점이다. 그러나 위기형型의 행동이 다른 형태를 띨 수도 있다. 특히 그것은 야호다와 라자스펠드, 차이젤이 마리엔탈의 실직 노동자들을 관찰한 고전적 연구(1933)에서 밝힌대로 좌절, 무관심으로 나타날 수도 있다. 1930년대 초의 마리엔탈에서는 아노미가 지배적인 행동 양식이었다. 나치스가 행동 양식을 집단행동과 대중동원 형태로 전환하기 이전에는 말이다.

위기 국면에서는 무질서와 경직된 태도가 작용한다. 그러나 위기의 정체가 알려지지 않는 한, 최후의 수단으로 술책이나 개인적인 전략 또는 적극적인 소수의 행동을 유발할 소지가 있다. 위기는 불확실성이 고개를 드는, 시스템의 붕괴이지만 또한 새로운 기회이기도 하다. 붕괴는 두 영역에서 나타난다. 위기는 사회 현실social reality과 우리의 앎knowledge, 두 영역에서 작동한다. 다시 말해 위기는 행동과 학습의 새로운 시야를 열어준다.

그러나 한 발짝 더 나아가보자. 이와 같은 관점에서 볼 때 위기는 위기의 영향을 받는 시스템의 한 특징을 나타내는가, 아니면 빠져나갈 길을 가리키는가? 에드가 모랭의 견해에 따른다면 위기는 우리가 밟아야 할 최초의 과정이다. 모랭은 우리가 할 수 있는 것은 오직 위기 이론을 발전시키는 것뿐이라고 말한다.

> 우리의 사회 이론으로 볼 때, 사회는 체계적인 인공두뇌와 같고 '부負의 엔트로피negative entropy'*가 적용되기도 한다. 위기를 이해하기 위해 우리가 붕괴와 시련, 균형과 같은 생각을 넘어서기를 원한다면 우리는 위기를 경험할 수 있는 시스템으로, 즉 길항작용antagonism**을 포함하는 복합적인 시스템으로 사회를 이해해야 한다. 길항작용이 없는 사회 이론은 불충분하고, 위기라는 개념을 상상하지 못하게 한다(Morin, 1984: 142).

이 경우에 위기는 사회가 구성한 복합적인 시스템 최후의 특징을 보여준다. 이 시스템은 스스로 변화하거나 자율적인 규제 형태로 되돌아올 수도 있다. 그런데 왜 두 번째 경로를 예상하지 않으면서 위기를 한 시스템에서 다른 시스템으로 옮겨가는 격변 상황으로 볼까? 이때는 어떤 사건이든지 시스템이 변화하는 과정에서 발생한 결정적 국면이 아

---

*부패, 혼돈, 무질서, 와해로 가는 엔트로피 작용을 방지하기 위해 개방 체제가 외부의 에너지 투입을 계속 받아들이는 것으로서 이러한 부의 엔트로피의 발동을 통해 개방 체제는 자신의 체제를 유지해갈 수 있다.
**상반되는 두 가지 요인이 동시에 작용하여 그 효과를 서로 상쇄하는 작용.

닐까?

　이런 가설은 모두 실재하는 위기를 분석할 때 적용할 만하다. 예를 들어 레닌은 생전에 자신의 견해를 밝힐 때, 요점은 행위자들이 아니라 혁명적 상황이라고 설명하면서 위기의 두 번째 가설을 선택했다. 즉 위기의 측면에서 정의한 것이다. 1917년 러시아에서 시스템의 변화가 가능했던 것은 위기가 일반화되었을 뿐 아니라 사회적이고 정치적인 동시에 국제적이고 군사적이었기 때문이다. 무엇보다 차르 정권이 무너지고 있었다.

　끝으로 우리는 모랭에게서 흥미로운 질문을 발견한다. 위기는 위기의 영향을 받는 시스템의 내부에서 비롯되는가, 아니면 외부에서 오는 것인가? 또 이에 대한 대답도 한 가지가 아니고 검토 중인 위기에 좌우되는 별개의 경험만 있을 뿐이다. 혼란은 기후 재앙의 경우처럼 외부에서 올 수도 있고 또 내부에서 올 수도 있다. 말하자면 처음에는 논리적으로는 위기의 원인이 아니었지만 위기가 만들어지면서 시스템이 더 이상 자동으로 조절되지 않는 결과에서 비롯될 수도 있다. 예를 들어 마르크스적 관점에서 자본주의 위기는 생산과 생산력 발전 사이의 모순에서 기인하고 이 모순이 커졌을 때 나타날 수 있다. 위기는 시스템이 그때까지 해결할 수 있었던 난관을 해결하지 못할 때 발생한다. 모랭은 위기란 "결과적으로 한 가지 해결책(새로운 형태의 규제, 점진적 변화)을 만들어낼 수 있는 해법(규제 완화와 해체 현상)의 부재"(1984: 143-144)라고 말한다. 이 점에서 모랭의 방법은 미셸 도브리Michel Dobry(1992)의 방법과 일치한다. 도브리가 볼 때 위기의 사회학에서 가장 흥미로운 면은 외부의 혼란disruption을 예측하는 것이 아니라 내부의 혼란과 그에 따른 규제 완화의 결과, 즉 역기능과 규제 완화를 예측하는 데 있다.

　에드가 모랭이 기초를 세운 "위기학"으로 우리는 현재의 위기에 맞설 수 있는 하나의 경로 내지는 가설을 만나게 됐다. 그 가설은 경제학과 정치학을 지배하는 상투적인 담론과는 구별되는 범주를 포함한다. 우리가 아는 대로 연습을 시도할 만한 가치는 있다. 그러나 "위기학"이라는 새로운 과학을 만들어내는 계획이 지적인 측면에서 전적으로 만족스러운 것은 아니다. 위기는 위기를 위기의 맥락과 분리하지 않는 연구자를 필요로 한다. 위기는 일반적이고 집단적인 삶의 일부이며 어떤 특수한 과학에 속하는 것이 아니다.

위기와 갈등

사회(과)학에서는 통일성을 유지하기 어려운 상태에서도 사회나 시스템에 초점을 맞춰 전체적인 맥락에서 생각하는 방식을 선호한다. 그래서 다르거나 심지어 반대되는 사고방식을 알아차리는 것이 가능하다. 이런 통합적 사고는 불충분함, 결핍, 상실 또는 갈등의 장벽이란 생각을 기초로 접근법을 발전시킨다. 이 경우, 분석가들은 시스템이나 사회보다는 갈등 관계에 있던 적이 없거나 더 이상 또는 아직 있지 않은 행위자에 초점을 맞춘다. 위기는 이런 관계 유형과 완전히 상반된 관계를 나타낸다.

갈등은 행위자들이 자신을 구속하고 또 대립하게 만든다고 보는 관계에 휘말릴 때 발생한다. 행위자는 그 관계에 문제가 있고, 그 문제는 모든 사람에게 똑같이 적용되며 각자 문제를 조정하거나 극복하려고 노력한다는 사실을 인정한다.

이런 문제는 다양한 수준에서 나타날 수 있는데 사회학 이론에서는 그 수준에 등급을 매길 수도 있다. 알랭 투렌은 한편으로 서로 다른 세 가지 수준의 갈등을, 다른 한편으로 세 가지 위기를 비교할 것을 제안한다(1974). 투렌은 사회학적 측면에서 최고 수준을 가리켜 역사성의 수준level of historicity이라 칭하고 바로 이것이 공동생활이 나아갈 주요 방향을 결정한다고 말했다.

사회 자체가 직면한 위치와 사회가 작동하는 장소 사이의 거리, 그리고 사회적 실천의 범주를 결정하는 행동을 나는 역사성이라고 부른다. 문제는 사회는 무엇인가가 아니라 스스로 무엇이 되려는가다. 이를테면 사회와 사회적 환경의 관계를 생성하는 지식을 통해, 소비에 이르는 순환과정에서 이용 가능한 생산물의 일부를 뺀 축적을 통해 사회가 무엇을 만들어내는가, 또 자체의 기능 작용에 대해 사회가 현실적으로 지배하는 방식에 의존하는 형태로 창조력을 획득한 문화 모델을 통해 무엇을 만들어내는가 하는 것이다(Touraine, 1974: 4).

그러므로 알랭 투렌이 사용한 어휘, 역사성의 수준에서 갈등은 사회운동의 존재를 나타낸다. 사회운동은, 역사성을 통제하는 주요 행위자나 대표자들의 지배와 통제를 받는 가운데 그들과의 투쟁에 참여하는 행위자의 행동을 가리킨다. 이런 배경에서 보면 산업사회에서 노동계급과 고용주가 대치하여 갈등을 노출할 때 가장 중요하고 절박한 문제는, 투자의 조정이라든가 노동의 결과물에 대한 이용 및 전용과 같이 노동 조직과 충돌하는 결정적인 방향성에 대한 통제였다. 이 같은 역사성의 수준에 대한 대응 관계로서의 위기는 갈등 자체가 더 이상 가능하지 않을 때 출현한다. 그리고 현재의 상태뿐 아니라 미래나 과거에도 국가가 사회적 통일체를 대표하지 못하는 무능력 때문에 갈등을 무너뜨리거나 억압할 때도 위기가 나타난다. 또 위기는 국가권력이 부재하거나 단순한 힘의 행사로 축소되었을 때, 또는 꼼짝 못하고 압도당할 때도 출현한다. 국가는 심각한 위기 국면에서 그에 대한 반응으로서 행동을 유발하는데, 그것은 궁극적으로 혁명의 형태로 절정에 이른다. 예컨대 1917년 러시아혁명에서 노동자들의 효과적인 사회운동이 있었다. 그러나 혁명이 일어난 것은 노동자와 고용주가 불화했기 때문이 아니라 앞서 말했듯이 러시아라는 국가가 붕괴하고 전쟁에서 패하고 있었기 때문이다. 게다가 혁명이 성공을 거두자마자 새로운 소비에트권력은 노동계급의 운동을 지체 없이 짓밟았으며, 노동조합을 그들의 통제를 받는 "동력 전달 벨트"로 전환했다. 상황이 그러함에도 이 사례는 우리에게 사회운동과 혁명 사이에, 좀 더 일반적으로 말해서 갈등과 위기 사이에 복잡한 관계가 있을지도 모른다는 사실을 일깨워준다.

위기가 반드시 갈등을 막아주는 것은 아니다. 위기는 그 자체가 갈등의 원인이나 결과인 것처럼 갈등에 충격을 준다. 그러므로 갈등에 뒤이은 소란이 거꾸로 위기의 정도와 관계있는 것처럼 갈등과 위기를 연결하는 이미지를 연상시킬 지나친 단순 논리는 경계해야 한다. 현실은 그보다 더 복잡하다. 그 대신 이 같은 관계 설정에 좀 더 균형 있는 방식을 선택함으로써, 거꾸로 위기의 영역이 쇠퇴할 때 비로소 갈등의 영역이 증대한다고 말해야 하는지도 모른다. 마찬가지로 그 반대도 성립한다. 그러나 이것이 결정적이거나 당연한 것은 아니다. 그 관계가 명확해질 때 우리는 갈등에 관한 가설과 위기에 관한 가설, 그리고 이 두 가지가 결합했을 때의 상호관계를 분석할 준비를 한 것이며 비로소 두 개념을 연결 지을 수 있을 것이다. 1968년 5월의 프랑스를 예로 든다면, 우리는 갈등의 차원과 사회운동—처음에는 학생, 그 후에는 노동자의—의 차원을 구분하여 분석할 수 있다. 그리고 특히 대학제도와 정권이 안고 있는 위기의 요인을 분석할 수 있다.

알랭 투렌은 또 사회학의 틀에서 역사성보다 낮은 다른 두 가지 수준을 고려할 것을 제안한다. 정치적 또는 제도적 수준에서는 정치체제가 사회 전체나 사회의 특정 부문에서 분출하는 요구를 처리할 능력이 없음이 입증될 때 위기가 나타난다. 그리고 정치체제가 사회와 단절되거나 사회적 토론의 장을 마련하지 못할 때도 위기가 출현한다. 예를 들어 1970년대와 1980년대에 수많은 해석이 나온 바 있는 이탈리아의 폭력 사태는 여러 면에서 정치위기에서 비롯되었다. 양측이 모두 "역사적 타협"을 지향하던 좌파(이탈리아공산당, ICP)와 우파(기민당) 사이의 화해라는 맥락에서 ICP는 전통적으로 자신의 기반에서, 특히 젊은 층에서 끊임없이 요구하는 것을 정치적으로 처리할 능력을 상실했다. 종종 자격을 갖추고도 오직 생산직 말고는 일자리를 구할 수 없었던 젊은 층은 당시에 다른 문화를 꿈꿨다. 대학은 그들을 일정 기간 수용하는 수단에 불과하다는 사실을 깨달으면서 이들은 테러 조직이 저지르는 폭력으로 휩쓸려 들어갔다.:2 일반적으로 위기─유형 행동crisis-type conduct은 종종 폭력 형태를 띤다.

정치적, 제도적 수준에서의 갈등은 위기와는 반대로, 정치체제에서 상대적 지위를 개선하려는 행위자가 만든 억압이라는 옷을 입는다. 그들은 정치체제에 진입하고 그곳에서 영향력을 키우려고 하는데 바로 그것이 이른바 자원동원론theory of mobilization of resources*의 주된 교훈이다.

끝으로, 알랭 투렌의 견해를 여전히 따를 때, 좀 더 낮은 수준, 조직 내의 위기와 갈등 사이에조차 반대 양상은 존재한다. 그 경우에 갈등은 행위자들이 그들의 기여에 대해 더 많이 보상받으려고 노력하는 상황에서의 관계다. 그리고 조직의 위기는 조직 해체의 징후, 내부의 문제를 처리하지 못하고 외부 세계에 얼굴을 내미는 무능력의 징후다. 그것은 상황의 악화를 드러내며 가치와 담론 사이의 틈을 노출한다. 그때는 또 폭력적 형태의 행동이 나타날 수도 있다.

어느 경우든지 갈등과 폭력은 잘 결합한다. 그 경우에 폭력은 행위자들이 그들의 목적을 달성하기 위해 동원하는 장비나 자원처럼 도구의 기능을 한다. 아니면 예컨대 순전히 인상적인—심지어 자포자기한—행동 양식인 폭동으로 표출될 때는 위기와 결합하기도 한다.

이제 이 같은 이론적 또는 전반적 고찰이 우리가 현재의 위기를 이해하는 데 어떤 도움을 줄 수 있는지 생각해볼 차례다.

갈등의 부재, 상실, 불충분함으로서의 위기

먼저 사회적 차원의 위기를 구체적으로 생각해보자. 위기의 영향은 1970년대 중반까지 적어도 100년 동안 서유럽 같은 사회에서 형성된 갈등의 주요 원리—즉 노동계급운동과 고용주의 대립—보다 더 파괴적이다. 그런 갈등은 이제 근본적인 갈등이 아니다. 최근까지만 해

---

*사회운동론에서 사회운동의 성공은 시간, 돈, 조직적 기술 등을 사용할 수 있는 힘에 달려 있다는 주장.

도 노동조합과 기업 이사회가 매우 일상화된 갈등상에서 서로 대치하는 라인자본주의와 이와는 대조적으로 주주의 이익을 우선시하고 금융과 심지어 투기 부문을 먼저 배려하는 신新미국식 자본주의Neo-American Model를 비교하는 것이 가능했다(예컨대 Albert, 1991 참조).

그 이후 우위를 차지한 것처럼 보이는 신미국식 자본주의는 경영자에 대한 주주 절대적 지배를 드러냈다. 이제 기업의 장기적인 안정성보다 최단기간에 투자 수익을 얻을 가능성에 초점이 맞춰졌다. 만일 경제활동의 속도가 갑자기 줄어든다면 그것은 그저 유동성이 부족하기 때문일까? 조직의 운용 방식이 유연성flexibility*에 우선적 가치를 두는 데도 그 이유가 있는 것은 아닐까? 리처드 세넷Richard Sennett(2005)은 유연성이 결과적으로 생산의 토대를 훼손하고 기업 내에서 관리자와 임금노동자 간의 사회적 관계 구조에 갈등을 조장한다고 예리하게 묘사한 바 있다.

두 가지 의문이 제기된다. 첫째, 기업 내에서 동원된 힘으로 복귀하는 동시에 정치적 유형의 행위자로서 영향력을 행사하는 노동조합의 능력에 관한 의문이다. 우리는 노조 활동이 다시 활기를 띨 것이라고 상상할 수 있는가? 이는 새로운 형태의 호전성이나 임금노동자가 노동조합에 가입하도록 조장하는 특별한 상황을 암시하는 것은 아닌가? 기업의 경영과 관리에는 주목할 만한 변화가 필요할 것이다. "신미국식" 자본주의의 종말은 이제 비현실적인 목표로 보이고, 또 현재 노동조합의 동원 전선에서 목표로 삼는 것도 아니다. 두 번째 의문은 노동조합이 새로운 발전 방식을 만드는 데 기여하여 스스로 미래에 공헌하는 계획을 수립할 능력이 있는가 하는 것이다. 노조는 새로운 시스템을 구축하기보다 계속 동원에 성공하고 일시적으로 과거 시스템을 부활하려는 모험을 무릅쓴다는 점에서 지나치게 과거의 모델에 집착하는 것은 아닐까? 1970년대 말과 1980년대에 '프랑스민주노동동맹CFDT' 같

---

*조직의 핵심 역량 집중, 외부의 전문성 활용, 경비 절감 등으로 기업의 효율성을 높이는 방식.

은 노동조합들은 특히 환경운동, 여권 신장, 반핵운동을 포함해 새로운 도전의 정치적 수행자로서 조직을 드러냄으로써—소극적이기는 했지만 사실상—개혁을 단행했다. CFDT의 방안은 마땅히 재검토하고 새롭게 개선해 현실에 적용할 만하다. 노동조합 자체는 여전히 임금노동자와 일자리, 평균 수준의 생활에 대한 전통적 옹호자로 남아 있는 한편 단순히 노조에 국한되지 않고 우리를 새로운 시대로 이끌어주는 투쟁에 기여하는 측면도 있다.

이제 새로운 시대의 이정표가 가리키는 갈등을, 특히 대안세계화론자Alter-Globalist의 투쟁을 좀 더 가까이에서 살펴볼 차례다.

1990년대, 현대의 중요한 문제들이 세계적 특성을 지닌다는 각성은 대안세계화운동의 배후에 깔린 최대의 원동력이었다. 그 점에서 이 운동은 대안세계화라는 차원에서 세계 문제를 극복하는 데 심혈을 기울였다. 이 운동은 갈등의 다른 원리를 공론의 장으로 끌어들였다.

그 후 이 운동은 퇴조했는데, 특히 2001년 9.11테러의 부차적인 희생자로, 역사적인 측면에서 확실히 사라졌다고 할 수는 없지만 빈번히 반제국주의, 반전, 반미 운동으로 바뀌는 극단적인 정치 노선을 채택함으로써 지지 기반이 무너졌다. 이 운동의 퇴조로 위기에 관한 논의가 허용되지 않는 분위기가 조성되었고, 당시 다보스Davos*의 오만을 끝장낼 수도 있는 절박한 위기 상황에서 돌파구가 막히고 말았다. 역설적으로 이 운동은 노동조합의 퇴조에 이어 갈등의 두 번째 원리마저 박탈한다는 점에서 우리가 겪는 난관의 한 요인이 되고 있다. 좀 더 넓게 보면 지구, 환경, 초국가적 경제 규제, 세계적 차원의 정의 등등과 관련된 도전이 논의와 갈등을 다루는 장을 구축하기가 어렵기 때문에 현재의 가혹한 위기는 더욱 두드러져 보인다.

노동조합의 문제이든 새로운 사회운동의 문제이든 아니면 견고한 문화, 사회적 차원에서 세계적 운동의 문제이든, 거기에는 우리가 주목

*매년 초 스위스 다보스에서 개최되는 세계경제 포럼.

할 만한 한 가지 가설이 존재한다. 사회과학자들이 볼 때 위기에서 벗어나는 방법 연구는 갈등에 관여하는 행위자가 생겨나고 자극받는 조건이 무엇인지 연구함을 의미한다는 것이다.

제3부

위기에
대처하기

위기의 여파는 변화의 시기를 의미한다. 과거로의 회귀를 바라는 동시에 새로운 시대의 도래를 희망하는 시기다. 앞으로 논의하겠지만 과거 회귀를 모색하거나 새로운 시대를 다시 열고자 하는 계획은 다른 상황과 다른 사람들, 다른 제도를 요구한다. 제3부의 분석이 우리에게 보여주는 것은 위기에 대처할 필요성을 공유하고, 위기를 극복하고 그 여파에 적응하기 위한 새로운 서사와 도구를 함께 설정하는 일이다. 위기에 어떻게 대처할 것인가 하는 새로운 이야기에 접근하는 방식은 국가주의를 부추기는 새로운 정치 세력이 정할 수도 있고, 새로운 정체성을 추구하는 국가나 자신의 브랜드로 위기를 새로운 이미지로 바꾸려고 시도하는 기업이 제시할 수도 있다. 또 동서양을 막론하고 세계 곳곳에서 자신의 목소리를 내는 "분노한 사람들indignants"이 나설 수도 있다.

만일 경제적 거래가 위기에 대처하는 과정에서 문화적 속성을 띠게 된다면 우리 역시 광고의 경제활동에 숨은 내면을 들여다볼 필요가 있다. 기업과 브랜드는 위기에 등을 돌린 적이 없다. 오히려 기업은 광고를 이용해 "위기"는 자본주의가 나아가는 길 한복판에 있어서 피해갈 수 없는 장애물이라는 그들의 메시지를 담는다. 기업은 자신들의 브랜드를 통해 위기를 다룬다. 위기의 여파를 개개인이 극복하고 삶을 재설계하라고, 그것이 도덕이고 국민의 의무라고 요구하며 위기를 자본주의라는 특수한 산물과 끊을 수 없는 관계로 브랜딩branding한다.

상품과 브랜드의 성공은 대중과 기업 사이에 형성되는 신뢰에 달려 있다. 그러나 세계화된 사회에서 신뢰는 기본적으로 신뢰를 구축하는 언론 매체—일반 대중매체든 자체 매체든, 또는 일대 다수one-to-many 매체나 개인 간interpersonal의 멀티미디어—의 능력에 좌우된다. 제3부에서는 세계화의 결과로 벌어진 일에 분석의 초점을 맞출 것이다. 이를테면 언론의 역할은 무엇이며, 대중은 위기의 여파 속에서 신뢰를 (재)구축하기 위해 언론의 (무)능력에 어떻게 반응하는가 하는 문제를 다룬다. 언론 매체는 2007~2008년 신뢰가 상실된 가운데에서도 근본적인 역할을 해냈는데, 특정한 반응들을 찾아내 새로운 목소리들을 연결해가면서 신뢰를 재구축하고자 했다. 이런 새로운 목소리 중 일부는 새로운 세계경제가 만들어놓은 문제를 비난하는 다른 나라 대중의 수용 능력에 초점을 맞추고 있으며, 그밖의 목소리들은 이런 문제 상황에서 흔한 현상이 무엇인지, 무엇이 문제 해결의 일반적인 방법인지를 모색하고 있다. 국가주의자들과 "분노한 사람들"은 세계적으로 연결된 사회에서 '들릴 공간'을 찾는 목소리의 일부다. 만일 위기의 여파가 대불황의 시간을 의미한다면, 그것은 동시에 국가가 경제위기와 복지국가, 문화적 정체성 등의 문제에 대처하기 위해 새로운 정체성을 찾으며 스스로 성찰해나가는 시간이기도 하다. 네트워크 사회에서 좀 더 지속가능한 발전 모델에 기초를 두고 정체성의 프로젝트를 마련하기 위해서는 행위자와 제도의 능력에 의문을 제기해야 한다. 그들의 무능력이 위기를 사회적, 문화적 측면에서 더욱 난폭한 환경으로 몰고갈까? 이에 답하기 위해서는 위기의 여파, 그 너머를 보아야 할 것이다.

위기를 브랜딩하는 기업들

: 세 라   바 넷 - 와 이 저 :1

이 책의 여러 장章에서 분명하게 알 수 있듯이 2008년에 있었던 세계 경제위기와 영향, 그리고 그 원인은 복잡한 양상을 띠면서 서로 깊이 연결되어 있다.

  2007~2008년에 전 세계의 주식시장이 무너졌으며 대형 금융기관은 파산하든가 매각되었다. 심지어 매우 부유한 국가들의 정부조차도 금융 시스템을 긴급구제 하기 위해 서둘러 자금 공급 체계를 개선해야 했다. 미국에서 일어난 서브프라임 모기지 시장의 붕괴와 주택 열기의 반전은 다른 나라에도 영향을 미쳤다. 또한 그 영향을 받은 나라들 중 스페인과 그리스의 국가경제 실패는 유럽연합EU과 세계무역에 엄청난 영향을 주었다. 이 장에서 나는 세계 경제위기가 발생한 다양한 원인이나 그 경제위기가 몰고 올 영향에 대해서는 다루지 않는다. 사실 장기적인 관점에서 경제위기가 미치는 영향을 예측하기란 불가능하다, 왜냐하면 글로벌 위기에 처한 국가들의 대처 방식이 각각 달랐을 뿐 아니라 나라마다 상반되는 경우도 많았기 때문이다. 확실한 것은, 자본주의적 가치교환이 지구 이쪽저쪽에서 서로 다른 삶을 사는 국가에서 똑같은 방식으로 진행되는 것은 아니라는 점이다. 세계 경제위기와 그 여파로, 경제적 교류가 문화적 수단에 의해 체계화된다는 사회경제학자 비비아나 젤라이저Viviana Zelizer의 중요한 논점(2011)이

여기서 잘 설명된다.

하지만 현대 문화의 역동성은 반대 방향에서도 출현한다. 즉 문화의 (새로운) 의미가 경제 교류의 흐름과 연관되어 형성된다는 것이다. 경제의 문화와 문화의 경제가 21세기 초 대불황에 대한 다양한 충격과 반응을 불러일으켰다. 정부가 실행한 구제금융 형태의 금융에서 나온 반응도 있었고, 대안적 생활양식의 측면에서 나온 자본주의에 대한 체제 전복적인 도전도 있었다. 또한 전 세계적으로 확산된 '점령운동Occupy movement'•에서 나온 자본주의란 무엇이며 어떤 방향으로 나아가야 하는가라는 이데올로기적 선언도 포함된다. 새로운 "의존 영역leaner"인 세계시장에 특권을 주자는 과거 회귀적인 반응도 있다. 이밖에도 다양한 반응이 있다(대안적 반응에 관해서는 이 책 제9장, 주 저자Conill의 논문 참조). 그중 나는 2008년 경제위기가 갖는 문화적 의미가 광고시장에서 어떻게 형성되었는지에 관심이 있다. 그 이유는 자본주의 발전을 위해, 이 경제위기를 피할 수 없는 장애물로 광고가 어떻게 브랜딩(이미지 부여 작업)을 하는지 알고 싶기 때문이다. 광고에서 개인은 도덕적, 국민적 의무감을 갖고 위기를 "극복하도록" 요구받는다. 나는 두 편의 특정 기업 광고를 구체적인 접근 방식으로 분석했는데 이들 광고의 브랜딩 전략이 위기 이후의 상황적 묘사에 상당히 포괄적으로 의존함을 알게 되었다. 이 기업 광고에서는 결함이 있는 자본주의 구조에 의구심을 갖기보다는 개인적으로 위기에 대처하도록 미국의 노동계급을 동원하면서, 노동계급에게 위기에 대처할 '권한'을 주고 과거 회귀적이면서 친자본주의적인 서술 방식을 활용하는 전략을 사용했다. 이 같은 광고의 틀에는 희망에 대한 수사修辭와 능력주의, 뉴프런티어 정신이 스며 있으며 각 개인에게 "당신 스스로 대처하라"라는 신자유주의적 권한 부여를 계속할 뿐 아니라 미국은 다른 나라와 비교해 특별하다는 미

• 리먼브러더스 사태 이후 미국의 시위에서 '월스트리트를 점령하라Occupy Wall Street'라는 구호가 나온 뒤 전 세계로 확산된 것으로 사회적, 경제적 불평등에 대한 국제적인 항의운동을 일컫는다.

국 예외주의American liberal exceptionalism[•]가 바탕에 깔려 있다(Foucault, 2010).

내가 분석한 광고 중, 어떤 것은 미국의 위상이 세계 경제위기 때문에 "무너진" 것으로 묘사한 것도 있다. 그런 광고에서는 이와 같은 기능 장애를 특이하면서 피할 수 없는 "미국다움Americanness"으로 보여준다. 강렬한 시각 효과와 문구를 사용한 이들 광고는 미국 기업 문화의 포지셔닝positioning^{••}을 통해 망가진 국가를 재건하는 주체로서 개인에게 권한을 제공한다. 내가 조사한 사례는 특히 문화의 경제와 경제의 문화 사이의 관계와, 신자유주의를 왜곡하고 전형적인 미국식 해석 방식으로 재구성하여 각 기업 브랜드의 서로 모순되는 입장마저도 무마시키려는 시도를 명확하게 보여준다.

이 책의 제6장에서 테르히 란타넨은 21세기 세계경제 붕괴 현상에서 신뢰의 역할을 지적한다. 국가 예산이나 개인 예금에서 알 수 있듯이 대불황 속에서 신뢰가 실종되었다. 개인이 국가와 정부, 은행, 언론 매체에 기대하던 신뢰가 사라진 것이다. 란타넨은 신뢰 하락의 악순환을 분석하면서 개인이 각각의 브랜드에 부여한 신뢰도를 어느 정도 포함시켰다. 미국의 3대 자동차 메이커(크라이슬러, 지엠, 포드)의 실패와 리먼브러더스, 골드만삭스 같은 (투자)은행의 실패는 단순히 기업의 금융 실패만이 아니라, 더 광범위하게 보면 각 개인이 삶과 생계수단으로 신뢰하던 브랜드가 실패했음을 의미한다. 은행처럼 브랜드도 어떻게 신뢰를 회복하는지는 중요한 문제다. 신뢰를 회복한다는 의미는 부분적으로 강렬한 묘사를 통해 브랜드를 구성하는 스토리를 살려낸다는 것이다. 이것은 또한 개인을 브랜드 스토리의 주인공으로 전환되도록 포지셔닝을 한다는 의미다. 현재 노력하는 것은, 세계 경제위기를 부른 광범위한 기반 구조의 실패(모기지 사기, 기업의 탐욕 등등)에 초점을

[•]19세기 프랑스 사상가인 알렉시 드 토크빌Alexis de Tocqueville의 주장에서 유래한 말로 미국이 세계를 이끄는 위치에 있음을 나타내는 용어.
^{••} 소비자 마음속에 어떤 생각이 자리하게끔 위치를 각인시키는 마케팅 기법.

맞추기보다는 위기란 개별 노동자에게 하나의 기회—실제로는 도덕적인 의무에 가까운—가 된다고 위기를 브랜딩하는 것이다. 세계화와 글로벌 위기의 시대에 국가가 그 어느 때보다 중요한 것은 분명한 사실이다. 경제의 경계가 가변적이고 문화적 혼재hybridity 때문에 더 이상 국가가 필요 없는 것이 아니라 오히려 그 어느 때보다 국가의 중요성이 부각되는 것은 정확히 말해서 국가 자체가 위기에 처했기 때문이다(위기의 역사에 대한 추가 설명은 이 책 제1장의 윌리엄스 편 참조). 브랜드의 이야기 구조에서 국가와 국가에 속한 개인의 시민적 역할을 다시 중심에 두는 것은, 위기를 묘사할 때 문화적 통제를 확실하게 하기 위한 한 가지 방법이다. 그렇지 않다면 위기에 대한 묘사가 사람들을 더 불안하게 만들기 때문이다. 광고는 이와 같은 영향력을 행사하는 데 매우 풍부하면서도 핵심적인 수단이다.

이런 배경에서 2008년 세계 금융위기에 대한 자각과 함께 부리나케 "자본주의의 죽음"을 선언한(Foster, 2009) 미국 언론의 설명과는 정반대로, 사실상 미국 기업이 자본주의의 죽음을 전혀 반기지 않는다는 것을, 미국의 기업 광고 두 편을 분석하면서 살펴보고자 한다. 이들 광고는 개인과 집단의 주체성에 영향을 미치는 자본주의의 힘이 지속적으로 짓밟는 현장을 모호하게 숨기는 방법으로 위기를 "브랜딩"하는 작업을 했다. 내가 분석한 광고(둘 다 잘 알려진 미국 광고)는 세계 경제위기에 뒤이은 혼돈과 불확실성 속에서 소비자와 기업의 관계를 미디어 아상블라주Assemblage•로 일관되게 설정하며 감성적으로 표현한다(미디어 아상블라주에 관한 추가 자료는 Ong, 2006 참조). 역사적으로 광고는 소비가 미덕일 뿐 아니라 국민적 의무라고 시민을 안심시키는 메시지를 전달하면서 국가 건설에 결정적인 역할을 했다(광고가 국가 건설에 미친 영향에 관한 추가 정보는 Sturken and Cartwright, 2009 참조). 오

•'집합' '조합' 등의 뜻으로, 물건의 단편이나 폐품을 모은 예술과 그 작품을 말한다. 콜라주와 구별하기 위하여 뒤뷔페가 사용한 기법인데, 여기서는 멀티미디어 등 다양한 매체의 기능을 혼합하는 것을 뜻한다.

늘날 광고는 계속해서 국가와 국가의 정체성을 입증하고 확립하는 이야기를 만들어낸다. 하지만 2008년 세계 경제위기의 여파 속에서 광고는 기업 홍보나 마케팅 캠페인 같은 전략과 마찬가지로 한 발 더 나아가 소비자에게 위기 자체를 브랜딩한다. 실제로 오늘날 미국 기업은 노동자들이 위기를 자신을 위한 기회로 생각하도록 브랜딩하고 세계 경제위기를 노동자들이 문화적으로 소비할 수 있도록 하기 위해 노력한다.

경제위기를 브랜딩할 때는 무엇이 첨가되는가? 내가 분석한 광고를 보면, 특별히 어떤 독립적인 대상을 표적으로 삼아 책임을 탓하지 않고 대불황을 추상적으로 설명한다. 그 대신 광고는 국가와 그에 속한 시민이 어떻게 위기를 극복해야 하는지에 대한 이야기를 들려준다. 대불황으로 현재 자유 복지국가의 합법적인 틀 속에서 진행 중인 변화와 이제까지 국가가 경영하고 관리한 사회적 재분배 프로그램에 대한 태도의 전환이 동시에 필요함을 분명히 한다. 이런 현상 때문에 오늘날 민족국가와 세계화, 소비자로서 시민의 가치와 의미에 대하여 사람들은 불안한 의문을 제기한다(추가 정보는 Duggan, 2003; Harvey, 2005; Castells, 2009; Brown, 2001; Mukherjee and Banet-Weiser, 2012; 이 책의 다른 장 참조). 개인에게 소비자라는 구체적인 역할을 줌으로써 나라를 지탱하는 자로서의 권한을 부여하는 영역이 광고다. 이렇듯 광고는 불안한 의문이 만연한 상황에서 사람들을 안심시키는 정서적이고 감상적이며 감정적인 영역이기도 하다. 마이클 슈드슨Michael Schudson(1986: 232)은 미국에서 광고의 역할에 대해 광고란 "자본주의가 자본주의 자신에게 '당신을 사랑해'를 말하는 방법이다"라고 언급했다. 하지만 자본주의가 실패하고 세계가 경제위기에 빠질 때 어떻게 이 사랑을 되찾고, 상상하고, 상기시킬 수 있을까?

브랜드 문화의 정상화는 2008년 세계경제 붕괴의 결과로 일어난 것이 아니다. 브랜드와 브랜딩 전략은 수십 년 동안 자유주의적 자본주의와 포디즘 이후의 자본주의에 영향을 미쳤다. 하지만 이미 지적한 대로 최근 세계 금융위기에서 벌어진 현상 중 일부는 브랜드의 실패였다는 것도 분명한 사실이다. 이를테면 골드만삭스나 리먼브러더스 등의 실패에서 알 수 있는 것처럼. 브랜드와 브랜드 문화는 21세기 서구 세계에서 점점 더 중요한 문화 요소로 자리 잡고 있다. 따라서 가령 최대 몇 개 브랜드가 실패했을 경우 궁극적으로 브랜드를 되살리고 기업문화를 새롭게 하는 시도는 전혀 놀라운 일이 아니다.

여기서 내가 살피려는 것은 기업문화에 새로운 이미지를 덧입혀 브랜드를 살리고 결과적으로 위기 자체를 브랜딩하고자 했던 두 가지의 구체적인 전략이다. 나는 은행이나 국제통화기금IMF처럼 위기의 중심에서 한눈에 보이는 지배적인 거대 기관을 분석하기보다 금융위기로 극심한 타격을 받은 미국 산업 지역 두 곳을 선택했다. 대상은 자동차 산업과 미국 북동부의 산업단지에 있는 러스트벨트rust belt *다. 크라이슬러 자동차와 의류 브랜드 리바이스Levi's는 향수를 불러일으키며 대외적으로 강경한 수사를 활용하면서 위기를 가능성의 영역으로 브랜딩하는 새로운 광고를 시작했다. 크라이슬러의 경우에는 실패한 자를 위한 희망적 가능성으로, 리바이스의 경우에는 뉴프런티어의 가능성으로 브랜딩했다. 이 독특한 광고를 본격적으로 분석하기 전에 이런 방법이 등장한 전후 사정을 먼저 살펴볼 필요가 있다.

브랜드 문화

다시 말하면, 자본주의는 문화 속에서 여러 모습으로 순환하기 때문에 현재의 세계 경제위기에 대해서도 다양하게 반응한다. 문화적 반응 한 가지(미국이나 그밖의 다른 곳에서)는 위기를 일종의 "미디어 이벤트media event **"로 다루는 것이었다(Dayan and Katz, 1994). 대니얼 다이

---

*미국 제조업의 호황을 구가했던 중심지였으나 제조업의 사양화 등으로 불황을 맞은 지역을 이르는 말.

**매스컴이 만들어낸 사건 또는 매스컴용의 행사.

얀Daniel Dayan과 엘리후 카츠Elihu Katz(1994)가 주장한 대로, 미디어 이
벤트는 "매스컴의 대제일大祭日, high holiday"●이라 일컫는 일종의 세계적
의식으로서 매스컴을 통해 광범위하게 벌어지는 역사적 이벤트다. 현
재의 세계 경제위기는 다양한 방식의 미디어 이벤트로 구체화된다. 텔
레비전에서는 토론 프로그램을 방송하고, 전문가들은 위기의 원인을
놓고 논쟁을 벌인다. 일부러 충격적으로 발언하는 '라디오 디스크자키
shock jock'는 전화 토론 프로그램에서 진보 정치인들에게 화살을 돌린
다(Smith, 2011). 란타넨은 이 책 6장에서 "매스컴은 세계 경제위기 같
은 전 세계의 사건을 이해하려고 할 때 국가라는 틀을 이용한다"고 언
급했다. 이 같은 란타넨의 이해 방식으로 뉴스 매체의 역할을 논한다
면, 21세기의 세계 경제위기를 미디어 이벤트로 설정하는 또 다른 방
식은 위기의 브랜딩이다. 브랜딩의 핵심 요소로서 광고도 이야기를 만
들어내거나 기업문화와 소비자의 관계를 설정하는 데 핵심 역할을 한
다. 각 개인이 다시 국가라는 틀 속에서 세계 경제위기를 이해하는 데
중요한 역할을 하는 것이다. 광고가 단순히 미디어에서 만들어 낸 별
개의 인조물로 끝나는 것도 아니고, 단순히 제품 판매를 위한 경제적
도구도 아니라는 점은 분명하다(예컨대 Ewen, 2001; Schudson, 1986;
Rosalind Williams, 1991; Jackson Lears, 1994; Goldman and Papson,
1996; Sturken and Cartwright, 2009를 참조). 광고는 사회적이며 문화
적인 시스템이다. 광고는 또 레이먼드 윌리엄스가 정의한 "느낌의 체계
structure of feeling"(1961) 일부이며, 뚜렷이 구분되는 공동체가 서로 다른
방식으로 공감하는 무형의 성질을 지닌 정신ethos이다. 사회적, 문화적
시스템인 광고와 브랜딩은 다양한 시민들에게 다정하고 정서적인 방법
으로 이런 무형의intangible 정신을 만들어내는 데 도움을 준다. 그러나
브랜딩은 루스 윌슨 길모어Ruth Wilson Gilmore가 언급한 "감정의 기반 구
조infrastructure of feeling"(2007)의 부분으로 경제적, 문화적 교류의 자본

● 유대교의 신년제와 속죄.

주의적 순환을 뒷받침하고 정당화하며 그것에 권한을 부여하는 널리 확산된 환경이라는 측면도 있다.

　이미 언급한 것(Banet-Weiser, 2012)처럼 브랜딩은 특히 1980년대에 미국에서 하나의 문화 현상이 되었다. 그 기간에 기업의 경영 부문에서는 그동안 제조업에 집중하던 것을 줄이고 상품 마케팅에 치중하기 시작했다. 이때 미국의 노동 부문은 대대적으로 외부(외국) 자원을 활용(아웃소싱)하기 시작했다. 나오미 클레인Naomi Klein (2000)은 브랜딩이 경제적으로 점점 더 중대한 의미가 있고 문화적으로 가치를 띠기 시작했다고 주장한다. 선진 자본주의 국가에서 브랜드 전략과 경영은 단순히 경제 원칙이나 우수한 경영의 차원이 아니라 문화의 정서적인 재료로서 자리 잡았다. 다시 말해 신자유주의적 경영 활동은 단순히 기존의 시장을 방어하는 데 그치지 않고, 창조적인 분야나 정치, 종교 등 전통적으로는 시장 외적 요인이라고 여겨졌던 영역에서도 새롭거나 변화된 모습으로 시장을 확장하려고 한 것이다(Duggan, 2003; Harvey, 2005; Banet-Weiser, 2012도 참조). 이렇듯 신자유주의적 자본주의는, 그동안 공식적으로 경제의 "외곽outside"으로 간주해오던 문화와 사회의 영역을 이용하고 모양을 가다듬어 그 영역을 경제적·문화적 구조 안에서 뚜렷하게 부각시킨다. 신자유주의적 경영의 결과로 그동안 단순한 경제적 교환이나 자원뿐 아니라 경영 행위나 제도에 대한 이미지 변화가 시도되었다. 이를테면 사회적 관계나 개인 사이의 관계, 정서, 사회적 행동 그리고 문화 자체의 이미지를 바꾸는 노력이 있었던 것이다. 무엇보다도 신자유주의는 자유주의와 마찬가지로 자유시장 이데올로기에 특권을 부여하고 사회 및 공공서비스를 희생시키면서 개인에게 초점을 맞춘다. 정치적 신조이자 이데올로기의 실천 지침으로서 자유주의는 개인을 중심에 둔다. 전통적 자유주의의 정치적 언어 체계에서 권리 부여는 어느 개인의 권리 행사를 지칭하는 것이다. 더 나아가 '차별화된' 목소리를 내고 들어야 할 권리이며, 개인 자신을 위한 이익을 획득하고 재산을 축적하는 권리를 말한다(Couldry, 2010). 신자유주의의 브랜드 문화에서 개인의 권한과 목소리는 일차적으로 시장과

연관된다. 이것은 브랜딩 논리의 전략과 실천 과정에서, 또 기업과 관련
된 특권을 주장할 때 입증된다.

현재의 브랜드 경영자들은 브랜드를 기존의 문화에 끼워넣기보다
정서적 관계를 이용해 브랜드 주변에서 문화를 구축하는 길을 모색한
다. 마케팅 전문가는 끊임없이 "인게이지먼트Engagement"*를 말한다. 광
고와 마케팅 회사의 새로운 자회사들은 소비자와 진정으로 소통하는
방식으로 사회적 매체를 활용하는 데 골몰하며, 일반적으로 마케팅
전문가는 메시지를 전달할 때 느슨한 통제를 선호한다(Banet-Weiser,
2012). 브랜딩 전략은 소비자와 생산자 사이에서 다정하고 진솔한 관계
를 구축하는 동시에 이 관계의 외곽에서 문화를 형성하는 데 초점을
맞춘다. 브랜드의 문화 안에서 소비자들은 정체성과 공동체, 정서적 애
착, 다정한 일상과 상호관계를 만들어낸다. 신자유주의적 자본주의 내
에서 브랜드 문화는 이런 형태의 사회적, 정치적 행위를 하기 위한 기
반 구조를 제공한다. 현재 미국의 마케팅 전문가가 볼 때 브랜드를 구
축하는 것은 소비자와 다정하고 진실된 관계를 구축하는 것이며, 일련
의 추억과 정서, 개인적인 이야기와 기대감이 그 기초를 이룬다.

브랜딩이 소비자와의 관계 구축을 위한 시도라고 주장하는 것은 브
랜딩의 구성 요소로서 광고가 개인에게 특정한 상품을 구매하도록 설
득하는 '기능'이라는 주장과는 다르다. 내가 분석할 크라이슬러와 리
바이스 광고는 더 많은 자동차나 청바지를 판매하기 위한 전략이 아
니다(물론 크라이슬러의 경우 슈퍼볼Super Bowl**광고 이후 판매량이 증가했
다는 것이 입증되었지만). 그런 전략보다는 이들 광고가 소비자와 다정한
관계를 구축하는 방식이 눈에 띈다. 다시 말해 경제위기를 하나의 문
제점으로서, 사실상 기업가의 개인주의에서 비롯된 불가피한 결과로서
브랜딩하는 광고. 브랜드와 다정한 관계를 맺는다는 것은, 불안정하
고 언제 변할지 모르는 것으로서 정체가 불분명할 때가 종종 있다. 이

* 소비자와의 관련성, 소비자와 관계된 업무를 말하는 마케팅 용어.
** 매년 미국 프로 미식축구의 우승팀을 결정하는 경기.

런 관계가 브랜드를 강력하게 뒷받침해주기는 하지만 앞날을 정확하게 예측하고 이 관계의 특징을 규정한다는 것은 어렵다. 문화적 관습은 브랜드로 표현되고 입증된다. 자본주의의 단순한 경제 전략을 넘어서는 브랜드는, 각 개인이 안전하고 확실하며 적절하면서도 진짜라고 느끼는 문화 공간이다. 이것은 크라이슬러와 리바이스가 미국 예외주의와 개인주의를 이해하고 떠받치는 공간이다.

광고는 단순한 경제적 도구가 아니라 광범위한 브랜드 문화 안에서의 문화적 선언이다. 그리고 공감을 얻는 비유와 개인의 권리, 기업가정신entrepreneurialism 같은 이데올로기를 활용하여 소비자와 브랜드 사이의 관계를 발전시킨다. 물론 광고는 장기적으로는 다정한 수사에 의존하면서 개인에게 초점을 맞춘다. 좀 더 확실한 한 가지 예를 든다면, 1984년에 로널드 레이건 대통령 재선 대책위원회에서 "더 자랑스럽게, 더 강하게, 더 좋게Prouder, Stronger, Better"라는 정치광고를 만들었다. 그 광고는 허드슨 강의 바지선, 택시에서 내리는 남자, 트랙터를 모는 농부, 자전거를 타고 신문배달 하는 소년 등, 미국인(백인 전체)이 일하는 특징을 담은 혼합 이미지를 보여준다. 온화하고 부드러운 남자 목소리의 해설이 시작된다.

다시 미국의 아침이 밝았다. 오늘은 미국 역사상 그 어느 때보다 더 많은 남녀가 일터로 나갈 것이다. 최고 기록을 세운 1980년의 약 절반에 해당하는 금리로 오늘 거의 2000가구가 새집을 살 것이다. 지난 4년간의 그 어느 때보다 더 많은 숫자다. 오늘 오후에는 6500쌍의 젊은 남녀가 결혼할 것이다. 이 신혼부부들은 4년 전에 비해 인플레이션율이 절반 이하로 떨어진 가운데 미래에 대한 확신을 품을 수 있을 것이다. 다시 미국의 아침이 밝았다. 레이건 대통령의 지도 아래 우리나라는 더 자랑스럽고 더 강하며 더 좋아졌다. 우리가 왜 지금보다 못했던 4년 전으로 되돌아가야 하는가?

이 "미국의 아침" 광고는 애국적인 비유와 '성과'로서 로널드 레이

건을 평가하며 유토피아적 분위기를 자아낸다. 현재의 브랜딩 광고
와 어떤 차이가 있을까? "미국의 아침"에서 입증되었듯이 미국 예외주
의가 오랫동안 광고에서 비유로 쓰였다면, 요즘 광고에서는 개인이라
는 소비자가 갖는 시민 역할을 훨씬 더 부각시킨다(예컨대 Sturken and
Cartwright, 2009 광고론 참조). 현재의 브랜드 문화에서 광고는 브랜딩
과 소비자인 시민과의 관계에서 지킬 수 있는 어떤 약속을 의미한다.
하지만 대불황 중에 어떤 약속을 할 수 있는가? 광고와 브랜딩이 경제
위기 가운데서도 어떻게 하면 끈끈한 관계를 갖고, 어떻게 새로운 이미
지를 만들어 위기를 탄탄한 관계 회복을 위한 기회로 활용할 수 있는
가? 실제로는 경제위기와 금융시장의 붕괴 그리고 개인적 손실이 재정
적으로, 문화적으로 더 큰 파멸에 대한 예외를 약속할 수 있는 상황으
로는 보이지 않는다. 미셸 비비오르카가 이 책에서 말한 대로 세계 경
제위기를 설명하고 이를 정당화하려는 시도로 들먹이는 이야기에는 다
양한 형태가 있다. 나는 이제 21세기의 대불황을 어떻게 어떤 과정으
로 브랜딩했는지를 보여주는 방법으로서 2011년에 나온 크라이슬러와
리바이스 광고와 브랜드 홍보 두 편을 살펴보고자 한다. 내가 예를 들
려는 광고와 브랜딩의 묘사는 외견상으로는 오직 경제위기 때문에 합
당할 수 있는 약속하고 있다. 이것은 개인적인 기업가정신, 즉 줄기찬
노동과 단호한 노동윤리, 열린 개척정신open frontier과 같은 역사적인 미
국인의 신화를 재구축하고 다시 쓰는 기회가 된다.

크라이슬러의 "디트로이트에서 수입한 자동차"

》》

2011년 미국에서 슈퍼볼 경기가 진행되는 동안 크라이슬러 그룹은 신
형 자동차 크라이슬러200의 광고를 내보냈다. 크라이슬러는 피아트
Fiat의 회장인 세르지오 마르치오네Sergio Marchionne가 경영하고는 있었
지만(이 글을 쓸 당시 피아트가 크라이슬러의 대주주였다) 미국 자동차 회
사의 3대 메이커 중 하나였다. 900만 달러에 가까운 비용이 든 이 2분

짜리 광고(슈퍼볼 역사상 가장 긴 광고)는 광고대행사인 와이든+케네디 Wieden+Kennedy사가 제작했다. 미시건 주 디트로이트 시 주변의 이미지 와 주제를 몽타주 처리하고, 디트로이트 출신 가수인 에미넴Eminem을 주인공으로 내세웠다. 이 글을 쓸 무렵 이 광고의 유튜브 동영상은 조회 수가 1200만 뷰에 가까웠다(YouTube, 2011).

크라이슬러의 웹페이지에 따르면, 슈퍼볼 개막 경기의 광고가 나간 뒤 크라이슬러 그룹은 2009년에 파산을 신청한 이후 최초로 분기 이익을 기록했다. 2010년에 1억9700만 달러의 순손실을 낸 이 회사는, 2011년에 수지가 개선되어 2011년 2분기에 순이익이 35퍼센트 증가했다(Chrysler Group LLC, 2011). 크라이슬러의 재무 담당 최고책임자 CFO인 리처드 팔머Richard Palmer는 그 광고에 대해 다음과 같이 말했다. "에미넴의 슈퍼볼 광고를 유튜브에서 엄청나게 시청한 결과 자동차 시장에 꽤 큰 효과가 발생했던 것은 분명하다. 그리고 [도입부의] '디트로이트에서 수입한Imported from Detroit'이라는 구호가 주효했다."(이 구호는 세계화나 세계시장이라는 현재의 현상과 상당히 관련이 있는 것으로 보이는 국가 브랜딩이라는 측면에서 굉장한 흥미를 끌었다.)

크라이슬러의 슈퍼볼 광고는 **좋은 일은 일하는 사람에게 찾아온다** Good Things Come to Those Who Work라는 제목으로 2011년에 크라이슬러가 시작한 대규모 광고의 일부다. 이 광고는 도시 경관과 랜드마크, 노동자의 특징을 담은 상징물로서 디트로이트 시에 바치는 일종의 존경을 표현한 셈이다. 광고는 잠시 공장을 보여주다가 재빨리 "디트로이트"를 가리키는 고속도로 표지판으로 바뀐다. 카메라는 조 루이스Joe Louis의 강철 같은 주먹과 디에고 리베라의 벽화Diego Rivera mural, 자동차 공장 노동자들United Auto Workers의 작업용 장비 기념물, 캠퍼스 마티어스 공원의 아이스링크, 호화로운 르네상스센터를 차례로 비춘다. 이어서 디트로이트 시내로 장면이 바뀌면서 디트로이트 시가 미국에서 엄청나게 부유한 도시였던 시절의 역사적인 건물과 눈부신 건축물을 조명한다. 내레이터의 목소리는 이렇게 시작한다.

당신에게 하나 물어보자. 이 도시는 과거의 영화로움에 관해 무엇을 아는가? 응? 지옥에 들어갔다 나온 이 도시는 더 나은 삶에 대해 무엇을 아는가?

좋아, 내가 말해주지. 이 도시는 완전히 기억하고 있다. 다들 알겠지만 가장 단단한 쇠를 만드는 것은 가장 뜨거운 불이다. 줄기찬 노력과 확신도 있다. 또 우리 모두에게 여러 세대에 걸쳐 이어온 노하우도 있다······.

(에미넴의 노래 〈너 자신을 잃어봐Lose yourself〉가 시작된다.)

그게 바로 우리다. 그것이 우리 역사다. 자, 아마 이것은 당신이 신문에서 읽던 이야기가 아닐 것이다. 그런 기사는 여기서 살아본 적도 없고 우리의 능력도 모르는 사람들이 쓴 이야기다. 호화로움이란 누구를 위한 것인지가 중요한 만큼, 어디에서 온 것인지도 중요하니까.

우리는 미국 태생이다. 하지만 여기는 뉴욕 시도 아니고 바람 부는 도시Windy City도 아니고 범죄의 도시Sin City도 아니다. 아울러 여기는 분명히 그 누구의 에메랄드 도시Emerald City*도 아니다.

해설자의 목소리는 힙합 가수 에미넴이 유서 깊은 우드워드 거리에서 검은색 클라이슬러200을 몰고 달리는 장면에서 절정에 이른다. 이어지는 장면에서 에미넴은 1928년에 처음 건축되어 1988년에 복구된 디트로이트의 상징 폭스극장에서 멈추고, 극장의 전광판에 "디트로이트를 아름답게 간직하자"라는 타이틀이 뜨면서 그의 목소리가 사라진다. 음악 소리가 커지면서 에미넴은 흑인 영가 합창단이 무대에서 감미롭게 노래하는 극장 안으로 들어간다. 그는 카메라 쪽으로 돌아서서 손가락을 내밀며 "이곳은 자동차 도시이며, 이것이 우리가 하는 일"이라고 말한다. 화면이 어두워지면서 크라이슬러 로고가 뜨고 "디트로이트에서 수입한"이라는 광고 자막이 나타난다.

---

*바람 부는 도시, 범죄의 도시, 에메랄드 도시는 차례대로 시카고, 라스베이거스, 시애틀을 가리킨다.

슈퍼볼 광고는 디트로이트 시민은 말할 것도 없고 다른 지역 사람들에게도 큰 공감을 얻었다(유튜브의 광고 조회 수가 보여주듯이). 수많은 블로그 사이트와 텔레비전 토크쇼에서는 이 광고를 마치 별개의 텔레비전 프로그램인 것처럼 다뤘다. 시네마토그래피cinematography,* 역사 회고, 노동과 호화로움의 혼합, 이 도시가 "지옥에 들어갔다 나왔다"는 사실을 언급하는 등 내용이 모두 노동윤리와 국가주의, 약자, 호레이쇼 앨저Horatio Alger**풍의 능력주의 묘사, 독립 정신 등 미국인의 신화로 가득 찼다. 이 광고는 또 외국의 하청 노동자에 대한 미국인의 편집증("디트로이트에서 수입한 크라이슬러200이 왔다")과 신자유주의적 노동 현실이 디트로이트 같은 공업도시의 경제적 활력에 가한 타격도 언급했다. "디트로이트에서 수입한"이라는 구호 역시 시청자가 디트로이트의 이미지를, 체념의 도시가 아니라 활기차고 급성장하는 도시의 중심으로 새롭게 인식하도록 유도한 것이다(Spence, 2011).

실제로 디트로이트의 인프라 시설은 불경기와 인종 간의 긴장, 극단적인 실업의 여파로 오랫동안 노후한 상태로 방치되었다. 크라이슬러 광고는 디트로이트의 동부와 서부를 가르는 주요 도로인 우드워드 거리를 중점적으로 부각한다. 그곳은 인종주의적 주택 정책 때문에 백인 주거지에 사는 것이 금지되었던 디트로이트의 아프리카계 미국인에게는 역사적으로 고향과 같은 도로다(Sugrue, 1996; Lipsitz, 2006). 디트로이트는 과거부터 미국에서 인종차별이 극심한 도시 중 하나였으며 앞으로도 마찬가지일 것이다. 역사적으로 산업 공동화de-industrialization, 실업, 빈곤, 백인 이탈white flight*과 같은 현상을 말할 때 디트로이트를 언급했다. 특히 "늘어나는 실업자, 도심의 노후한 인프라 시설이 흑인과 흑인 가정, 흑인 거주지에 대한 백인의 고정관념을 키웠

---

*영화 촬영 기법. 영화 카메라나 영사기를 뜻하는 시네마토그래프cinematograph와 이를 사용하는 촬영, 영사, 촬영기술 등의 개념.
**목사 출신의 아동문학가로 '근로 윤리'와 '자수성가'의 신화를 일으켰다. 근면, 검소에 따른 부의 정당성을 주장해 오늘날 미국에 만연한 '거친 개인주의rugged individualism'의 풍토를 심었다.

다."(Sugrue, 1996: 8)

위기에
대처하기

　광고의 공격적인 성향 및 지역주의적 이데올로기와 디트로이트 시를 세계 경제위기의 일부로 상징하려고 애쓰는 여러 수법이 서로 일치하지 않는다는 지적은 분명 사실이다. 디트로이트 시는 현재의 자동차 산업을 일으켰고 또 자동차 산업으로 오늘에 이르렀다. 그뿐 아니라 크라이슬러는 특히 2008년 세계 경제위기 이후 맨 먼저 연방정부의 구제금융이 필요했던 기업 중 하나였다. 슈퍼볼 역사상 가장 값비싼(2분에 자그마치 900만 달러) 크라이슬러 광고는 크라이슬러가 2008년 미국 정부가 제공한 150억 달러의 구제금융을 받았고 결과적으로 디트로이트 지역의 수많은 공장을 폐쇄하게 했으며 그로 인해 수많은 사람이 일자리를 잃었다는 사실을 모호하게 숨긴다(Flint, 2009; Freire, 2011). 디트로이트 시가 불황으로 점점 황폐해지고, 실업률이 치솟고(2011년의 경우, 미국의 어떤 대도시보다 더 높았다), 학교의 환경이 악화되고(디트로이트의 공립학교 체계를 다룬 최신 뉴스에서는 일부 학급의 경우 학생 대 교사의 비율이 60 대 1이라고 보도했다), 미국에서 인종주의가 기승을 부리는 도시의 하나로서 디트로이트가 인종 갈등과 폭력으로 인한 심각한 문제 지역으로 떠오르는 동안에도, 또 시 정부가 정실 인사의 온상으로서 시 공무원과 가까운 사람들에게 특혜를 준다는 소문이 널리 퍼졌을 때도, 많은 디트로이트 시민은 디트로이트에 있는 3대 자동차 메이커(크라이슬러, GM, 포드)가 손을 놓고 앉아서 그저 관망만 하고 있다고 느꼈다(*Detroit Free Press*, 2008; Flint, 2009; *Corrupt Authority*, 2010; Bureau of Labor Statistics, 2011; Corey Williams, 2011). 역사적으로 디트로이트의 자동차 산업이 시 경제의 다변화를 막은 것은 사실이다. 그 결과 국가 전체가 세계 경제위기로 빠져들 때 디트로이트 시민들로서는 기댈 수 있는 경제의 다른 기반 구조가 없었다(Sugrue[1996]는 경제 다변화에 대한 디트로이트의 저항을 역사적으로 추적한다).

제5장
위기를
브랜딩하는
기업들

*도심지의 범죄를 우려한 백인 중산층의 교외 이주.

하지만 이 광고를 뒷받침하는 위선적인 논리가 시청자의 측면에서 볼 때 반드시 인지 부조화cognitive dissonance•를 일으킨 것은 아니다. 오히려 이 광고는 브랜딩 작업이 어떻게 작용하는지를 정확하게 보여준다. 크라이슬러의 광고는 위기를 각 개인—이 경우에는 디트로이트 거주 시민—이 시민정신과 애국심, 충성심, 신뢰를 되살릴 기회로 삼아 위기를 정서적으로 브랜드화한 것이다. 크라이슬러의 대변인으로 출연한 에미넴과 완벽한 광고 배경음악으로 등장한 에미넴의 인기곡 〈Lose yourself〉는 광고 속에서 향수를 자극하는 시각적인 요소들과 조화를 이룬다. 에미넴이 광고에서 "가장 어둡고 암담하던 시절의" 디트로이트를 보여주며 제시하는 약속에 매료되고, 그 스스로 광고의 일부가 되어 디트로이트의 생생한 모습과 모순을 보이는 것은 누가 봐도 분명하다(Kiley, 2011). 디트로이트의 해설자인 에미넴과 세계 경제위기는 새롭게 영감을 주는 호레이쇼 앨저의 신화와 조화를 이룬다. 2011년에 광고 잡지인 『애드버타이징 에이지Advertising Age』가 에미넴을 "올해의 컴백 스토리"에 선정했고, 이는 다시 기업주들이 디트로이트 시와 마찬가지로 크라이슬러를 적어도 세계 경제위기 이후 자본주의가 부활하는 신호로 받아들이는 현상으로 이어졌다. 애드버타이징 에이지의 분석 기사처럼 이 광고는 "불행해지고 몰락한 도시에 대한 찬사로 시작하다가 우리가 돌아왔다는 반항적인 구호로 바뀐다."

2008년 세계 경제위기의 여파 속에서 경제 불안과 함께 향수를 불러일으키는 미국적 신화를 이용하는 기업이 크라이슬러만 있었던 것은 아니다. 대표적인 청바지 업체 리바이스도 2010년의 **개척하라**Go Forth라는 광고에서 똑같은 이미지와 이데올로기를 활용한다. 두 광고는 모두 정서적으로 강렬하게 호소하며 경제적으로 황폐한 미국의 러스트벨트에 초점을 맞춘다. 이들은 '폐허' 또는 '빈곤'이라는 주제를 흥밋거리로 이용한다(Stevenson, 2009; Weinstein, 2011).

•신념 간에 또는 신념과 실제로 보는 것 간에 불일치나 비일관성이 있을 때 생기는 현상을 뜻하는 심리학 용어.

리바이스의 "개척하라"

의류회사인 리바이스는 2010년 펜실베이니아 주의 침체한 제강 공장 소도시인 브래독Braddock을 중점적으로 부각하는 대규모 광고를 만들었다. 펜실베이니아는 미국 동북부 러스트벨트 한가운데 있다. '개척하라'라는 제목이 붙은 이 광고는 미국의 공장 노동자와 산업의 침체 현상에 오히려 향수를 불러일으키는 낙관적인 해석을 시도하며 글로벌 경제 불황 속에서의 미국인의 불안을 표현하려는 태도가 역력했다. 미국 개척자들의 역사적인 수사를 활용한 점에서 이 광고는 시각적으로 크라이슬러의 슈퍼볼 광고와 닮았다. 이 광고를 제작한 회사가 크라이슬러의 '디트로이트에서 수입한'을 만든 똑같은 와이덴+케네디 광고대행사라는 것은 놀랄 일도 아니다. 하지만 디트로이트를 특별히 연상시키는 상징적 이미지를 묘사한 크라이슬러와 달리, 리바이스의 광고는 좀 더 일반적인 이미지를 내세운다. 브래독에서 촬영한 이미지가 비치는 동안 광고는 시각적으로 미국의 여러 소도시를 정확히 연상시킨다. 그 도시들이 대부분 러스트벨트 산업 기지의 소도시임은 쉽게 알아챌 수 있다. 크라이슬러 광고와 달리 리바이스 광고는 좀 더 향수를 불러일으키는 '더욱 단순한' 시각 이미지와 더불어 상심과 침체의 이미지를 함께 등장시킨다. 예를 들어 광고는 화물열차가 지나가는 넓은 들판에서 모닥불 앞에 앉아 있는 한 남자와 개가 등장하는 장면으로 시작한다. 그리고 아침햇살 속에서 버려진 건물이 나오는 장면으로 카메라가 이동하고, 쓰러진 나무 밑에 보이는 낡고 고장 난 자동차와 장난감, 아빠가 자고 있는 침대로 뛰어들어가는 꼬마를 보여준다. 그리고 아이의 목소리로 내레이션이 시작되면 음악—관악기와 현악기로 연주하는—이 나온다. "우리는 개척자들이 어떻게 서부로 왔는지 배웠다. 그들은 눈을 부릅뜨고 할 수 있는 일은 무엇이든 다 했다. 이곳은 오래전에 망가졌다. 사람들은 슬퍼하면서 이곳을 떠났다."

이어 광고는 하루를 시작하는 도시를 묘사한다. 사람들은 반복되는 일상을 시작하며 여기저기 돌아다니거나 일터로 간다. 음악이 빨라지면서 아이의 목소리가 다시 나온다. "어쩌면 세상은 시험 삼아 고장 난 건지도 몰라. 그러니까 우리에게는 할 일이 있어. 사람들은 이제 개척자가 없다는 생각만 하지 개척자가 어디에나 있을 수 있다는 것은 알지 못해."

갑자기 음악이 멈추고 화면에 구호가 뜬다. "개척하라. 리바이스." 이 광고는 정서를 강렬하게 자극하는 멋진 이미지로 눈길을 사로잡는다. 극적인 음악이 진지하면서도 순수한 아이 목소리와 함께 흘러나오면서 생존의 몸부림과 노동, 개척자에 대한 미국인의 신화를 강조하는 다정한 몽타주가 만들어진다. 미국이 정복한 다른 개척사史처럼(연대순으로 몇 개만 나열하면 아메리카 원주민 집단학살, 19세기의 식민주의, 명백한 운명Manifest Destiny•과 서부 개척, 소련과의 우주개발 경쟁, 이라크전쟁 등) 이 광고는 미국 운명과 개척의 불가피한 연관을 강조한다. 그리고 "어쩌면 세상은 시험 삼아 고장 난 건지도 몰라. 그러니까 우리에게는 할 일이 있어"라고 말한다. "오래전에 이곳은 망가졌다"라는 추상적이면서도 자극적인 광고의 수사는 비역사적이면서 신자유주의적인 수법에 딱 들어맞는다. 이 같은 수법은 경제위기가 기업가에게는 끝이 없어 보이는 새로운 개척 영역을 상상하게 하고 그 영역을 창조하고 정복할 기회가 되는 것처럼 묘사한다. 불황에 빠진 러스트벨트 산업단지의 이미지는 2008년 세계 경제위기를 다시 브랜딩하는 대규모 프로젝트와 연결된다. 거듭 말하지만 기업의 홍보나 대중매체, 국가주의의 마케팅에서 흔히 보이는 이런 브랜딩의 노력은 세계 경제위기를 불가피한 이미지로 바꾼다. 하지만 기업의 탐욕과 펀드의 남용 때문에 불가피한 것이 아니라 그것이 미국인이 해야 할 일, 즉 미국인의 "해결 방식"이기 때문에 불가피하다는 논조다. 이런 해결 방식을 도모하는 것이 미국인 특유의 운명이라고 광고는 주장한다.

이런 관점은 리바이스의 연작 광고인 '개척하라'의 다른 편에서도 두

•1840년대 미국의 영토 확장주의를 정당화한 말.

드러진다. 똑같이 와이덴+케네디에서 제작한 두 편의 광고인 '오 개척자여!'와 '아메리카'는 이미지를 병렬하는 앞서의 '개척하라' 편보다 더 추상적이다. 광고에서 카메라는 빠른 속도로 다양한 상황에 놓인 젊은이들의 모습을 비춘다. 이 두 광고에서 내레이터는 월트 휘트먼Walt Whitman의 시를 읽는다. "아메리카" 광고는 흑백 화면으로 AMERICA라는 모양의 네온사인이 꺼져 물에 빠지는 장면에서 시작한다. 이어서 여러 이미지가 혼합된다. 획획 지나가는 독립영화 기법, 들고 찍기 기법 hand-held camera work으로 촬영한 장면에 대해 이미지와 연결해서 인식할 수 있는 해설은 없다. 깨진 아메리카라는 처음의 강렬한 이미지는 불꽃놀이와 지하철역의 승차, 삭막한 풍경 속의 전신주, 미풍에 휘날리는 미국기와 나란히 나타난다. 휘트먼의 시 "아메리카"를 읽는 내레이터의 목소리는 1890년에 휘트먼 자신이 녹음한 것을 실제로 사용한 듯, 칙칙거리는 잡음을 내며 향수를 자극한다.

아메리카
평등한 딸과 아들이 중심인 곳
어린이나 성인이나, 젊으나 늙으나 똑같이 소중한 곳
강함과 풍요로움, 공평함, 끈질김, 유능함, 부유함은
대지와 더불어 영원하리라. 자유와 법과 사랑과 함께
(Whitman, 1892)

이 광고는 "아메리카" 네온사인이 복구되어 불이 환히 켜진 채 수면 위로 올라오는 극적인 장면으로 끝난다. 그리고 젊은이들이 들고 있는 담요에 리바이스의 구호 "개척하라"가 쓰인 장면이 보이면서 화면이 어두워진다.

휘트먼의 다른 시 "오 개척자여O Pioneers!"가 들어간 광고는 이와 비슷하게 우울한 분위기 속에서 향수를 자극한다. 이 광고는 조각상의 모습을 흉내 내며 하늘을 향해 손을 내뻗은 젊은 여자, 들판을 혼자 달리는 남자, 서로 포옹하는 젊은이들이 나오는 장면으로 시작한다. 또

옷차림(당연히 리바이스 청바지)에 초점을 맞춰 버려진 건물 안에 서 있거나 운전하는 사람들을 보여준다. 내용과 부합되는 해설은 없으며 이미지는 모두 월트 휘트먼이 1865년에 발표한 시 "개척자여! 오 개척자여!"를 낭독한 녹음과 함께 펼쳐진다.

오너라! 얼굴이 탄 내 아이들아
무기를 들고 질서 있게 따르라
너는 네 권총을 가졌는가? 날이 선 도끼를 가졌는가?
개척자여! 오 개척자여!

우리가 여기서 지체할 수 없으므로
우리는 전진해야 한다
사랑하는 아이들아, 우리는 위험과 정면으로 맞서야 한다
탄탄한 근육을 가진 젊음이여, 우리가 모두 맡을 수 있다
개척자여! 오 개척자여!

오 너희 젊은이, 서부의 젊은이는
성급한 행동으로 가득 차고 남자다운 자부심과 우정으로 가득 찼지
나는 너희를 아노라, 서부의 젊은이여! 맨 앞에서 전진하리라는 것을
개척자여! 오 개척자여!

우리는 더 새롭고 더 힘 있는 세계로 나아가노라. 다채로운 세계로
우리는 신선하고 강력한 세계를 움켜잡으리라
개척자여! 오 개척자여!
(Whitman, 1872)

서부 개척을 찬양한 휘트먼의 송시를 삽입하고, 전형적인 미국 브랜드를 팔기 위해 역시 전형적인 미국 시를 이용하여 2008년 경제 붕괴 이후의 삭막한 산업 이미지를 사용했다. 이것은 리바이스 광고가 의도

하는 바를 명백하게 드러낸다. 그것은 자본주의 구조와 기업이 갖는 정당성을 의심하기보다 과거에 대한 향수를 불러일으키는 가운데 미래에 대한 희망을 갖게 함으로써 위기를 브랜드화하려는 신중한 시도다. 세스 스티븐슨Seth Stevenson(2009) 기자가 지적했듯이 이 광고는 "대를 이은 행동을 요구하는 호소와 같다. 지금은 힘들지만 우리는 예전부터 여기 살았고 미국 젊은이는 무너지지 않을 것"이라고 주장한다. 현재의 세계 경제위기를 주기적인 역동성의 일부로 생각하면서 리바이스는 미국 (자유주의적) 예외주의—우리는 예전부터 여기 살았고 그때도 위기를 극복했으므로 지금도 극복할 수 있다—에 의존한 것이다. 이 같은 예외주의는 미국인이 어려움을 극복하고 그것을 계기로 자신들의 힘을 입증한 연속적인 과정의 하나로 현재의 위기를 브랜딩하는 방식이다. 실제로 리바이스는 난관을 극복하고 번영하는 미국의 운명에 대한 일종의 '증거'로서 현재의 위기를 바라본다. 휘트먼이 선포한 대로 결국 "우리는(미국은) 더 새롭고 더 힘 있는 세계로 나가노라. 다채로운 세계로. 우리는 신선하고 강력한 세계를 움켜잡으리라"는 것이다. 그러나 21세기에 이 세계를 움켜잡는다는 것은 국가주의와 위기를 밀접한 관계성을 갖는 불가피한 역학으로 브랜딩함을 의미한다. 휘트먼이 말한 대로 미국인은 "대지와 더불어 영원하리라. 자유와 법과 사랑과 함께"라는 것이다.

리바이스의 휘트먼 광고는 향수를 불러일으키기 위해 의도적으로 역사를 언급하는 가운데 이미지를 자유롭게 활용한다. 그러나 이 광고는 크라이슬러의 슈퍼볼 광고와 똑같은 방식으로 향수를 불러일으키지는 않는다. 휘트먼 광고는 또 산업화 이후 일종의 불모지 같은 위기를 광고 전체에 흐르는 멋진 시각적 비유에 의존하여 표현했다. 그리고 종말론적 미학이라고도 부를 수 있는 기법을 활용하여 공포를 직접 겨냥해 조화시켰다. 용감기와 모험심을 불러일으키는 암시와 교차시켜 시각적이고 시적으로 묘사한 이 광고에는 위험 요소가 들어 있다. 즉, 리바이스 광고는 시청자를 안심시키기보다 알려지지 않은 것들과 불안을 이용한다. '아메리카' 편에서 깨진 아메리카 간판은 불타버린 건물, 침울한 얼굴, 잊을 수 없는 시네마토그래피 등 교전 지역의 분위기로 이어진다. 리바이스 광고는 또한 미국 예외주의를 찬양하는 측면에서 볼 때 크라이슬러 광고와 완전히 똑같지는 않다.(좀 더 쉽게 말해 미국 광고가 대부분 사용하는 일반적인 방법과는 다르다.) 그 대신 위기에서 시청자를 구해내기 위해 노골적인 방법으로 세계 경제위기로 촉발된 공포와 불안을 활용한다. 아니면, 아마도 더 정확하게는 시청자를 부추긴다. 소비자이자 시민으로서 스스로 살 길을 찾으라고.

바꿔 말하면 휘트먼의 광고는 자본주의에 대한 신뢰를 재구축하는 데 진부한 방법을 사용하지 않는다. 이 광고에서 주효한 문화 작업의 형태는 공포 미학이다. 이 같은 수법은 미국 시청자에게 (리바이스를 포함해) 또다시 그들 스스로 위기에서 빠져나오도록 호소한다. 이번에는 낙관주의자로서, 신자유주의자로서 위기를 극복하라고 말하는 것이다. 이 광고에서 기업문화와 자본주의적 착취는 자연스럽고 거칠면서 위험하기까지 한 풍경의 일부가 된다. 이 풍경은 미국인 스스로 용기에 대한 이야기를 다시 꺼내도록 하는—사실상 재브랜딩하는—무대다. 이 광고는 개인 기업가를 브랜드 이야기의 핵심 배역으로 자리매김하면서 규제받지 않는 신자유주의적 기업자본주의가 안고 있는 위험성을 자연스럽게 미화한다.

크라이슬러 광고와 달리 리바이스 광고는 좀 더 호소 범위가 넓은 광고로서, 예술과 문화를 부활시키고 도시농업운동 등을 이용하여 펜실베이니아 주 브래독을 실질적으로 되살리겠다는 의도를 드러낸다. **우리는 모두 노동자**라는 제목이 붙은 리바이스의 광고 프로젝트는 처음에 다음과 같이 언론에 발표했다.

전반적인 재생과 회복이 필요한 오늘날, "진짜 노동자real worker"의 새로운 세대가 출현했다. 이들은 주위에 산적한 난제를 보면서 적극적이고 의미가 충만한 변화를 몰고 가라는 말을 듣는다. '개척하라' 시리즈와 더불어 이번에 '일할 준비를 갖추라'라는 프로젝트로 리바이스 브랜드는 리바이스의 세련된 제품과 새 미국 노동자의 이야기는 모든 노동자에게 힘과 영감을 불어넣을 것이다(Levi Strauss and Co., 2010).

11편의 짤막한 비디오 에피소드(여러 사회적 매체 사이트 중에서도 유튜브에 올린)를 담은 이 대규모 광고는 선댄스 영화제Sundance Film Festival 와 연계해 제작되었다. '개척하라' 광고와 달리 이들 비디오는 극장이나 텔레비전에서 보여주지 않고, 배우가 아니라 '실제' 사람들을 활용해 '진짜' 미국인의 특징을 보여주는 독립영화나 다큐멘터리 장르로 소비자에게 접근한다는 계획이었다. 이러한 계획 아래 리바이스는 순수성과 "실제의" 개인들에 초점을 맞춰 위기를 오히려 향수를 불러일으키는 기회로 그리고 대불황의 한가운데에 있는 미국인을 공동체로 세우는 계기로 브랜딩한다. 비디오에서 묘사된 진취적인 주체나 "현대의 개척자"는 이 같은 브랜드 문화에서 미국인 특유의 독립 정신을 소유한 모습으로 설정되었다. 경제위기 자체는 기회의 순간으로 재브랜딩된다. 11편의 에피소드는 리바이스가 지원하여 도시를 활성화하기 위해 현장에 투입된 사람들을 묘사하는데, 이들이 "브래독의 이야기를 들려준다". 그리고 새로운 공동체의 중심으로서 브래독의 도시 영농 발전과 함께 브래독 시장인 존 페터맨John Fetterman이 "현대의 개척자"라고 부르는 사람들—미술가, 음악가, 공예가—에게 도시를 다시 활성화하기 위해 도움을 요청하며 애쓰는 과정 등을 소개한다. '개척하라' 광고와 마찬가지로 이 비디오는 녹음된 음악을 삽입해 침울한 얼굴로 고된 노동을 하는 개인, 황폐해진 건물, 텅 빈 학교, 폐쇄된 사업장 등 여러 이야기로 옮겨간다. 시청자가 11편의 에피소드를 보는 동안 소도시 브래독은 리바이스 브랜드 공동체에서 핵심 시민이 되는 이 "개척자들"의 노력으로 서서히 되살아난다.

위기의 브랜딩

»

나는 리바이스가 브래독과 협력해서 얻을 수도 있는 보상이나 크라이슬러 광고를 통한 전국적인 관심으로 디트로이트 시가 거둘 수도 있는 혜택의 가능성을 깎아내리려는 것은 아니다. 다만 나는 두 회사가 다양한 통로(인쇄물이나 텔레비전 같은 전통적 광고, 유튜브, 블로그, 디아이이DIY* 제품, 소비자가 만든 콘텐츠 등등)로 브랜드 문화를 구축하기 위해 에바 일루즈Eva Illouz가 언급한 "정서적 자본주의emotional capitalism"를 어떻게 이용하는지 지적하고 싶을 따름이다(Illouz, 2007). 특별히 이 장에서 광고를 분석하면서 나는 광고를 뒷받침하는 논리가 경제위기 때문에 몰락한 산업을 단순히 소생시키는 의도에서 벗어나 폭넓은 신자유주의적 실천의 특성을 보인다는 점을 말하고 싶은 것이다. 이런 신자유주의적 행태는 특정 상품을 선전하는 방식을 넘어 시장의 논리와 전략을 확산시킨다(Illouz, 2003; Littler, 2008). 실제로 이런 광고는 현재의 경제위기를 불가피하며 위험하지만 규제받지 않는 자본주의의 한 단면으로 자연스럽게 포장한다. 이 광고에서 각 개인은 저마다 구원의 중심으로 우뚝 서며, 심지어 책임을 다하지 못한 국가 또는 국민의 역할을 대신하기도 한다.

크라이슬러가 이번 광고로 브랜딩 전략과 디트로이트 시를 아우르는 정서적이고 다정한 관계를 수립하는 데 성공을 거둔 것은 분명하다. 마찬가지로 리바이스 광고인 '개척하라'도 미국 예외주의와 미국의 운명이라는 역사적 이데올로기와 담론에 접근한다. 리바이스는 향수를 자극하는 수법으로 2008년의 경제위기를 "새로운 개척자"로 브랜딩했다. 그러나 두 광고가 도시와 기업, 제품을 독특하게 브랜딩하는 방법은 광범위한 브랜딩 과정의 일부에 지나지 않는다. 또한 이들 광고는 감정을 기반으로 하여 미국의 노동계급이 대안적이고 친자본주의적인 이야기를 받아들이는 기회로서 위기를 좀 더 세계적으로 브랜딩한 것이다. 이런 이야기 구조는 실패한 자본주의 시스템이 아니라 개인 기업가에게 초점을 맞춘다. 미국의(자유주의적) 예외주의라는 이야기의 틀

*가정용품의 제작, 수리, 장식을 직접 하는 것. do-it-yourself의 약어.

을 유지하는 수법은 스스로 살 길을 찾는 개인에게 신자유주의적 권한을 부여하는 방법과 병행해 사용된다.

두 광고에서 21세기 세계 경제위기가 언급되는 동안 미국이 "광범위한 활성화와 회복"이 필요하다는 사실은 모호하게 취급된다. 더욱 터무니없는 것은 "이곳은 망가졌다"와 같은 표현이다. 위기의 실제 이유—은행과 금융거래 부문에서 신자유주의적 방식의 붕괴, 미국 자동차 산업의 해체, 경제 혼란의 세계적 도래와 파급효과—에 대해서는 결코 문제 삼지 않는다. 그 대신 순수하고 용감하며 낙관적인 노동자 개인이 변화를 이끌 책임이 있는 것으로 묘사된다. 이를테면 "이곳은 자동차 도시입니다. 그리고 이것이 우리가 하는 일입니다"와 같은 식이다("순수함"을 브랜딩하는 다른 사례들에 대해서는 Banet-Weiser, 2012 참조).

실제로 이들 광고에서 노동자는 위기를 브랜딩하는 대규모의 이야기 구조에서 중심 역할을 할 뿐 아니라 브랜드와 함께 무너진 존재로 묘사된다. 또 세계적으로 은행업 시스템이 실패하고 전반적으로 대출에 의존하는 생활 형태나 서브프라임 모기지 위기의 결과에 주의를 환기하기보다 이 광고들은 외롭고 강인한 기업가에게 주의를 기울인다. 노동자 개인은 향수를 자극하는 방식으로 등장하고 '망가진' 상황에서 빠져나가는 유일한 돌파구로 '대접'받는다. 다시 말해 극심한 혼란 속에서 어떤 추상적인 방식으로 '난관을 뚫고' 해결하는 미국인들로 '만들어진' 것이다.

노동자는 광고에서 이처럼 여러 가지 방식을 동원하여 영웅으로, 문화 회고자로, 신자유주의 기업가로, 위기에 빠진 국민의 상징으로 자신의 위치를 부여받는다. 실제로 크라이슬러의 광고 문구는 "좋은 일은 일하는 사람에게 찾아온다"이다. 리바이스의 "개척하라"는 공산당의 구호인 "우리는 모두 노동자"를 모호하게 언급하긴 하지만, 공동의 작업에 의존하거나 공산당에 대한 언급은 어디에도 없다. "우리는 모두 노동자"라는 구호의 "우리"는 개인 노동자가 속한 공동체다. 각 개인, 즉 노동자는 자본주의의 테두리 안에서 더 의존적이고 더 바짝 긴장해야

하는 경제위기를 배경으로 "개척하고 일하라"는 요구를 받는 "자유 시
장"의 "자유로운" 존재다. 리바이스의 도움을 받아 브래독은 "팔뚝을 걷
어 부치고 현실적인 변화를 일으키는 진짜 노동자의" 도시로 변신한다.

국가가 아니라 개인에게 초점을 맞춘 이 같은 수법은 정확하게 세계
적으로 신자유주의가 내뱉는 다정한 이야기의 일부다. 이 광고는 세계
경제위기에 대응하기 위해 뭉칠 필요가 있는 모호한 세계 공동체를 향
해 제스처를 취하기보다 글로벌 위기의 한가운데에 있는 국가에 대한
특별한 입장을 드러낸다. 이 두 기업은 미국 국민을 대외적으로, 동시
에 대내적으로 위협받고 있는 것으로 포지셔닝한다. 그러나 이 위협은
구체적으로 알아볼 수 있는 행위자와 구조에 대해 책임을 묻지 않으
며, 근거의 실체가 모호하다.

현대의 브랜드 문화에서 갈수록 보편화되고 있지만 2010년에 선보
인 크라이슬러와 리바이스의 광고는 시장에서 주로 제품의 효과와 독
특한 품질을 강조하던 광고의 역사적 언어에 도전한다. 이들 광고는, 셀
리아 루리Celia Lury (2004)가 브랜드의 '로고스logos'라고 부른 브랜드 언
어를 이용한다. 개인적인 이야기의 틀을 유지하는 이 언어는 생활방식,
정체성, 개인적인 권리 행사를 중심으로 돌아간다. 따라서 이들 광고는
크라이슬러 자동차나 리바이스 청바지 한 벌이라는 제품 이상의 의미
를 지닌다. 루리가 지적하듯이 "브랜드를 단 하나의 제품에 국한하는
발상은 브랜드를 생산하는 복합적이고 다양한 측면의 행위를 외면하
는 것이다. (…) 브랜드를 만든 복합적인 역사 속에서 [이 행위들은] 서로
긴장된 관계 속에서 내부적으로 구분되며, 어쩌면 서로 모순되고 상반
될지도 모른다(2004: 14)". 이런 배경에서 두 광고에 담긴 위선을 지적하
는 것이 중요하기는 하지만—크라이슬러는 경제위기가 닥치는 데 핵
심 역할을 했을 뿐 아니라 산업 공동화와 아웃소싱의 형태로 디트로
이트를 포기하기까지 했고, 리바이스는 미국 제품을 팔기 위해 국가주
의적 수사를 이용하고 러스트벨트 산업단지를 해체하는 뻔뻔한 수법
을 동원하기까지 한다—내가 강조하고자 하는 것은, 감성을 자극하는

다정한 문구를 사용하는 등 일관되지 못하고 심지어 모순되는 방법으

로 만들어진 광고가 성공을 이끌어내고 현재의 세계 경제위기를 브랜딩하는 메커니즘에 효과를 발휘하고 있다는 사실이다. 이런 모순도 브랜드의 일부다.

광고에서 문화적 모순을 이용한 것은 2008년의 세계 경제위기가 처음은 아니다. 광고에서 저항의 미학을 끌어들여 뭔가 잘 팔리는, 그래서 저항의 결과 생길지도 모르는 어떤 공포나 불안을 소멸시키는 것으로 전환하는 대항문화counter-culture의 수법으로 오랫동안 성공을 거둔 적도 있다(Frank, 1998; Klein, 2000; Heath and Potter, 2004 참조). 그러나 현재의 세계 경제위기는 극단적인 경우, 공포와 불안을 이용하는 광고전문가에게는 주된 이야기 소재가 되었다. 마케팅 담당자로서는 아마도 이를 피하기 힘들 것이다.

예컨대 크라이슬러의 광고 문구 "이것이 우리가 하는 일이다"에서 보듯이 개인의 중요성은 디트로이트라는 특별한 도시에 전속된다는 신호를 보낸다. 애덤 웨인스테인Adam Weinstein (2011)이 지적한 대로 크라이슬러 광고는 디트로이트의 개별 시민을 겨냥하는 이런 태도로 일부 비평가가 "빈곤의 포르노poverty porn"라고 부른 거칠고 굳센 이미지를 사용해서 크라이슬러를 '도심'의 브랜드로 포지셔닝한다. 웨인스테인이 통렬하게 지적한 것처럼 이들 광고를 뒷받침하는 논리는 지극히 위선적이다.

구제금융의 대표적인 수혜자가 자신의 이미지를 부각시키려고 단 한 번의 광고에 엄청난 돈을 쏟아붓는다는 사실, 크라이슬러를 거칠고 굳센 8마일* 스타일의 브랜드로 포지셔닝하는 냉소적인 인종주의(또는 적어도 식민주의), 이 브랜드를 마케팅 담당자들이 '도심'의 인구통계학으로 부르기에 완벽한 수법, 그리고 제품을 팔기 위해 디트로이트가 처한 빈곤의 포르노를 사용하면서도 동시에 최근에 나온 디트로이트

*에미넴의 자전적 스토리를 바탕으로 찍은 영화로, 제목인 8마일은 디트로이트를 도시와 주변 도시로 나누는 '8마일 로드'를 뜻한다.

의 빈곤의 포르노라는 표현을 조롱하는 태도……, 하지만 무엇보다 끔찍한 것은 크라이슬러가 디트로이트와 미국과 관계 있는 우수한 제품의 하나라는 발상이다. 사실 크라이슬러는 신용대출을 발판으로 숙련 노동자를 집어삼키고 공장 쓰레기로 도시와 아름다운 국토를 질식시키는 메뚜기 떼 같은 기업 중 하나에 지나지 않는다.

그러나 이런 역사는 크라이슬러의 광고가 향수를 자극하는 틀에 가려 보이지 않았다. 그 대신 광고는 헨리 포드가 우드워드 거리의 동쪽에 있는 하이랜드파크에서 최초의 자동차 조립라인을 연 1908년부터 시작하면서 향수 어린 광경을 보여준다. 역사가인 토머스 서그루Thomas J. Sugrue(1996: 6)가 자신의 저서인 『도시 위기의 기원The Origins of the Urban Crisis』에서 지적한 대로, 학계뿐 아니라 학교 교과서나 텔레비전, 인기 언론 매체에서 자주 찬양한 전후戰後 미국의 번영은 무척이나 고르지 못한 전후 미국의 풍경을 가려주었다. 이런 풍경은 "주로 북부와 동부의 오래된 산업도시, 남부와 중서부의 시골 등 미국의 드넓은 지역에 자본주의가 남겨놓은 흔적이다".

전후 시기 이래 디트로이트를 괴롭힌 다층적인 문제는 잘 알려져 있다. 나는 2008년의 대불황이 디트로이트를 황폐하게 한 것이 아님을 지적하기 위해 이 문제를 언급하고자 한다. 디트로이트는 이미 경제적으로나 문화적으로 몰락하고 있었다. 다음은 찰리 르더프Charlie LeDuff(2010)가 지적한 글이다.

현재 "디트로이트 정신Detroitism"은 완전히 다른 것을 의미한다. 이 말은 불확실성과 자포자기, 정신병리학을 뜻한다. 이 도시 인구는 1950년대에 190만 명으로 최대치를 기록했고, 그중 83퍼센트가 백인이었다. 지금 디트로이트 인구는 80만 명도 채 안 되며 그중 83퍼센트가 흑인이다. 그리고 미국에서 인구가 100만 명이 넘었다가 그 이하로 줄어든 도시로는 디트로이트가 유일하다.

그러나 이 도시의 역사, 특히 산업 공동화와 빈곤은 전국적으로 별 관심을 끌지 못했으며(그리고 분명히 연방정부나 주 정부의 자금을 많이 끌어들이지 못했고 일상화된 인종주의와 전반적인 빈곤 상태에 대처하지도 못했다) 2008년 3대 자동차 회사의 최고경영자가 연방정부에 구제금융을 신청하고 나서야 주목을 받았다(그리고 이 과정에서 파산 신청이 시작되었다). 웨인스테인이 말한 대로 "디트로이트가 역사적, 상징적인 의미—나아가 허리 역할까지—를 띠게 된 것"은 바로 이 순간이다. 세계 경제위기의 순간에, 미국의 자동차 기업이 해체되는 바로 그 순간에 이 같은 의미를 얻은 것이다. 그리고 이런 배경에서 브랜드화가 가능했다. 레스터 스펜서Lester K. Spence (2011)는 다음과 같이 주장했다.

> 자동차 산업이 망하고 부동산 거품이 꺼진 뒤, 디트로이트는 참상 외에는 수출할 것이 거의 없었다. 그리고 미국이 그 참상을 사들이고 있다. 이곳을 주제로 촬영한 프로그램만 해도 텔레비전 드라마가 2편, 다큐멘터리가 2편, 리얼리티 프로그램이 3편이나 된다. 타임지는 작년에 이스트사이드에 9만 9000달러짜리 주택을 구입했다. 기자들이 디트로이트에 1년간 거주하면서 이 자동차 도시의 몰락을 연대순으로 기록하게 하려는 생각이었다.

그야말로 디트로이트는 세계 경제위기를 브랜딩한 단적인 예다. 문화적으로나 지역적으로나 미국에서 디트로이트는 투쟁과 승리의 역사를 가진 도시, 공장 노동자 개개인이 두드러지는 도시 환경 그리고 심각한 타격을 입은 도시 가운데 하나로 기억된다. 이 모든 이야기는 서로 뒤얽힌 가운데 경제위기를 브랜딩하는 데 있어 풍부한 소재가 된다.

리바이스 광고도 현재의 위기를 브랜딩하기 위해 역사를 선별적으로 활용하는 전략에 의존한다. 광고 전문지인 애드위크Adweek는 이 광고를 세부적으로 분석한 기사에서 이런 전략의 특징을 가리켜 "청바지를 팔기 위해 월트 휘트먼이 환생했다"(Kiefaber, 2009)라는 말로 간단하면서 냉소적인 반응을 보였다. 리바이스의 브랜드 마케팅 부사장인 덕 스위니Doug Sweeny는 "분명히 최초 상기top of mind, TOM•는 (…) [문화적으로] 사람들을 다시 일터로 돌려보내자는 생각"이라고 좀 더 진정성 있게 말한다(Kiefaber, 2009). 물론 리바이스 광고가 불황에 빠진 펜실베이니아 브래독의 러스트벨트에 초점을 맞췄지만, 소도시의 특수성을 겨냥한 측면에서 보면 크라이슬러의 디트로이트 광고만큼 날카롭지는 않다. 그 대신 리바이스 광고는 세계 경제위기가 가져다준 기회를 상징화하는 수법으로 미국인의 유산과 공장 노동자의 운명이라는 보편적인 이데올로기에 초점을 맞춘다. 이 과정에서 리바이스 광고는 크라이슬러 광고와 마찬가지로, 인종의 다양성이나 명백한 운명Manifest Destiny이 남긴 참화, 수많은 미국인이 '개척하고' 일하고 싶어도 그럴 만한 일거리가 없다는 사실 등 구체적인 현실을 가리고 있다. 이렇게 불명확한 행태는 '개척하라' 시리즈의 광고를 묘사한, 뉴욕에 있는 리바이스 광고판에서 분명하게 드러난다. 들판을 달리는 한 백인 소녀를 묘사한 이 광고판은 "이 나라는 정장을 입은 남자들이 세우지 않았다"라는 문구를 달고 있다. 누군가는 그 밑에 "이 나라는 노예들이 세웠다"라는 말을 몰래 써놓았다. 이 광고판의 전략은 분명히 정장을 차려입은 회사원이나 고액 급여를 받는 경영자가 아니라 힘들게 일하는 미국인과 공장 노동자에게 호소하는데, "개척자"의 이데올로기에 특권을 부여하고 그 밖의 역사적 맥락은 감추는 수법 때문에 이번 경우에는 역효과를 빚었다고 할 수 있다.

월트 휘트먼의 이상주의에서 시작하여 펜실베이니아 브래독의 현실로 초점을 옮기는 리바이스 광고의 변화는 이 회사가 경제위기를 어떻게 브랜딩하는가 하는 전략의 변화였다. 매튜 뉴턴Matthew Newton(2010) 기자는 다음과 같이 적었다.

•의식의 최상위 수준을 뜻하는 마케팅 용어. 예컨대 시장조사에서 특정 분야의 상품을 물었을 때 가장 먼저 떠오르는 제품.

첫 번째 시도에서 리바이스는 불쾌한 현실을 있는 그대로 보여주는 사실주의gritty realism를 모방하여 보여주려고 했다. 이제 브래독 현장—미국의 제철산업이 몰락한 이후 인구의 90퍼센트가 사라진 러스트벨트 타운—을 묘사하면서 리바이스는 이 같은 사실주의의 활동을 포착하려고 했다. 앤드루 카네기Andrew Carnegie가 최초로 세운 철강공장에서 브래독은 한때 미국 노동자의 정신을 구현했다. 이때 도시는 월트 휘트먼 같은 시인의 말을 잘 받아들이는 고장으로 변한다. 그러나 확고한 미국 노동윤리의 정신은 오래전에 텅 빈 상점과 파탄 난 가정, 논란이 끊이지 않는 소도시 정책, 자포자기의 심정으로 대체되었다. (…) 이런 변화로 사면초가에 몰린 리바이스가 자사의 광고에 진정성이 곁들여지기를 바라고 있다는 것은 분명하다. 아주 좋은 생각일 수도 있다. 결국 리바이스가 2년간 브래독에 100만 달러를 투자한 것은 광고를 위해서든 아니든 멋진 제스처다.

크라이슬러와 리바이스에서 2010년에 제작한 두 편의 광고는 개별적으로 안간힘을 쓰는 기업의 재再브랜딩뿐 아니라 좀 더 일반적인 측면에서 현재의 세계 경제위기 자체를 브랜딩하는 기능을 한다. 앞서 언급한 2008년 경제위기의 여러 측면 중 하나는 브랜드의 실패였다. 위기의 여파 속에서 몸부림치는 기업이 해야 할 일은 단지 자동차와 청바지라는 상품에서 소비자의 신뢰를 다시 얻기 위한 것만은 아니었다. 좀 더 중요한 측면에서 이런 노력은 시장에서 그리고 사실상 신자유주의 자본주의 자체에서 어떻게 하면 브랜드의 신뢰를 회복하는가의 문제였다. 소비자의 신뢰를 재구축하기 위해 위기를 브랜드로 끌어오는 것보다 미국에 더 나은 방법은 무엇일까? 위기를 미국에 대한 브랜드로, 소비자로서의 시민에 대한 브랜드로, 자본주의의 불가피한 승리에 대한 브랜드로 바꾸는 것보다 더 나은 방법은 무엇일까? 오늘날 브랜드 문화를 보면, 브랜딩 담당자와 마케팅 담당자는 상품과 소비자 사이의 '진정한' 신뢰 관계를 확립하는 데 투자한다. 2008년 이후 세계 경제위기라는 현재의 환경에서 이런 관계를 확립하는 데 가장 중요한

"상품"은, 자본주의 자체다.

우리는
국가주의를
믿는가?

: 테 르 히 란 타 넨

대부분의 사람들이 지지하는 생각에 따르면, 되도록 빨리 "지금까지 해왔던 방식business as usual narrative"을 다시 해보는 것을 한 가지 방법으로 볼 수 있다. 이는 "공포와 불안"—특히 경제적인—의 시나리오에 기초를 둔 방법이고, 갑자기 생겨난 "위기 속에서 불안해하는 사람들"을 고려하지 않는 방법이기도 하다. (…) 하지만 중요한 임무는 금융 시스템을 다시 안정시키고 소비 열풍을 다시 일으키며("총수요 유지"), 은행의 자본 구성을 재편해 대출 자금의 순환을 다시 원활하게 하고 바라건대 주택시장을 다시 활성화하는 것이다(Thompson, 2009: 521).

"대불황"이라는 수식어가 붙었음에도 2008년의 경제위기는 범세계적인 규모는 아니었고, 전 세계 다양한 지역에서 동일하게 경험되지도 않으며 지금도 마찬가지다. 많은 국가자본주의(Bremmer, 2010), 그중에서도 특히 아시아 국가들에 대한 영향은 상대적으로 적었다. 그러나 이 위기는 미국을 포함하여 유럽의 몇몇 국가에 영향을 주면서 의심할 여지없이 초국가적transnational 형태를 띠었으며 앞으로도 마찬가지일 것이다. 이번 위기는 국가와 경제, 그리고 그에 속한 사람들에게만 타격을 준 것이 아니라 정부의 개입이 없는 자유시장 경제를 추구했던 서구의 지배적인 사고에도 타격을 주었고 앞으로도 계속 그럴 것이다.

이 위기는 병존하고 중첩되는 다양한 요소로 이루어졌으며 줄곧 이런 구조를 유지할 것이다. 처음 미국에서 시작된 신용경색credit crunch이 유럽과 여타 지역의 금융권에 영향을 미치게 되었다. 그 결과 각국 정부가 은행에 구제금융을 제공하는 사태가 빈발했고, 많은 나라에서는 탄탄하게 자리 잡은 일부 은행을 국유화하는 일까지 일어났다. 영국만 해도 앞으로 몇 년간 금융권 구제에 GDP의 8~13퍼센트를 쓸 것으로 전망된다(Tett, 2009: 288). 금융위기는 미국의 주택시장에 상당한 여파를 미쳤지만 영국과 스페인, 아일랜드도 다를 바 없어서 부동산 가치가 50퍼센트나 떨어졌다(Boyes, 2009: 214). 2008년의 대불황은 핵심 사업 분야에까지 실패를 불렀고, 소비 감소와 심각한 수준의 실업률 증가로 이어졌다. 유럽연합EU에서는 그리스, 아일랜드, 포르투갈의 국가 경제는 EU와 국제통화기금IMF이 공조한 구제를 받아야 할 상황으로 몰렸으며 유로화의 생존이 의심받게 되었다. 또 이 위기는 국민의 기초 생활을 보장하려는 각국의 노력에 찬물을 끼얹었고, 지금도 여전히 그런 방향으로 영향을 주고 있으며, 복지국가의 약화를 정당화하는 현상이 점점 늘어나는 계기가 되었다. 결국 이번 위기는 이데올로기나 정치의 측면에서 국가주의nationalism*의 회귀로 이어졌다. 어니스트 겔너Ernest Gellner에 따르면, 국가주의는 국민과 국가는 운명공동체이며, 둘 중 어느 하나의 부재는 불완전한 형태이고 비극을 낳는다는 생각을 견지한다(Gellner, 1983: 1). 대불황 속에서 어느 민족국가도 혼자 힘으로는 오늘날 국민경제를 조절할 수 없다는 것이 이내 분명해졌다. 하지만 사람들이 민족국가 체제를 포함해 각종 제도를 불신하기 시작했음에도 국가에 대한 신뢰는 견고한 것으로 보였다.

우리는 세계화globalization가 맞은 최초 위기로 묘사된 이 난국을 어

---

*내셔널리즘은 민족주의, 국가주의, 국민주의 등 역사적으로 다양한 층위의 의미를 내포하지만, 세계 경제위기 영향권에는 다민족국가도 있고 또 국가 중심으로 위기를 타파하는 측면으로 보아 이 장에서는 대체로 국가주의로 옮겼다.

떻게 설명해야 하는가? EU와 IMF를 포함한 기존의 국제기구나 국가기구가 현재의 세계경제를 구원할 수 있을까? 울리히 베크Ulrich Beck(2007: 153)가 상기시켰던 것처럼 대부분의 제도는 여전히 국가적 정당성에 의존한다. 1990년대에 처음 도입된 세계화 개념은 '연결성이 확대된 새로운 시대의 시작'이라는 긍정적인 의미로 정의되었으며, 그 결과 "하나의 세계"로 이어질 가능성이 높아지리라 전망했다. 그러나 최초의 세계 경제위기가 출현하면서 세계화 이론이 시험대에 올랐다. 우리가 원치 않아도 서로 간의 공유가 늘어나는 지금, 세계화 이론은 세계에서 벌어지는 일을 이해하는 데 얼마나 도움이 될까?

세계화의 개념이 소개된 직후, 세계화는 "전 세계에서 경제, 정치, 문화, 사회의 관계가 점점 시간과 공간을 넘어 중개되는" 과정으로 정의되었다(Rantanen, 2005: 8). 이때, 세계화 현상이라는 것이 실제로 존재하는지 또는 세계화에 새로운 현상이 있는지를 놓고 새로운 토론이 시작되었다. 이 토론의 주요 참석자들은 세계화 낙관론자(세계화 현상이 분명히 존재한다고 주장하는 사람들)와 세계화 비관론자 또는 세계화 회의론자(세계화가 존재하지 않는다고 주장하는 사람들)라는 꼬리표가 붙은 사람들이었다. 비관론자들은 민족국가가 그 어느 때 못지않게 강력하게 남아 있으며, 국가기구나 국제기구가 여전히 국가 및 국제 정치와 무역에서 주된 역할을 한다(그 예는 Hirst 외, 2009 참조)고 주장했다. 그 후 낙관론자와 비관론자는 모두 처음의 입장을 다소 수정했다. 그 결과 세계화라는 개념을 좀 더 폭넓게 받아들이게 되었지만, 동시에 민족국가가 완전히 힘을 잃은 것은 아니라는 생각도 마찬가지로 폭넓게 인정되기에 이르렀다. 홀튼Holton(1998: 107)이 지적했듯이 민족국가가 완전히 사라진 것은 아니지만 국가가 세계화 정책에서 전권을 행사한다는 것에 대해서도 충분한 근거를 바탕으로 반론을 제기할 수 있다. 게다가 세계화라는 개념을 처음에 지지한 사람들 중 일부는 이 명사 대신에 "세계적global" "세계주의적cosmopolitan" "초국가적transnational" 같은 형용사를 사용하기 시작했다.

아파두라이Appadurai 같은 초기 세계화 이론가의 일부는 세계화의 잠재적인 결과에 주목했고, 반드시 동반된다고 볼 수 없거나 동시다발적인 변화를 (대부분 긍정적인) 일으킨다고 볼 수 없는 분리 상태를 지적했다(1990). 세계적인 금융지형financescape과 세계적인 이념지형 ideoscape 사이의 분리를 예로 들 수 있다. 하지만 세계 금융위기 이후 많은 유럽 국가에서 우파 포퓰리즘 운동이 성공하면서 유럽의 이념지형에 놀라운 변화가 나타났다. 이들 대부분은 반체제적Anti-Establishment 성격을 띠고 있었지만, 세계 경제위기에 관해 매우 국가주의적인 해결책을 제시하면서 반이민적, 반유럽적 성향을 나타냈다. 2011년 핀란드 총선에서 대대적인 성공을 거두며 제3당으로 부상한 우파 포퓰리즘 정당 '진정한 핀란드인True Finns'은 EU 본부가 위치한 브뤼셀을 가리켜 "암흑의 심장"이라 비난했고 그리스, 아일랜드, 포르투갈 같은 나라를 "소모적인 국가wasteful countries"라고 부르면서 이들 국가에 대한 재정 지원을 전면 거부했다. 당 대표는 "우리는 유럽에 대해 너무 온건하다"라거나 "핀란드는 다른 나라가 저지른 과오에 대해 대가를 지불해서는 안 된다"라고 주장한다(*Spiegel*, 2011). 최근까지 세계화의 가능한 결과로서 국가주의로의 회귀에 대한 관심은 훨씬 적었으며, 주로 러시아(Rantanen, 2002)나 중국(Zhang, 2009) 같은 비서구 사회와의 관계 면에서 논의가 이루어졌다.

초기 세계화 논쟁에서 결여되었던 또 다른 요소는 미디어와 커뮤니케이션의 역할이다. 매스컴 연구가들은 논쟁에 늦게 합류했지만 기존 참여자들만큼이나 의견이 갈렸다. 미디어 세계화에 관한 회의론자들은 '미디어 세계화'라는 개념이 존재하지 않는다면서 이 단어는 미디어 제국주의의 다른 이름일 뿐이거나 진정한 세계적 미디어가 없음을 시사할 따름이라고 주장했다(예컨대 Sparks, 2007 참조). 한편 또 다른 일부에서는 완벽하게 국가 미디어 시스템이나 국가의 청중으로 규정할 수 없는 뭔가 새로운 것이 존재하고 미디어, 특히 새로운 미디어가 없는 세계화는 존재하지 않는다고 피력했다. 사회적 관계가 국경을 넘어서 중개되는 사례가 늘고 있는 '2차 근대성second modernity'•의 사회에서 미디어와 커뮤니케이션이 세계적·국가적·지역적으로 막대한 역할

을 담당한다는 사실이 초기의 논쟁 이후 점점 분명해졌다. 동시에 "낙
관론자들"은 각종 사건뿐 아니라 매스컴의 소유권, 콘텐츠, 청중이 과
거에 비해 크게 초국가적이기는 하지만, 매스컴이 여전히 국가의 틀 내
에서 작동한다는 사실을 인정하지 않을 수 없게 되었다.

이 장에서 제기하는 의문은 새로운 것이 아니다. 앤서니 기든스
Anthony Giddens는 "세계화의 결과를 가지고 우리는 무엇을 해야 하는
가?(Rantanen, 2005: 18 재인용)"라고 질문한 바 있다. 여기에서는 '경제
의 세계화로 우리가 무엇을 해야 하는가? 경제적 세계화가 실패할 때
무슨 일이 일어나는가? 사람들은 어떻게 그것에 대해 알게 되는가? 매
스컴의 역할은 무엇인가? 사람들은 어떤 반응을 보이는가?' 등의 질문
으로 정리할 수 있다. 이 장에서는 2007년의 세계 금융위기에 따른 글
로벌 신용 붕괴를 분석할 것이다. 주요 내용은 (1) 신뢰의 상실 (2) 반응
조사 (3) 국가주의가 작동한 신뢰의 재구축 시도이다. 중요한 것은 신
뢰이며 신뢰가 미뤄지거나 추상화될 때 국가적 특징을 띠는 회귀 현상
이 발생한다는 것이 내 생각이다. 그 결과 장기적인 측면에서 1차 근대
성을 떠받치던 기둥이라 할 수 있는 은행, 정부, 매스컴 같은 전통적 기
관에 대한 불신이 점점 커진다. 동시에 우파 포퓰리즘 운동가들은 좁
은 의미의 국가주의에 기초한 신뢰라는 매력적인 해결책을 제시한다.

글로벌 위험 사회

≫

대불황 이후 우리는 점점 더 많은 세계화의 증거를 보게 되었고, 때로
는 그것들이 글로벌 위기의 증거일 때도 많다. 세계는 2011년에 일본
을 덮친 쓰나미처럼 예측하지 못했던 위기가 동시다발적으로 발생하

---

* 독일의 사회학자인 울리히 베크가 창안한 근대성 이후라는 개념으로 근대성이 농업사
회를 허물고 산업사회로 이동한 요인이라면 2차 근대성은 산업사회를 허물고 네트워크사
회로 진입한 것을 말한다.

는 것을 경험했다. 베크Beck(2009)는 우리가 글로벌 위험 사회에 살고 있다는 설득력 있는 주장을 펼쳤다. 현대는 위험이 일상생활의 일부가 되었고, 어느 나라도 이 문제를 단독으로 해결할 수 없는 사회라는 것이다(Beck and Grande, 2007: 222). 베크의 견해에 따르면 우리는 자연재해뿐 아니라 인간이 만든 인재와 자연재해가 결합된 대재앙에 직면해 있다(Beck, 2009: 19). 노르스테트Nohrstedt(2011: 24)는 현재의 단계를 위험 사회risk society라고 이름 붙이는 대신 위협 사회threat society라고 불러야 한다고 주장한다. 바우만Bauman(2006: 2)은 공포에 대해서 "우리가 직면한 불확실성, 위협, 위협을 막기 위한—할 수 있건 없건 간에 다가오는 위협을 멈추게 할 수 있는—방법 그리고 우리 힘으로 멈출 수 없을 때 그에 맞서 싸우는 방법에 관한 무지에 붙인 명칭"이라 말한다. 결과적으로 우리에게 위험을 느끼는 감각뿐 아니라 종종 공포 뒤에 찾아오는 위협에 대한 인식도 늘어났다고 할 수 있다. 위협을 인식하는 것이 직접적인 경험뿐 아니라 매스컴을 통해 중개될 가능성이 점점 늘고 있기 때문이다.

또한 '2차 근대성' 속에서 위기는 점차 세계화된다. 쓰나미는 일본 해안만 강타한 것이 아니라 원자력발전소를 덮쳤고, 누출된 방사능 물질은 일본 열도 밖에까지 영향을 미쳤다. 원자력발전소는 모든 사람에게 저렴한 가격으로 전기를 공급해야 하는 대규모의 문제에 '과학적'이고 '합리적'인 해결책을 제시했고, 2차 근대성의 "뛰어난 업적" 중 하나로 여겨졌다. 그러나 예기치 못한 "인간적" 요소가 자연의 힘에 개입하면서 "과거의 위험"이 "새로운 위험"으로 변화하는 일이 증가하고 있다.

베크가 제시한 글로벌 위험 사회라는 개념이 중요한 이유는 위기가 "여기" 또는 "저기" 있는 사람들에게 접촉하는 일이 점점 늘어날 뿐 아니라 여기저기서 동시에 그러하기 때문이다. 일본의 쓰나미를 우리가 피부로 느끼는 것은 그 시간에 우리(유럽)의 많은 국민이 실제로 일본에 있었을 뿐 아니라 많은 시설, 그중에서도 특히 원자력발전소가 손상된 사실에서 위험을 인식하기 때문이다. 우리는 2차 근대성을 대표하는 각종 제도, 즉 "인류의 진보"가 안고 있는 취약성을 인식하고, 그것을 적극적으로 반대하지는 않더라도 조금씩 의심하게 되었다. 영국의 데일리텔레그래프 *Daily Telegraph* 는 2011년 3월 17일자 머리기사에서 "제2의 체르노빌을 피할 시간은 48시간뿐. 영국인은 도쿄를 떠나야 한다"고 호소했다. 쓰나미가 원자력발전소를 강타할 때 미디어를 접한 전 세계 대중은 예측할 수 없는 결과가 나타날 것을 재빨리 알아차렸다. 같은 날 영국의 데일리메일 *Daily Mail* 은 "공포에 질린 미국인들이 항抗방사능 약품을 사려고 아우성이다"라고 보도했다. 매스컴은 자연재해를 "국가 문제화"하는 한편 세계주의적인 분위기를 띠우며(Beck, 2009: 56-57) 지리적으로 아무리 멀리 떨어져 있더라도 희생자에 대한 동정심을 불러일으키기도 한다.

적십자사 같은 세계적인 구호단체나 비정부기구NGO의 도움을 받는 자연재해와 달리 세계 경제위기는 구원자가 주저하거나 구원자의 수가 적은 사건임이 드러났다. 더 중요한 것은 이번 금융위기가 자연재해처럼 "우발적으로 일어난 것"이고, 누구의 잘못도 아니라는 점을 사람들에게 납득시키기가 어렵다는 사실이다. 당시 책임 기관과 책임자를 찾는 일은 미디어의 위기 보도와 거의 동시에 이루어졌다. 세계 경제위기에 대한 반응은 피해자를 종종 다른 사람들이 동정하고 도와주어야 할 희생자로 보는 자연재해와는 크게 차이가 난다(Kyriakidou, 2011). 왜 경제위기는 사람들이 서로 등을 돌리게 만들고, 이주민은 배척한 채 자국민에 대한 책임만 수용하도록 만드는 것일까? 나는 글로벌 위험 사회에서 '신뢰'의 개념이 빠져 있고, 이 개념이 너무 추상화되었다고 말하고 싶다.

추상적 신뢰
»

과거에는 신뢰가 좀 더 단순했을지도 모른다. 신뢰는 대부분 개인과 집단 사이에 이루어졌다. 후쿠야마 Fukuyama (1995: 26)는 신뢰를 가리켜 공유된 기준에 기반을 두고 규칙적이고 정직한 협동 행위가 일어나는 **공동체**(강조는 필자) 안에서 발생하는 기대감으로 정의한다. 콜먼 Coleman은, 신뢰는 기준에 따라 제재를 가할 수 있는 소규모의 비공식적, 폐쇄적, 동질적 사회에서만 생겨난다고 주장한다(Coleman, 1990: 116, Misztal, 1996: 80 재인용). 지멜Simmel (1978: 178–179)은 사람들이 서로에게 갖는 보편적인 신뢰가 없다면 사회 자체가 해체될 것이라고 말한다. 상대방에 대한 확실한 지식을 기초로 형성된 관계는 거의 없고 신뢰가 이성적 증거 또는 개인적 관찰만큼 강력하거나 더 강력하지 않을 때 관계가 지속될 수는 없기 때문이다. 이런 점에서 "신뢰trust"와 "믿음faith"이라는 말은 완전히 별개로 보이지 않는다. 비록 신뢰라는 단어가 맹목적인 믿음보다는 이성에 더 기반을 두고 있지만, 라틴어 어원인 'crēdĕre'도 신뢰한다는 뜻과 믿는다는 뜻 모두를 포함한다.[1]

신뢰는 이제 까다로운 단어가 되었고 위험과 밀접하게 연관되었는데 특히 기관과 관련될 때 더욱 그렇다. 그런데 루만Luhmann (1979)은 사회질서가 더 이상 소규모 공동체에서처럼 개인의 신뢰에 기초하지 않는다고 주장한다. 현대사회에서는 시스템에 대한 신뢰의 중요성이 점점더 커지는 특징을 띤다는 것이다. 시스템에 대한 신뢰란 연대solidarity를 이루는 친근한 감정보다는 다른 사람도 그 제도를 신뢰한다는 믿음을 기반으로 한다(Mizstal, 1996: 74–75). 이렇게 제도적이고 집단적인 신뢰는 흔히 계약에 기초하는데 반드시 개인과 제도 사이의 문서 계약만 의미하지는 않는다. 오닐O'Neill (2002: 85)은 이것을 가리켜 두 당사자 사이의 사전 동의informed consent라 일컫는데 이때 기대치가 문서로 기록된다. 이런 배경에서 사전 동의만큼 중요하거나, 어쩌면 공동체 안에서 사람과 사람 사이의 관계가 기초를 이루는 개인적 신뢰보다 더욱 중요한 의미를 띠는 것은 추상적 시스템에 대한 신뢰다(Giddens, 1992: 82). 루만(1979: 26)에 따르면 신뢰는 위험을 수반한 약속이다. 다시 말해, 신뢰할 때마다 위험을 감수하거나 또는 신뢰의 상실을 두려워한다는 뜻이다.

기든스는 신뢰란 사회적 관계가 지역적 맥락의 상호작용에서 탈피 disembedding (또는 들어냄lifting out)하는 과정 또는 무한한 시간과 공간

속에서 재건되는 과정을 통해 추상적 시스템 또는 이들 시스템의 일부로부터 발생한다고 보았다(Mizstal, 1996: 89-90; Giddens, 1990: 21-22). 그는 근대적인 사회제도가 발달하는 과정에 본질적으로 내포된 두 가지의 탈피 메커니즘을 설명했다. 첫 번째는 상징적인 표시(다시 말해, 돈)의 발명이고, 두 번째는 전문가 시스템expert system의 확립이다. 기든스(1990: 23-24)는 상품의 직접적 맞교환이 불가능한 상황에서 돈은 신용과 법적 책임을 연결하는 추상적인 집행유예 수단이라 정의한다. 한편 전문가 시스템은 사람들 대부분의 지식과 도달 범위를 넘어서는 "기술적 성취나 직업적 훈련"이라고 정의한다. 돈과 전문가 시스템은 앞뒤 상황의 직접성에서 사회적 관계를 제거하고 시간적, 공간적 폭을 넓힌다(Giddens, 1990: 27-28).

신뢰가 제도로 확대되면 신뢰는 평범한 사람들과 제도의 대표자들 사이에서 그 역할을 수행하게 된다. 정치 영역에서 정당이 정당원들의 집합적 이익과, 자신이 선출한 대표가 그 이익을 대변할 것이라고 믿는 유권자를 대표한다고 여겨지는 것과 마찬가지다. 이와 비슷하게 은행의 관리자는 은행의 이익을 대변하지만 은행과 고객 사이에서 중개자로 활동하기도 한다. 은행 관리자가 고객에게 대출해줄 때에는 양 당사자의 의무를 명시한 계약이 성립된다. 그 결과 고객과 의뢰인 사이에는 내용이 충분히 숙지된 사회계약이 존재한다. 모든 사회계약에는 언제나 한쪽 당사자는 책임을 지지 않는 리스크가 있다. 물론 은행처럼 자리가 잡힌 기관은 고객이 은행을 믿을 만하다고 확신하도록 최선을 다한다.

샤피로Shapiro(1987: 627)는 신뢰의 측면에서 매스컴을 의심의 눈으로 바라보는 몇 안 되는 사회학자 중 한 사람이다. 샤피로는 각 조직과 개인이 직접 나서서 정보를 수집할 필요가 있다고 주장하고, 또 한편으로는 그들이 뉴스 매체의 대표자들에게 의존하는 현상이 점점 늘어난다고 지적한다. 특히 물리적 범위 밖에서 일어나는 사건에 대한 의존도가 점점 커진다는 것이다. 그리하여 언론은 마치 은행이 그렇듯이 다른 이들을 대표해서 행동한다. 문제는 이런 대표적인 기관들이 서로 연결되어 필요한 정보를 수집하기 위해 서로 의존한다는 사실이다. 매스컴은 금융권 정보가 필요하고 동시에 금융권은 정계에 관한 정보가 필요하다. 정치인도 금융권에 관한 정보가 필요한데 이를 위해 주로 매스컴에 의존한다. 한편 매스컴은 칼럼과 방송 시간을 채우기 위해 그런 정보가 필요하다. 이 모든 기관이 서로 의존하며 서로에게 정보를 제공한다. 그들은 모두 자신이 믿을 만하고, 자신들에게 투표하고, 돈을 위임하고, 구독할 가치가 있다고 사람들이 확신하게 만들어야 한다. 정치나 매스컴에서 위기가 없다면 금융위기도 없다. 이것들은 모두 서로 연결되어 있기 때문이다. 신뢰의 나선spiral of trust이라는 것이 있는데, 신뢰를 형성하거나 유지하는 상승 나선도 있고, 신뢰를 상실하여 완전한 불신과 공포를 야기하는 하강 나선도 있다.

미츠탈Misztal(1996: 143)은 집단 기억collective memory ●과 신뢰 사이에 명백한 연결 고리를 볼 수 있다고 주장한다. 미츠탈에 따르면, 집단 기억은 다른 사람에 대한 부당한 불신을 피하고 "잊지는 않되 용서하는 forgiving without forgetting" 정신을 기초로 형성된 새로운 협동적 미래를 허용해야만 국가나 민족, 또는 다른 유형의 신화(고정관념)가 형성되는 것을 막을 수 있다고 한다. 미츠탈은 현재를 바라보는 신선하고 고무적인 관점은 우리가 망각의 위험에 놓여 있음을 상기해주는 비판에 의해 성장한다는 사실을 활발한 민주주의 기억으로 인해 인식한다는 킨Keane(1998)의 주장을 인용한다(1996: 146). 나는 한 발 더 나아가 민주주의의 기억을 잊을 필요도 있지만 매스컴 때문에 잊는 것이 불가능하다는 것을 지적하고 싶다. 매스컴은 매일 일어나는 새로운 사건을 과거 사건의 틀로 짜 맞추고, 대부분 국가 차원의 시각에서 바라보기 때문이다. 엔트먼Entman은 "틀frame을 만든다는 것은 지각된 현실perceived reality의 몇몇 측면을 선택하여 소통하는 텍스트communicating text 속에 기술하면서 그것에 관해 특히 (1) 문제 정의, (2) 원인 규명, (3)도덕적 평

● 흔히 부모 세대에서 자식 세대로 전달되는 한 공동체의 기억.

가 및 (4) 처리 방안 권고 등을 홍보하는 방법을 통해 더욱 핵심적으로 만드는 것(1993: 52)"이라고 본다.

나는 1차 근대성에서 돈과 전문성이 모두 중요했다면, 2차 근대성의 마지막 단계는 세 가지 새로운 현상을 입증하는 과정이라고 말하고 싶다. 세 가지란 (1) 세계화, (2) "실제의" 돈을 대체해가는 신용(신용카드를 포함해서), (3) 사회의 매개, 즉 어느 때보다 중요한 언론 매체의 역할을 말한다. 이 세 가지는 모두 사회적 관계의 탈피와 현재의 신뢰에 대한 질적인 변화를 이끌고 있다. 이 현상들은 국경을 초월하여 과거 그 어느 때보다 더 활동 범위가 늘어난 제도로까지 확대될 것이다.

돈과 은행, 신뢰와 불신
»

세대를 넘어 보통 사람들의 집단 기억에서 현대의 은행 업무는 비교적 새로운 현상이다. 어떤 이들은 갈색 봉투에 든 현금으로 급여를 받던 시절을 아직도 기억한다. 현재 27개 EU 회원국에서 은행 계좌가 없는 사람은 약 3000만 명—성인의 7퍼센트—에 이른다. 은행 계좌가 없는 성인이 특히 많은 국가는 불가리아, 루마니아 등 EU의 새로운 회원국들이다. 그런 국가에서는 은행 계좌가 있는 사람이 성인 국민의 약 절반밖에 되지 않는다. 계좌 개설을 가로막는 요인 중 하나는 확실한 주소지가 없기 때문이다. 이곳에서는 집이 없는 노숙자뿐 아니라 단기간 자주 다른 나라로 이동하는 연수생 또는 이주노동자들이 많다(Europa, 2011). 은행 계좌가 있는 사람들도 저축 통장과 저금통을 사용하던 시절을 여전히 기억한다. 이들은 어릴 때부터 저축하고 자기 능력 이상의 소비를 하지 않으며 외상으로 물건을 사지 말라는 도덕적 훈련을 받았다. 은행에서(또는 주택금융조합에서) 대출을 받는다고 할 때, 이들은 지역의 은행 관리자와 사전 동의의 과정을 거치며 대출 상환을 꼼꼼하게 감시받는다. 이때 관계는 신뢰와 존중에 기초하며, 적어도 의뢰인의 입장에서는 공포가 밑바탕에 깔려 있다. 은행과 통화는 국가 제도였고 외국은행에 계좌를 개설한다는 것은 상상도 할 수 없었다. 은행은 독립국가의 상징으로 볼 수 있었던 1차 근대성의 다른 대규모 기관처럼 국가적 자부심의 원천이기도 했다.

일반인들은 은행에서 돈을 만든다는 사실을 알고 있고, 필요할 때 언제든지 예금한 돈을 되찾을 수 있다고 믿는다. 금리 변동이 있기는 하지만 어느 정도 이자도 기대할 수 있다. 은행에 돈을 맡길 때 사람들은 대부분 자신이 맡긴 돈이 은행에 보관되는 것이 아니라 저축의 인출을 보장하는 합리적인 방법으로 투자된다는 사실을 알고 있다. 그러나 일반인들은 투자은행의 개념이나 "리스크를 선호하는"(Posner, 2009: 323) 은행 경영진이 "그들의 돈이 아니라 다른 사람의 돈으로"(Authers, 2010: 73) 또 "겁 없이"(Lowenstein, 2010: 79) 베팅하는 "그림자 시스템shadow system"*(Lowenstein, 2010: 57)에 관해서는 잘 이해하지 못한다. 또 "은행과 저당대출기관mortgage lender이 공생 관계로 밀착해 있고"(Taibbi, 2010: 84) 이 대출기관이 상상할 수 없이 많은 돈을 번다는 것도 이해하지 못한다. 금융위기를 겪기 전, 사람들은 대부분 파생상품derivatives이나 헤지펀드hedge fund를 알지 못했고, 지금도 그 말이 무슨 뜻인지 잘 모른다. 1990년대 초 이후 은행이 더욱 복잡하고 자기자본에 비해 차입금leverage 비율이 높은 파생상품과 신용파생상품credit derivatives을 만들어서 금리상의 문제에 대응해왔지만 사람들이 모르기는 마찬가지였다(Tett, 2009: 100).

그러나 이제는 돈도 비국영화de-nationalized되었으며 훨씬 더 추상적으로 변화했다. 선진국들이 그들의 통화를 금이나 은, 기타 본질적 가치를 지닌 대상에 연결시키는 제도를 포기한 이후, 어떤 값비싼 금속과의 연관관계도 갖지 않게 된 것은 말할 필요도 없다. 에반스Evans와 슈말렌지Schmalensee(2005: 29)가 말한 대로 "2002년 유로화의 도입은 '믿음'이면 충분하다는 인식을 강화했다. 유로를 금이나 은으로 바

---

*고수익을 위해 전형적인 은행의 기능을 넘어서 구조화채권 매매를 통해 새로운 유동성을 창출하는 금융시장 시스템.

꿀 수 없는 상황에서 가치를 유지하기 위해 논쟁을 멈추지 않고 있는 국가들의 느슨한 협력체인 EU를 신뢰해야 했기 때문이다". 돈과 은행에 대한 신뢰가 점점 추상적으로 변했을 뿐 아니라 이 신뢰가 더욱 광범위하게 매개되기에 이르렀다. "플라스틱 화폐plastic money" 신용카드의 도입 역시 사람들과 돈 사이의 거리를 더욱 확대시키는 결과로 이어졌다. 부채에 의존하는 생활이 갈수록 장려되었다. 연구 결과를 보면, 사람들은 이제 기본 욕구를 해결하는 데도 신용카드를 사용한다는 것을 알 수 있다. 의료비와 식품비, 기타 생필품 비용 충당을 위해 소비자신용을 이용하는 사람들이 점점 늘고 있으며, 이에 대한 금리도 높아서 부채의 깊은 늪에 빠지고 있다(Gates, 2010: 426). 이제 개인을 위한 은행 관리자는 존재하지 않게 되었고, 대출도 점점 온라인을 이용해서 한다. 은행에서 사람들이 가장 많이 방문하는 곳은, 덜 위협적이기는 하지만 인간적 융통성은 부족한 현금인출기다.

세계화는 은행에 새로운 시장을 열어주었다. 그 결과 많은 사람이 그들의 "지역" 은행이 이제 지역이나 국가에 한정되지 않고 다른 국가에도 있음을 경험한다. 또한 사람들은 자신들이 믿어왔던 국가나 지역의 기관이 어떤 방법으로 자신들의 돈을 투자하는지 점점 더 모르게 되었다. 예를 들어 영국의 옥스퍼드대학교는 아이슬란드은행에 3000만 파운드를 예금하고 있고, 런던 경찰청은 3000만 파운드, 런던 교통경찰청은 4000만 파운드, 케임브리지대학교는 1100만 파운드, 전국(영국) 고양이보호연맹은 1120만 파운드, 116개 지방자치단체는 8억5800만 파운드를 아이슬란드은행에 각각 투자했다(Boyes, 2009: 127).

담보대출도 점점 이용하기가 쉬워져서 소득수준으로 볼 때 상환이 어려운 사람들에게까지 대출이 가능해졌다. 일반인들은 수년 동안 은행이 담보대출을 증권화하고 있다는 사실을 알지 못했다. 증권화된 상품은 다시 채권으로 묶거나 재포장되어 새로운 금융상품으로 탈바꿈했고, 투자자는 그것을 기업이나 정부에 판매했다. 이런 방법으로 은행이 과거에는 불가능했던 수준으로 대출을 제공함으로써 사람들이 그동안 엄두를 낼 수 없었던 부동산 구입의 길을 열어주었다(Gasparino,

2009: 18, 157, 241). 영국을 예로 들면, 2007년 말에 영국의 은행들은 미상환된 담보대출의 50퍼센트를 증권화하는 수단으로 매각했다(Brown, 2010: 3). 뉴캐슬에 자리 잡은 주택금융조합으로 한때 지역사회에 큰 공헌을 하며 높은 신망을 얻은 영국 제5위의 대출기관인 노던록(Cable, 2009: 10)은 담보대출의 증권화를 십분 활용해 영국 제1의 대출기관으로 자리매김했다(Brown, 2010: 23). 2007년에는 소매예금retail deposit*과 담보대출의 상환금이 노던록 자금의 25퍼센트 미만으로 떨어졌고, 나머지는 증권화 사업을 통해 조달되었다(Tett, 2009: 229; Brown, 2010: 24).

사람들은 증권화가 부동산 가격의 하락에 뒤이은 신용경색의 주요 원인이라고 종종 말한다. 게이츠Gates(2010: 83)가 말한 대로 증권화는 특정 기관의 대차대조표에서 부채를 떼어 다른 부채와 한데 묶어 2차 시장에 다시 매각하는 방식으로 부채를 탈피하는 방법이기도 하다. 케이블Cable(2009: 19)은 개인 융자에 대한 2차 담보대출 및 담보대출 증권화의 증가는 은행 경영자와 개인의 관계에 기초한 그동안의 은행 업무가 약화되었음을 의미한다고 말한다. 이제 대출 상환에 대한 이행 불능은 자동적으로 압류의 첫 단계인 법정 중재를 촉발한다(Cable, 2009: 19). 2009년 미국의 컨슈머리포트Consumer Reports 지의 조사 보고에 따르면 응답자 중 매달 신용카드 납부금을 갚는 사람은 54퍼센트에 불과하고 46퍼센트는 미지불 잔액을 그다음 달로 계속 이월하는 것으로 나타났다. 이월금이 1만 달러가 넘는 사람들은 신용카드 발급 기관으로서는 최대의 이익을 가져다주는 집단인데, 이들은 무책임한 쇼핑중독자가 아니라 대체로 정상적인 중산층 사람들이다(Gates, 2010: 426).

은행에 대한 불신에는 금융 업무에 대한 신임을 유보하는 것도 포함된다. 물론 은행을 바꿀 수는 있지만 은행 시스템은 국경을 초월해 비

*기업예금이 아닌 개인예금.

숫한 방법으로 돌아가며, 긴밀히 연결된 가운데 서로 의존하는 구조다. 의뢰인의 머릿속에서 은행은 사람들이 완전하게 이해할 수 없는 자체 규율을 가진 매우 추상적인 시스템이다. 그래서 미리 공개하지 않는다면 알아채기 힘든, 경고 신호와 함께 찾아오는 화산 폭발이나 쓰나미처럼 금융위기는 매우 큰 충격인 듯하다.

언론
>>

기성 언론 매체는 중요하다고 판단하는 제도의 운영 상태에 관해 대중에게 정보를 전달하는 '전문가'임을 자처하기를 좋아한다. 언론은 제도와 대중 사이를 중개하는 것으로 보일 수 있으며, 제도의 운용을 비판적으로 분석하면서 그것을 잘 이해한다고 주장한다. 그러나 여타 전통적인 제도가 그렇듯이 언론은 국가적인 틀에 갇혀 있다. 신문과 방송은 "근대 민족국가의 산물로서 언제나 기본적으로 국가적이며 국가 공동체를 지향한다(Hjarvard, 2002: 71-72)".

　대불황과 관련해 첫 번째로 제기할 필요가 있는 질문은, 언론이 실제로 위기의 형성 과정에서 경고 메시지를 보도했는지의 여부다. 파이낸셜타임스*Financial Times*의 기자인 존 오서스John Authers(2010: 1)는 저서에서 자신이 "세계시장이 서로 긴밀하게 얽혀 있음을 깨달은 것은 2007년 3월(상하이 증권거래소에서 주가가 9퍼센트 하락한 '상하이 충격Shanghai Surprise'이 전 세계에 혼란을 몰고 온 이후)이었다"고 썼다. 역시 파이낸셜타임스에서 기자로 일하던 질리언 테트Gillian Tett는 호평받은 자신의 저서를 통해 2005년에 주류 언론이 축소 보도를 하거나 보도 자체를 막으려 했던 신용(금융) 부문에서 이상 징후가 늘어나는 것을 어떻게 우연히 목격했는지 설명했다. 테트는 정치인이나 기자 가릴 것 없이 2008년 이전에는 파생상품을 거론하는 일이 전혀 없었다고 결론지었다(Tett, 2009: pp. x-xi). 2006년의 부채 위기에 대한 영상 보도를 다룬 어느 기자는 "선동가" 또는 "비관론자"라는 조롱을 받기도 했다(Schechter, 2009: 20).

이렇듯 언론은 전반적으로 위기가 퍼져나가는 과정을 보도하는 데 실패한 것으로 보이며, 정부 차원의 문제가 된 뒤에야 뉴스로 보도했다. 2007년 6월 20일, 영국 언론은 영국 총리이자 전직 재무장관인 고든 브라운Gordon Brown이 런던 시장의 관저Mansion House에서 행한 연설을 충실하게 보도했다. 브라운은 런던 시의 리더십 기술과 기업가정신을 치켜세우면서 런던의 성공은 노동당 정부가 채택한 "가벼운 규제light touch" 정책의 직접적 결과라고 주장했다(Sim, 2010: 95). 그는 "지금은 역사에서 런던 시의 새로운 황금시대로 기록될 시기다. (…) 우리는 세계적으로 생각하고 (…) 미래의 기술을 육성하고 최소규제원칙light-touch regulation과 경쟁력 있는 조세 환경을 마련하며 유연성을 길러야 한다"고 말했다(Boyes, 2009: 188).

3개월도 채 지나지 않은 2007년 9월 13일 저녁, 영국 BBC는 다음 날 아침까지 공개하지 않기로 되어 있던 엠바고에도 불구하고 노던록은행이 잉글랜드은행(중앙은행)에 긴급 지원을 요청했다고 보도했다. 몇 분 지나지 않아 예금주들이 노던록의 웹사이트에 몰려들어 한꺼번에 예금을 인출하기 시작했다. 이 은행은 비교적 지점이 적은 데다 평소 온라인 거래를 강조했기 때문이다. 웹사이트가 마비되었고 이는 더 큰 불안과 공포를 불러일으켰다. 이튿날 노던록의 예금주들이 각 지점 앞에 장사진을 이뤘고, 텔레비전 방송은 돈을 찾으려는 예금주들의 걱정스러운 얼굴을 내보냈다. 방송은 다른 예금주들을 동참하도록 자극했다. 영상은 온갖 언론 매체의 보도를 통해 전 세계로 퍼져나갔다. 단 하루 동안 노던록의 예금주들은 10억 파운드를 인출했다(Cable, 2009: 9; Tett, 2009: 228−229; Authers, 2010: 130−131; Brown, 2010: 21; Sim, 2010: 95). 다른 기관에서는 대중에게 공개하기 꺼리는 장면을 언론에서 보여준 다음에야 비로소 경제위기가 알려지기 시작했다. 잉글랜드은행 총재인 머빈 킹Mervyn King은 2007년 11월, 한 인터뷰에서 다음과 같이 말했다.

노던록의 뱅크런과 텔레비전에서 충격적인 화면이 보도된 이후, 전 세계에 포진한 영국계 은행의 수많은 자금 제공자funder들이 더 이상 영국계 은행에 자금을 제공하려 하지 않을 것이 분명해졌다. (…) 텔레비전에서 거리에 장사진을 이룬 사람들의 모습을 전 세계에 보여준 뒤, 이 충격파가 몰고 올 분위기와 여론을 예측하기란 매우 어려웠다. (…) 그리고 그것은 은행 시스템의 구조에 엄청난 손상을 입힐 수도 있는 잠재적인 시스템 위기였다. 소액 예금주들은 그들의 발목을 잡는 은행의 모습을 보고 자신의 예금이 안전한지 매우 우려하고 있으며, 수많은 사람이 은행과 기관의 희생자가 될 수도 있었기 때문이다. (…) 8월보다 더 일찍 소통했더라면 하는 아쉬움이 있다(King, 2007).

영국 자유민주당 하원의원이자 훗날 보수-자민 연립정부에서 유명한 장관이 된 빈스 케이블Vince Cable(2009: 9)은 영국에 관해 다음과 같이 썼다.

금융 혁신과 세련된 금융정책의 최전선에 있다고 자랑하던 나라가 일반적으로 가장 원시적인 은행 시스템에서 일어나는 재난을 겪고 수치심을 느꼈다. 그 이전까지 대부분의 영국인이 은행의 공황과 관련해 기억하는 시각적 이미지는, 공산주의의 혼란스런 여파 속에서 은행으로 위장한 피라미드 판매 방식pyramid-selling schemes 때문에 돈을 몽땅 털려 당혹해하고 분노한 러시아 할머니들babushkas이나 1920년대에 절망적인 눈빛으로 바리케이드가 쳐진 건물 문을 밀어젖히는 중부 유럽인들의 모습이 찍힌 낡은 흑백사진이 전부였다. 그러나 이것은 분명히 21세기 영국의 모습이었다.

고든 브라운(2010: 21-22)은 "누군가 BBC의 경제부장인 로버트 페스턴Robert Peston에게 정보를 흘리는 천인공노할 짓을 한 것이 분명하다"면서(2010: 56) 이렇게 말했다.

사람들 대부분은 TV 화면을 통해 현대 경제 속에서 벌어지는 믿기지 않는 뱅크런 사태를 지켜보았다. 나는 다우닝가Downing Street* 에서 유명 영국 은행들의 지점 앞에 길게 늘어선 줄을 보고 있었다. 그것은 영화나 역사 교과서의 한 장면 같았고, 내 생전에 눈으로 직접 보리라고 기대한 장면이 절대 아니었다. (…) 나는 현대 경제의 취약성에 관한 물리적인 선언을 목격하고 있다는 사실이 두려웠다. 정보를 흘린 방식 때문에 사람들은 모든 것을 잃지나 않을까 두려워했다. 그런데 우리가 할 일은 영국 국민이 안전함을 느끼고 안전하게 보호받는다는 확신을 심어주는 것이었다.

노던록은행의 모든 예금이 보장된다는 재무장관의 발표와 함께 잠깐이나마 공포가 가시는 듯했지만 곧 노던록은 영국 역사상 150년 동안 본 적이 없는 최악의 뱅크런 사태에 직면했다. 하워드 데이비스Howard Davies와 데이비드 그린David Green (2010: 76-77)은 노던록의 파산을 가리켜 "규제에 관한 새로운 런던식 모델이라는 그간의 국제적 명성에 불쾌한 타격을 가한 사건"이라 묘사했고, 노던록의 국유화를 두고 "국유화 정책을 더 이상 시행하지 않겠다는 기조에서 출범한 노동당 정부로서는 꽤나 당혹스러운 일"이라고 표현했다. 그러나 노던록 사태는 금융위기의 시작일 뿐이었다. 그 후 영국뿐 아니라 다른 나라의 많은 은행이 특정 시점에 자산으로 메울 수 있는 것보다 훨씬 더 많은 빚을 지고 있는 것으로 드러났다(영국의 경우 2007년에 5000억 파운드가 넘었다)(Sim, 2010: 99).

2008년 9월, 미국의 투자은행인 리먼브러더스가 파산보호를 요청했고 영국을 포함해 미국, 프랑스, 독일, 아일랜드, 아이슬란드의 몇몇 은행도 파산하면서 (외부의) 지원을 요청했다. 잉글랜드은행이 수행한 연구에 따르면 구제금융에 소요되는 비용이 전 세계적으로 4조4730

*영국 총리 관저가 있는 곳.

억 파운드로 세계 전체 GDP의 약 12퍼센트에 이른다고 결론을 내렸다(Lynn, 2011: 97). 언론뿐 아니라 모든 정치인과 각국 정부, 국제기구가 위기를 주목하게 되었다. 경제위기를 감추거나 잊을 수 있는 방법은 없었다. 칼레츠키Kaletsky는 "위기가 최악의 순간을 맞는 동안 명망 있는 해설자들, 유명한 금융가들, 노벨상을 수상한 경제학자들이 세계적으로 유명한 언론 매체—파이낸셜타임스, 월스트리트저널, 기업 내 텔레비전business television, BBC방송 등—에 출연해서 대체 이것이 무슨 일인지에 관한 질문을 받았지만 그들 역시 직업적으로도 알아채지 못한 채 위기의 일익을 담당했고 편견에 사로잡혀 있었다(Posner, 2009: 328)"(2010: 18)고 말한다. 칼레츠키는 계속해서 이 사태는 "모든 주요 금융기관, 사실상 세계 모든 은행의 예금주와 채권자들 사이의 신뢰가 완전히 무너진 것"(2010: 136)이라고 단언했다. 단지 은행이나 금융 시스템에 그치는 문제가 아니라 현 세계의 사고와 생존 방식에 대한 정치철학과 경제 시스템 전체가 걸린 문제였다. 보이어스Boyes는 금융 시스템의 실패는 언론의 실패이기도 했다고 강조한다(2009: 66).

왜 관련된 모든 기관이 글로벌 위기가 일어났다는 사실을 시인하는 데 그렇게 오랜 시간이 걸렸을까? 왜 언론은 좀 더 일찍 사태를 보도하지 않는가? 결국 언론에서 보도했을 때 정치인이나 은행가들이 주장했듯이 언론이 위기를 더욱 악화시킨 것일까? 나는 이미 근대(현대)의 오래된 언론을 포함해 오래된 모든 제도가 **신뢰의 나선**spiral of trust에 휘말렸고 이것이 불신과 공포로 바뀔 수 있음을 지적한 바 있다. 일반적으로 핵심 기관 중 어느 하나에 대해 불신이 점점 커지는 것은 상관없지만, 모든 제도가 상호 불신에 휩쓸리면 문제가 심각해진다. 신뢰의 나선은 상승이든 하강이든 은행 시스템에서 벌어진 일처럼 다른 기관과 연관성이 더 커질 때 확대되기 시작한다. 셰히터Schechter(2009: 24)는 다음과 같이 말한다.

경제 언론은 금융기관과 한배를 타고 있었고, 종군기자가 이라크 파병 부대에 밀착되듯이 금융기관에 밀착된다고 할 수도 있다. 하지만 그 반대 역시 가능하다. 경제 기자뿐 아니라 일반 기자들은 이런 점에서 책임이 상당히 크다. 이들은 지난 5년간 완전히 정신이 나가 있었다. 이들이 제대로 일을 했더라면 상황이 지금보다는 더 나았을 것이다. 일반 기자들 역시 위기가 확산되는 대부분의 기간 동안 외면했고 대중에게 이를 경고하지도 않았다. 사람들은 자본주의가 바꿔놓은 일종의 마력에 사로잡힌 느낌을 받았으며, 누구도 제정신이 아니었던 것 같다. 심지어 회의론자들조차 명백하게 값싼 돈이 쓰나미처럼 몰려오는 상황에서 의심을 품고 있기는 어려웠다.

언론은 돈을 벌지 않고 뉴스를 만들 수는 없다는 사실을 곧잘 잊게 된다(그 예는 Rantanen, 2009 참조). 시청료로 운영되는 공영방송을 제외하면 언론은 이중의 시장을 가지고 있다. 언론은 청중을 만들고, 청중은 광고주에게 판매되면서 이중의 시장이 형성된다(Owen, 1974: 4). 언론 자체가 위기에 처했는데, 특히 신문은 부동산 광고를 포함해서 각종 광고에 과도하게 의존하고 있다(Schechter, 2009: 21). 많은 나라에서 신흥 부자 투자자들이 언론에도 투자를 아끼지 않았다. 보이어스의 아이슬란드에 관한 글처럼, 전문 기업투자가들은 규제 철폐와 시장 개방을 호소하며 매스컴을 매입했다. 재정적으로 어려움을 겪는 지방 신문사들은 광고 지면을 사들이는 부동산회사에 의존하고 있었다. 주요 일간지들은 일반 독자를 위한 상황 설명보다 재계의 사업 보도에 경제란의 초점을 맞췄다(Boyes, 2009: 64-65).

언론의 흥미 위주 보도가 계속 늘어나는 가운데, 각 언론사는 최대의 이용자와 광고 지분을 차지하기 위해 최신 뉴스를 놓고 서로 경쟁했다. 이용자들에게 뉴스를 파는 것이 갈수록 어려워지고 있으며, 특히 위기를 극적으로 꾸미지 않은 채 위기의 전개 상황에 대한 정보를 확보하고 분석하는 것이 더욱 어렵게 되었다. 이는 사건을 대재앙으로 설명할 때가 되어서야 가능해진다. 자연재해가 발생했을 때는 화산이나 쓰나미를 비난할 수 없지만 금융위기에 대해 언론은 즉시 위기에 책임이 있는 사람들을 찾기 시작했다. 가장 먼저 의혹을 받은 사람들은 "탐욕스러운 은행가, 무능한 규제 담당자, 잘 속아 넘어가는 주택 소유자, 아니면 어리석은 중국 관리들"이었다(Kaletsky, 2010: 2). 그러나 좀 더 광범위하고 집단적인 범인이 필요했으니 바로, 다른 민족국가들이다.

국가주의, 정치인 그리고 언론
»

언론은 세계 경제위기처럼 세계적인 사건을 이해하려고 할 때는 기본적으로 국가적인 틀을 사용한다. 이 점에서 언론은 혼자가 아니다. 언론은 정부와 정치인 같은 신뢰의 나선 속에 들어 있으며 정치인의 발언을 언론 특유의 자신감을 갖고 충실하게 보도한다. 뉴스는 대부분 공식적인 소스(그 예는 Perry, 2007 참조)를 통해 제공되고, 국제기구조차 "자신의 국가"를 대표하는 위원을 인터뷰하는 미디어에 의해 국가적 색채의 틀에 갇히게 된다. 오래된 세계적 기관 중에 진정으로 글로벌한 곳은 매우 드물고, 각 국가의 대표들에 기반을 둔 기관이 대부분이다. 마찬가지로 "아메리칸Americans"이나 "영국인Brits" "미국the US" "그리스인Greeks" "영국the UK" "그리스Greece"와 같이 동질적인 통일체를 헤드라인에 사용하는 것에서 알 수 있듯이 국가의 틀을 이용하지 않는 언론은 단 한 군데도 없었다.

다른 나라들의 은행을 구제하는 데 EU의 자금이 필요했을 때 경제학자나 정치인, 언론은 점점 국가적인 수사를 사용하기 시작했다. 예를 들어 업저버 *Observer* 지는 2008년 10월 5일, "세계를 사들이려고 했던 섬나라island, 아이슬란드Iceland의 파티는 끝났다"라는 기사를 실었다(Sim, 2010: 26). 샤르티에Chartier (2010: 28)가 목격했듯이 아이슬란드의 금융위기에 관한 기사를 쓰는 외국 기자들은 주저 없이 "심연" "마비" "파국" "좌초" "충격" "혼돈" "가치 상실" "잃어버린 세대" "인구 감소의 리스크" "암담"과 같이 재앙을 뜻하는 어휘를 사용했으며, 심지어 "내란"이라는 말까지 나왔다. 샤르티에는 또 아이슬란드의 보통 사람들이 어떻게 무너졌는지도 기록하고 있다. 르몽드 *Le Monde* 는 2008년 10

월에 다음과 같은 기사를 내보냈다.

> 아이슬란드에서 대출(신용)은 거의 종교와 같아서 계속 파산으로 곤두
> 박질칠 수밖에 없었다. 사륜구동차를 구입하려고 대출을 받고, 주방을
> 꾸미는 데도 텔레비전을 사는 데도 대출을 받았다. 자녀가 주택을 구
> 입하고 싶을 때는 부모의 집을 저당 잡았다. 모든 신용카드가 부채의
> 지불을 연기할 수 있는 것이었고 무엇이든 신용카드로 구매했다. 담배
> 나 심지어 빵을 살 때도 신용카드를 썼다(Chartier, 2010: 71 재인용).

앙겔라 메르켈Angela Merkel 독일 총리는 리먼브러더스 파산 직후 세
계 각국 정부가 곤경에 빠진 은행들을 구제금융으로 지원하려고 애
쓰던 2008년 12월 연설에서 "분에 넘치는 생활을 하지 말라"고 충고
하는 슈바벤 지역의 주부들에 대한 이야기를 꺼냈다(Lynn, 2011: 75).
2010년 4월, 유럽 최대의 신문인 빌트*Bild*지는 메르켈 정부 내의 자유
민주당 소속 금융정책 전문가들이 "독일 정부는 그리스에 어떤 원조도
약속할 수 없다"는 말을 했다고 보도했다. 한 신문의 머리기사 제목은
"파산한 그리스인들이여, 그리스의 섬을 팔아라! 아크로폴리스도 팔
아라!"라고 외쳤다. "돈이 없어서 감세 정책을 펼 수도 없고 도로를 정
비할 수도 없었는데, 갑자기 우리 정치인들은 유럽을 속인 그리스인들
에게 수십 억 유로를 퍼부어줄 돈이 생겼나 보다"라든지 "게으른 그리
스인은 독일인이 낸 세금으로 잘 살고 있다"라는 기사도 보였다. 반대
로 그리스 부총리는 제2차 세계대전 당시 나치스가 그리스를 점령한
것을 거론하면서 "그들은 그리스은행에 있던 금을 가져갔고 그리스의
돈도 빼앗아 갔다. 그러고는 결코 돌려주지 않았다"고 목소리를 높였
다(Lynn, 2011: 137-146). 또 최근에 선출된 '진정한 핀란드인' 정당 의
원 중 한 사람은 EU가 포르투갈 정부에 금융 지원을 하는 것에 항의
하며 "먹이를 주는 사람의 손을 물어뜯는 사기꾼의 나라에는 한 푼도
안 된다"라고 강조했다(*Ilta-Sanomat*, 2011).
국가주의로의 회귀가 가능한 이유는 신뢰와 불신, 공포에 대한 집

단 기억 때문이다. 사람들이 대부분 품고 있는 국제적인 집단 기억은, 전쟁이나 국제적인 갈등처럼 그들의 정부나 정치인, 언론 때문에 빚어진 신뢰의 붕괴에 대한 것이다. 전쟁에 대한 기억은 세대를 넘어 확산되었고, 가정에서 또는 언론에 의해 젊은 세대로 전해졌다(Rantanen, 2007). 민족국가는 집단화된 기억에 기초하고 있으며, 국민은 끊임없이 일상생활에서 국가에 대한 '소속감belongingness'을 상기한다. 서구의 다른 중요한 이데올로기가 공백 상태에 있을 때(Sim, 2010: 100) 국가주의는 여전히 생생하게 살아 있다. 이때 국가주의는 끊임없이 사건의 틀을 짜는 데 이용되며 개인적으로나 집단적으로 위기의 책임을 지울 사람들을 지적하고, 비난하고, 망신 주기 위해 사용된다. 대불황 속에서 적敵은, "대전Great War"(한때 제1차 세계대전을 부르던 명칭)에서나 거의 모든 전쟁에서 그랬듯이 외국의 민족국가였다.

결론

»

지금까지 세계화와 리스크, 신뢰, 공포, 언론 사이의 관계를 고찰했다. 구체적으로는 2008년을 기점으로 금융시장이 붕괴한 이후 나타난 광범위한 글로벌 위기를 집중적으로 고찰했다. 강조하고 싶은 것은 경제의 세계화가 굉장한 속도로 진척되었지만 정치와 언론이 기본적으로 국가의 틀을 벗어나지 못했다는 점이다. 또는 아파두라이의 개념을 빌린다면, 어쩌면 금융지형이 이념지형보다 훨씬 더 빨리 바뀌었다고 말할 수 있다. 그 결과 두 가지 지형이 분리되고 여러 국가에서 국가주의가 급격히 증가하는 것을 목격했다.

신뢰는 개인 간의 관계에서조차 무조건적이지 않다. 사람들은 점점 더 어떤 기관이든 맹목적으로 신뢰하지 않으며 종교적인 기구도 다를 것이 없다. 2011년에 수행한 한 조사에 따르면, 23개국의 응답자 중 기업이나 정부, 언론이 하는 일이 옳다며 신뢰를 표시한 사람은 절반밖에 되지 않았다. 2008년 이후 은행을 신뢰하는 사람들의 비율은 미국의 경우 46퍼센트에서 25퍼센트로 떨어졌고, 영국은 30퍼센트에서 16 퍼센트까지 떨어졌다. 언론에 대한 신뢰는 어느 때보다 더 낮아서 미국 의 경우 27퍼센트로 떨어졌고 영국은 22퍼센트에 불과했다. 또한 사람 들의 신뢰는 NGO를 향하는 경우가 점점 더 늘고 있다(Edelman Trust Barometer, 2011). 물론 이 여론조사는 늘 그렇듯이 국가 단위에서 실 시된 것이며 따라서 국가기관에 대한 사람들의 신뢰에 관한 조사다. EU에 대한 신뢰는 어느 정도 높은 것으로 보인다. 2010년에 유로화 지 표조사 유럽위원회European Commission Eurobarometer가 시행한 여론조사 에서는 응답자의 약 49퍼센트가 EU가 올바르다고 대답했다. 현재는 수치가 전보다 낮아졌지만, 본 연구에 따르면 사람들은 자국의 의회나 정부보다 놀랄 정도로 EU를 신뢰하는 경향이 있다(Eurobarometer, 2010).

이러한 연구 결과는, 대부분의 사람이 한때 민족국가를 받치는 기 둥으로 간주하던 구舊제도 중 어느 것도 신뢰하지 않고 살아가는 것처 럼 보인다. 글로벌 리스크 사회의 주요 특징 중 하나는 신뢰와 리스크 가 동전의 양면처럼 불가분한 관계라는 점이다. 신뢰의 나선은 리스크 에 반응한다. 이때 리스크가 신뢰보다 커지면 불신이 생겨나고 공포가 그 뒤를 따른다. 사람들이 구제도에 대한 신뢰를 완전히 버리고 사는 법을 배웠으며, 제도와의 관계를 묘사할 때도 신뢰라는 개념을 사용조 차 하지 않으려 한다고 말할 수도 있다. 그러나 여전히 어떤 제도와는 관계를 유지할 필요가 있고 아무리 추상적이라도 모든 제도에 대한 신 뢰를 완전히 버릴 수는 없다.

금융기관은 신속하게 그 어떤 구제도보다 더 세계화되었다. 금융기 관은 운영과 대표성을 바탕으로 추상적 신뢰의 개념을 최대한 확장시 켰다. 은행은 이제 현대사회의 기계장치가 되었다. 만질 수도 이해할 수 도 없는 컴퓨터 시스템이 은행을 대표하고, 인간적인 요소는 거의 대 부분 제거됐다. 사람들은 어떻게 세계 금융이 끊임없이 증가하는 부채 에도 불구하고 제대로 작동할 수 있는지 이해하지 못한다. 돈과 정치 의 연결은 어느 때보다 더욱 모호하다. EU와 유로화는 똑같은 것이 아니며(Lynn, 2011: 228) 유로화에 대한 신뢰는 EU에 대한 신뢰보다 더 추상적이다. 포스너Posner(2009: 11)의 말처럼 종종 거품은 경제의 기초 여건fundamental이 변화하고 있다는, 즉 시장 또는 어쩌면 경제 전체가 새로운 성장기에 진입했다는 잘못된 믿음belief 때문에 만들어진다.

　그러나 사람들은 국가정책이 어떻게 작동하는지는 이해한다. 은행 이나 다른 나라에 갚아야 할 부채를 상환하라는 요구를 받을 때면, 사람들은 세대를 이어 집단 기억 속에서 함께 자라온 국가주의로 되돌아간다. 전통적이든 새로 창당했든 간에 정당들은 언론의 도움을 받아가며 세계적인 문제에 관해 국가주의적 해법을 제시한다. 일례로 핀란드에서는 갑자기 "가짜 핀란드인"과는 다른 "진정한 핀란드인"이 있다는 주장이 수용되고 있다. 여기서 가짜는 이주해 온 사람이거나 단일 언어, 단일 민족, 단일 문화에 기초한 신성한 핀란드 공동체의 국가주의를 믿지 않는 사람을 가리킨다. 마찬가지로 핀란드인은 선하고 다른 나라 국민은 악하기 때문에 핀란드가 그리스인이나 포르투갈인 보다 도덕적으로 우월하다고 공언하는 것도 수용된다. 요컨대 새로운 세계경제가 만들어낸 문제점들 앞에서 다른 나라 국민을 비난하게 된 것이다.

07

위기, 정체성 그리고 복지국가

: 페카 히마넨

무슨 일이 벌어지고 있는가?

유럽연합EU 국가들이 곧 붕괴 위험에 직면할 것이라고 2008년에 말했다면 누가 믿었을까?

"희망"과 "우리는 할 수 있다"는 메시지로 권력을 잡고 전례 없이 인기를 끈 미국의 새 대통령—또 임기 첫해에 노벨평화상까지 수상한—이 3년이 지나자 모든 문제를 압도한 미국의 경제위기 때문에 지지율이 밑바닥으로 떨어질 것이라고 누가 생각이나 했겠는가?

그러나 우리는 지금 1929년의 대공황Great Depression 이후 최대의 불황을 맞고 있으며, 이에 대해 일부에서는 대불황Great Recession이라는 이름을 붙이기까지 했다. 불황은 경제 문제에 그치지 않고 경제위기와 복지국가, 문화적 정체성 사이의 상호작용으로까지 확대되었다.

이처럼 중요한 분석적 결론을 위해서 경험에 의거한 사실에 견고한 닻을 내려보자. 자, 대체 무슨 일이 벌어지고 있는가?

2011년 6월, 이 글을 쓰고 있는 바로 이 순간 스페인에서는 20만 명의 군중이 마드리드, 바르셀로나 등 주요 도시의 거리에서 나라를 경제위기에 빠트린 경제, 정치 지도자들의 방식과 기본적 공공지출 삭감을 통한 문제 해결 방식에 항의하는 시위를 벌이고 있다. 이들은 스스로를 로스 인디그나도스Los Indignados 즉 "분노한 사람들"이라 부른다. 2007년 위기 발생 전과 비교해 실업률은 3배나 뛰어 20퍼센트가 넘었으며, 25세 이하의 경우에는 50퍼센트까지 치솟았다. 실업자는 총 500만 명에 육박하는데, 이는 핀란드의 전체 인구와 맞먹는 숫자이며, 프랑스와 이탈리아의 실업자 수를 합친 것보다 많다. 그러므로 공부도 할 수 없고 일도 할 수 없는 젊은 "니니ni-ni" 또는 "이것도 못하고 저것도 못하는neither-nor" 세대는 이 운동의 최대 하위 집단이 되었다.

바르셀로나에서는 공공지출 삭감에 항의하는 시위 때문에 카탈루냐의 지방정부 대표들이 여러 대의 경찰차와 경찰의 호위를 받으며 헬리콥터를 타고 회의장으로 들어가야 할 정도였다. 그보다 전에는 카탈루냐 광장에서 열린 시위를 해산시키기 위해 경찰이 고무탄을 사용했고, 그 결과 121명이 부상당하는 사건이 발생했다.

스페인은 아직 EU에 구제금융을 신청한 나라는 아니지만 구제금융을 받아야 할 만큼 위험에 직면한 나라로 간주되고 있다. 재정적자가 GDP의 10퍼센트에 이를 정도로 위험한 상황이고 전례 없이 높은 실업률로 큰 압박을 받고 있기 때문이다.

EU의 부채 위기는 그리스 문제와 함께 시작되었다. 그리스는 2009년 5월에 EU와 국제통화기금IMF에 1100억 유로의 긴급 구제금융을 신청한 사실을 시인했다. 그처럼 막대한 자금 지원에는 당연히 여러 조건이 따랐다.

그리스는 공공소비 지출을 대대적으로 삭감하고 공공 부문을 민영화하라는 압박을 받았다. 내가 이 글을 쓰고 있는 지금 이 순간에도 그리스는 처음의 1100억 유로보다 더 막대한 규모의 추가 구제금융을 모색하고 있다. 7월 중순에 상환해야 할 부채 때문에 120억 유로의 긴급 자금이 필요하기 때문이다.

그리스는 EU 전체 회원국 중에서 최악의 부채 위기에 몰려 있다. 그리스의 공공부채는 GDP의 120퍼센트를 넘어섰으며, 재정적자는 GDP의 13퍼센트를 웃돈다. 동시에 실업률은 16퍼센트로 두 배가 되었고, 25세 이하 실업률은 거의 50퍼센트에 이른다. 이에 대응해 노동조합들은 일련의 총파업으로 맞섰다.

의회 건물 앞의 신타그마 광장에 모인 성난 시위대의 모습은 텔레비전 뉴스에서 낯익은 장면이 되었다. 시위대는 경찰을 향해 돌과 화염병을 던지고 경찰은 최루탄 발사로 맞섰다. 건물들이 불길에 휩싸이는 가운데 시위대가 들고 있는 피켓 중에는 "우리는 너희들의 병을 치료할 수 있는 치료제를 가지고 있다. 바로 혁명이다"라는 문구도 보였다. 지금까지 시위 중 3명이 사망했다.

최근 시위대는 스스로를 "분노한 시민운동Indignant Citizens Movement"(그리스어로 Kinema Aganaktismenon Politon)이라고 부르기 시작했다. 이 운동은 스페인에서 벌어지는 시위와 연관되었고, 소셜네트워크 사이트를 통해 조직되었다. 이 운동에 "페이스북의 5월May of Facebook"이라는 별명이 붙은 것은 바로 이 때문이다. 또 현재 진행 중인 "아랍의 봄Arab Spring" 운동과도 연관되는데 두 운동 모두 대안적 미래를 준비하는 젊은 세대의 목소리가 중심을 이루지만 아직 그들을 진정으로 대변하는 목소리가 없는 특징을 보인다. 현재 세계 전체 인구의 50퍼센트가 27세 이하다. 무엇보다 '분노한 시민운동'을 조직한 주체가 전통적인 정당이나 노조가 아니라는 점이 중요하다. 다양한 배경을 가진 15만 명의 사람들이 페이스북의 "신타그마의 성난 사람들" 페이지에 서명했고, 그들 중에는 시위 중심지보다 그리스의 다른 지역 거주자들이 더 많았다. 이 시위에서 가장 인기를 끄는 구호는 "에러 404Error 404ᐧ-민주주의를 찾을 수 없습니다"와 "떠나라Oust!"다. 이들은 유럽 내 다른 나라 사람들에게도 메시지를 보낸다. 예를 들어, "조용히 하라! 그리스인들은 잠을 자고 있다"는 스페인 시위대의 구호에 맞서 이들은 아테네에 있는 스페인 대사관 앞에서 "우리는 일어났다. 지금이 몇 시인가? 그리스인은 이미 일터로 떠났다"라고 쓰인 피켓을 들어 올렸다. 또 마드리드와 아테네 사이에 실시간으로 통신할 수 있는 스카이

ᐧHTTP 표준 응답 코드로서 '찾을 수 없습니다'라는 오류 메시지.

프Skype 라인을 설치했다. 시위대는 피켓을 이용해 이탈리아와 프랑스 사람들에게 메시지를 보낸다. "조용히 해라! 이탈리아 사람들이 깨어날 지도 모른다"와 "조용히 해라! 프랑스인이 자고 있다. 프랑스인들은 68년 5월의 꿈을 꾸고 있다"와 같은 구호다.

물론 유럽의 다른 쪽 모퉁이에서는 아일랜드가 2010년 11월에 EU와 IMF로부터 850억 유로의 구제금융을 받았다. 이 일은 재정적자가 거의 15퍼센트 수준으로 급증하고 실업률이 3배 늘어난 15퍼센트를 기록한 이후에 일어났다.

포르투갈도 크게 다르지 않다. 우리 연구진은 2009년 이후 이곳에서 회의를 가졌는데, 포르투갈의 공공부채는 GDP 대비 100퍼센트에 육박할 정도로 기록적인 수치를 기록했다. 예산 적자는 GDP의 10퍼센트에 가까웠다. 포르투갈의 10년 만기 국채 이자율은 10퍼센트를 기록하고, 실업률은 위기 이전에 비해 2배 가까이 뛰어 13퍼센트에 이른다.

포르투갈 내의 반응은 그리스나 스페인보다는 평화적이었지만 대규모 시위가 촉발되기는 마찬가지다. 특히 이른바 "쓰레기 세대Geração àRasca"(또는 "500유로 소득자들quinhentoseuristas")가 벌인 3월 12일 시위로 절정에 이르렀는데 이는 스페인 시위대에 자극제가 되었다. 리스본의 리베르다데 대로Avenida da Liberdade를 비롯해 다양한 지역에 집결한 포르투갈 시위대는 20만 명이 넘었고, 시위를 조직하는 데 페이스북이나 트위터 같은 소셜미디어가 또다시 이용되었다. 시위에 사용된 음악인 둘린다Deolinda의 〈나는 얼마나 어리석은가Parva que sou〉는 "노예 같은 생활을 하려고 대학 공부를 하는 바보 같은 세상"이라는 가사에서 알 수 있듯이 젊은 세대 특히 대학 졸업자의 열악한 노동조건을 다룬 노래다.

글로벌 네트워크 사회—EU의 "네트워크 국가"를 포함해—가 서로 긴밀히 연결되어 있다는 사실은 이론적으로는 오랫동안 이해되어왔지만 포르투갈을 둘러싸고 실제로 벌어지는 사건들은 보는 사람들에게 깊은 인상을 남길 수밖에 없다. 유럽 끝에 위치한 친절하고 작은 두 나라 포르투갈과 핀란드는 어떻게 갑자기 드라마의 악역처럼 EU를 인질로 잡게 된 것일까?

이런 생각지도 못한 사건이 벌어진 경위는 이렇다. 2011년 4월 7일, 포르투갈이 EU에 780억 유로의 구제금융을 신청했고 이는 결국 4월 17일에 열린 핀란드의 총선에서 민족주의와 반유로 반EU 노선의 정당 '진정한 핀란드인'이 대대적인 승리를 거두는 계기가 되었다. 핀란드의 총선은 포르투갈 신용위기의 토론장이 되어버렸다. 선거 후 6주 동안 포르투갈과 유로존 국가들은 숨을 죽인 채 과거 EU의 모범 국가였던 핀란드의 복잡한 정부 협상을 지켜보았다. 결국 핀란드는 포르투갈의 '50억 유로 지불 연기' 마감 직전인 5월 25일에 구제금융 참여를 확정했다. 같은 기간 동안 유튜브에서까지 포르투갈과 핀란드 사이의 '전투'를 묘사한 콘텐츠가 등장하기도 했는데 이 사실은 주류 언론에도 잘 알려진 것이다. 핀란드의 의사 결정에 영향을 주기 위하여 포르투갈 사람들은 제2차 세계대전 기간에 핀란드가 고초를 겪을 때 포르투갈 사람들이 지원해준 사실을 환기시키며 역사적으로 포르투갈이 이룩한 대대적인 업적을 간추린 유튜브 영상을 제작했다. 역사적인 아이러니를 말하자면 이번 사건도 그중 하나일 것이다. 포르투갈의 파산을 막기 위한 지원을 거부하고 있는 핀란드 역시 1990년대 초 금융, 경제위기로 인해 국가 파산과 IMF의 통제를 받을 위기에 처했다가 바로 그 며칠 전에 구제된 일이 있었기 때문이다.

물론 이 모든 위기의 시작은 2008년 9월 15일 리먼브러더스의 파산으로 상징되는 2008년 가을의 미국 금융위기였다. 미국은 그리스, 아일랜드, 이탈리아와 함께 공공부채가 가장 많은 국가 중 하나가 되었고, 미국의 공공부채는 GDP의 100퍼센트 수준까지 치고 올라갔으며 재정적자는 GDP의 10퍼센트를 넘어섰다. 실업률도 거의 10퍼센트에 이른다.

IMF는 미국 전체 은행의 손실이 1조 달러가 넘는 것으로 평가했다. 경기부양 정책에 드는 비용은 당초 1조 달러에서 3조 달러로 늘어났다. 미국 연방준비제도이사회에 따르면 주택 가격의 하락액과 연금 자산, 기타 저축 및 투자자산의 감소분은 자그마치 14조 달러가 넘어 전체 가계 재산보다도 더 많았다.

그러나 이 모든 상황에도 우리 연구진의 조사가 끝날 때까지 미국에서는 제한적인 항의 시위만이 존재했다. 그중 몇 가지 예외로 스프라울 홀과 그 밖의 역사적인 장소에서 벌어진 버클리 캠퍼스의 시위를 들 수 있다(제1장, 로절린드 윌리엄스의 분석 참조). 그러던 중 마침내 2011년 9월, 지금까지 많은 혜택을 누리지 못한 시민들이 다른 국가의 시민들과 비슷한 압박을 느끼면서 "우리는 하위 99%다"라는 구호와 함께 '월스트리트 점령운동'을 시작했고, 시위는 곧 미국 전역으로 확대됐다.

분 석 의 맥 락
》》

이 모두가 중대한 분석적 결과로 이어졌다. 그러나 중요한 분석적 결론에 앞서 우리가 위기라 언급하는 것의 개념을 좀 더 명확히 할 필요가 있다. 이 책의 저자들이 하나같이 기술한 것처럼 가장 먼저 직면하는 문제는 위기의 정확한 의미를 밝히는 것이다. 세부적인 것을 모두 다시 언급할 필요는 없지만, 현재 전개되는 위기의 본질을 내가 어떻게 규정하는지 간단히 정리해보겠다. 분석적 이유에 기초해서 내가 "세계 금융위기"가 아닌 "대불황"이라는 표현을 선호하는 이유는 위기가 말 그대로 세계적이라는 잘못된 인상을 주지 않으면서도, 폭넓고 다각적이라는 의미를 전달하기 위해서다. 지도를 들여다보면 알 수 있듯이 엄밀히 말하면 이번 위기는 "세계적인 금융·경제위기"라고 할 수 없다. 지리적으로 이번 위기를 가장 가깝게 표현하는 개념은 "선진 산업국가의 위기"다. 왜냐하면 GDP 붕괴 현상은 북아메리카에서 유럽에 이르기까지, 또 구소련과 일본, 아시아의 "호랑이들Tigers"*에 이르기까지 완전

*태국, 말레이시아, 인도네시아, 필리핀, 베트남.

히 산업화된 지역에서만 나타났기 때문이다. 반면 중국과 인도, 브라질 등 신흥공업국의 예에서 알 수 있듯이 대부분의 라틴아메리카, 아프리카, 중동, 아시아 국가에서는 위기가 발생하지 않았다.

한편, 이번 금융·경제위기가 모든 국가에 영향을 미쳤다는 점에서는 세계적이라고 말할 수 있다. 위기의 충격을 무시하거나 아무런 대응이 필요 없을 만큼 여유 있는 나라는 없었다. 위기의 충격은 현재 세계 금융시장이 하나로 연결되어 있는 만큼 세계 금융 분야와 실물경제 분야에 모두 영향을 미쳤는데 경제 분야에 미친 영향이 세계 수출시장을 통해 퍼져나갔다. 현재의 상황을 '미국과 유럽의 위기'라고 부르는 것이 옳지 않은 이유다. 먼저 앞에서 설명했듯이 지리적으로 명확하지 않기 때문이다. 위기가 미국에서 시작해 특히 유럽으로 확산되기는 했지만, 그 외 직접적 영향권에 드는 다른 지역의 주요 경제를 무시할 수는 없다. 두 번째 이유는 광범위한 충격파 때문이다.

"대불황"이라는 표현을 선호하는 마지막 이유가 가장 중요한데, 위기의 분석적 결과가 금융과 실물경제 영역에 한정되지 않는다는 것이다. 대공황처럼 이 위기는 매우 광범위하고 깊은 사회적, 문화적 결과를 낳았고 이 점이 바로 이 책의 대전제다. 그래서 우리는 위기의 폭넓은 사회적, 문화적 의미를 이해할 필요가 있다. 결국 뉴딜정책과 맞먹는 새로운 사회계약으로서 정치적, 문화적 대응이 필요하다고 말할 수 있다.

통합적 연구

그렇다면 이렇게 위기의 개념을 정의한 후, 앞에서 설명한 경험적인 논리가 갖는 분석적 의미는 무엇일까?

분석적 고찰의 핵심은 지금의 위기가 그 해결 방법과 더 나아가서 위기로 이어진 그간의 발전 모델에 대한 강력한 저항의 정체성을 만들었다는 것이다. 이 모델은 지금의 상황을 개선하기 위한 우리 노력의 기반이기도 하다. 그러므로 이런 정체성과 현재의 지배적인 표현 형식인 글로벌 네트워크 사회 사이에는 분명한 긴장이 존재한다.

더욱이 앞에서 묘사한 위기는 붕괴 직전에 있는 절박한 경제 상황에만 국한되지 않는다. 현재의 위기는 지배적인 발전 모델이 대체로 구조적인 부채 시스템에 의존한다는 사실에 뿌리를 두고 있다고 할 수 있다. 이런 모델은 경제적인 부채의 경우에도 그렇지만, 다른 영역에도 적용된다. 환경 면에서 우리는 미래 세대에게 생태적인 부채를 지며 살아간다. 또 세계 사회라는 측면에서 우리가 누리는 복지는 다른 사람들에게서 얻은 사회적 부채에 기초한 것이다. 이것이 현재의 위기에 내포된, 구조적 부채를 기반으로 형성된 총체적 발전 모델이다. 존재하지 않는 돈으로 살아가는 것이나 다른 사람의 돈, 좀 더 일반적 의미에서는 자원으로 살아가는 것이 바로 그 예다.

비유적으로 말하면 세계는 소생하려면 즉각적인 조치가 필요한 경제위기의 형태로 심장마비에 걸린 환자와 같다. 그러나 좀 더 면밀하게 살펴보면 이 환자는 동급의 주의가 필요한 다른 치명적인 질병을 앓고 있다는 것이 드러난다. 기후위기climate crisis라는 폐암을 앓는가 하면 상체 비만이 하체를 압박해 마비시킬 지경인 사회위기social crisis라는 당뇨병을 앓고 있다.

점입가경인 것은 분석적으로 보았을 때 지금 가장 큰 문제는 해결책이라는 점이다. 다시 말해, 해결책이 문제다! 위기에 대처하기 위해 사용하는 치료법이 위기를 계속 악화시키기 때문이다. 마치 치료제가 도리어 환자를 죽이는 것과 같다. 분석적 관점에서 보면, 공공투자에 복지국가를 유지하는 내용이 포함된다고 할 때, 지속가능한 유일한 길은 성장 조건을 창출하는 것이다. 그러나 성장을 위한 조건—예컨대 교육, 연구, 개발—에 투자를 줄이면 성장은 계속 둔화될 뿐이다. 그렇게 되면 다시 공공투자의 삭감이 불가피해 악순환이 계속된다.

분석상의 대안은 선순환을 만들기 위한 투자일 것이다. 선순환 속에서는 성장을 위한 투자가 공공투자에 대한 자금 지원을 가능하게 한다. 이 모델은 경제가 성장하는 포괄적인 의미의 복지국가에 대한 지원을 가능하게 하는 선순환 형성을 의미한다. 복지국가는 다시 건강한 신체를 바탕으로 기초가 안전한 가운데 훌륭한 교육을 받은 새로운 인력을 창출하고, 결국 경제 발전이 지속된다.

이런 형태의 모델은 단순히 성공적인 정보화 경제informational economy를 운영하고 인적 개발의 배후에 포괄적인 복지국가가 있다는 관점보다 더 깊은 의미에서 인적 개발과 정보 개발을 연결한다. 이러한 선순환개념의 핵심은 정보우선주의informationalism와 인적 개발을, 그리고 정보화 경제와 복지국가를 연결하는 방식이다. 정보화 경제의 성공은 단순히 복지사회의 비용을 보전하는 것이 아니다. 복지사회는 정보화 경제가 성공하기 위한 기초를 마련한다는 의미에서 투자라고 할 수 있다. 복지국가는 정보화 경제의 더 큰 성공을 보장하는, 높은 수준의 교육을 받은 건강한 사람들을 육성한다. 이 모델은 상호 지원의 형태로 작동하는, 정보화 사회와 복지국가, 또는 정보 개발과 인적 개발 사이의 선순환을 의미한다.

끝으로 선순환과 악순환을 결정하는 분석적 개념의 세 번째 핵심이 있다. 바로 정체성이다. 마누엘 카스텔이 『정보화시대 The Information Age』 3부작에서 지적한 대로(Castells, 2000~2004), 정보화시대에 가장 중요한 긴장은 글로벌 네트워크 사회와 정체성 사이에서 발생한다. 이론적인 어려움은 앞에서 말한 선순환을 뒷받침하는 정체성의 과제를 어떻게 설정하는가이다. 그리고 위기의 시대에는 악순환과 더불어 정체성이 저항의 정체성으로 변할 수 있다는 리스크가 있다.

그리스에서부터 스페인, 포르투갈에 이르기까지, 앞에서 말한 남부유럽에서 발생한 '분노의 움직임'—그리고 점령운동으로 이어지는—의 예는 저항 정체성identity of resistance의 예로서 가끔은 폭력의 표현으로 바뀌기기도 한다. 지금까지 이들 움직임에는 제안을 위한 프로젝트 정체성이 결여되어 있었다. 물론 이 운동이 자연스럽게 변화해서 새로운 프로젝트 정체성이 진화할 수도 있고, 어쩌면 앞에서 말한 선순환에 대한 아이디어가 지금의 악순환을 대체해야 한다는 요구가 따를지도 모른다.

현재 우리가 유럽에서 목격하는 저항적 정체성 중에서 또 다른 매우 강력한 형태는 극단적인 민족주의 정체성이다. 민족주의는 특히 북유럽에서 진지하게 전개되고 있다. 마린 르펜Marine Le Pen이 이끄는 프랑스의 국민전선National Front은 총선에서 15퍼센트의 지지를 받을 정도로 지속적인 인기를 얻고 있다. 2011년 대선 여론조사에서 르펜은 사르코지 대통령을 넘어서기도 했으며, 이 때문에 사회당 후보와 결선 투표를 벌일 것으로 예상되기까지 했다.

네덜란드에서는 네덜란드자유당Dutch Freedom Party이 2010년 총선에서 15.5퍼센트의 지지를 획득했다. 스위스에서는 스위스국민당Swiss People's Party이 2011년에 28.9퍼센트의 지지를 받았다. 북유럽 국가에서는 극단적인 민족주의 정당이 2011년에 20퍼센트의 지지를 얻는 일도 있었다. 노르웨이에서는 진보당Progress Party이 2009년 총선에서 22.9퍼센트의 지지를 받았는데(제2의 의석수를 확보함), 그즈음 극우파 테러리스트가 77명을 살해하는 끔찍한 사건으로 민족주의적 극단주의에 불을 붙였다. 덴마크에서는 덴마크국민당Danish People's Party이 2011년에 13.9퍼센트의 지지율을 얻었고 스웨덴민주당Sweden Democrats은 2010년 총선에서 5.7퍼센트의 지지를 획득했다. 핀란드의 경우도 빼놓을 수 없다. 진정한 핀란드인당은 2011년 봄에 치른 총선에서 19.1퍼센트의 지지를 받았다.

이론적 모델과 경험적 현실의 연결

》》

현실 경험과 연결해서 앞에서 말한 이론적 논의를 좀 더 깊이 해보면 우리는 분명한 사례를 들어 일반적인 추론을 점검할 수가 있다. 우선 핀란드의 경험적 사례를 짚어보려고 하는데, 앞에서 언급한 경제위기와 복지국가, 문화적 정체성 사이의 연결 고리를 보여주는 훌륭한 사례이기 때문이다.

우리는 이미 핀란드식 모델을 분석했다(Castells and Himanen, 2002

참조). 그러면 이번 위기의 맥락에서 정보화 경제와 복지국가, 문화적 정체성 사이에서 현재 선순환을 지키고 있는 경험적 사실주의empirical realism는 무엇인가?

첫 번째 경험적 관찰은 핀란드가 대부분의 다른 선진국보다 경제의 폭풍을 잘 헤쳐나갈 수 있었다는 것이다. 핀란드는 무엇보다 신용평가에서 AAA라는 최고 점수를 유지한 몇 안 되는 국가 중 하나다. 사실 핀란드식 모델의 주요 요소는 줄곧 유지되었다. 실리콘밸리Silicon Valley가 정보화시대의 정보 개발에서 성공한 모델을 대표한다는 생각이 널리 퍼져 있는데 핀란드 역시 성공적으로 인적 개발과 정보 개발을 결합해왔다. 실제로 핀란드는 휴대전화 같은 제품을 생산하는 거대 기업인 노키아(세계시장 점유율 40퍼센트를 기록했음)나 리눅스의 오픈소스 운영체제(전체 웹의 3분의 1이 사용하는)에서 보듯이 혁신에서 최고 순위를 차지하며 오랫동안 세계적으로 가장 경쟁력 있는 경제로 꼽혔다. 실리콘밸리와의 차이점은 핀란드가 가장 포괄적인 복지사회 중 하나를 실현하면서 세계적으로 가장 높은 수준의 인적 개발, 가장 낮은 수준의 빈곤과 소득의 불균형, 전 국민을 대상으로 한 수준 높은 의료서비스, 그리고 실업자와 퇴직자를 위한 사회보장을 제공해왔다는 것이다. 여기에는 또 전 국민을 대상으로 한 높은 수준의 무상교육제도가 포함된다. 핀란드는 OECD의 학업성취도 국제비교연구PISA에서 보듯이 학업성취도에서 세계적인 수준이다(핀란드는 읽고 쓰는 능력, 수학, 자연과학, 일반적인 문제해결 기법 등 모든 분야에서 1위를 차지했다).

이 같은 주요 요인은 대불황의 충격 이후에도 지속적으로 효과를 발휘했다. 핀란드 경제 역시 위기로 고통을 받았지만 빠른 속도로 회복되었다. 2009년에 GDP가 8.2퍼센트 감소했지만 핀란드 경제는 2010년에 3.1퍼센트 성장하며 회복되었다. 이 글을 쓰는 시점인 2011년의 예상 성장률은 3.6퍼센트로 평가된다. 따라서 현재 핀란드에 경제위기는 없다. 핀란드의 금융권은 위기의 영향을 받지 않았다. 고용시장 역시 흔들리지 않았다. 최근 몇 년간의 실업률을 살펴보면, 2008년의 6.4퍼센트에서 2009년에는 8.4퍼센트로 2010년에는 8.5퍼센트로 상승했지만, 2011년의 예상 실업률은 7.7퍼센트로 떨어질 것으로 전망된다.
이런 통계 수치는 우리가 핀란드식 모델에 대한 분석을 시작하던 시
점의 실업률을 밑도는 것이다(Castells and Himanen, 2002 참조). 핀란
드는 또 개혁 시스템에 대한 투자 확대 정책이 계속되고 있으며, 2011
년에 연구개발비를 GDP 대비 4퍼센트로 끌어올린다는 목표에 접근
하고 있다. 이 목표는 세계 최고의 수준인데 새 정부의 계획에도 포함
됐다.

이 같은 복지국가 모델은 관대하며 포괄적인 과거의 형태로 계속되
고 있다. 우리가 2002년에 책을 쓰기 시작한 이후 복지국가 모델에서
공공투자 부문의 삭감 조치는 없었다. 사실 보수당과 사회민주당 연립
정부의 새 정부안에는 사회 통합social inclusion을 촉진하기 위해 몇 가
지 조치를 도입했다. 내용으로는 최저 수준의 월평균 사회보장 급여를
100유로 인상하는 것에서부터 소득의 불균형을 축소하기 위한 세제
개혁, 과세의 중심을 환경이나 복지에 해로운 소비에 대한 과세로의 전
환(일부에서 "녹색 세제개혁green tax reform"으로의 전환이라 일컫는) 등이 포
함된다.

그리고 특히 교육비 지출의 위기가 없었다. 오히려 대학 교육을 중심
으로 투자를 늘렸으며, 교육 시스템은 국제 비교에서 계속 선두를 차
지하고 있다. 이처럼 정보화 경제와 복지국가의 틀이 선순환을 이루는
핀란드식 모델의 핵심은 계속 유지되고 있다.

핀란드식 모델에 대한 도전 과제
》》

그러나 위기를 일으킨 개발 모델에 대한 실제적 대안을 논의하기 위해
서는, 대안 모델이 가지고 있는 도전 과제를 직시해야 한다. 이는 위기
이후의 방법을 재구축하는 데 있어 전반적인 개발 모델을 위한 분석적
도전 과제라는 점에서도 매우 중요한 문제다.

혁신에 기초한 경제 생산성의 확대

핀란드식 모델은 선순환의 일반적 개념과 마찬가지로 성장을 위한 조건의 창출에 좌우된다. 이 같은 성장이 지속가능하려면 정보화 경제 자체가 확대되고 혁신에 기초해 생산성을 증대하기 위해 광범위한 토대를 다양하게 마련할 필요가 있다. 2002년 노키아는 핀란드의 정보통신기술ICT 분야를 전반적으로 지배하고 있었다. 지속가능한 성장을 이루기 위해 핀란드는 정보화 경제를 다른 정보통신기술의 성공으로 확대하고, 모든 분야에서 혁신과 새로운 기업가정신entrepreneurialism을 결합하는 길을 찾아내야 했다. 일반적으로 유럽에서 가장 심각한 위기는 혁신에 기초한 생산성 증대의 폭이 너무 작은 데 따른 위기이며, 이번 위기로 최악의 타격을 받은 국가들의 경우에는 특히 그렇다.

정보화시대 혁신에 기초한 복지국가의 개선

선순환의 장기적인 지속가능성은 경제개혁만으로는 이루어질 수 없고, 복지국가의 틀에서 인적 개발에 대한 지원이 계속되어야 한다. 이는 복지국가로서의 정보 혁신, 즉 "복지국가 2.0"이라는 정보화시대의 복지국가를 의미한다. 2002년 이미 핀란드는 다양한 이유, 그중에서도 특히 의존율dependency ratio을 변화시키는 인구 고령화 때문에 복지국가 모형 자체를 새롭게 바꿔야 한다는 압력을 받고 있었다. 그래서 복지국가가 정보화 경제의 성공으로 비용을 충당할 수 있는 대상에 그치는 것이 아니라 정보화 경제를 위한 투자임에도 여전히 생산성 개선과 혁신적인 정보 개발에 기초한 구조를 경험해야 했다. 이런 도전적인 과제는 곧 대규모로 퇴직하기 시작한 노령 인구로 더욱 압박을 받고 있다. 정보화시대에서 복지국가를 만드는 데 따르는 문제는 일반적으로 모든 국가가 당면하고 있는 과제다.

결국 개발 모델은 정보주의informationalism, 인적 개발, 정체성 사이에서 지속가능한 연결 고리를 찾아야 한다. 2002년에 출판한 책에서 우리는 어떻게 핀란드가 글로벌 네트워크 사회의 특별한 유형과 핀란드인의 정체성 사이에 긍정적인 연결 고리를 만들 수 있었는지를 주목했다. 그러나 우리는 또 잠재적으로 커다란 문제를 지적했는데, 정보화 사회의 프로젝트 정체성의 이면에 작동하는 핀란드인의 정체성은 동질적인 핀란드 문화에 의존하고 있다는 것이다. 그리고 이는 폐쇄적인 민족주의에 기초한 저항 정체성으로 변화할 위험이 있었다. 이 같은 시나리오에서 저항 정체성은 핀란드식 모델 자체에 걸림돌이 될지도 모른다. 이 모델은 글로벌 네트워크 사회에서 장기적으로는 글로벌 인재의 "두뇌 순환brain circulation"을 포함해야 하나 여기에 제한되어서는 안 된다(실리콘밸리를 분석한 애나리 색스니언AnnaLee Saxenian의 자료[2007]에서 용어 차용).

그러면 이런 도전 과제를 고려했을 때 핀란드식 모델은 현재 어디쯤에 있는가?

혁신에 기초한 경제 생산성의 확대
»

첫째, 경제의 틀에서 앞의 질문에 대답해보자. 성장률의 측면에서 볼 때 핀란드가 지금까지 광범위한 정보화 경제를 기초로 성장에 성공했지만, 핀란드는 여전히 우리가 출판한 책에서 지적한 과제를 제대로 수행하지는 못했다. 노키아는 세계 휴대전화 시장에서 계속 최대 점유율을 차지하고(2011년 약 25퍼센트) 막대한 이익을 거두고 있음에도 시장의 환경 변화와 애플이나 구글 같은 기업의 추격으로 강력한 도전을 받고 있다. 이는 노키아의 시장가치 하락에 반영되었다. 이제 경쟁은 단순한 하드웨어 기술보다 모바일 인터넷과 애플리케이션을 설계하는 기술에 좌우된다. 따라서 우리가 지난 책에서 지적한 대로 처음의 노키아와 비교되는 새로운 형태의 혁신이 필요하다.

정보통신기술 분야는 주요 방식에서 노키아에 대한 의존이 줄어들 만큼 확대되지는 않았다. 모바일게임 산업은 로비오 모바일Rovio Mobile 사의 제품인 앵그리버드Angry Birds 게임 같은 아이콘들과 함께 핀란드에서 폭발적으로 증가했다. 이 게임은 스마트폰 앱으로 어마어마한 히트를 기록해 2011년에 다운로드 수가 5억 회를 넘어섰다. 앵그리버드는 역사상 가장 인기 있는 컴퓨터게임이 되었고, 게임 캐릭터는 디즈니 스타일의 영화, 테마파크, 상품으로 만들어졌다. 앞으로의 목표는 이용자 10억 명 이상을 거느린 최초의 엔터테인먼트 브랜드로 거듭나고 주식을 상장시키는 것이다.(로비오 모바일의 최고경영자인 피터 베스터바카 Peter Vesterbacka는 타임지에서 2011년 세계에서 가장 영향력 있는 인물 7위에 선정되었다. 그의 영향력이 과장되었다고 치부할 수도 있겠지만, 타임지는 베스터바카를 새로운 '개방형 혁신open-innovation' 시대를 연 인물로 보는 것 같다. 이 같은 시대에 전 세계의 젊은 세대는 앞으로 중요한 결과를 몰고 올지도 모르는 오픈플랫폼open platform*에 대한 창조적 아이디어를 실행할 수 있을 것이다.) 그러나 현재 모바일게임 산업에서 거둔 수익은 핀란드 경제의 전체 규모에서 보면 여전히 미약하다. 미래는 더 나아질 수도 있지만 그러려면 대대적인 혁신과 혁신에 필요한 창업 환경이 요구된다. 이렇게 큰 그림을 그릴 때, 핀란드의 정보통신기술 분야의 미래는 새로운 경쟁 환경 속에서 노키아의 구조 전환restructuring이 어떻게 전개되는지와 밀접한 관련이 있다. 노키아가 자사의 휴대전화를 위한 플랫폼platform** 환경을 윈도우 운영체제로 바꾸기 위해 마이크로소프트사와 제휴하면서 노키아 자체의 '심비안 운영체제Symbian operating system'를 개발한 수천 명에 이르는 연구개발 인력을 해고할 것으로 알려졌다. 여기에 핵심

---

* 공개 표준open standard에 기초해 누구나 무료로 사용할 수 있도록 한 소프트웨어 시스템.
** 하드웨어 또는 소프트웨어, 응용 프로그램이 실행될 수 있는 기초를 이루는 컴퓨터 시스템.

적인 문제가 있다. 이런 조치가 혁신과 창업가정신의 새로운 물결로 전환되어 수천 명에 이르는 세계 최고 수준의 프로그램 개발 전문가들이 혁신적인 지원 환경에서 자신의 아이디어를 펼치기 위한 비즈니스를 시작할 수 있을 것인가? 만약 그렇다면 "기회가 될 수 있는 훌륭한 위기를 날려버리지 말자"라는 원칙은 핀란드 정보통신기술 분야의 역사에 새로운 장을 열 수 있다.

마지막으로 현재의 상황을 들여다보면, 핀란드 경제가 계속 착실한 성장을 거듭하고 있다고 했지만 21세기로의 전환기에 기록했던 것보다는 훨씬 낮은 수준이라는 점이 눈에 띈다. 이것은 핀란드식 모델이 부분적으로 강한 역동성을 상실했고 앞으로 나아갈 유일한 길은 앞서 커다란 틀을 제시한 대로 정보화 경제를 확대하고 다양화하는 방법임을 의미한다.

정보화시대 혁신에 기초한 복지국가의 개선 »

복지국가의 측면에서도 상황은 비슷하다. 복지국가의 틀은 공공지출의 대대적인 삭감 없이 견고하게 유지되었지만 혁신에 기초한, 생산성 및 구조의 정보화 변환은 없었다. 앞으로 몇 년 안에 노동력에서 이탈하게 될 노령 인구를 감안할 때, 복지국가의 틀 자체가 중대한 도전이 되고 있다. 이주노동자를 받아들이는 것과 함께 혁신에 기초한 생산성 증가가 공공지출의 압력을 완화하는 것이 유일한 방법이라고 할 수 있다. 앞서 지적한 대로, 대대적인 지출 삭감 없이 복지국가를 유지하기 위해서는 즉각적인 변화가 시작되어야 한다. 그리고 이런 변화가 복지국가 2.0이나 정보화시대의 복지국가란 무엇인지를 보여주는 기준이 될 것이다.

눈에 띄는 유일한 사례는 현재 핀란드에서 시행 중인 교육체계의 개선에 투입한 주요 투자를 들 수 있다. 특히 혁신 시스템과 직결되는 대학 교육에 대한 투자다. 대학에 대한 지원은 엄청나게 증가했고, 대학교의 구조 변화도 눈에 띄게 늘어났다. 과거의 대학 지원은 이 작은 나라에서도 20개 대학별로 차이가 났지만, 지금은 일부 대학이 합병되고 전문 영역별로 분류되었다. 그 결과 그 대학들은 각 전문 분야에서 세계 최고의 수준이 되도록 충분하게 지원을 받고 있다.

이런 구조 개혁에서 가장 눈에 띄는 것은 헬싱키공과대학과 헬싱키경제대학, 미술대학을 합병해 알토대학교Aalto University를 신설한 것이다.(교명은 이들 분야를 아우른 작품을 남긴 핀란드의 유명한 기능주의 건축가인 알바 알토Alvar Aalto의 이름을 따서 지었다.) 우리 시대에 계승할 필요가 있는 기술과 경제, 디자인 등 세 가지 유형의 혁신을 하나로 모으기 위한 아이디어였다. 물론 순수 연구와 예술에 관한 대학의 목표는 가장 중요한 우선 과제로 남아 있다. 이런 원칙의 적용은 알토대학교의 한 특징일 뿐이다. 그리고 이 대학교가 순수 연구 및 예술의 핵심을 온전히 그리고 최고 수준으로 유지하기만 한다면, 개혁 시스템을 위한 진정한 가치를 끌어안을 수 있다고 볼 수 있다. 그래서 알토대학교 측은 스스로를 "과학과 예술이 기술과 경제, 디자인과 만나는 곳"이라고 설명한다. 이 대학교에 대한 지원이 크게 증가했음은 물론이다.

교육체계에 대한 강력한 공공투자와 이번 위기에 다른 나라들이 대부분 보여준 반응 사이에는 중요한 차이가 있다. 다른 나라들이 공공지출 감축과 함께 대학 지원금을 줄인 반면, 핀란드식 모델은 대학에 대한 지원을 내재적 가치intrinsic value•에 대한 공공투자와 성장을 위한 조건, 즉 선순환의 일부로 고려한다. 따라서 미국 정부가 위기의 시기에 교육비 지원을 줄인 것과는 반대로, 핀란드 정부는 같은 기간에 대학의 기초시설에 지원을 집중하면서 오히려 투자를 늘렸다. 로절린드 윌리엄스가 이 책 1장에서 좀 더 일반적인 사례로 주목한 캘리포니아대학교 버클리 캠퍼스는 실리콘밸리의 중요한 엔진일 뿐 아니라 선도적인 학술 기관 중 한 곳인데, 해당 학교에 대한 주 정부의 지원은

•회사의 수익력이나 배당지급 능력 등에 의해 판단되는 주식의 가치로, 시장의 수급 상황에 따라 결정되는 시장가격과 대비된다.

2008년의 4억5000만 달러에서 2011년에는 2억2500만 달러로 절반 가까이 줄었다. 동시에 등록금과 학내 수수료는 같은 기간에 50퍼센트 넘게 인상되었다. 그와는 대조적으로 핀란드 정부는 같은 기간에 대학 지원을 늘렸다. 예컨대 새롭게 '선두 주자spearhead'가 된 알토대학교에 5억 유로를 기부금으로 공공 지원을 했고 사회 통합을 촉진하기 위해 대학 교육은 모두 무상으로 해야 한다는 원칙을 지켰다.

이런 조치 때문에 대大헬싱키권Greater Helsinki •으로 대학이 집중되는 현상이 늘어나고 있다. 대표적인 기초 연구대학인 헬싱키대학교도 이곳에 자리 잡고 있다. 개혁 시스템 측면에서 대헬싱키권의 목표는, 더 이상 평평하지 않고 글로컬glocal한 혁신의 중심지에 의해 이끌어지는 세계적인 혁신 경제에서 "지도상의 중심spike on the map"이 되는 것이다. "지도상의 중심"은 특히 노키아를 중심으로 대표적 정보통신기술 회사들과 다른 분야의 주요 기업들(최대 규모의 포르툼Fortum과 네스테Neste 같은 에너지 분야의 기업, 노키아 모바일 폰의 최대 성공 시기를 이끈 인물이 대표로 있는 코네Kone사 등)이 위치한 케일라니에미Keilaniemi 부근의 오타니에미Otaniemi, 그리고 에스푸Espoo 지역에 위치한 알토대학교의 물리적 환경 속에서 형성되고 있다. 현재 실시되는 계획은 이들이 창조적인 열정과 활발한 상호작용 속에서 창업정신과 혁신적인 환경을 조성하도록 하는 것이다.

한편 도시 차원의 계획뿐 아니라 창업을 위한 정신의 혁신 환경을 조성하기 위한 전국 규모의 정부 계획도 세워져 있다. 앞으로 2~3년간 이 지역의 교통시설 및 건축에 소요될 예산 규모만 약 100억 유로에 이른다. 1990년대 초 노키아에서 연구개발비로 430억 유로를 투자한 이래 핀란드에서 이루어지는 최대 규모의 연구개발 투자이며 그만큼 많은 전문가가 투입된다. 혁신을 위한 풍부한 환경을 조성하기 위해 이 모두를 지혜롭게 투자하는 것이 핀란드의 정보 혁신 경제 역사의 다음

• 헬싱키의 도심과 수도로 통근이 가능한 헬싱키 주변 도시를 포함하는 지역.

단계에서 결정적인 역할을 할 것이다.

정체성과 글로벌 네트워크 사회
》

마지막으로 우리가 제기하는 세 번째 중요한 도전 과제는 역시 최근에 연관성을 띠게 된 것으로서 핀란드의 사례를 핀란드뿐 아니라 다른 국가에 소개하는 이유이기도 하다. 바로 정체성과 글로벌 네트워크 사회의 연결 고리다. 핀란드는 국가 정체성 프로젝트로 정보화 사회를 설정함에 따라 긴장을 완화할 수 있었다. 위기의 시대는 강력한 저항 정체성을 만들어 내곤 한다. 그리고 지금의 위기에서도 이런 경향이 핀란드와 앞에서 언급한 지역을 포함해 다른 국가에서도 나타나고 있다. 거대한 글로벌 문제는 저항 정체성에서 비롯된 문제에 대한 대응으로 좀 더 건설적인 프로젝트 정체성을 형성할 수 있는가 하는 것이다.

핀란드의 저항 정체성은 현재 전개되는 남유럽의 분노운동Indignants movement이나 그 밖의 몇몇 국가에서 두드러진 점령운동Occupy movement과는 매우 다른 형태로 표현되고 있다. 그렇다, 2011년 총선 결과 가장 거대한 두 개 당인 보수당과 사회민주당이 이끄는 연립정부가 탄생했다. 그리고 핀란드인이 선택한 것은—정부 프로그램의 명칭을 빌리자면—"개방적이고 정의롭고 용감한 핀란드open, just, and courageous Finland"였다.

그러나 이 표어는 선거에서 나타난 또 하나의 강력한 변화를 조심스럽게 표현하는데, 바로 민족주의 정당인 '진정한 핀란드인'으로 대표되는 저항 정체성의 등장이다. 개방과 글로벌 네트워크 사회로의 편입이라는 핀란드의 기본 입장에는 변함이 없다고 강조한 신임 총리를 포함해 선거에 승리한 정당이 스스로를 친EU, 친유로, 친이민자라고 강조한 이유도 바로 이 때문이다.

그리하여 좀 더 개방적인 글로벌 네트워크 사회 프로젝트의 정체성과 폐쇄적인 저항 정체성 사이에 진정한 힘겨루기가 진행되고 있다. 저항 정체성을 만들어낸 문제들을 실질적으로 해결하고, 글로벌 네트워크 사회를 위한 건설적 프로젝트 정체성을 쇄신하는 새로운 내용을 추가해야 한다. 그렇지 않다면 승리는 일시적일 뿐이고 저항 정체성은 계속 강해질 것이다.

그뿐 아니라 이런 정체성의 형태는 최종적으로 한 사회가 위기의 시대에 대처하는 방법을 결정하는 핵심 요인이다. 다른 선진국들처럼 핀란드의 경우 복지국가의 미래는 혁신적인 정보 변환informational transformation과 이민자들에게 달려 있다. 실제로 이민자가 없다면 인구가 고령화하는 상황에서는 복지국가의 틀을 줄여나가야 하는 것이 현실이다. 이런 점에서 눈앞에 닥친 현실은, 이민자들이 들어와 핀란드 사람들의 복지를 차지하고 빼앗는다는 생각에서 출발한 외국인 혐오 정체성과 연관된 현상과는 정반대가 된다. 즉 이민 반대는 사실상 복지국가를 반대하는 것과 똑같다. 퇴직 연령에 대해서도 마찬가지다. 이민자가 줄어들수록 연금 수급 연령은 더 늦춰진다. 그러므로 이민을 반대하는 것은 연금 수급 연령을 급격히 늦추라고 요구하는 것이 된다.

그러나 이런 분석적 연결에도 위기의 시대에는 정체성의 중요성이 조명을 받는다. 2011년 4월 17일 핀란드 총선에서 이 주제가 단적으로 드러났다. 따라서 경험적 사실에 기초해 당시 선거에서 정확하게 무슨 일이 일어났는지 기술하겠다.

선거에서 핀란드는 다른 유럽 국가에서 목격했던 것처럼 민족주의적 저항 정체성의 추세를 따랐다. 예컨대 '진정한 핀란드인'과 같은 민족주의 정당이 괄목할 만한 지지를 받아 핀란드의 제3당이 되었다. 표 7.1에서 볼 수 있듯이 2007년과 2011년의 총선 사이에 변화가 나타났다. 민족주의 노선의 '진정한 핀란드인'에 대한 지지가 극적으로 늘어난 것을 알 수 있다. 지난 수십 년 동안 핀란드 의회에서 나타난 변화 중 가장 큰 규모였다.

그러면 무슨 일이 일어났는가? 무엇이 '진정한 핀란드인'이 출현하는 토양이 된 것일까? 이 당의 급성장을 이해하기 위해서는 선거가 있기 불과 4년 전만 해도 지지율이 4퍼센트에 불과한 군소정당이었다는

[표 7.1] 2007~2011년 총선에서 정당 지지율 변화

단위: %

정당	2011	2007	변화
보수당	20.4	22.3	−1.9
사회민주당	19.1	21.4	−2.3
진정한 핀란드인	19.1	4.1	+15.0
중도파	15.8	23.1	−7.3

사실을 직시할 필요가 있다. 이 당은 반反이민과 당명의 배경이기도 한 핀란드인의 민족적 정체성을 강조하는 외국인 혐오운동에서 출발했다.('진정한 핀란드인'은 공식 선거운동에서 예술 프로그램을 포함시켰다. 이 정책을 통해 이들은 기본적으로 오직 민족적 정체성을 지원하는 예술만이 공적 지원을 받을 자격이 있으며 '포스트모던 예술'은 스스로 자금을 확보해야 함을 주장했다.)

그러나 정체성과 글로벌 네트워크 사회 사이의 긴장 현상을 오직 이민 반대와 외국인 혐오감의 틀에서만 이해하는 것은 너무 단순한 시각이다. 물론 이런 정서가 '진정한 핀란드인'의 기원이기는 하지만 이것이 그다음 총선에서 이 당이 15퍼센트의 지지를 더 획득한 이유는 아니다. 이 당에 대한 지지는 그리스와 아일랜드에서 유로존의 부채 위기 확산이 포르투갈의 총선과 맞물린 시점에서 폭발적으로 늘어나기 시작했다.

그러므로 '진정한 핀란드인'이 부상하게 된 핵심은 그들이 위기가 현재의 형태로 진행되는 글로벌 네트워크 사회에 대한 광범위한 반발 정서를 대표한다는 데 있다. 글로벌 네트워크 사회는 위기로 이어졌고, 이 위기에서 벗어날 방법을 제시하지는 못하는 것처럼 보였기 때문이다. '진정한 핀란드인'이 지금처럼 부상한 가장 중요한 이유는 다른 회원국의 구제를 위한 유로 채권 발행을 거부했기 때문이다. 즉 유로존이 글로벌 네트워크 사회의 상징이 되었다.

이제 우리는 포괄적이고 경험적 연구를 통해 이를 알게 되었다. 주호

라코넨Juho Rahkonen은 유권자 4000명을 표본으로 삼아 경험적 연구를
수행했다. 연구 결과는 '진정한 핀란드인'에 대한 지지가 결코 사회의
일부 소수 계층에 국한된 것이 아님을 보여준다. 당에 대한 지지는 전
반적인 저항이 표출된 것이다. 실제 지지자의 40퍼센트는 그들 자신을
노동자 계층으로 본다. 이에 비해 사회민주당 지지자 중 노동자로 자처
한 사람은 31퍼센트에 지나지 않는다. '진정한 핀란드인'은 보수당에 이
어 기업가들의 지지를 많이 받았다. 그리고 대학생들에게는 12퍼센트
의 지지를 얻어 녹색당의 지지율 18퍼센트 다음으로 인기가 높은 정
당이다. 표 7.2는 직업별 정당 정체성이 붕괴되었음을 보여준다.

더욱이 '진정한 핀란드인'을 지지하는 사람들의 소득수준은 핀란드
인의 평균소득과 일치하며, 지지자의 5퍼센트는 연간 소득이 심지어 9
만 유로를 넘는 상위 소득자로 알려졌다. '진정한 핀란드인'은 전국적으
로 고른 지지를 받을 뿐 아니라 사회계층별로 볼 때도 지지의 폭이 넓
다. 지지자들을 뭉치게 하는 핵심 요인은 저항의 정서이며, 특히 반유
로, 반EU의 형태를 띠며 현 집권 세력에 반대한다.

그러므로 '진정한 핀란드인'은 현재의 형태로 진행되는 글로벌 네트
워크 사회에 대한 전반적인 저항 정서가 표출되면서 세력이 점점 커진
것이라고 볼 수 있다(다른 나라와 마찬가지로 핀란드에도 경제위기를 부른

[표 7.2] 2011년 직업별 정당 정체성의 붕괴

단위: %

직업	진정한 핀란드인	보수당	사민당	중도파
노동자	40	10	31	22
사무원	14	30	19	16
기업가	7	11	4	6
경영자	4	12	2	4
농부	2	2	0	7
(대)학생	12	10	9	11
주부	1	3	1	2
연금수급자	16	21	32	29

출처: Rahkonen (2011), Economic Research의 조사에 따름.

현 지도층에 대한 반발이 포함된다). 따라서 지지율의 증가는 정체성과 글로벌 네트워크 사회(EU로 대표되는) 사이의 긴장을 표현하며 현 지도층에 대한 반감이 드러난 것이다. 이 같은 지지는 어떤 새로운 대안에 대한 찬성이라기보다 현재의 형태에 반대표를 던진 것으로 볼 수 있다. 기껏해야 느슨하게 연관된 목표가 복합된 형태로 모호하게 드러난 것에 불과하다.

결국 대중의 저항은 맥락에서 고려되어야 한다. '진정한 핀란드인'은 핀란드에서 아직 지지율이 20퍼센트를 넘지 않는 제3당에 불과하다. 이는 그들이 핀란드가 나아갈 미래의 정책을 결정할 수 없다는 의미다. 이런 사실은 무엇보다 총선에서 승리한 보수당이 개방적인 글로벌 네트워크 사회 정책을 계속 실행함으로써 분명해졌다.

결론

그렇지만 세계적으로, 또한 일반적인 분석 수준에서 이번 위기의 사회적, 문화적 차원에는 반드시 더 많은 관심을 기울여야 한다. 이런 현상은 여러 나라에서 벌어지는 단순한 민족주의적 정체성의 운동이 아니다. 또 단순히 남유럽에서 진행되는 분노의 시위나 확산되고 있는 점령 운동의 참여자들에 국한된 문제도 아니다. 저항 정체성은 주류 국민의 것이 되었다. 이는 우리를 위기로 이끌었고 또 이 위기에서 빠져나갈 방법으로 이용되는 글로벌 네트워크 사회에 관한 현재의 발전 모델이 갈수록 거센 반발을 부르고 있다는 의미이기도 하다.

반대하는 사람이 더욱 늘고 있으며, 이들은 앞으로 나아가기 위한 대안적 발전 모델을 요구하고 있다. 이들이 대안을 가지고 있지 않을 수도 있다. 그러나 이들을 무시한다고 해결책이 나오는 것도 아니다. 그래 봐야 글로벌 네트워크 사회에 반발하는 정체성을 더욱 키울 뿐이다.

따라서 다음과 같은 궁극적인, 동시에 일반적으로 매우 분석적이면서 실용적인 정책상의 의문이 제기된다. 우리는 앞으로 나아갈 길로 서 글로벌 네트워크 사회에서 좀 더 지속가능한 발전 모델을 찾기 위한 더욱 건설적인 프로젝트의 정체성을 형성할 수 있는가? 또는 이 위기는, 글로벌 네트워크 사회의 발전을 지속하려는 지금까지의 노력과 과거의 발전 모델을 지지할 수 없다는 이유로 저항 정체성을 갈수록 강렬하게 표출하는 대중 사이에서 일어나고 있는 격렬한 사회적, 문화적 위기로 바뀔 것인가? 현재 시급한 것은 글로벌 네트워크 사회의 발전을 좀 더 지속가능한 형태로 전환하는 일이다. 이런 형태는 복지에서 환경문제에 이르기까지 좀 더 건설적인 프로젝트의 정체성을 뒷받침함으로써 정보 개발과 인적 개발을 묶어줄 것이다. 이것은 존엄성을 갖춘 생존에 대한 요구이며, 우리가 이런 틀에서 생존하기를 바란다면 이는 대불황에 대한 대응책이자 좀 더 존엄성을 갖춘 새로운 사회계약 New Social Contract이다.

제4부

위기를
넘어서

2008년의 위기로 이어진 사회적·문화적 행동을 검증하는 데 그치지 않고, 위기의 여파 속에서 출현하는 서로 다른 문화의 사회적 생산성을 평가하는 일은 매우 중요하다.

네트워크 사회의 위기를 낳은 문화는 네트워크 개인주의("네트워크화한 사리사욕")의 행동 속에서 두드러지게 나타났다. 금융경영 엘리트들은 개인주의의 대표적인 존재들이었다. 이들은 제도적으로 경영대학원에서 공부해 정서를 공유하고, 매스컴과 준거집단reference group의 형성에 기반을 둔 전통적인 의사소통 모델에 뿌리를 두고 있다.

제4부에서는 경험적 연구 프로젝트의 결과를 통해 얻어낸 정반대 시각이 제시된다. 위기 이후를 바라본다는 것은 위기에서 무엇이 발생했는지를 보는 것과 같다. 유럽에서부터 북아프리카, 아메리카, 아시아에 걸친 다양한 사례는 이 새로운 문화가 비록 위기가 발생하기 이전의 디지털 기술의 실험에서 나온 것이며 인터넷의 전파로 가능해진 것이기는 해도, 특정한 분야의 직업 엘리트가 아니라 지리적으로 매우 다양하고 이질적인 개인들의 네트워크에서 비롯된 것이라는 사실을 알려준다. 이들 문화는 소유권과 함께 생산, 분배, 정체성의 확립을 어떻게 바라봐야 할지에 관한 새로운 시각을 제시한다. 이들 문화는 네트워크 개인주의에서 형성된 "네트워크화한 소속감networked belonging"의 문화지만, 공동사회의 활동을 받아들이고 매일의 경험, 생산, 권력관계 등 비非디지털 영역을 오염시킬 수 있는 문화이기도 하다.

생산과 소비, 교환의 비非자본주의적 형태에 기초를 둔 집단적인 경제활동 사례는 좀 더 선진화된 국가의 곳곳에서 찾아볼 수 있다. 여기에서 제시하는 카탈루냐에 관한 분석은 전체 인구의 20~60퍼센트가, 또

40세 이하에서는 훨씬 더 높은 비율이 연대의식을 기반으로 한 생명가치 life value의 경제에 참여하고 있음을 보여준다. 이런 관행의 상당수는 문화적 의식의 형태를 띠면서 위기 이전부터 존재했지만, 이번 위기로 인해 인기가 높아졌고 이해를 얻게 되었다. 이들은 사람들의 생활 속에 나타나는 대안적 행동만큼이나 다양하고 다변화된 방법으로 이 "분노한 사람들"의 시위 같은 정치적 운동을 조직하고 등장시켰다고 말할 수 있다.

위기와 그 여파에 앞서 무엇이 있었는지 이해하는 것은 네트워크화한 소속감을 지닌 문화와 대안 경제활동을 깊이 들여다본다는 뜻이다. 불가능할 것 같았던 이들의 혼합과 혼재 속에서 위기 이후 새로운 삶의 사회조직 육성을 위한 전혀 다른 정책을 목격할 가능성이 있기 때문이다. 왜냐하면 우리는 새로운 정치가 위기 이후의 시대에 찾아올 새롭고 생명력 있는 사회조직의 구축을 촉진할 수 있음을 이런 방식으로 이해할 수 있기 때문이다. 어쩌면 기존의 노래를 새로운 형식으로 다시 만드는 리믹스 Remix와 유명 스타의 여러 노래를 믹스해 음악을 만드는 매시업Mash-up의 차이에 비유할 수 있지 않을까.

위기의 파도타기:
소속감의 문화와
네트워크화한
사회변동

: 구스타보 카르도소
  페드로 자코베티

들어가며
»

네덜란드 방송 VPRO(자유주의 개신교 방송)가 2009년 제작한 다큐멘
터리 〈시카고 세션스The Chicago Sessions〉의 도입부에서 나오미 클라인
Naomi Klein •은 '계급class'이 맹렬한 기세로 미국으로 돌아왔다고 말한다.
그러면서 '메인스트리트Main Street ••'와 '월스트리트' 사이에 형성된 최
근의 대립 현상을 지적한다. 클라인은 또 누구나 주식과 부동산에 접
근하는 자본 소유의 보편화와 함께 계급의 종말을 예측한 밀턴 프리드
먼Milton Friedman의 견해는 오류라고 주장한다.

클라인이 기업을 소유한 '월스트리트' 계급과 대출을 활용해 자본의
소유를 모방하려는 '메인스트리트' 계급 사이에 형성된 진정한 대치 상
태를 지목한 것인지는 모르겠지만 이번 위기가 만든 근본적인 대립은
소유권을 둘러싼 문제가 아니라 그런 행동을 지속시키는 가치의 차이
에서 형성된다고 말해야 할 것이다. 그 같은 가치는 위기를 일으킨 근

• 캐나다의 작가이자 사회활동가.
•• 미국 금융의 상징인 월스트리트Wall Street와 대비되는 실물경제를 일컫는 말로, 도시
의 중심가를 뜻하는 일반명사.

제8장
위기의
파도타기:
소속감의 문화
네트워크화한
사회변동

본인 "네트워크화한 사리사욕"의 문화 대 현재 형성되고 있는 "네트워크화한 소속감"의 문화의 문제다.

이 장에서 진행하는 분석의 목적은 네트워크화한 소속감의 문화, 즉 21세기의 처음 몇 년 동안 형성된 물질 지향적 행동에서 유발된 가치와 신념의 조합의 토대를 알아내는 것이다. 이들 문화는 사회변동social change을 촉진하기 위한 노력으로, 때로는 뚜렷한 목표를 세우고 조직되기도 하지만 어떤 때는 일상의 선택에서 뜻밖의 재미를 얻기 위해 만들어진 네트워크의 위험한 부산물일 때도 있다. 이 같은 사례는 세계 도처에서 찾아볼 수 있지만, 여기서는 일련의 특수한 운동과 조직에 한정해서 좀 더 자세히 들여다보고자 한다. 이를테면 경영의 윤리적 직업화를 지향하는 경영학석사MBA의 선언운동, 국제해적당International Pirate Party,* 위키리크스WikiLeaks,** 어노니머스Anonymous라고 불리는 개인들의 느슨한 네트워크, 북아프리카에서 일어난 트위터와 페이스북 혁명, 포르투갈의 "쓰레기 세대" 운동, #스페인혁명#spanishrevolution.:[1] 등이다.

분석을 통해 우리는 사람들이 어떻게 위기의 파도를 헤쳐나가는지 살펴볼 것이다. 즉 누가 사회변동을 이루려고 하며 어떤 문화(가치와 신념)가 그런 행동의 배경으로 작용하는가 하는 문제다. 전반적인 목표는 어떤 실험이 새로운 문화를 촉발하는지와 현재의 정치와 경제 시스템에 대해 제안된 대안의 어느 단계를 지나고 있는지를 분석하는 것이다.

네트워크 사회에서 인간의 행위 속에 진정으로 대립하는 가치를 이해하기 위해서 우리는 먼저 현재의 위기를 낳은 문화를 살펴야 한다. 그다음에는 우리가 위기를 통해 얻어냈으며 사회경제적 혼란의 해일 속에서 익사하지 않고 파도를 헤쳐나갈 수 있도록 도움을 주는 문화를 살펴볼 것이다.

---

*인터넷의 불법 다운로드를 옹호하는 '해적'을 이름으로 삼은 정당. 인터넷 정보의 자유로운 공유, 저작권법 및 특허권의 철폐와 혁신을 정강으로 한다.

**정부나 기업 등의 비윤리적 행위와 관련된 비밀문서를 폭로하는 웹사이트.

위기, 네트워크화한 개인주의 그리고 사리사욕

2007년에 시작된 위기는 물질적 자산—주택시장—에 뿌리를 둔 위기였지만, 세계적으로 볼 때는 컴퓨터를 이용한 세계 금융시장 네트워크에서 전개된 위기였다. 그리고 이 가상의 세계에 우리의 일상적인 세계 일부가 휘말려 들어갔다. 따라서 이번 위기는 서로 의존하는 네트워크의 영역에서 우리가 대대적으로 채택한 사회 시스템으로부터 발생한 위기라는 것을 분명히 알게 되었다. 중개된 것이든 그렇지 않든 이 시스템은 우리의 경험을 구성하는 네트워크 사회다(Castells, 2000). 그러나 동시에 이것이 네트워크 사회의 위기가 아니라고 말할 수도 있다. 왜일까? 네트워크 사회는 우리의 문명을 규정하는 문화에 작동하는 일상 조직—생산과 권력과 경험의 조직—을 본뜬 모형이기 때문이다. 그러므로 조직의 모형이 기존의 선택 추세를 좀 더 선호할지는 모르지만, 결국 이 모형은 우리의 행동을 알려주는 가치에 대한 개인적이고 집단적인 선택일 것이다. 따라서 이번 위기는 네트워크 사회에서 비롯되었다기보다는 특정 시점에 압도적인 중개 시스템을 통해 공유되고, 압도적인 것으로 인식되는 가치에서 발생된 위기라고 봐야 한다(Hope, 2010). 이때 제기되는 논란은 네트워크 사회에서 권력은 본질적으로 중개된mediated 소통을 활용하여 만들어진다는 것이다(Castells, 2009). 소통은 권력이지만, 권력은 소통에 깔린 가치와 행위가 일상적인 경험의 틀을 형성하는 데 유용하다고 받아들여질 때만 행사될 수 있다(Silverstone, 1999). 이런 조건이 변하면 권력은 소통의 과정에서 활동하는 사회적 행위자들에게 더 이상 권력으로 인정받지 못한다. 하나의 위기가 확산될 때 전반적인 경제 시스템의 타당성을 의문시하는 조건과 함께 의심이 표면으로 드러난다. 그때가 현실에서 대안적 관점이 등장하기 위한 공간이 표면화되는 순간이며, 바로 그 순간이 우리가 도달한 지점으로 보인다. 그 지점은 우리의 경험을 구성하는 데 근본적인 토대가 되던 가치와 신념이 더 이상 그 자체로 인정받지 못하는 것으로 보이는 순간이기도 하다. 우리가 여기에서 위기의 문화로 부

제8장
위기의
파도타기:
소속감의 문화
네트워크화한
사회변동

르는 것, 즉 위기를 낳은 행동에 영향을 주는 가치와 신념은 네트워크 개인주의가 실천되는 가운데 촉진된 문화다(Wellman, 2002). 이런 행동은 제도적인 경영대학원의 기풍에 물든 금융경영 엘리트들에게서 전형적으로 나타나는 "네트워크화한 사리사욕"의 문화 아래에서 단련되었고, 매스컴과 함께 준거집단의 형성에 기초한 전통적인 의사소통 모델을 통해 전파된다.

네트워크 개인주의와 새로운 경영 엘리트

네트워크 사회에서, 네트워크의 사회적이고 조직적인 패러다임이 개인적인 동시에 제도적인 유대감의 새로운 절차를 만들었다. 그 과정에서 광범위한 포용 집단(Wellman, 2002)은 이제 널리 분산된 사회적 네트워크로 대체되고 있다. 웰먼(2002)의 제안처럼 네트워크 사이의 경계는 침투가 더욱 쉬워졌고, 상호작용이 크게 증가했으며, 연결 고리는 다양한 네트워크로의 전환을 가능하게 만들었다. 한편 사회적 계층 위계는 좀 더 평평해지는 동시에 구조적으로 더욱 복잡해지고 있다. 물론 집단에 토대를 둔 사회조직에서 네트워크로 변화하는 과정은 정치에서 경제에 이르기까지 우리 사회의 다양한 차원에서 확인할 수 있다. 그러나 우리가 주로 관심을 기울이는 것은 직업적인 소집단 엘리트―경영자―에 의해 네트워크화된 개인주의의 가능성과 이런 적용이 우리가 "네트워크화한 사리사욕"이라고 부를 수 있는, 극도로 자기중심적이고 개인주의적인 문화를 토대로 삼는 가치와 신념의 롤 모델role model을 확산시키는 방식이다. 네트워크 사회는 사회의 구조만큼이나 물질적인 기반 구조이고 조직적인 과정이지만 새로운 차원의 자본, 즉 네트워크 자본network capital을 만드는 모든 부분의 총합이기도 하다(Wellman, 2002). 네트워크 자본은 금융자본에서 인적자본에 이르기까지, 또 조직의 자본에서 문화 자본까지 다양한 자본의 네트워킹과 상호작용으로 묘사하는 것이 이해가 가장 빠를 것이다. 문화 자본은 휴대전화와 태블릿, 컴퓨터, 텔레비전 등의 사용으로 발전을 거듭했고,

인터넷과 더불어 사회적 중개가 발생하도록 했다. 따라서 네트워크 자본은 우리가 네트워크 이전의 사회 환경에서 사회적 자본이라고 규정하던 것의 2.0 버전이라 할 수 있다. 네트워크 자본은 "정보, 지식, 물질적 원조, 재정 지원, 동맹, 정신적인 지지, 서로 연결되어 있다는 감정" 같은 자원들이 한데 섞인 가상의 용광로이자 접점이다(Wellman, 2002: 20). 네트워크 개인주의는 일정한 시간에 이용 가능한 도구와—하드웨어와 소프트웨어—그 도구를 사회에서 적절하게 사용하기 위해 어떤 선택을 하는가에 달려 있다. 예를 들어 마이스페이스MySpace와 큐큐QQ, 페이스북은 서로 다른 실험을 가능하게 해주었는데, 네트워크 개인주의의 행동이 서로 다른 문화의 발달을 허용했다. 네트워크 개인주의는 생존 방식을 선택한 직접적인 결과가 아니라, 친구와 가족에서부터 정보에 기초한 조직적인 작업의 적용에 이르기까지 우리 사회에서 점점 늘어나는 네트워크의 중개를 받아들인 결과다.

정보에 기초한 이런 작업의 예는 많지만, 여기서는 금융 및 투자은행 시스템과 그 시스템을 지배하는 경영 엘리트에 관심을 집중하기로 한다. 2008년의 위기는 금융 시스템이 진원지다. 또한 금융 시스템이 기술적, 사회적으로 상호 의존과 상호작용의 공동 산물이라는 점을 감안하면, 우리는 또 이 시스템의 저변에 깔린 가치와 신념의 핵심적인 조합을 발견할 수도 있다. 한편 이 가치와 신념은 금융 시스템 안에서 공유되고 시스템 밖으로 전파된 문화, 즉 우리가 "네트워크화한 사리사욕"으로 규정한 문화가 작동하기 위한 지침을 제공한다. 금융 시스템의 기술적 차원이 과거든 현재든 금융센터와 서버의 연결망으로서 글로벌 네트워크가 존재하는 것에 의존한다면, 이 시스템의 사회적 차원은 다양한 수준으로 여러 지역에 널리 퍼져 있는 경영자 네트워크에 의존한다. 그리고 경영자 네트워크는 네트워크 개인주의의 행동을 끌어안고 그들 사이에 주어진 문화를 공유한다. 현재의 위기를 연구하는 동안 우리는 위기의 결과나 원인을 알아보기 위해 선택을 할 수 있다. 우리는 또 주식이나 주택시장 등의 수치와 지수와 같이 매우 물질적인 표현이나 그 문화적 선언을 보기 위해 선택을 할 수도 있다. 위기에 대

제8장
위기의
파도타기:
소속감의 문화
네트워크화한
사회변동

해 문화적으로 접근하는 것은 동시에 일련의 가치와 신념, 행동의 특성을 분류하고 분석하는 것을 의미하기도 한다. 즉 사람들이 생각하고 행동하는 방식과 그들은 누구이며 왜 그들은 주어진 문화의 조합에서만 제 기능을 발휘하는지를 분석한다는 뜻이다.

물론 위기에 대해 사회학적, 정치경제적으로 접근한 출판물은 많았지만 경영자와 경영, 경영문화에 대한 연구를 목표로 분석한 것은 별로 없었다. 예외를 하나 든다면 경영대학원의 연구 관행이 지난 5년 동안 지속된 위기의 근본을 이해하는 데 중요한 역할을 한다고 주장한 쿠라나(Khurana, 2007)의 저서가 있다. 쿠라나가 볼 때, 20세기 초 경영대학원 형성에 영감을 준 전문성과 도덕성의 사고방식은 경영자가 단순히 주주의 대리인이며 수익 배분을 촉진하는 역할을 수행할 뿐이라는 시각에 밀려 사라졌다. 20세기 대부분의 기간에 경영자는 선택의 폭이 넓은 시스템의 하나라고 할 수 있는 경영자자본주의Managerial Capitalism 시스템 아래에서 활동했다. 그러나 1970년대의 위기(Castells, 2000)가 끝난 뒤, 노동생산성과 자본수익성의 두 가지를 늘리기 위해 규제 완화를 선택한 것이 문제였다. 규제 완화는 경영자자본주의에도 강력한 충격을 주었는데 바로 경영자가 규제 완화로 해결하려고 하는 문제의 일부로 비쳤기 때문이다.

"투자자본 보상분의 잠재적 결핍"으로 표현할 수 있는 상황을 극복하기 위한 다음 단계는 세계시장에서 이익 극대화의 가능성을 끌어올리는 것이었다. 그 과정에서 경영자는 주주에게 힘을 빼앗겼고, 그 결과 경영진과 기업, 주주의 관계에 상당한 변화가 일어났다. 이익 극대화를 위한 이 같은 역학관계의 변화는 투자자자본주의Investor Capitalism라는 새로운 형태의 기업 모델의 발달로 이어졌다(Khurana, 2007). 또 다른 분석에서는 새로운 월스트리트 시스템의 출현에 따른 변화를 찾아볼 수 있다(Gowan, 2009). 이 시스템 아래에서 투자은행은 여신, 펀드 관리, 주식 투자 중개 업무뿐 아니라 가격변화 관리를 위한 금융 및 파생상품(예컨대 헤지펀드, 사모펀드private equity, 특수 투자 대상)의 프롭거래proprietary trading를 시작하게 되었다.

현대에 수립된 많은 직업 분야와 마찬가지로 경영은 상징적인 보증과 전문가 시스템을 수용하는 데 의존한다(Giddens, 1990). 그런데 사회 안에 포진한 경영 집단의 정당성과 권위 그리고 그들의 행동에 요구되는 신뢰는 대학이 기반이다. 경영의 경우, 정당성은 대학에 설치된 경영대학원business school에 뿌리를 두고 있으며, 특히 경영대학원에서 배출하는 경영학석사MBA가 중심을 이룬다. 대부분의 선진국 자본주의 사회에서 실적과 경영의 목표 및 모델은 대학 내에서 인적자원—교수와 학생 모두—교환의 대가로 기업과 함께 수립한 관계를 통해서 형성되었다. 이는 처음 미국 내 중심 센터에서 시작되었지만 그 후 유럽과 아시아 MBA 기관들로 퍼져나갔다.

2007년 이전에 경영의 목적은 기업과 경영자 모두의 성공을 가늠하는 가치의 척도이자 사회적 잣대로서의 주가에 초점을 맞추는 것을 정당화하고 주주가치shareholder value***를 극대화하는 것이라고 설명되었다(Khurana, 2007). MBA 영역에서 발전한 이런 정당화의 과정은 단순히 학습된 경쟁력이나 기술의 산출물이 아니라 미시경제학과 거시경제학을 아우르는 이론이었으며, 경영대학원에서 경영의 목표와 본질을 가르칠 때 지배적인 패러다임이 되었다(Khurana, 2007).

대학의 세계로 진입한 경영은 현대사회에서 흔히 찾아볼 수 있는 정당화의 과정을 거쳤다. 사회적으로 더 높이 인정받는 과정에서 그리고 일종의 과학적인 영역으로 자리 잡고 난 후에야 비로소 경영은 그리고 대학 바깥에서 먼저 확립된 저널리즘(Eco, 날짜 없음) 같은 전문 분야는 해소되지 못한 갈등을 공통적으로 품게 되었다. 이 갈등은 도구를 사용하는 경제적 차원과, 개인적인 권력과 사회적 신뢰 관계에서 윤리의 경계로 작동해야 하는 문화적 차원 사이에서 발생한다. 경영 분야에서 규제 완화의 과정은 눈에 보이는 시장점유율로 측정되는 성공이

---

* 소수의 투자자들로부터 자금을 모아 주식이나 채권 등에 운용하는 펀드.
** 은행이 자기자본으로 증권 등에 투자하는 것.
*** 주주의 이익을 증대하는 것.

제8장
위기의
파도타기:
소속감의 문화
네트워크화한
사회변동

라는 특정한 문화 구조를 만든 경영대학원이 대부분 규제 완화를 수용하면서 뿌리를 내렸다. 성공에 대한 이러한 이론적 정의는, 경영진이 받는 엄청난 보수와 스톡옵션stock option* 정책이 출현하는 조건을 만들었다. 경영의 금융 영역에 적용된 이런 문화적 구조는 금융 혁신이라면서 일련의 특수목적회사special purpose vehicles를 배출하는 문화적 조건을 만들었고, 이는 다시 서브프라임 위기와 미국의 금융 시스템 그리고 세계 금융 시스템의 중심점node 붕괴로 이어졌다. 그러나 우리의 분석을 위해 더 중요한 문제는 이런 풍조가 디지털 네트워크의 힘과 사리사욕이나 마찬가지인 개인주의 인식에 기반을 둔 문화가 형성되는 조건을 만들었다는 것이다. 지난 30년간 경영대학원의 학풍은 사회적 행위자들이 개인 권력의 육성을 선호하고 공정성과 평등의 기준, 형평, 제도에 대한 충성에 대해서는 낮은 가치를 매기면서 사회적 신뢰를 약화시키는 네트워크화된 사리사욕 문화의 조건을 만들었다. 현재의 효용성에 따른 기회 추구에 비해 의무 수행과 사회적 성실성이 낮게 평가되는 행동 조건을 만들었기 때문이다(Nisbet, 1988; Bauman, 2000; Khurana, 2009). 또 새비지와 윌리엄스(Savage and Williams, 2008)가 주장한 대로 오늘날의 자본주의를 고려해볼 때, "화폐와 금융과 권력에 관한 사회적 분석이 담긴 엘리트 이론"으로 연결되는 새로운 연구 의제가 현재의 사회변동을 이해하는 데 필요조건이라는 것을 인정해야 한다. 무엇보다 금융 시스템 안에서 활동하는 경영 엘리트는 거래와 사업의 중개자라는 특성을 지니며 또 경제의 다양한 영역을 옮겨다님으로써 가치 창조가 차단된 영역을 네트워크화하여 서로 연결할 수 있다. 이런 행동을 통해 금융경영 엘리트는 사회 엘리트로서 폭넓은 응집의 정체성을 만들어내며(Savage and Williams, 2008), 세계경제 시스템에서 네트워크 자본을 형성하는 핵심 요소로서 스스로를 자리매김한다. 금융경영의 힘은 인생의 초기, 예를 들어 학교와 가족에 형성된

---

*기업이 임직원에게 자사의 주식을 일정 수량 일정 가격으로 매수할 수 있는 권리를 부여하는 제도.

네트워크를 넘어서는 네트워크를 만들고 덕분에 세계경제에서 중심 역할을 수행하면서 엘리트로 인정받게 만드는 것이다. 금융경영 엘리트의 역할과 관련해 특히 우리의 관심을 끄는 것은 이들 엘리트가 소비와 투자의 위험한 현장에 세계 인구의 대부분이 참여하도록 만들고 자극하는 기존 문화의 세계적 롤 모델이 된 방식이다. 이 방식을 위해 힘의 행사가 투자은행이나 사모펀드 같은 기존의 제도적 조합과 결합되었다는 것뿐 아니라 그 힘이 잠재적으로 문화 구조에 토대를 둔 영향력이나 어떤 가능성에서 나온다는 것을 인지할 필요가 있다(Scott, 2008). 이것이 기든스(Giddens, 1979)가 말한 "권한부여authorization"의 능력이다. 권한부여는 지배적인 문화 가치의 내면화와 그 가치의 틀에서 지배적인 지위를 차지하는 사람들의 확인에 기인한다. 권력은 정통성에서 나오며 정통성은 기존의 지배 틀이 옳고 정확하고 정당하며 유효하다는 믿음에 좌우된다(Held, 1989; Beetham, 1991; Scott, 2008). 이런 타당성은 또 상징과 사회적 의미가 바탕을 이룬 일련의 독특한 전문지식을 인정한 결과다. 그리고 이런 전문지식이 집단이나 개인이 모인 네트워크로서 상징과 사회적 의미를 독점한다. 그러나 엘리트로서의 이들의 권력은 이들 전문성이 어떻게 가시화되느냐에 따라 제한된다. 이는 그들의 권력이 해당 사회의 커뮤니케이션 모델에 의존한다는 것을 의미한다.

대중매체의 보도와 네트워크화한 사리사욕

비록 1990년대 중반에 소통 방식에서 극심한 변화가 나타나기는 했지만 최근까지도 우리는 주로 매스컴과 매스컴이 중개하는 방식 속에서 생활해왔다. 이런 흐름은 실험을 통한 새로운 제도를 만드는 것이 아니라 사회의 존재하고 있는 제도 내에서 개인의 통합을 촉구한다. 1990년대와 2000년대 초기에 네트워크화한 사리사욕 문화의 발생과 발달이 가져온 새로운 산물은 문화의 잡종성hybridism이었다. 생활화된 인터넷처럼 네트워크를 구심점으로 가능해진 네트워크 개인주의의 산물이

제8장
위기의
파도타기:
소속감의 문화
네트워크화한
사회변동

면서, 개인적인 힘은 안정시키고 사회적 신뢰는 쇠락시키는 가치와 신념이 보급되어 도구화된 과거의 대중매체 기술이 낳은 결과이기 때문이다. 만일 금융경영 엘리트가 네트워크화한 사리사욕 문화 구조에서 중심 행위자라면 문화적 행동을 전파하기 위해 그들이 행사하는 소통의 힘은 어떻게 주어진 것일까? 카스텔(Castells, 2000)과 호프(Hope, 2010)의 견해를 인용하면, 우리는 먼저 이런 문화의 전파는 규제 완화 정책과 금융 활동의 세계화, 자본주의의 금융화, 갈수록 네트워크화하는 대중매체, 원거리 통신과 컴퓨터 등이 출현하고 확산되는 시기에 발생했다는 사실을 먼저 기억해야 한다. 바로 이 같은 요인들이 놀라운 경제성장을 가능하게 했을 뿐 아니라 동시에 2008년의 위기를 낳은 금융 리스크를 축적하는 가운데 도구로서의 기능을 수행했다. 호프(2010)가 지적하듯이, 투자은행의 힘, 가계부채의 증권화, 대출 파생상품의 확산, 글로벌 컴퓨터 네트워크와 뉴스 매체의 역할 등은 모두 위기가 폭발하고 세계적으로 급격히 확산되는 조건을 만드는 데 중요한 역할을 했다. 그러나 1989년 베를린 장벽 해체부터 2001년 뉴욕 세계무역센터 건물의 붕괴까지를 살펴보면, 하루 24시간 일주일 내내 지속된 글로벌 뉴스의 방송, 세계적인 금융 네트워크 출현, 온라인 거래 확산이 조합된 결과 비즈니스 뉴스 매체의 작동 방식에 변화를 일으켰던 시기임을 확인할 수 있다. 비즈니스 뉴스 매체는 그 10여 년 동안에 시장에서 명성이 높은 사람들로 구성된 독립적 전문가 시스템을 구축하기 시작했다. 엔터테인먼트 매체에는 자체적인 연예인 시스템이, 할리우드에는 스타 시스템이 있는 것처럼 비즈니스 뉴스 매체는 **분석가 시스템**analyst system을 개발했다. 1980년대의 뉴스 해설자 시스템이 정부 인사와 학계, 민간 부문의 경제 전문가를 활용하는 특징을 보였다(Hope, 2010)면 새로운 분석가 시스템은 주로 전국적인 통계수치에 대한 거시적 분석과 무역수지, 경제성장, 고용 전망 등에 의존했는데 이 모든 자료는 보통 정부나 학술 기관에서 작성한 것이었다. "투자자" 자본주의와 "새로운 월스트리트" 시스템에 기초한 규제 완화 모델 아래서 종합 매체와 비즈니스 뉴스 매체는 세계금융 환경을 분석하는 해설자들을 만들어내는 방향으로 발전했다. 비즈니스 뉴스 매체는 은행가와 금융 거래자, 투자가, 주식 중개인 등 금융경영 엘리트에 의존하는 시스템의 특징을 수용했고 금융시장에 출현하는 실시간 자료에 대해 개인적 의견을 발표하고 해설하는 것이 갈수록 해설자의 관행으로 굳어졌다. 이 같은 흐름에서 자연스럽게 상호 의존적인 시스템이 출현했고, 금융 네트워크에서 만들어진 데이터 분석 자료는 그 자체로 금융 거래자의 매매에 관한 안내 정보 기능을 하게 되었다. 그 결과 뉴스 매체 분석에 기반을 둔 매매 의사 결정이 지속적으로 이루어졌고, 비즈니스 뉴스 매체와 시장은 세계적인 위기를 함께 겪을 수밖에 없는 시스템이 만들어졌다. 금융경영 엘리트의 시장에 관한 전문적인 결정과 뉴스 해설 속에 내재된 그들의 가치와 신념을 전 세계에 롤 모델로 전파하는 시스템은 바로 네트워크화한 사리사욕 문화를 기반으로 한 것이었다.

금융경영 엘리트가 뉴스 매체에 주기적으로 등장하고 이들 해설자의 진행 방식이 일반화되면서, 비즈니스 저널리즘은 네트워크화한 사리사욕 문화의 가치 속으로 더 깊게 침투하게 되었다(Tambini, 2010). 네트워크 개인주의가 생겨나는 물질적인 조건이 확산되고, 금융경영 엘리트는 그 조건을 활용했다. 또한 비즈니스 뉴스 매체가 변화하자 사회적 행위자들의 새로운 문화가 확산됐다. 이들은 개인의 힘을 키우고 사회적 신뢰가 소멸하는 것을 선호하는 경향을 보였다. 네트워크화한 사리사욕은 정치, 경제, 문화에서 장기적으로 효과를 지속하며 많은 실권자들에게 롤 모델로 작용했다. 그러나 우리가 또 지적하지 않을 수 없는 것은, 가치와 신념은 사람들에게 이익이 될 때만 유지된다는 점이다. 2008년 위기 이후, 네트워크화한 사리사욕의 문화 아래에서 형성된 행위는 비난과 비판의 대상이 되었다. 따라서 우리가 자문해야 하는 것은 다음 질문이다. 새로운 관행을 형성하고, 다양한 가치에 영향받으며, 그 자체가 사회 전반에 걸쳐 새로운 모델이 될 만한 변화의 신호를 찾아낼 수 있는가?

제8장
위기의
파도타기:
소속감의 문화
네트워크화한
사회변동

위기의 최초 신호가 나타나고 5년이 지난 지금, 이번 위기는 1973년 석유위기 이후 우리가 자본주의 경제에서 겪었던 것과는 다르다고 추정할 수 있을 것 같다. 다른 위기라고 하는 까닭은, 세계화된 세계에서 중국이 경제와 외교에서 중심 역할을 하고 미국과 유럽의 힘이 약해지는 가운데 이번 위기가 발생했기 때문이다. 또 유럽과 미국은 두 차례의 전쟁으로 힘이 소진되었고, 금융 부문은 스스로 선택한 결과로 폭발했으며, 그 후에는 살아남기 위한 과정에서 주권국가의 금융자산이 고갈되었기 때문이다. 마지막으로 유념할 것은 지금의 위기 속에서 미래의 성장과 부의 창출은 더 이상 직접적으로 많은 일자리를 창출하는 것을 의미하지 않는다는 점이다.

위기에는 모두 갈등 요소가 들어 있지만, 일반 대중이 일으키는 갈등은 많지 않다. 갈등은 보통 잠재적 엘리트 계층이 만든 것으로, 그들은 힘을 행사하기를 갈망하지만 현재의 엘리트에게 허용받지는 못하는 계층이다. 경제가 성장하는 시기에 사회이동social mobility•과 민주주의의 메커니즘은 잠재적 엘리트와 현재의 엘리트가 벌이는 상징적인 싸움에서 도구로 활용된다. 그러나 위기가 지속될 때 이 메커니즘은 효율성을 상실하는 경향이 있다. 우리 사회는 지식과 정보의 역할에 기반을 둔 사회이며, 사회 영역에서부터 경제, 정치에 이르기까지 모든 것이 세계경제 시스템의 가치와 연결된 네트워크 사회다. 그런데 힘을 행사할 수는 있지만 이번 위기에서 낙오한 사람들은 대학을 졸업한 정보 전문직 종사자들이다. 그들은 사회이동의 기대감과 일치하는 직업을 찾을 수 없으며, 때로는 직업 자체를 전혀 구할 수 없는 사람들이다. 우리는 그들 가운데서 새로운 사회 갈등을 일으키는 행위자를 발견하게 된다. 이들이 겨누는 대상은 누구이며 목표는 무엇인가?

•개인 또는 집단이 어떤 사회적 위치에서 다른 사회적 위치로 이동 또는 변화하는 현상.

새로운 사회 갈등은 개인주의화된 행동의 산물이며 동시에 네트워크화된 행동의 결과이기도 하다. 이들은 익명으로 행동할 때가 많지만 온라인 소셜네트워크 속에서 지원을 찾는다는 특징이 있다. 자신들의 행동을 통해 사회변동을 추진하는 엘리트(그리고 새로운 듯이 보이는 네트워크화된 문화를 먼저 받아들인 사람early adopter)들은 금융경영 엘리트나 네트워크화한 사리사욕 문화와는 근본적으로 다르다. 우리는 현재의 힘에 도전하는 엘리트를 **목표를 따르는 엘리트**elites by objectives라 부른다. 이들이 디지털 네트워크를 수단으로 주의를 환기하고, 다른 사람들에게 그들이 원하는 활동에 참여하도록 권고하며, 각종 기관에 구체적으로 영향을 줄 때에만 동료의 인정을 받기 때문이다. 이들의 힘은 네트워크 내에서 발생하고, 행동과 목표를 끊임없이 업데이트하는 이들의 능력을 바탕으로 온라인 소셜네트워크와 길거리 양쪽에서 상징적으로 표현된다. 또 이들은 구성원들에게 끊임없이 접근하는 논리 구조 하에서 아이디어와 행동을 공유하는 네트워크를 유지한다. 우리는 새롭게 네트워크화한 소통 모델(Cardoso, 2011)의 배후에 있는 소통의 힘(Castells, 2009)을 알고 있지만, 눈앞에 펼쳐진 힘겨루기가 몰고 올 앞으로의 결과에 대한 지식은 부족하다. 이 싸움은 위기의 시대에 더욱 중요하게 간주되는 문제의 주변에서 펼쳐질 것으로 보인다.

다음 여러 예에서 살펴보겠지만, 이 싸움은 정치 시스템 내부 변화의 필요나 경제적 변화를 모색하는 것과는 다를 때가 많다. 때로는 우리가 비즈니스와 우리 자신의 삶 자체를 받아들이는 방식에도 변화가 생길 것이다. 지금부터 우리는 위기의 시대에 네트워크 사회 내부에서 문화의 변화가 촉발한 행동의 변화 과정을 추적할 것이다. 네트워크 사회는 신구 세대가 네트워킹의 디지털 영역을 채택하고 이를 통해 위기와 사회변동의 실험이라는 파도를 헤쳐나가는 방법을 배우는 공간이다. 목표를 따르는 엘리트들은 네트워크 사회에서 혁신자의 역할을 떠맡으며 때로는 대학이나 정당, 비정부기구NGO, 특수 이익집단special interest group 같은 전통적 기관에서 실험을 하기도 하고, 어떤 때는 거리와 광장으로 뛰쳐나가 네트워크의 개인network individual으로서 정체성

제8장
위기의
파도타기:
소속감의 문
네트워크화한
사회변동

을 발휘하기도 한다.

변화를 향한 약속: 글로벌 비즈니스 서약

여기서 분석하게 될 사회변동을 향해 중재된 소속감의 첫 번째 예는
전 세계에서 직업윤리, 즉 경영윤리의 변화를 꾀하는 젊은 경영자와
MBA 학생으로 이루어진 소집단의 행동에서 유발된 것이다. 우리가
알고 있는 것처럼 경영대학원이 등장했을 때 경영을 전문 직업으로 전
환하는 노력은 있었지만, 윤리적인 우려는 이익 극대화와 경제적 효율
성을 선호하는 흐름 때문에 도외시되었다. 2008년에 라케시 쿠라나
Rakesh Khurana와 니틴 노리아Nitin Nohria가 『하버드 비즈니스 리뷰』에
기고한 논문에는 전문 경영의 규칙에 대한 지침이 담겨 있다. 그 논문
에 따르면, 경영대학원에서 공부한 사람들을 위해 바람직한 행동 기준
을 양식화하려는 몇 가지 시도가 있었음을 알 수 있다. 그런 실험이 경
영대학원 차원에서 이루어진 뒤에, 세계경제포럼WEF의 차세대 지도자
Young Global Leaders 모임, 경영학석사 선서MBA Oath, 아스펜 연구소Aspen
Institute, 책임지는 경영교육 원칙PRME 기구, 유엔글로벌콤팩트UN Global
Compact, 전문 기업경영자 연합APBM, 넷임팩트Net Impact, 캐나다 경영
학석사 선서Canadian MBA Oath 같은 형태로 글로벌 경영윤리의 국제적
인 기준을 제정하려는 노력이 이루어졌다(The Oath Project, 날짜 없음).
그들은 힘을 합쳐 선언 프로젝트를 추진했다. 소셜미디어의 힘은 경영
대학원 학생들이 시작한 경영 풀뿌리운동에서 조명을 받았는데, 학생
들은 경영 활동의 절대적인 목표로서 확고해진 주주가치에 대항했다.
이들의 활동은 부분적으로는 중복되는 개인 소셜네트워크와 조직을
활용하고, WEF의 플랫폼인 웰컴WELCOM 같은 개인 소셜네트워크와
더 넓게는 대중에게로 활동을 확산시키겠다는 의지를 가진 개인들의
도움을 받아 빠르게 확산되었다.

선언 프로젝트와 글로벌 비즈니스 선언은 네트워크화한 사리사욕
문화에서 전형적으로 드러난 가치와 신념이 실패했음을 인식한 사례이

며, 비즈니스 문화를 변화시키고 그 과정에 사회를 변화시키기 위해 이용할 수 있는 도구가 있다고 생각하는 동료 집단이 사회변동을 선도할 수 있다는 깨달음을 준다.

변화를 지향하는 공공정책: 해적당

문화의 변화를 통한 사회변동의 두 번째 사례는 다양한 팬과 인기 있는 문화상품의 분배 행위에서 시작된 변화가 사회적 변화의 동력으로서 정당 시스템을 활용하는 것으로 이어지는 경우다. 해적당Piratpartiet은 파일 공유와 반反저작권 행동 운동으로 출발한 스웨덴 정당이다. 해적당은 여러 나라로 성공적으로 확산되면서 2011년의 베를린 지방선거에서는 9퍼센트의 지지를 받아 15석의 의석을 차지했다. 공식적으로 등록된 해적당은 유럽과 캐나다에서만 찾아볼 수 있지만, 국제적으로도 매우 성공한 정치운동으로 간주할 수 있다. 더욱이 튀니지의 해적당원인 슬림 아마모Slim Amamou는 새로 출범한 튀니지 정부에서 청소년체육부 장관에 임명되기도 했다(BBC News, 2011a).

세계 각국 해적당의 몇몇 강령을 분석해보면 이들의 공통적인 이념이 개인의 기술적 해방을 중요하게 다루고 있음을 알 수 있다. 이는 디지털 시대에 기득권층의 이해를 보호하기 위한 인위적인 정보 부족과 관련 있으며 한편으로는 다양한 국가적 맥락에 적응하는 것이다. 그러나 여러 국가의 정당들이 아이디어 공유에 집중하는 과정에서 새로운 많은 아이디어가 시험되고 있다는 사실을 간과해서는 안 된다. 예를 들어 영국에서 같은 명칭의 정당이 세운 주요한 목표 중 하나는 특허가 있는 의약품들을 제네릭 약품generic drug*으로 만드는 것인데, 이들은 제네릭 약품이 국민건강보험NHS**의 비용을 수백 만 파운드나 줄여줄 것이라고 주장한다(BBC News, 2010). 스페인에서는 시민들이 정

---

* 특허가 없는 약으로 가난한 국가 혹은 계층을 지원하기 위한 의약품.
** 영국이 자랑하는 무상의료 시스템.

제8장
위기의
파도타기:
소속감의 문화
네트워크화한
사회변동

당의 결정에 참여할 수 있도록 실시간 참여 플랫폼을 만들어야 한다는 주장이 있다(Partido Pirata, 날짜 없음). 이탈리아 해적당은 참여민주주의와 참여 문화, 사생활 영역에 대한 연구를 촉진하고, 동시에 그 결과로 얻은 지식을 과학계에 전파하겠다는 목표를 분명히 밝히고 있다. 소수의 원칙—사생활과 언론의 자유, 저작권 폐지—을 공유하는 것에서 출발한 해적당 설립 그리고 의료에서 교육에 이르는 몇몇 생활 영역에 관한 해적당의 정치적 담론의 진화는 사회의 일반 관행에 뿌리를 둔 가치와 신념의 힘을 실감하게 하며—비록 그들 행위가 법적 테두리를 벗어날 때가 많음에도—느슨한 개인으로 구성된 소규모 조직에서 어떻게 제도화된 정당 네트워크로 발전하고 공공정책에 영향력을 행사하고 사회변동을 이끌어내는지를 보여준다.

변화를 지향하는 개방성: 위키리크스

위키리크스WikiLeaks는 많은 논란에도 불구하고 네트워크화된 문화를 변화에 적용한 가장 대표적인 사례다. 위키리크스의 행위 저변에 깔린 규칙은 누군가에게 공익으로 고려될 수 있는 정보를 생산했다면, 그 정보는 공유할 만한 가치가 있다는 것이다. 위키리크스는 또 크라우드소싱crowd-sourcing*과 크라우드펀딩crowd-funding**으로 운영되는 세계적인 비영리기관처럼 '공개'를 기반으로 한다(Sreedharan, Thorsen, and Allan, 2012). 홈페이지에는 2007년에 출범한 이래 "위키리크스는 나머지 세계 언론을 합친 것보다 더 많은 비밀 정보 문서에 대한 접근 제한을 해제했다"는 문구가 적혀 있다. 제이 로젠Jay Rosen(2010)은 위키리크스가 인터넷이라는 세계적인 무국적 논리 구조를 활용하는 세계 최초

---

*'대중crowd'과 '외부 자원 활용outsourcing'의 합성어로 생산과 서비스 과정에 소비자 혹은 대중을 참여시켜 더 나은 제품과 서비스를 만들고 수익을 참여자와 공유하는 방법.
**소규모 후원이나 투자 등의 목적으로 인터넷과 같은 플랫폼을 통해 다수의 개인들로부터 자금을 모으는 행위.

의 무국적 뉴스 기관으로서, 국가의 법적 보호를 받으며 그 테두리 안에서 기능하는 기존 언론 매체의 강력한 책임이라는 역사의 추세를 뒤집었다고 말했다(Sreedharan, Thorsen, and Allan, 2012 참조).

위키리크스가 준 충격은 언론과 국가의 관계를 변화시킨 데 국한되지 않고, 탄탄하게 자리 잡은 언론의 보도 내용에 영향을 주면서 정보에의 접근을 통제하는 국가의 권위를 잠식하고 게임의 법칙 자체에 변화를 주고 있다. 소셜미디어와 공공서비스의 원칙에 토대를 둔 이 혁신적인 기관은 전통적인 힘의 균형을 무너트리고 개인에게 힘을 실어주면서 공익을 위해 민감한 자료를 발표한다. "위키리크스는 잠재적 위협의 원천을 소수의 위험한 해커와 대부분이 무해한 운동가들—두 집단은 모두 제도권의 외부자—로부터 내부자로 이전시켰다(Bodó, 2011)." 미대사관통신The US Embassy cables *과 위키리크스, 뉴욕타임스, 가디언, 르몽드, 슈피겔, 엘 파이스 등의 연합은 '네트워크화한 소통 모델Networked Communication Model'(Cardoso, 2011)이자 공개문화의 사례로 부상했다. 또 이런 문화를 적용함이 단순한 신문 사업의 디지털화보다 어떻게 더 많은 변화를 일으키는지를 보여준다.

위키리크스의 행동은 기업윤리와 국제 상호 관계의 윤리 그리고 우리 사회의 저널리스트와 저널리즘 역할 등에 관한 논의에 강력한 충격을 주었다. 나아가 이들은 정부가 시행하고 국내법과 국제법이 정의한 '보호'에 관한 사회적 인식과 사생활 사이의 모순 및 부조화를 드러냈다. 위키리크스가 사례 연구 대상으로 광범위하게 활용되는 것을 고려했을 때, 위키리크스는 오늘날 우리 사회에서 정보의 역할에 관심을 기울이는 소규모 비영리기관이 어떻게 권력에 대한 새로운 문화적 인식을 기반으로 사회변동을 몰고 오는지를 보여주는 강력한 예다.

제8장
위기의
파도타기:
소속감의 문호
네트워크화한
사회변동

---

*위키리크스가 2010년 11월 미국의 기밀 외교문서를 다량 유출시킨 웹사이트.

변화를 지향하는 능력: 어노니머스

해커는 그들 스스로 네트워크를 형성할 수도 있는데, 그 과정에서 이들은 다른 형태의 특수 이익집단이 된다. 위키리크스가 워로그스War Logs•와 대사관통신Embassy Cables을 공개하기 이전까지 "어노니머스 Anonymous"라는 이름의 네트워크화된 '비정부 조직'이 인터넷상에서 익명 문화의 구심점이었던 사례가 바로 여기에 속한다(Blair, 2008). 설명하는 글과 함께 이미지를 올리게 되어 있는 포챈4chan•• 이미지 보드 등의 웹사이트는 이용자 등록을 요구하지 않는다. 이용자의 이름이 없다는 것은 그 사이트에서 표현된 행위 대부분이 "통제되지 않는 밈meme•••의 성장 때문에 지속적으로 변화하는(Blair, 2008)" 환경 속에서 "Anonymous(익명)"로 처리된다는 것을 의미한다. 이들은 언론의 표현과 달리 위험하고 능숙한 해커가 아니라 보통 "운영operation"이라 일컫는 행위를 가끔 함께하는, 생각이 같은 개인들이 선택한 집단의 이름일 뿐이다. 이런 집단에서 회원 자격이란 임시방편에 지나지 않는다. 언더우드Underwood와 웰저Welser(2001)는 "프로젝트 채놀로지Project Chanology••••를 계획하고 토론하고 협의하고 집행하기 위해" 어노니머스의 회원들이 사용하는 공공 온라인 소스를 관찰했다. 이 운동은 사이언톨로지Scientology•••••에 반대하는 온·오프라인 저항 활동으로 이루어졌다. 확실치는 않지만 인권과 언론의 자유를 침해하는 것으로 알려진 사이언톨로지에 대해 저항운동을 벌이는 참여자들은 그들을 스스로 "장난꾸러기trickster"라 부르며, 그 같은 저항운동에 참여하는 것

•이라크 침략과 학살 전쟁의 실체를 폭로해 충격을 준 위키리크스의 별도 웹페이지.
••이미지 기반 게시판형 미국 커뮤니티 서비스.
•••리처드 도킨스의 저서 『이기적 유전자』에서 처음 제시한 용어로, 모방을 통해서 전해지는 비유전적 문화 요소를 말한다.
••••사이언톨로지교의 행위에 반대하는 어노니머스 회원들의 운동으로 영어권 이미지 보드인 711chan.org와 4chan 이용자들의 주도로 시작되었다.
•••••공상과학 소설가였던 로널드 허버드Ronald Hubbard가 창시한 종교로서, 과학기술을 통한 영혼 치료, 영혼 윤회 등을 신봉한다.

을 대부분 '재미'로 간주했다.

그러나 언론 보도를 통해 어노니머스 참여자들이 일반 대중에게 인식된 것은 "보복작전Operation Payback" 사건 때문이었다. 보복작전 배후의 이용자들은 위키리크스에 대한 지지를 보여주기 위해서 페이팔PayPal과 마스터카드, 비자, 아마존 등의 기업에 반대해 디도스 공격 감행을 통해 보복했다(Amorosi, 2011). 어노니머스의 강점 중 하나는 전형적인 '집단 구조'가 존재하지 않는다는 것이다. 그 대신 개인이 자신의 행동에 책임을 지는 것으로 보인다. 어노니머스의 여러 행동은 특별한 관심사를 둘러싸고 소셜미디어의 문화적 접근 형태로 발전했다. 풍자적이고 얼굴이 없는 '집단의 전형collective-turned-archetype'으로 회원의 신원을 확인하는 것이 유일한 모집 요건이다. 바로 그런 특징 때문에 같은 '구호' 아래 타인과 함께 행동하지 않으면 어노니머스의 진정한 일원이 될 수 없다. 어노니머스는 고도로 숙련된 디지털 기술과 글쓰기 능력을 갖춘 사람들이 공동의 목표 아래 움직일 때, 이들이 잘못되었다고 생각하는 것을 변화시키는 행동이 가능함을 보여준다. 물론 이 같은 특징은 앨런 무어Alan Moore가 자신의 소설 『브이 포 벤데타V For Vendetta』에서 그린 가면 쓴 주인공―어노니머스가 이 인물을 아이콘으로 사용하는―처럼 조직화된 행동을 유도하기는 하지만, 이들의 행동은 또 고도의 기술을 갖춘 해커들의 개인주의로 구성된 디지털 영역에서 집단행동을 위한 자극과 그에 따른 사회변동이 새로운 형태를 띤다는 것을 보여주기도 한다.

변화를 지향하는 소셜미디어: 아랍의 봄

2010년 12월 17일, 튀니지의 시디 부자이드Sidi Bouzaid 시에서 26세의 노점상 모하메드 부아지지Mohamed Bouazizi가 경찰에게 구타당하고 굴욕을 받은 것에 항거해 시장 관저의 문 앞에서 자기 몸에 불을 지르는 끔찍한 사건이 발생했다(*New York Times*, 2011). 사람들은 부아지지를 벤 알리Ben Ali 정권이 자행한 독재의 희생자로 여겼고, 이 사건은 전국

위기를
넘어서

제8장
위기의
파도타기:
소속감의 문화
네트워크화한
사회변동

적인 저항을 유발해 혁명으로 치달았다. 재스민혁명Jasmine Revolution •
의 성공은 북아프리카와 중동 전역에서 일어난 일련의 대중봉기의 신
호탄이었다. 이 사건은 2010년에 벌어진 "아랍의 봄Arab Spring"이라 불
린다. 1월 25일, 이집트에서 조직적인 저항 시위대가 카이로 시가지
를 점령했으며 2월 11일, 호스니 무바라크Hosni Mubarak 정권을 무너트
렸다(*Guardian*, 2011). 2011년 1월 말에 이르자 시위는 예멘과 레바
논, 시리아, 모로코, 오만, 요르단, 팔레스타인으로 확산되었고, 2월에
는 바레인과 이란, 리비아, 이라크까지 확대되었다. 봉기의 원인은 북아
프리카와 중동에 번진 세계 경제위기의 충격과 관련이 있는 것으로 인
식되었지만 "수십 년간 민중의 참정권이 무시된 것"이나 "부패한 정부
와 지속적인(지금은 기록으로 잘 남아 있는) 인권 탄압"과도 관계가 있었
다(Hanelt and Möller, 2011). 이 사건들은 또 인터넷이나 소셜미디어에
서 집중 조명을 받기도 했다.

위키리크스는 벤 알리의 부패를 비난하는 미국 외교관의 통신문을
유출했다. 튀니지인의 약 40퍼센트는 인터넷을 사용하며 그중 절반은
30세 이하로 페이스북을 이용하고 있었다(Mourtada and Salem, 2011).
"새로운 미디어 지식 인구"가 기술을 활용해 대중의 저항을 표현하고,
분노를 보여주며, 시위의 정보를 퍼뜨렸다는 사실을 지적할 필요가 있
다(Harb, 2011).

소셜네트워크 사이트가 오늘날 많은 사회조직의 토대로서 효율적
으로 대중을 연결하며 정보 교류를 가능하게 하는 것은 분명 사실이
다. 그러나 그것이 북아프리카와 중동의 폭동을 유발한 원인이라고 주
장하는 것은 잘못된 생각이다. 혁명의 소용돌이에서 새로운 형태의 의
사소통 형식으로 문제 제기를 하는 것은 매우 중요하다. 그렇다고 그
것들을 혁명의 요인으로 보아서는 안 될 것이다. 사회적 소통의 맥락에
는 다양한 소통 기반 이외에도 훨씬 더 많은 요소가 필요하다. 항의 시

•23년간 독재를 해오던 튀니지의 벤 알리 정권에 반대해 2010년 12월 시작된 튀니지의
민주화 혁명으로 튀니지의 국화인 재스민에서 이름을 따왔다.

위가 이어지는 동안 이집트 당국은 며칠간 전국의 인터넷과 모바일 통신을 차단했다. 토머스 천Thomas M. Chen (2011)에 따르면, 그 조치가 "저항하는 시민들을 더욱 선동했다"고 한다. 튀니지 정부는 특히 뉴스 사이트와 블로그를 차단했고 블로거를 체포하고 페이스북의 비밀번호를 빼내기 시작했다(Chen, 2011). 한편 구글은 이집트 사람들을 위해 전화를 걸어 음성메시지를 남기면 트위터 메시지를 보낼 수 있는 서비스를 제공했다(Oreskovic, 2011). 또 다른 흥미로운 것은 소셜미디어와 매스컴, 그중에서도 특히 텔레비전 방송의 표현이었는데, 텔레비전 채널인 알자지라는 혁명에 대한 관심과 삶의 실태를 공유하는 분위기를 형성하는 데 핵심적인 역할을 했다. 알자지라는 시민기자가 찍은 영상이 포함된 타흐리르 광장Tahrir Square • 시위를 보도했고, 이집트 당국은 튀니지에서와 똑같이 채널을 차단했다. 그러나 이용자가 만든 뉴스, 즉 시민들이 찍은 영상은 계속 재방송되었다(Harb, 2011).

이런 국제적인 지원과 시위가 정치적 변화에 끼친 영향에서 국제적인 텔레비전 뉴스 채널의 영향을 느낄 수 있다. 그리고 대중이 봉기하기 위한 소통 환경이 중요하기는 하지만 다각적인 차원이 관건이며, 새로운 매체 단독으로는 광범위한 사회변동을 이끌 수 없다는 것을 알 수 있다. 아랍의 봄 운동과 이 운동이 성공한 것은 자율적인 조직 도구로서 인터넷과 휴대전화를 활용한 것과 관련이 깊다. 그러나 동시에 이런 도구가 우리의 흥미를 끄는 까닭은 원래는 정치적 정보뿐 아니라 선정적인 오락 프로그램에 대한 접근을 통제하기 위해 정부가 도입한 검열을 회피하기 위해 사용되던 수단이 어떻게 젊은 세대들이 저항 시위를 이끌도록 만들었는지를 보여주기 때문이다. 해당 사례는 대중문화에 접근하고자 개발된 행동의 전염에 관한 이론적 접근법이 민주주의를 위한 투쟁을 지원하는 핵심 역할을 했던 실제적인 사례다.

제8장
위기의
파도타기:
소속감의 문화
네트워크화한
사회변동

• 이집트의 수도 카이로에 있는 광장.

변화를 지향하는 음악: "쓰레기 세대"

2011년 1월 22일, 포르투갈의 밴드 "둘린다"가 오포르투 콜리세움 Oporto Coliseum 공연에서 "나는 얼마나 어리석은가"라는 미공개 노래를 불렀다. 그 노래는 포르투갈에서 젊은 세대의 현재 삶과 그들이 가족에게서 독립해서 돈을 벌고 성공하기 위한 일자리를 구할 때 겪는 어려움을 묘사했다. 공연은 휴대전화로 녹화되어 온라인에 올라갔고, 유튜브와 페이스북을 통해 공유되면서 "쓰레기 세대" 운동의 시발점이 되었다. 이 '쓰레기 운동'은 4명의 주도자가 2011년 2월 5일 페이스북을 통해 운동을 설명하고 온라인 선언에서 목표를 밝히면서 시작되었다.

> 우리는 실업자이거나 '소득 500유로의 시민'이며 나머지는 일한 만큼 제대로 보수를 받지 못하는 사람이다. 사실상 노예 같은 생활을 하고 노동계약이 없거나 단기계약으로 일하는 사람들, 학생들, 학위를 가진 사람이다. 우리는 포르투갈의 대학생, 어머니, 아버지, 아들이다. 지금까지 이런 환경에서 생활한 우리는 오늘 우리나라의 질적 변화를 촉구하기 위해 이 자리에 모였다(Precarious Manifest, 날짜 없음).

2011년 3월 12일 포르투갈의 몇몇 도시에서 벌어진 **쓰레기 세대** 시위는 페이스북을 통해 시간별로 알려졌고, 텔레비전과 신문에서 보도하여 널리 전파되었다. 이들 시위는 당파와 종교를 초월해 평화적으로 해법을 요구하는 운동이어서 더욱 힘이 실렸고, 실업 문제를 해결하고, 노동조건을 개선하며, 대학 졸업 자격증의 가치를 널리 인정하라고 정부에 압력을 가했다. 바로 이런 것이 높은 실업률로 고통을 받으며 노동시장에서 대부분 단기 노동자나 수습직원으로 일하는 포르투갈의 젊은 세대가 제기하는 요구 사항이다.

소셜네트워크 사이트는 이 운동의 주요한 소통 경로였으며 조직의 기반이 되었다. 이 운동이 성공한 것은 부분적으로는 젊은 세대 사이에서 눈에 띄게 늘어난 소셜네트워크 보급률에서 비롯되었다. 소셜네

트워크 사이트를 통해 운동은 급속도로 퍼져나갔고 새로운 지지자들
도 모여들었다. 시위를 예고하는 뉴스 보도도 사태 전개에 중요한 역할
을 했다. 서로 중복되는 네트워크가 전통적인 뉴스 매체와 새로운 소
셜미디어 사이의 상호 접속 상태를 어떻게 변화시켰는지 잘 보여준 북
아프리카와 중동에서의 봉기가 아직도 사람들의 기억에 생생하게 남
아 있었다. 시위가 소셜네트워크 사이트에서 힘을 얻자 여론과 언론은
다음에는 어떤 대형 시위가 일어날지를 보도하면서 온라인 세계와 오
프라인 도심부의 장벽을 무너뜨렸다. 리스본에서는 엄청난 수의 시위
대가 도심을 장악했다. 이들의 조직 유형은 포르투갈 사회에서 비제도
적인 갈등을 위한 완벽한 수단을 보여주었다. 전국에서 수십 만 명의
시위자가 집에서 각자 구호가 적힌 포스터를 제작해서 거리로 들고 나
왔다. 그간의 다른 시위와 달리 3월 12일 시위의 핵심적인 특징은 사
회적 다양성이었다. 이 다양성은 시위의 사회적, 정치적 배경뿐 아니라
시위 목표에 대한 분석을 통해 확인된다. 이들의 표적은 한편으로 스
펙트럼이 넓은 정치인과 공무원이었고, 다른 한편으로는 기업 및 금융
자본가들이었다.

　쓰레기 세대 운동과 아랍의 봄 운동은 권위주의 정권과 민주사회
모두에서 네트워크화한 소속감의 문화를 포함한 다양한 문화가 사회
변동을 위한 사회운동의 촉구로 이어지는 예를 보여주었다. 그러나 이
운동에서 가장 흥미로운 특징은 공동 목표에 대한 공감과 공동의 문
제를 안고 있는 세대의 소속감을 촉발하는 데 음악을 이용했다는 점
이다. 음악은 유튜브와 페이스북에 오르는 많은 노래처럼 소셜네트워
크에서 공유되었고, 음악을 듣고 보는 핵심 환경이었던 MTV를 대체
했다. 포르투갈의 페이스북 이용자들 사이에서 필수적인 환경을 조성
하는 데 음악은 어떤 독특한 역할을 했을까? 페이스북에서 공유된 둘
린다의 뮤직비디오는 포르투갈 사회와 경제 상황에 대한 공동의 우려
를 가지고 있는 폭넓은 집단에게 사회적 소속감이라는 의식을 고취하
는 촉매제로 작용했고, 시위의 두 번째 단계로 향하는 길을 열었다. 사
람들이 3월 12일에 열리는 시위에 참여하도록 자극한 것이다. 문화 생

제8장
위기의
파도타기:
소속감의 문화
네트워크화한
사회변동

산물에 대한 검열을 피하기 위해 발전된 기술이 시위를 유발하는 조직 환경을 만드는 데 근본적인 역할을 한 아랍의 봄과는 달리, 포르투갈 에서는 대중문화 역시 사람들을 동원하는 도구 역할을 했다.

이 글에서 설명한 운동들의 공통 요소는 문화적 소비와 대중문화 사이에 형성된 관계 및 처음에는 엔터테인먼트 영역에서 개발된 그것 들의 순환 방식과 상상력, 이야기, 기술과 도구 등이 어떤 식으로 시민 의 참여와 정치적 참여에 영향을 미쳤는가이다. 새롭게 네트워크화한 문화는 지지층과 대중문화에 대한 실험이 이루어질 때 가장 활발하게 번영하는 것으로 보인다. 그 과정을 거친 다음에서야 경험은 시민 정치 운동에서 사회변동을 위해 쓰인다.

네트워킹 공간과 변화를 향한 물결: 스페인혁명의 분노한 사람들

포르투갈뿐 아니라 스페인에서도 경제, 정치, 사회, 문화적으로 위기를 바라보는 공감대가 형성되었다. 청년 실업률이 43퍼센트나 되는 스페 인은 그런 위기가 한 국가에 얼마나 심각한 충격을 주는지 알려주는 한 예다(*Público*, 2011). 2011년 5월 15일에 스페인의 50개 도시에서 **지금 진짜 민주주의를**Democracia Real YA이라는 온라인 플랫폼의 소집 으로 시작된 스페인의 5월 시위는 그 후 유럽 시위의 네트워크로 발전 되었다. 이 시위를 촉발한 온라인시스템은 불과 몇 개월밖에 존속하지 못했지만 200여 개의 군소 협회가 시위에 합류했으며 소셜네트워크와 "입에서 입으로 전해지는 대대적인 디지털"의 전파 수단을 이용해 별 자원을 들이지 않고도 짧은 시간 안에 엄청난 군중을 동원할 수 있음 을 보여주었다(*El País*, 2011a).

이 운동은 아랍권(BBC News, 2011b)과 그리스(*El País*, 2011a), 포르 투갈(*Jornal de Notícias*, 2011), 아이슬란드의 시위에서 영감을 얻은 것 이다. 시위 배경이 된 선언은 이 저항운동이 진보와 보수, 종교인과 비 종교인, 명백한 이념을 표방하는 사람이나 스스로 비정치적이라고 생 각하는 사람을 두루 대표한다는 것이었다. 그래서 "아무런 대책도 없고 아무런 목소리도 내지 않는 정치인과 기업인, 은행가들의 부패 행위 등 우리 주변에 산적한 정치, 경제, 사회 문제에 분노하고 관심을 갖도록" 초당파적인 요구를 한다는 것을 분명히 밝혔다(Democracia Real Ya, 날짜 없음). 선언은 계속해서 "선진사회의 우선적 가치는 평등과 진보, 연대, 문화의 자유, 지속가능성과 발전, 복지, 국민의 행복"이라고 강조(Democracia Real Ya, 날짜 없음)하면서 "주거와 고용, 문화, 의료, 교육, 정치 참여, 자유로운 개인 발전과 건강하고 행복한 생활을 추구하는 소비자의 권리"를 옹호했다(Democracia Real Ya, 날짜 없음). 이 시위는 스페인혁명Spanish revolution 또는 "분노한 사람들"로도 불리는 '15-M(5월 15일)' 운동을 낳았다.

이 독특한 시위의 유별난 특징은 시위의 메시지에 있지 않다. 시위 메시지는 금융위기, 긴축재정, 일부 국가의 경우 구제 프로그램이 젊은 층의 삶에 심각한 영향을 미치면서 시작된 경제 불황에 대응해서 유럽 전역으로 퍼져나간 비슷한 일련의 시위에서 발표된 메시지와 비슷했다. 또 규모가 두드러진 것도 아니다. 오히려 2011년 3월 12일 스페인의 이웃인 포르투갈 전국의 도시에서 벌어진 쓰레기 세대의 시위보다 참여자도 적었다. 근본적인 차이는 한 차례의 대대적인 시위가 아니라 마드리드의 중앙광장Puerta del sol이나 카탈루냐 광장 같은 도심에서 시위자들이 야영을 하며 머물렀다는 사실이다(El País, 2011b). 이 시위의 두드러진 특징은 국제적인 차원으로 문제를 키운 능력이다. 5월 24일 전 세계 675곳이 넘는 도시에서 스페인 사람들에게 영향을 받아 시위가 일어났다. 네트워크화한 소통의 패러다임으로 중복되는 네트워크는 다양한 장치를 거쳐 번져나가고, 메시지는 다양한 미디어를 통해 전달된다. 그래서 15-M 때처럼 더 많은 대중에게 호소하고, 더 많은 사람이 사건의 추이를 더 쉽게 확인할 수 있다. 그뿐만이 아니다. 기자와 신문 독자, 뉴스분석가, 학생, 정치인, 시위자 자신 등 전 세계에 흩어진 사람들에 의해 동시다발적으로 메시지가 통합되었다.

2011년 10월 15일의 세계적인 민주화 시위처럼 '분노한 사람들'이 스페인 전국의 광장을 점령하고 또 한편으로는 해외에서 비슷한 운동

제8장
위기의
파도타기:
소속감의 문화
네트워크화한
사회변동

을 촉구하면서 #스페인혁명 운동#spanish revolution movement은 네트워크
화된 새로운 문화에 대한 인식을 한층 더 발전시켰다. 이제 우리는 단
순히 온라인과 거리에서 전개되는 시위를 목격하고 있는 것이 아니다.
이미 온라인 공간(행사를 조직하고 결정 과정에 참여하면서 사회적 정체성
과 소속감이 생기는)에 대한 지속적인 접근권을 얻은 사람들을 보았고,
도심 광장이나 상징적인 건물처럼 사람들이 모일 수 있는 공간에 대한
지속적인 접근권을 얻기 위한 투쟁을 목격하기 시작했다. 이는 사회변
동을 위한 기본으로 인식되고 있다. 사회적 동원이라는 의미에서 우리
는 디지털 공간과 물리적 공간을 구분하지 않는다. 두 공간에 동시에
소속되는 것이 가능하기 때문이다.

　#스페인혁명 운동은 더 중요한 것은 민주주의에서 현재의 정당이나
대학 같은 기관조차 적합하지 않을 때는 광장이나 네트워크가 정치체
제 개혁에 대한 논의가 가능한 유일한 공간이라는 사실을 보여주었다.
이 운동은 또 정치 권력자들의 목소리와 거리에서 흘러나오는 목소리
가 다르며, 둘 사이에 공통의 문화적 부조화가 있다는 것도 보여주었
다. #스페인혁명은 우리가 지금 서로 다른 두 개의 문화와 서로 다른
두 사회 행위자 집단의 충돌을 보고 있다는 사실을 분명히 드러낸다.
하나는 1980년대의 유산으로서 사리사욕의 문화라면, 다른 하나는
2000년대 문화에서 파생된 소속감의 문화다.

사회변동의 네트워크화

앞에서 설명한 사례들은 사람들이 사회변동에 힘을 행사하는 방법에
대해 무엇을 말해주는가? 무엇보다 이들은 사례에서 나타나는 행동이
우리 사회에서 점점 문화의 변화와 관련된다는 증거를 보여준다. 우리
는 네트워크 개인주의 아래 네트워크 사회에 살고 있지만, 우리 행동의
틀을 규정하는 문화의 바탕은 사리사욕보다는 기존의 네트워크 안에
서 목표를 공유하는 집단에 소속되고 거기서 공동의 이익을 추구하는
능력이 중심이 되는 패러다임으로 이동하고 있다. 이런 문화이동은 가

치와 신념의 변화로 지속된다. 이것은 첫째, 디지털문화의 생산물로 실현되는 변화이며, 우리가 생산과 분배, 소유를 인식하고 네트워크의 동료들과 사회적 네트워킹을 인식하는 방법에 영향을 준 변화다. 둘째, 생산, 분배, 소유에 관한 인식 변화가 사회변동 참여를 촉구하는 기본 요소이기는 하지만, 가장 주된 변화는 우리가 사회조직의 발생을 인식하는 방법에 있으며, 그것이 페이스북과 트위터 같은 소셜네트워크의 중개적인 역할을 강조한다는 것이다. 중개된 사회적 네트워크는 개인의 자본 논리 아래 개인의 네트워크를 관리하는 데 이용될 수 있다. 또 이 네트워크는 카스텔(Castells 외, 2003)이 분류한 직업적 발전이나 소통의 자율, 창업정신, 신체의 자유, 사회정치적 참여, 개인적 자율처럼 다양하고 복합적인 프로젝트에서 자율 경영을 위해 이용될 수도 있다. 이런 맥락에서, 자율은 개인적 혹은 공유된, 특정 사회를 표현하는 문화의 정의를 중심으로 만들어진 개인적 혹은 집단적 프로젝트로 받아들여져야 한다(Touraine, 2004).

이 같은 자율은 자율적 공간이나 시간 속에서 수행하는 근로 영역이나 직업 영역에 관계될 뿐 아니라 개인이나 개인의 주체성, 행동 능력 면에서 도덕적 자율성을 형성하는 것이 얼마나 중요한가에 대한 인식과 갈수록 더 연관된다(Touraine, 2004). 여기서 논의하는 자율 영역은 주로 갈등 상황과 결합될 수 있는데 일차적으로는 상징적인 수준에서 수행되는 목표와 관계가 있다. 슈탈더(Stalder, 2010)가 말한 대로, 자율은 점점 더 서로 다른 차원의 네트워크 소통과 다소 빈번해지는 직접적인 만남으로 이루어지는 반半공개적인 네트워크로 구성되고 있다. 바꿔 말하면 중개 행위는 이제 자율의 발전에 핵심적인 요인이다. 자율의 형성, 즉 자기 계획에 따라 생활하는 사람들의 능력은 어느 면에서 서로 다른 규모로 발생하고, 창의성과 개인차라는 인간적인 조건에 고유한 다양성을 내포한다. 이런 자율 프로젝트는 이미 참여자 사이에 확립된 신뢰에 기반을 둔 소통 규약으로 가능해진다. 사회적 네트워크의 중개 환경에서 신뢰를 만드는 것은 개인 프로젝트의 상호 연결이며, 이렇게 집단적으로 공유한 자율 프로젝트는 신뢰 없이는 작동

제8장
위기의
파도타기:
소속감의 문화
네트워크화한
사회변동

하지 못한다(Stalder, 2010).

그러나 사회적 네트워킹의 진정한 힘은 네트워크화된 의사소통의 요소에 국한되지 않는다. 그 힘은 우리가 이미 효율적으로 사용하는 네트워크에 연결된 네트워크화한 소통 요소로서의 잠재력에서 나온다. 사회적 네트워크는 사회변동을 위해 행동과 중개 공간을 낳을 수 있는 공유된 창조적 공간을 동반한다. 그러나 그 공간은 광범위한 전략 안에서 우리가 투입하고 다시 행동으로 잇는 역할이 좌우한다. 행위자가 네트워크화한 소통 모델에 따라, 즉 개인 상호간interpersonal 멀티미디어 소통과 일대-다수one-to-many를 중개하는 소통, 자체 매스컴(Castells, 2009)과 매스컴을 연결하여 창의성을 관리할 때, 그리고 공유된 아이디어의 힘으로 중개된 맞대면face-to-face 소통 사이의 접촉을 촉진할 때, 소통 행위자들은 네트워크 사회의 맥락에서 사회변동을 위한 조건을 만들어낸다. "이제 그만! 인질을 잡는 것도 거짓말도 살인도 이제 그만! FARC(콜롬비아 무장혁명군)도 이제 그만!"이라고 외친 시위를 분석한 노이마이어Neumayer와 라프Raff(2008)는 그 과정을 정확하게 지적한다. 이 시위는 2008년에 페이스북을 통해 조직되었고 소셜네트워크의 중개로 10만 명의 참여자를 모았다. 그러나 신문과 텔레비전이 공조하면서 2008년 2월 4일, 165곳 이상의 도시에서 최대 인원 50만 명이 집결하는 결과를 냈고, 글로벌 소셜네트워크라는 공간과 시대의 흐름을 만들어냈다.

이러한 과정에서 현재의 소셜미디어라는 도구에 의존하는 중개된 소셜네트워크는 관심을 공유하는 사회적 행위자들 사이에 지속가능한 다리를 만들어주는 근본적인 역할을 한다. 그뿐 아니라 소셜네트워크는 행위자들을 서로 볼 수 있게 해준다. 중개된 소셜네트워크는 행위자들에게 사회변동의 가능성을 제공하지만, 그것은 오직 소셜네트워크가 이질적인 집단에 이르는 사회자본의 연결을 관리하는 데 익숙할 때, 그리고 네트워크의 조직 논리가 네트워크화한 소통 모델의 논리 아래 소통 도구를 활용하도록 할 때만 가능하다. 그렇게 하기 위해서는 네트워크의 힘을 만들어내는 프로그램 설계자programmer와 프로그램 운영기술자switcher, 즉 네트워크의 조직적 기반과 효율성을 제공하는 행위자가 담론과 아이디어로 선언된 행동 지향적인 전략을 개발해야 한다. 담론과 아이디어는 그렇게 새로운 소통 모델 내에서 작동하면서 변화를 이끌어낸다.

새로운 네트워크 행위자와 문화
»

네트워크화한 소통을 만드는 중개 행위는 우리의 미디어 문화를 변화시키고, 그 과정에서의 글로벌 네트워크 사회의 시민인 우리의 가치와 신념을 변화시키고 있다. 그 행위는 미래의 제도를 설계할 수 있는 도구를 제공함으로써 우리가 타인, 조직, 일상과 관계를 만들어내는 방법을 변화시키고 있다. 젠킨스(Jenkins, 2006)가 말하듯이, 미디어 융합을 확대하는 새로운 기술의 개발에 기반을 둔 "전통적인" 수렴이론 convergence theory•은 경험적 지지를 받지 못한다. 우리가 지금 목격하는 것은 새로운 패턴 생산에 기반을 둔 융합이라기보다는 융합 문화를 육성하는 새로운 소비의 패턴이다. 이런 융합 문화는 신구 미디어가 교차한 산물이며, 풀뿌리 미디어와 기업 미디어가 충돌하는 공간이고, 미디어 제작자의 힘과 소비자의 힘이 예측할 수 없는 방식으로 상호작용하는 곳이다(Jenkins, 2006). 또 우리가 지지자와 대중문화를 만드는 방식이 시민이 정치에 참여하는 방식에 영향을 주는 것처럼 보이기도 하는 공간이다.

이런 영향은 예컨대 무바라크 정권의 몰락을 부른 이집트의 시위에 대한 #이집트의18일 #18daysinegypt 프로젝트를 생각하면 이해가 가장 빠르다. 이름에서 짐작할 수 있듯이 이 다큐멘터리는 2011년 1월 25일에서 2월 11일 사이에 발생한 이집트 시위를 다룬다. 이 다큐멘터리는 크

제8장
위기의
파도타기:
소속감의 문화
네트워크화한
사회변동

•대립하는 두 현상이 동질화된다는 이론적 관점.

라우드소싱 전략, 즉 시위 참가자나 목격자가 직접 찍은 장면을 모아서 제작되었다. 이런 방법이 가능한 것은 휴대전화처럼 비디오 저장이 가능한 다양한 기능의 개인 장비가 널리 보급되었기 때문이다. 더욱이 이것은 공동 온라인 플랫폼이나 개인적인 수집 절차에 의존한 것이 아니라, 트위터나 유튜브, 플리커Flicker처럼 이미 인기 있는 웹사이트의 해시태그hash tag 전략*을 활용한다. 지지자와 대중문화를 전제로 수행되는 많은 실험이 사회변동을 위한 시민 및 정치 참여 활동의 롤 모델로 점점 더 많이 이용되고 있다는 사실은 분명해 보인다.

젠킨스가 지목한 것처럼(2008) 미디어 제작자와 소비자의 힘 사이에서 상호소통이 증가하는 예측 불가능한 방식 중 일부가 **네트워크화한 소속감 문화**cultures of networked belonging라는, 이미 잘 정의된 현상을 불러일으키고 있다고 하더라도, 앞에서 분석한 사례 연구에서 나타난 모든 운동과 활동은 사회변동을 목표로 하고 있다. 네트워크화한 소속감의 문화는 우리 가치와 신념을 재구축한 네 가지 차원의 행위로 이루어져 있으며, 그 과정에서 네트워크 개인주의에 뿌리를 두되 사리사욕에 중점을 두지 않는 문화를 만들어냈다. 네 가지 차원의 행위란, 우리가 현재 소유권을 인식하는 방식으로서의 "클라우드 문화cloud cultures",** 우리가 재화와 서비스의 생산을 기대하는 방식으로서의 "공개 문화openness cultures", 재화와 서비스가 분배되기를 기대하는 방식으로서의 "해적 문화piracy cultures", 끝으로 가치와 신념의 변화와 관련해 아마도 영향력이 가장 큰 차원으로서, 관계의 네트워크에서 중개된 환경과 중개되지 않은 경험을 연결함으로써 정체성을 확립하는 방법으로서의 "소셜네트워킹 문화social networking cultures"를 말한다. 우리의 일상생활에서 **소속감**이라는 감각은 다양한 수준에서 자아와 정체성의 사회적·심리적 과정을 재구축한다. 이 감각은 사회적 관계를 드러낼

---

*소셜네트워크 서비스인 트위터에서 '특정 단어' 형식으로, 특정 단어에 대한 글이라는 것을 표현하는 기능.

**구름처럼 형태가 없는 하드웨어나 소프트웨어를 웹을 통해 사용하는 서비스 문화.

뿐 아니라 우리가 현재 미디어와 맺는 관계의 일부를 드러내기도 한다.

오늘날 사회 풍토가 갈수록 네트워크라는 관념에서 형성된 소통 모델에 따라 만들어지고 속성화됨을 감안할 때, 네트워크화한 소속감은 중개된 체험에서 비롯된 근본적인 문화적 특징이다. 네트워크는 중개 행위와 사회적 관계, 그에 따르는 공동체 소속감의 육성으로부터 힘을 얻는다. 이런 점에서, 중개된 소속감은 온라인에서 상상한 공동체의 경계를 확대한다. 우리는 이 같은 소속감을 공동사회주의적communitarian 관여와 자부심을 위한 개인적 욕구 충족, 두 가지 잣대로 경험할 수 있다. 그러나 소속감은 또 기술과 맺는 관계의 속성을 형성하는 가능성으로 드러나기도 한다. 그것은 미디어의 기능과 그 기능의 사회적 결과 사이의 구분을 점점 어렵게 하는 좀 더 복잡한 활용 형태다. 소속감의 문화는 중개를 사회적으로 다양하게 적용한 데서 표현된다. 그리고 사회적으로 적용되는 중개는, 소셜네트워크 참여와 온라인 커뮤니티 참여, 시민의 정치 참여, 이용자를 만들어내는 콘텐츠, 콘텐츠를 만드는 네트워크에서 참여자들 간 공유, 지지자 문화의 상호작용, 파일 공유의 커뮤니티와 네트워크 등 우리의 일상생활에서 끊임없이 일어난다. 그러나 중개 행위가 사회적 상호작용의 중요한 특징이 된 까닭은 사용 빈도가 늘어났기 때문이다. 그리고 페이스북 같은 소셜네트워크 미디어가 일상생활에서 우리에게 커다란 의미를 주면서 **소셜네트워킹 문화**를 네트워크화한 새로운 소속감의 문화의 근본적 특징으로 만들기 때문이다.

네트워크화한 소속감 문화의 두 번째 차원은 오늘날 디지털 생산 영역의 중심이 되는 세 가지 독특한 행위의 산물로서 **공개문화**의 중요성과 가시성이 점점 커지는 데서 찾을 수 있다. 세 가지로 구분되는 행위란 리믹스와 매시업, 오픈소스open source,* 베타beta**와 업데이트 행위를 말한다. 이 세 가지 생산 행위의 조합으로 공개가 바탕을 이루는 생산문화가 전파되기 시작했다. 그 과정에서 우리는 일상생활에서 생산되는 것의 상당 부분이 이런 원리 아래 운영되는 사실을 갈수록 당연하게 여기게 되었다. 공개적인 생산문화의 영향을 받아 사람들은 사

제8장
위기의
파도타기:
소속감의 문화
네트워크화한
사회변동

회변동을 위한 행동과 사건을 만들게 되었다. 마치 비디오나 음악 또는 소프트웨어 같은 디지털 문화상품을 제작하는 방식이 생산의 정의에 대한 우리의 인식에 "표준"의 하나로 자리잡은 것 같다. 이런 개념화는 우리가 디지털의 구성 방식뿐 아니라 사건과 심지어 하드웨어의 생산에 대해 생각하는 방식에도 전염되었다. 예를 들어, 우리는 애플 자체나 애플이 해마다 업데이트하는 아이폰 같은 제품을 잊을 수 없게 되었다. 네트워크화한 소속감 문화에서 공개성의 차원은 공동의 목표를 가지고서 생산 네트워크에 합류하기를 바라는 모든 이에게 진입 장벽이 지나치게 낮다. 이런 네트워크가 왜 업데이트 목표나 행동 전략에서 지속적으로 체계적인 형태를 띠는지 이해하기 위해 우리가 정당성을 찾는 것도 공개의 원칙에서 벗어나지 않는다. 생산과 관련된 핵심 원칙으로서의 공개성은 지속적인 혁신, 다른 사람을 놀라게 하는 능력, 참신성의 배가와 함께 과거의 경험이나 개념에서 멀어지는 경향이 일반적인 문화를 뜻한다.

　네트워크화한 소속감 문화의 세 번째 차원은, 이른바 **클라우드 문화**와 그런 행동이 신념과 가치를 만들어내는 방식에서 찾을 수 있다. 그 신념과 가치는 우리가 현재 소유권을 인식하는 방식을 바꾸고 있다. 소유권은 개인 또는 조직의 소유와 직접적인 관계가 있다. 그러나 자본주의경제가 디지털 네트워크를 도입하면서, 소유권의 가치와 접근성의 상관관계는 점점 높아지고 있다. 이런 경향은 우선 세계 금융시장의 확립에서 찾아볼 수 있다. 현재 세계 금융시장에서는 디지털 네트워크로 거래가 이루어지며, 성공적인 운영은 네트워크의 회원으로서의 자격이 아니라 세계 금융자산에 지속적으로 접근하고 거래할 수 있는 자격에 달려 있다. 금융 네트워크에서 자산 소유는 합법적인 소유권보다는 실시간으로 결정하여 가치의 유지를 가능하게 하는 지속적

* 무상으로 공개된 소스코드 또는 소프트웨어.
** 상업용 소프트웨어 등을 정식으로 발표하기 전에 소프트웨어 검사를 위해 회사가 정하는 특정 사용자들에게 배포하는 시험용 제품.

인 접근성으로 보장된다. 오직 접근과 상호 거래만이 금융 이익, 즉 돈을 벌 수 있게 해주기 때문이다. 만일 접근성이 금융 네트워크에서 소유를 결정하는 핵심 요인이 되었다면, 지난 몇 년간 비즈니스 모델의 경향이 지속적인 소유를 위한 필요조건으로서 접근성에 의존하는 문화로 성장하는 것을 목격했을 것이다. 이런 사례는 우리가 스트리밍 미디어streaming media*를 보거나 들을 때, 또 멀리 떨어진 컴퓨터 네트워크에 보관된 자료에 접근할 때, 그리고 심지어 지메일Gmail이나 핫메일, 야후 같은 메일 시스템을 사용할 때 중개를 적용하는 방식에서 찾아볼 수 있다. 컴퓨터를 사용하고 데이터를 저장하는 기술은 원거리에 대한 접근성에서 발달했으며, 개인의 통신이든 영화나 음악이든, 우리가 디지털 데이터에 대한 소유권을 인식하는 방식이 변화하는 과정에서 진화한 것이다. 우리는 데이터 소지품을 컴퓨터 디스크에 저장하고 가까이에 보관하기 위해 처음에는 플로피디스크를, 나중에는 유에스비USB를 사용하기 시작했다. 그러나 이제는 물리적으로 멀리 떨어진 데이터 클라우드에 개인 데이터를 보관하는 사례가 늘고 있다. 소유권에 대한 인식이 문화적으로 끊임없이 변화하는 가운데, 과거에는 눈으로 직접 데이터가 저장되는 장소를 확인해야만 했던 우리는 이제 세계 어느 곳에 데이터가 저장되어 있건 접근할 수 있으면 소유한 것이라고 믿게 되었다. 이런 특성은 소통의 속성 자체에서, 그리고 네트워크화한 소통 모델의 가능성에서 형성된 문화적 변화의 결과다. 클라우드는 비즈니스 디지털 네트워크 문화의 기초가 되었다. 클라우드 덕분에 새로운 비즈니스 모델이 등장했고, 각 개인에게는 점점 집단행동의 촉진제로 여겨지게 되었다. 이렇게 **클라우드 문화**는 우리가 소유권을 평가하는 방식에 변화를 일으켰고, 그 과정에서 다시 접근성에 대한 가치를 부여하는 문화를 만들어냈다. 그뿐 아니라 사회적 동원이 지속적인 접근성에 의해 좌우된다는 새로운 인식 토대를 제공했다. 클라우드 문화

제8장
위기의
파도타기:
소속감의 문화
네트워크화한
사회변동

---

*주로 소리나 동영상 등의 멀티미디어 파일을 전송하고 재생하는 방식의 하나.

와 그것에서 비롯된 소유(물)에 대한 접근성에 가치를 부여하는 현상은, 구성원에게 중요한 것은 기존의 조직이 아니라 다른 사람이나 멀리 떨어진 공간에 저장된 디지털 콘텐츠를 클라우드의 사용 방식으로 끊임없이 접촉하는 것임을 일깨워준다.

네트워크화한 소속감 문화에 대한 분석에서 마지막 차원은 소위 말하는 **해적 문화**와 네트워크에서는 무언가 이용할 수 있는 것이 있다면 이것을 공유해야 한다는 개념이다. 이는 어떤 조건에서 법적 혹은 기타 정보가 공유 가능한지에 대한 기본적인 문제 제기다. 해적 문화는 우리가 디지털 상품에 어떻게 접근하기를 기대하는지, 또 이렇게 공유된 문화적 구조가 사회 안에서 우리의 가치와 신념에 어떻게 영향을 주는지를 반영한다. 네트워크화한 소통의 해적 문화를 설명하기 위해서는 먼저 해적의 정의에 관한 근원을 찾아야 한다. 보통 우리가 미디어 소비를 대하는 관점은 미디어 산업에서 정한 규정과는 상관이 없다. 우리는 흔히 텔레비전과 라디오, 신문, 게임, 인터넷 그리고 미디어 콘텐츠를 볼 때 그 정보에 대한 접근이 시청료나 구독료의 지불로 이루어진다는 생각은 하지 않는다. 아니면 단순하게 이미 지불된 것이거나 무료로 이용할 수 있는 것(광고비의 후원으로)이라고 생각한다. 다시 말해 우리는 콘텐츠와 배급 채널이, 권리와 의무에 관한 계약의 상업적 관계를 효과적으로 만드는 미디어 기업, 조직, 개인 사이의 제작 관계라는 사고방식 하에 콘텐츠 그리고 사람들이 콘텐츠를 가지고 상호작용하는 방식을 본다. 그러나 만일 우리가 잠시 아시아나 아프리카, 남아메리카뿐 아니라 유럽 전체와 북아메리카에서 볼 수 있는 경험적 증거로 관심을 돌리면 어떻게 될까? 우리는 전 세계에서 점점 더 많은 사람이 규칙이 작동되는 제도권 밖에서 미디어 관계를 형성하는 것을 보고 있다(Sundaram, 2001; Wang, 2003; Larkin, 2004; Yar, 2005; Athique, 2008; Lobato, 2009; Karaganis, 2010). 문화 콘텐츠와 소프트웨어의 접근에서 이런 관계가 형성됨으로써 고개를 드는 의문은 우리가 합법적이거나 불법적인 행위를 하고 있는지보다 이런 행위가 엔터테인먼트 매체의 제공과 소비를 이해하는 우리의 새로운 관점에 어떤 토대를 마련해주는지다. 다변화의 관점에서 이들 문화의 특성에 이름을 붙여야 할 필요가 있는데, 우리는 상당히 일반적으로 발생하고 있는 이런 행위를 '해적 문화'라 부를 것을 제안한다. 요점은 팬과 대중문화가 기업이 지배하는 채널에서 개인이 중요한 역할을 하는 환경으로 옮겨가고 있다는 것이다. 기업은 대중문화와 관련된 개인의 행위가 대부분 불법이지만, 매스컴 모델에 관한 주변적인 경제 집단에서 벗어나 네트워크화한 소통 모델에서 대안 공급 체계로 이동했다고 생각한다.[2] 이렇게 개인적 이용 차원의 성장은 사회에서 공급 채널이 더 이상 기존 조직에 의존할 필요가 없으며, 개인별 네트워킹에 의존할 수 있다는 인식이 일반화되는 상황으로 이어졌다. 이런 변화는 대중문화와 팬 문화 면에서 기업의 경제적 손실을 훨씬 뛰어넘는 결과를 가져왔다. 해적 문화의 핵심 가치인 "존재하는 것은 공유할 수 있다"는 인식의 일반화는 공유 네트워크에 참여하는 것이 단순히 파일 공유에 그치지 않고 공동의 목표를 위한 이벤트를 조직하거나 공유하는 것임을 좀 더 타당하게 해준다. 해적 행위를 받아들이는 것은 또 가치의 공유를 받아들인다는 의미이기도 하며, 그 과정에서 더 광범위한 네트워크 내에서 하나의 네트워크로 구성되는 정서를 받아들이는 것이다. 해적 문화는 사회변동의 일부다. 가치의 사회적 구성이 더 넓은 네트워크의 일부가 되고, 여기에서 공동의 가치가 공유되고 자율성이 만들어지기 때문이다.

네트워크화한 소속감 문화는 미디어 시스템이 1950년대 후반 머튼Merton (1957)이 설명한 "준거집단reference groups"에서 오랫동안 가족, 친구, 학교와 얼굴을 맞대고 상호작용을 통해 이루어지던 사회적 기능을 모방하면서 "소속집단belonging groups"으로 급격하게 변화한 결과물이다. 중개 행위의 변화(Silverstone, 2000)와 네트워크화한 소통이라는 새로운 소통 모델이 형성(Castells, 2009; Cardoso, 2011)된 것은 준거집단이나 자율 행위 조직자의 역할을 수행하고 소속감을 육성하기 위해서다. 이런 분석에서 나타나는 전반적인 전제는 매스컴과 대중매체가 주로 기존의 제도권 내에서 개인의 통합을 촉진했다면, 네트워크화한 소통은 개인의 소셜네트워킹으로 새로운 제도의 조합을 촉진한다는 것이다.

미국 내의 "월스트리트를 점령하라, 우리가 99퍼센트다" 운동이나, 좀 더 나은 주거 환경과 생활 조건을 위한 이스라엘의 텔아비브 천막촌Tent City, 교육제도의 개선을 촉구하는 칠레의 학생과 학부모 시위 등에서 볼 수 있듯이 우리가 여기서 분석한 사례 연구는 대중이 현상 유지에 의문을 제기하고 있다는 사실을 보여준다. 또 행동 과정에서 대중은 문화적으로 사리사욕을 증진하기보다는 사회적 신뢰에 더 큰 가치를 부여하는 것으로 보인다. 네트워크 기술과 디지털 상품을 전용해서 만들어진 재산과 생산, 분배, 사회화 내에서 문화적 변화의 역할은 이런 운동과 참여 집단이 자신의 목소리를 내게 되거나 혹은 이를 성취하기로 결정하는 방식에 근본적인 영향을 미친다.

우리는 대중이 현행 정치와 경제 시스템에 대한 대안을 제시하기보다 사회 또는 집단으로서 자신의 생활 조건을 개선하는 방법을 이해하는 데 더 높은 관심을 표시하는 시대에 살고 있다. 대중은 다른 대답을 이끌어내기 위해 과거와 현재에 대해 의문을 제기할 수 있는 공간을 찾고 있다. 그 과정에서 우리는 중개 행위를 통해 네트워크 사회의 문화를 변화시키고 있으며 위기가 발생할 때마다 위기의 여파 속에서 새로운 생존으로 우리를 인도해줄 근본적으로 새로운 출발점을 만들어가고 있다. 우리는 대중이 소속감을 느낄 수 있는 미래를 건설하기 위한 공동 기반으로서 타인과 공유하는 힘을 활용하면서 위기의 파도를 헤쳐나가는 광경을 목격하고 있다.

위기를 넘어서:
대안 경제활동의
출현

: 호아나 코닐, 마누엘 카스텔
  아말리아 카르데나스, 리사 세르본

들어가며
》

2008년부터 시작된 경제위기로 유럽과 북아메리카에 거주하는 수백만 명의 삶이 근본적으로 흔들렸다. 갑자기 고용이 불안해지고, 신용대출은 소수에게만 허용되었다. 소비는 생활필수품으로 제한되고, 사회복지 혜택은 급격하게 줄어들었다. 아이들 미래에 먹구름이 끼는가 하면, 다음 세대를 위한 높은 기대치가 반전되는 양상을 보였다. 그들이 이름 붙인 "자본주의"에서 삶의 개선을 그다지 크게 바라지 않은 사람들에게 위기는 그리 놀랄 일이 아니었다. 자본주의는 지배적인 사회 조직과 경제 조직의 약칭이다. 그 사람들은 되풀이되는 위기에 곧잘 굴복하는 시스템의 안정성이라는 허울을 믿지 않았을 뿐 아니라 자본주의의 기본 원칙마저 거부했다. 그들은 인생의 파괴적인 속도와 자꾸 공격적으로 변해가는 세상에서 의미 없는 상품과 서비스를 소비하고 화학식품을 먹고 약에 취하기 위해서 끊임없이 돈을 벌고 다른 사람들과 경쟁하는 말도 안 되는 현실에 반대했으며, 인간의 모험 때문에 이 푸른 행성이 마지막 날에 가까워지는 것 즉 환경이 파괴되는 것에 분노했다.

삶의 이용가치를 찾고 의미 있는 인간관계를 구축하는 데 뿌리를 둔 다른 경제활동을 바탕으로 용감하게 대안적인 삶의 방식을 살고 있는 사람들은 연대solidarity와 지원, 실험적 네트워크를 구축했다. 그들은 사회에서 발을 빼지 않았다. 대부분이 정규직에 종사하고 복지국가가 제공하는 사회안전망의 혜택을 받고 있었다. 그러나 그들은 가용한 자원을 사용하는 동시에 다양한 형태의 생산과 소비, 교환, 교육, 의료, 주택, 도시 생활, 소통, 문화적 표현 활동에 참여했다. 그러한 활동이 삶에 의미를 부여했고, 그럼으로써 인간관계를 개선하는 방법을 찾고, 서로 협력하며 일하는 방법을 배웠으며, 자본주의 시장경제 체제에 대한 상대적 자율성을 구축했다. 그래서 위기가 닥쳐도 그들은 위기에 대처할 준비가 되어 있었으며 실제로도 절망에 빠지지 않았다. 위기에 이어서 벌어진 극적인 사건들도 그들이 보기에는 항상 말하던 것을 확인한 것에 지나지 않았다. 그들은 사회의 가장자리로 처진 반문화적인 유형에서 갑자기 현명한 무리가 된 것처럼 자신의 신념을 확신했다.

위기가 닥쳤을 때, 정상의 범주에서 벗어나는 것에 대한 두려움과 소비에 대한 꿈을 지닌 채 삶을 지속하기를 받아들였던 다른 많은 사람에게 지금까지와 다른 삶이 희망을 제시했다. 이데올로기의 갑작스런 전환 때문이라기보다 시장 법칙에 따라 생활하기가 불가능해진 결과였다. 직장을 잃거나 대출이 끊어지자 소비의 대로大路가 막혔다. 복지국가의 사회안전망에 더 이상 의지할 수 없게 되자 미래에 대한 불확실성이 증가했다. 문제를 해결하려는 정치 엘리트들이 무능력하다는 사실이 드러나자 위기 관리 기관은 신뢰를 크게 잃었다. 유일하게 안전한 장소는 집이었지만 대출금 연체 때문에 주택이 압류될 가능성이 있어 그마저도 언제 사라질지 몰랐다. 이때 은행이나 정부에 의존하지 않는 자율적인 경제활동을 중심으로 삶을 재구축한다는 관념은 경제 행위의 전통적인 형태보다 훨씬 현실적으로 다가왔다. 그렇다고 세계의 많은 사람이 대안 경제문화 활동에 합류했다는 뜻은 아니다. 그러나 문화의 변화와 경제적 생존이 서로 수렴될 가능성이 열렸다. 이것이 어느 정도 진행되었는지 우리는 모른다. 이것은 특정 국가, 지역, 경제 환경, 사회 집단의 조건에 따라 다르다. 그리고 정밀한 조사를 거친

후에만 기록을 남길 수 있다. 이 점이 우리가 이 장에서 제시할 연구
결과의 목적이다. 우리는 세계 도처에서 대안 경제활동이 많이 이루어
지고 있다는 것을 어느 정도 알고 있다. 그중 일부는 자본주의 이전 문
화부터 존재한 것이고, 다른 일부는 삶을 재건하려는 의식적인 프로젝
트이며, 또 다른 일부는 기존 자본주의의 불확실성에 적응한 것이다.
이러한 행동과 함께 다양한 맥락에서 사회적, 경제적 변화의 시사점
을 연구한 문헌도 점차 늘고 있다(Adaman and Madra, 2002; Gibson-
Graham, 2002, 2006; Leyshon, Lee, and Williams, 2003; North, 2005;
Miller, 2006).

이 장에서 우리는 구체적인 맥락에 중점을 두고 대안 경제활동 관
찰에 집중할 것이다. 그래서 카탈루냐를 주목하려고 한다. 카탈루냐는
언제나 반항적이고 혁신적인 문화를 가지고 있었고, 만연한 질서에 도
전하는 사회운동으로 유명했다. 그러나 사례 연구를 위해 카탈루냐의
특성을 강조하려는 것은 아니다. 실제로 우리는 다른 지역(예를 들면 독
일이나 영국)도 대안 경제에서 비슷한 사례가 있을 것이라고 믿는다. 우
리는 유럽 국가 중에서 새로운 사회적 역학을 이해하고 관련활동에 대
한 경험적인 조사를 수행하기 위하여 카탈루냐 사회의 변화 과정에 직
접 접근할 수 있는 이점을 활용하려는 것뿐이다.

조사를 시작하면서 우리는 새로운 존재 방식을 목표로 하는 대안적
인 경제활동과 필요에 따라 또는 비물질적인 사회적 형태의 지속으로
인해 사람들 일상에 파고든 비자본주의적 활동 간 차이를 염두에 두
었다. 따라서 우리는 두 가지 초점을 가지고 연구를 시작해 나중에 통
합을 시도했다.

한편 잠시라도 의식적으로 자본주의 경제행위 방식과는 동떨어진
생활을 하면서 자신이 소중하다고 생각하는 규칙과 가치를 따르는 네
트워크, 조직, 개인을 관찰했다. 또 한편으로는 위기 동안 이러한 관행
이 더 많은 인구의 행동에 어느 정도까지 통합되었는지를 조사했다. 비
록 예비 연구를 통해 얻어낸 결과지만, 대안적인 경제문화와 위기로 인
해 흔들린 주류 사회의 문화 사이에는 일반적으로 알려진 것보다 더

많은 공감이 존재한다는 사실을 알 수 있었다.

여기에서 우리 연구에 활용된 가설을 짧게 소개하고, 차후 부록에서 기술적인 세부사항과 함께 자세히 설명하겠다. 먼저 다음과 같이 세 가지 조사 활동의 순서sequence에 따라 카탈루냐의 의식적 대안 경제활동의 전모를 연구했다.

1. 대안 경제활동에 개입하고 있는 네트워크와 조직을 규명하고, 그들의 전략적 역할과 함께 활동에 대한 지식과 관련해 선택한 70명에 대해 인터뷰를 진행했다.
2. 인터뷰를 바탕으로 국내외 다양한 독자층에게 우리가 연구한 결과를 알릴 수 있도록 다큐멘터리 영화(《www.homenatgeacatalunyaII.org》)를 제작했다.
3. 영화를 사용해 8개 포커스 그룹focus group에서 토론을 진행했다. 그 결과 우리는 다양성의 발현 속에서 대안적인 경제문화의 의식적 형성을 이해하고, 이 문화를 공유하지 않는 개인들을 비교할 수 있는 기회를 얻을 수 있었다.

둘째, 정성적定性的으로 조사한 결과를 사용하여 질문지를 만들고, 바르셀로나 주민들을 표본으로 설문조사(800회의 인터뷰)를 실시했다. 이 조사는 대체로 사회 전체에서 규명된 각각의 대안 경제활동의 파급 정도를 측정하고, 경제위기 중 이들 활동의 전파를 유도하거나 억제한 요소들을 정했다. 이 장에서는 이 같은 연구 결과를 발표하고 우리가 관찰한 것을 설명한다.

대안 경제활동의 문화와 조직

자본주의의 시장법칙에 따라 구조화된 방식에 적합하지 않은 경제활동이 사회 전체에 파고드는 동안, 어떤 경우에는 그 활동을 삶의 의미에 대한 대안적인 비전에 연결시키려는 시도가 있었다. 이 장에서는 사용가치use value 경제를 지향하는 이러한 의식적인 활동을 이해하고 이 활동을 둘러싼 담론에 초점을 맞춘다. 다양한 법적 지위의 협동조합, 즉 네트워크든 협회든 조합이든 조직이든 다양한 방법으로 조직된 관행을 참고할 것이다.

먼저 카탈루냐에서 유지되고 있는 조직의 관행을 인식하는 것에서 시작했다. 우리의 관찰은 경제위기 시기인 2009~2011년에 집중되어 있지만, 이들 조직 대부분과 관련 활동은 이번 위기가 발생하기 훨씬 전부터 진행되어왔다. 또 전부는 아니지만 대부분 대학 교육을 받은 성인(약 35세 전후) 수천 명이 좀 더 의미 있는 삶의 방식을 모색하면서 시작된 것으로 보인다.

좀 더 명확하게 살피기 위해, 이들 조직과 구성원을 다양하게 분류하여 표 9.1과 그림 9.1에서 유형별로 설명했다.

**[표 9.1] 카탈루냐에서 대안 경제활동에 적극적으로 참여하는
조직 유형 분류, 조직과 참여자 수의 추정치, 2008~2011**

조직	수	평균 구성원 수	총 참여자 수
농업생태적 생산네트워크	12	22가구	264 x 4 = 1,056
농업생태적 소비자 협동조합	120	30가구	3,600 x 4 = 14,400
교환네트워크	45	120	5,400
소셜화폐네트워크	15	50	750
무료 대학	3	200	600
해크랩Hacklabs	1	150	150
공동육아조합	10	25	250
종자은행네트워크	4	20	80
공동체 기반 도시과수원	40	15	600
총계*	**250**		**23,286**
+ 윤리은행**	4	71,138	284,554
	254		307,840

* 이 활동에 속한 사람 일부는 중복될 수 있다.

** 윤리은행의 사람 수는 금융조합 회원과 고객을 나타낸다.

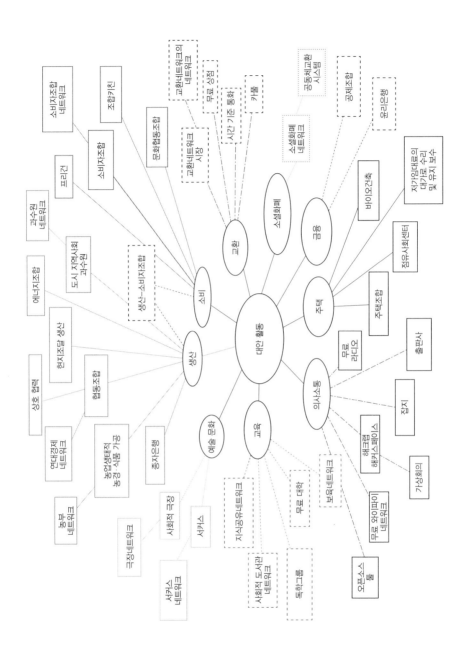

[그림 9.1] 카탈루냐의 대안 경제활동 전도

주: 이 그림은 2010~2011년에 카탈루냐에 널리 퍼져 있던 대안 경제활동 구조를 나타낸다.

생산

대안 생산의 가장 중요한 형태는 농업생태적 영농과 식품 가공 분야다. 이것은 단지 유기농산물을 의미하는 것이 아니고, 생산자들이 내린 정의에 따르면, "토양과 생태계, 사람 등의 종합 건강을 유지하는 생산 체계"를 의미한다. 카탈루냐에는 수십 개의 농업생태적 영농과 수백 명의 농부가 있다.

농업생태적 생산은 도시에서도 이루어지며, 이들 프로젝트의 일부는 지방자치단체의 지원을 받는다. 바르셀로나에서 우리는 지역 과수원 15곳을 주민들이 경작하는 것을 확인할 수 있었으며 약 600명이 그 활동에 참가하고 있었다. 중요한 농업생태적 활동은 종자은행을 구성하고 유지하는 것이다. 종자은행은 원종原種이 멸종해가는 세계적 경향을 억제하고, 다양한 지역 특산 과일과 채소를 보존한다. 이들은 종자은행네트워크를 구성한다.

비농업 활동과 관련하여, 현지조달 생산Self-subsistence production이 증가한 증거를 분명히 확인할 수 있었다. 빵을 굽거나, 달걀과 고기를 얻기 위한 가금 사육, 집 테라스와 정원에 채소를 재배하는 것이 그 예다. 또한 가정용 도구를 제작하는 경우도 일부 있다. 이들 활동은 대부분 지원, 조언, 공유 네트워크에 통합된다.

소비

농업생태적 소비자 협동조합은 최근 수년간 빠르게 성장했다. 이들 조합은 보통 단순 소비자로 구성되지만 일부 경우에는 생산자와 소비자가 통합되어 있다. 카탈루냐 생산자—소비자 네트워크는 여전히 작은 규모지만, 남부 프랑스에서 영향력이 큰 농민—농업보존협회AMAP, Association pour le Maintien de l'Agriculture Paysanne나 안달루시아 지방의 라 오르티가La Ortiga (세비야), 라 브레바La Breva (말라가), 엘 엔시나르El Encinar (그라나다) 같은 유사한 협동조합과 연계하고 있다. 이들 협동조합은 상호 연대로 결속되어 생산자와 소비자 사이에서 안정적으로 운영된다. 카탈루냐에는 농업생태적 생산물을 소비하는 100개가 넘는 소비자 집단이 있다. 이곳에서는 소비자와 생산자가 모두 자신의 이익을 앞에 놓고 공정한 균형점을 찾기 위해 복잡한 내부 토론을 전개한다. 대부분 2000년대에 형성된 이들 소비자 집단이 늘어나게 된 배경은 두 가지인데 첫째는 대안 정치 문화이며 둘째는 화학 시스템으로 생산한, 건강에 좋지 않은 식품에 대한 우려가 늘었기 때문이다. 2008년에 조직된 "만남의 공간meeting space"은 소비자 협동조합 운동에 가입한 조합원들이 토론하는 모임으로, 한 번 모일 때마다 1000명 이상이 참가한다. 라 레페라La Repera라는 명칭의 집회는 공식적으로 협력 조직을 구성하기를 거부했다. 단체란 자율적이어야 하며, 대안 식품 소비의 형태에 관한 공동 목표를 지향하는 운동 과정에서 그 형태와 목적에 대하여 열린 토론을 진행해야 한다는 이유에서다. 참여자 다수의 관점에서 보면, 협동조합의 도구적 측면은 이들 공동 프로젝트에서 일부를 차지할 뿐이다. 중요한 것은 생태학적 가치와 윤리적 가치를 좇아 어떻게 살 것인지에 관하여 의식적으로 생각하는 네트워크를 구축하는 것이다. 소비 협동조합의 확장 형태로 아이들에게 농업생태적 농산물을 먹이기 위해 부모들이 자율적으로 학교 구내식당을 운영하는 등의 실험도 많다. 또한 협동으로 관리하는 농업생태적 식당도 늘고 있다.

교환

재화와 서비스를 교환하는 물물교환 시장과 교환네트워크도 상당히 많은 편인데 대부분 공공 광장에서 주週 단위로 조직되고, 지역 주민의 편의를 우선시한다. 여기서는 돈을 사용하지 않고 자발적 평가를 기반으로 물물교환을 한다. 이들은 종종 지역 주민 간에 일종의 크레이그스리스트Craigslist* 형태의 이메일 목록으로 물물교환 과정을 확장한다. 크게 활성화된 교환네트워크 중 하나는 바르셀로나 그라시아Gracia 지역에 있는 사인그라Xaingra로, 이메일 목록에 1000명이 넘는 회원이 등록되어 있다. 특정 네트워크 내에서의 신뢰는 이들 교환 시스템의 중요한 요소로 작용한다. 전 세계에 은행 시스템이 확산되어 있지만, 이곳에서는 기술과 시간을 거래하는 교환 서비스가 중요하다. 우리는 카탈루냐에서 46개, 바르셀로나에서 14개 교환네트워크를 확인했다.

소셜화폐와 윤리은행

소셜화폐는 재화와 서비스를 구매함에 지역 네트워크 안에서 또는 지역 네트워크와 연결된 네트워크에서만 허용되는 가치 단위를 나타내는 인쇄된 공식적 지폐다. 가치는 네트워크 참여자에 따라 달라지므로, 소셜화폐의 목표는 지역에서 생산과 유통을 연결하고 (화폐의) 축적을 피하는 것이다. 카탈루냐에서 가장 발전된 소셜화폐네트워크는 에코세니Ecoseny (몬세니Montseny 지역)와 에코 오브 타라고나Eco of Tarragona이다. 이들 화폐가 바르셀로나를 포함하여 다른 지역의 교환네트워크에서 사용되는 경우도 있다. 또한 이들 화폐는 세계적인 공동체 교환 시스템community exchange system에 통합되기도 하는데 2010년을 기준으로 31개국, 300여 지역(미국의 51개 네트워크를 포함해)에서 254개의 소셜화폐네트워크가 등장했다. 여기서 중요한 이슈는 지역 통화를 더 광범위한 소셜화폐로 통합하는 것이다. 궁극적으로 축적, 인플레이션, 불공정 거래 등이 배제된, 신뢰와 등가等價에 기초한 대안 화폐 시스템을 개발하려는 것이 목적이다. 소셜화폐를 지지하는 사람들은 소셜화폐의 역할을 다른 차원의 경제 교류라는 더 큰 맥락에서 바라본다. 다음은 인터뷰한 사람들의 의견이다.

> 우리는 여기서 여러 경제 수준을 볼 수 있다. 이는 마치 작은 것에서 시작해 점점 커지면서, 서로 다르지만 상호 보완적인 규칙을 따르는

*미국의 지역 생활정보 사이트에서 시작되어 2012년 현재 전 세계 80여 개국에 서비스하고 있는 온라인 벼룩시장.

움직이는 원들과 같다. 첫 번째 수준의 속성은 무료이며 가족, 친구와 관계된 가장 가까운 신뢰의 원이다. 각 개인은 부가가치를 서로 계산하지 않고 할 수 있는 만큼 그저 주고받는 것으로 충분하다. 다음 수준은 직접 교환이다. 역시 가깝게 지내는 사이에서 이루어지지만 가족 안에서와 같은 높은 신뢰 수준은 아니다. 그다음 원은, 거리는 훨씬 멀리 떨어져 있지만, 역시 직접 교환이다. 여기서는 직접적이고 안정적인 관계가 이루어지는데 예컨대 소셜화폐와 같은 것을 사용한다. 소셜화폐는, 현재 은행에서 관리하며 우리가 통제할 수 없는 방식으로 물건 값을 매기는 유로화의 기능을 우리가 모두 대체할 수 있도록 돕는다. 우리는 참여적인 방식으로 위원회에서 정한 규칙을 이용할 수 있고, 특정 관계에 적응하기 위해 노력하며 (…) 사회적으로 그리고 생태적으로 우리가 믿는 공정한 규칙을 사용할 수 있다. 따라서 모두 균형 잡힌 방식으로 기여하고 제공받을 수 있다. 물론 첫 번째 수준에서 모든 것을 소비하는 것이 이상적이다. 만약 이 세 층위를 역행한다면, 즉 소셜화폐로 다른 하위 수준을 모두 소비하는 것으로 끝난다면, 그것은 좋지 않다! 소셜화폐는 상위 수준, 즉 유로 경제에서도 통용되어야 한다. 우리가 더 많이 신뢰하지 않는다면 우리는 신용(거래)을 좀 덜 받아들일 것이고, (신용)화폐를 좀 덜 만들어낼 것이다. 우리가 더 신뢰한다면, 신용을 더 허용할 것이고, 화폐를 더 만들어낼 것이다. 이렇게 점차적으로 당신은 물물교환을 하면서 필요한 것을 얻고 유로화를 쓸 필요가 없게 된다. 이는 논리, 자기 시간, 매일의 일상, 일에 대한 정의, 급여를 위한 근로 면에서 큰 변화를 의미한다. 돈에 묶여 일하지 않으며, 물물교환을 포함해 무료로 다른 것(사람)을 위해 더 일하게 된다. 이론적인 수준에서는 잘 와닿지 않겠지만, 살면서 경험해보면 합리적이다. 자기 안에서 이 시스템을 느껴보라(인터뷰 기록에서 발췌).

이와 유사한 목표가 윤리은행*과 대안 금융협동조합이 성장하는 데 영감을 주고 있고, 그 고객과 회원이 카탈루냐에서만 30만 명에 이른다. 금융 협동조합57 Coop 57의 창립자 중 한 사람에 따르면, 이들 사업은 "무척 간단하다. 기존 은행이 제공하지 않는 우호적인 조건을 회원들에게 제공하기 위해 회원들로부터 돈을 모으는 것이다". 비영리 금융 단체인 피아레Fiare의 이사는 이 단체 활동을 가리켜 "경제가 아니라 사회적 이익과 가치를 가장 중요시하는 은행"이라고 설명한다. 그러나 "프로젝트는 수익이 나야 한다. 그렇지 않으면 성장은커녕 생존도 어렵다"라고 말한다. 윤리적 목표에 집중하고, 중개인을 없앤 피아레와 협동조합57은 효율적이면서도 가치 중심적인 기관이 되었다. 세계 경제위기 중에 가장 흥미로웠던 것 중 하나는, 피아레나 협동조합57 같은 기관이 위기에 영향받지 않는 듯했다는 점이다. 실제로 이들은 더욱 성장하고 있고, 자신의 윤리적 관점에 상응하는 프로젝트에 자금을 대출할 수 있을 만큼 탄탄한 재무구조를 갖췄다.

주택

특히 젊은 층이 그렇지만 누구나 가용 주택이 부족하다고 느낀다. 이 같은 위기에 대처하기 위한 대안 활동의 하나로 주택조합을 들 수 있다. 이는 집주인이 싸게 임대하는 대신 (빈)집의 유지 보수를 보장받기로 약속하거나, 버려진 땅을 경작한 뒤 수확을 나누어 갖고 또는 거주하기로 약속하는 것, 혹은 법적 허가를 받지 않고 기존 건물 옆에 다양한 가옥 구조의 건축물을 자체적으로 건설하는 등의 계약을 하는 것이다. 이들 활동은 관계 당국의 레이더망 아래 이루어지는데 사례가 점점 늘고 있다.

또한, 빈 아파트나 건물의 무단 점유 사례도 특히 중요하게 봐야 할 활동이다. 우선 개인이나 가족이 필요에 의해 빈 아파트에 불법으로 거주하는 것과, 불법 점유이기는 하지만 의식적으로 대안적인 삶의 방식을 실현하기 위한 물질적 지원으로서 건물을 점유하는 것Okupas

* 사회적 은행, 시민은행, 혹은 지속가능한 은행으로도 알려져 있으며 투자와 대출의 사회 및 환경적 영향을 고려하는 은행.

movement의 차이를 구분해야 한다. 후자는 대체로 이웃에 개방한, 문화 및 사회 활동을 조직한 '점유 사회 센터Occupied Social Centers'로 알려진 형태다. 여기에는 자전거 무료 수리, 법률 및 심리 상담 지원, 서비스 교환, 음악과 프로그래밍을 포함한 다양한 기술 무료 강좌 등의 서비스가 있다. 2010년, 카탈루냐 지역에만 이런 센터가 62곳 생겼는데(바르셀로나와 근처 대도시권에 52곳), 다른 도시와 다른 문화라는 비전을 실현하는 것이 목적이다. 이들은 경찰이 주도하는 퇴거 활동의 타깃이 되기도 하며, 어떤 때는 무력 대치가 발생하기도 한다.

교육

많은 협동조합이 대안 교육을 제공하기 위해 교육기관을 만들기도 한다. 여기에는 지식공유네트워크, 무료 대학, 대안 보육 학부모네트워크 등 크게 세 가지 유형의 대안 교육 활동이 있다. 지식공유네트워크는 보통 특정한 이웃 사회에 기반을 두며 관련 지식 강좌를 교환하기 위해 개인 간 협력에 바탕을 두고 이루어진다. 무료 대학은 보통 주거용 건물 내에 있으며, 자원 교사들이 다양한 과정을 제공한다. 이들 중 일부는 대학교수이거나 지식과 기술을 갖춘 사람으로, 도움을 받고자 하는 일반인을 가르친다. 이들은 정해진 기간의 정규 과정을 제공하며 강의마다 명확한 규칙과 프로그램이 있다. 이곳에는 정규 고등교육의 공허함과 무용성을 비난하는 암묵적인 철학이 있다. 그래서 대학교의 관료적인 학위 지급 논리가 아니라, 참여적인 교육이 제공되고 개인 발전에 중점을 둘 때 학생들이 얼마나 적극적으로 참여하는지를 실제적으로 보여준다. 2011년 바르셀로나에 있는 무료 대학 중 하나인 라리마이아La Rimaia는 학생을 유치하는 데 상당한 성공을 거두었다. 2010년을 기준으로 카탈루냐 지역에는 프로그램과 자원을 공유하는 5개의 무료 대학 네트워크가 있었다.

부모가 통제하는 보육 네트워크는 기존 교육기관의 보육 환경을 부모들이 비판한 것이 기원이 됐다. 이들 네트워크는 자녀의 인성을 온전히 계발하는 것이 목표인 자유 교육 철학에서 비롯되었다. 부모들은 보통 전문 교육가의 도움을 받아 이 과정에 적극적으로 참여한다. 주로 개인적이고 자율적인 실험인데 종종 홈스쿨링을 포함하기도 한다.

소통과 정보기술

카탈루냐 지역에는 발코니에 자체적으로 설치한 안테나를 통해 운영되는 개방적이고 중립적인 무료 와이파이 네트워크가 많다. 사용자들은 9000개가 넘는 노드node를 보유한 무료 가상 네트워크인 guifi.net에 접속한다. guifi.net은 일부 시골 지역에서 부족한 인터넷 접속을 늘리기 위해 개발된 것으로, 무료 카탈루냐 와이파이의 형태로 도시 지역까지 확장되었다. guifi.net의 대기 목록에 올라 있는 희망자는 수천 명에 이른다.

대안 소통네트워크에는 무료 라디오방송국(2011년에 거의 30개), 출판사, 수십 종의 잡지, 온갖 종류의 회지 등이 포함된다. 이름대로 '무료'라는 말은 대부분 활동할 때 법적 규정을 지키지 않는다는 뜻으로 이해되어야 한다. 라디오방송국은 종종 비인가 주파수를 사용하므로 당국 규제를 정면으로 위반하는 것이라고 할 수 있다. 콘트라반다Contrabanda와 라디오브론카RadioBronca는 가장 유명한 라디오방송국이다. 이들 방송은 일반적인 프로그램 제작 관행을 따르지 않는다. 〈라디오 니코시아Radio Nicosia〉라는 유명한 프로그램은 모두 정신장애가 있는 사람들이 진행한다. 이러한 대안 커뮤니케이션을 중심으로 서점, 출판사, 웹사이트가 포진해 있다. 모두 합법적으로 설립되었지만 대안 문화 인쇄물, 사진을 배포하고 사운드를 내보낸다.

무료 소프트웨어와 다양한 형태의 해킹도 대안 문화의 주요 구성 요소로서, 시위를 위한 홈페이지에서 무선 인터넷 네트워크를 구축하는 데 중심적인 역할을 한다. 또, 활동가들의 훈련 장소인 동시에 최첨단 무료 소프트웨어 프로그래밍을 위한 혁신 센터인 해크랩HackLabs 네트워크가 있다. 해크랩은 무료 다운로드를 위한 P2P 네트워크 설치

방법도 가르친다. 이들 해크랩은 핵티비스트Hacktivists 네트워크와 디어니언 라우터The Onion Router 등 여타 해킹 네트워크와 세계적으로 연결돼 있다.

대안 문화 활동

엄밀히 말해 연극, 영화 제작, 음악, 조형 예술, 시 등을 경제활동으로 간주하지 않지만, 우리는 연구 범위에 넣고자 한다. 경제발전에 관한 고찰에서 "문화 산업"이 두드러지는 역할을 하고 있기 때문이다. 따라서 카탈루냐의 대안 문화 내에서 특별한 꽃을 피우고 있는 모든 문화적 창조를 강조하는 것이 중요하다. 실제로 예술적·사회적 저항은 역사적으로 장소에 관계없이 언제나 밀접한 관련이 있었다. 음악은 젊은이 문화와 생활양식에서 중심 역할을 한다. 그러나 자본주의 제도에 대한 명확한 메시지를 전달한다는 측면에서 가장 공공연하게 중요시되는 매체는 연극일 것이다. 스스로 "억압된 자들의 무대"라 부르는 극단네트워크 PATOPlataforma Autonoma de Teatro del Oprimido에서는 자발적으로 활동하고 자체적으로 관리하는 제작, 감독, 연기가 중심을 이루며, 고급문화를 접하지 못하는 관객들에게 다가가기 위해 거리와 공공장소, 사회센터에서 공연한다.

전반적으로 이들 경제활동은 다차원적 선언으로 대안 문화를 구현한다. 그런데 이런 활동이 당사자들에게는 어떤 의미가 있을까?

행위자의 시각에서 본 대안 활동의 의미

행위자들에게 대안 경제활동이 어떤 의미가 있는지 조사하기 위해 우리는 가설에 따라 고안된 8개 포커스 그룹 내부 토론을 분석하고, 이장의 부록에 제시된 방법론 절차에 따라 연구를 수행했다. 연구의 전반적인 목적은 대안 활동에 의식을 가지고 적극적으로 참여하는 사람들, 활동에 참여는 하지만 의도적으로 참여하지는 않는 사람들 그리고 주류 경제활동에 참여하면서 우리의 연구 대상인 활동을 거의 하지 않는 사람들, 이 세 부류의 담론 및 자기표현을 비교하는 것이다. 그룹을 분명히 구분하기 위해 첫 번째 그룹을 **문화적으로 변형된 그룹** culturally transformative, 두 번째 그룹을 **대안 경제 실천가 그룹**alternative practitioners, 세 번째 그룹을 **문화적으로 적응된 그룹**culturally adapted이라 부를 것이다. 이 용어의 적합성은 분석을 진행하는 동안 더욱 명확해질 것이다. 중요한 것은 이 세 부류가 모든 그룹에 다양한 비율로 포함되어 있다는 점이다. 그러나 우리는 그룹 토론에서 얻어낸 중요 주제에 집중해 분석할 것이고, 다른 두 개 그룹과는 다른 '문화적으로 변형된 그룹'의 특성을 보여주는 각 주제와 관련해서 행위자들의 입장을 확인할 것이다.

경제위기

2008년 위기가 스페인 경제를 강타하면서 대안 경제활동이 증가하기 시작한다. 모든 사람이 경제위기의 심각성을 깨닫고 그 결과에 영향을 받았지만, 위기에 대한 인식과 평가에서는 큰 차이를 나타냈다. 문화적으로 변형된 그룹에게 위기는 자본주의의 논리적 결과이며 놀라움으로 다가오지 않았다. 실제로 위기는 자본주의에 대한 그간의 분석을 확인해주는 것이었다. 이들은 이미 자본주의 법칙을 따르는 삶을 거부했다. 위기가 사회에서 눈에 띄게 영향을 미치기 전부터 이미 다른 삶을 살고 있던 이들은 위기로 행동을 강요당하기 전에 대안적인 삶의 방식을 수립한 예방조치가 어느 정도 옳은 것으로 확인되었다고 여겼다. 이런 사람들은 위기 전의 소비 패턴과 생활수준을 유지하지 못해 생활방식을 바꾼 사람들과 자기 자신을 동일하게 보지 않는다. 그래서 이들은 위기 후에 새로운 활동이 늘어나는 것을 인정하기를 때때로 꺼려할 정도다. 이들에게 자본주의는 영원한 위기이며, 단순히 사는 것이 아니라 일하기 위해 살고 소비하기 위해 돈을 버는 덫을 깨닫고 벗어나는 것이 중요하다.

이들은 이념적 입장을 확립하면서, 위기의 결과에 적응하기보다는 위기의 뿌리를 파헤쳐 정치적으로 대처하자고 요구한다. 이념적 입장을 정하지 않은 대안 경제 실천가 그룹의 경우, 위기는 이들의 신념과 삶에 대한 이해 방식을 뒤흔들었다. 위기란 이들이 하던 것, 또는 생각하던 모든 것에 영향을 미치는 불확실한 모습을 한 괴물처럼 보인다. 따라서 새로운 환경에 적응하는 것이 어렵고 혼란스럽다. 그래서 이들은 활동을 바꿨다. 즉 소비를 덜 하고, 공유하며, 연대 네트워크를 구성하려고 한다. 그리고 자신이 처해 있는 상황인 경제적 불확실성에 더 적합한 물물교환이나 다른 수많은 활동을 시도하려고 한다. 그러나 왜 그리고 어떻게 그런 미래에 접근해야 하는지는 모른다. '문화적으로 변형된 그룹'이 위기를 예측한 반면에 실천가 그룹은 이제야 대응하고 있다. 매스컴에서 "위기"라고 부르는 새로운 세계에서 그들은 앞에서 설명한 방법을 통해 배우고 있다. 이와는 대조적으로 새로운 환경을 받아들이지 못하는, '문화적으로 적응된 그룹'은 나쁜 상황을 견디며 좋은 날이 오기만을 기다리고 바란다. 위기가 심각해지면서 '문화적으로 적응된 그룹'이 긴축 문화로 이동하는 현상은, 현재 진행되는 사회변동 가운데 가장 결정적인 추세 중 하나일 것이다.

노동 문화

"노동 문화"는 산업사회의 중심이며, 카탈루냐 지역의 성인 인구 대부분은 산업사회 속에서 자라고 나이를 먹었다(바르셀로나 주민의 25퍼센트는 64세 이상이다). 우리가 조사한 포커스 그룹 중 퇴직한 연령층은 노동 문화를 강력하게 옹호했는데, 그것은 필요한 경제활동일 뿐 아니라 도덕 원칙이라고 주장했다. 더 나아가서, 노동 윤리는 노년층을 넘어서 의식적인 대안 경제활동에 참여하는 젊은 그룹에까지 영향을 미치고 있었다. 다만 이들의 뚜렷한 특징은 유급 노동과 무급 노동을 구분하지 않는다는 점이다. 이들에게 중요한 차이는, 창의적이거나 즐거운 요소가 있어서 보람찬 일인가, 아니면 단지 생존하기 위해 실행하는 지루하고 강요된 일인가 하는 것이다. 게다가 이들은 자신이 계획한 일정에 들어맞고 자신이 선호하는 것을 보완하는 일을 가치 있게 여긴다. 이들은 일을 의미 없는 노동(인터뷰에서 종종 노예 상태와 동일시했다)이라고 생각하지 않고 자신이 선택하는 자율성의 표현이라고 생각한다. '문화적으로 변형된 그룹'의 대부분은 숙련된 기술을 필요로 하는 일이나 노동시간이 융통성 있는 일을 구할 능력이 있어 보인다. 이들은 스스로 계획을 짤 수 있는 노동자다. 그 자질은 대안 문화가 기반으로 삼는 자기 관리 네트워크 운영이 요구하는 능력 중 하나다. 이들 중 상당수는 보수를 많이 받는 직업을 충분히 가질 수 있을 정도로 교육받았지만 자율성을 해치고 자유 시간을 제한하는 일을 하지 않겠다고 의식적으로 선택했다.

이들은 자신의 정의에 따라 돈보다는 삶의 질을 우선시할 만큼 자기 자신을 믿는다. 또 모든 사람이 자신과 같은 선택을 하지는 않는다는 것을 충분히 알고 있다. 사람들은 흔히 일과 개인 생활을 조화시키는 과정에서 제약에 부딪친다. 반면 이들은 자신이 보유한 문화적 자산 때문에 선택의 여지가 넓다는 사실을 알고 있으며, 그렇기 때문에 다른 사람들도 그들의 문화적 자산을 늘리기를 바란다. 그러나 이것을 불리한 조건으로 생각해서 반드시 불평등과 동일시하는 것은 아니며, 개인의 태도와 우선순위의 차이도 고려한다. 이들 중 일부는 자신이 엘리트주의자라고 비난받을 수 있음을 자각하고는 불편함을 느낀다. 한편 다른 일부는 자율성을 선택하기 위해서 감수해야 하는 위험요소를 알아내고 스스로 보완하며, 따라서 사회적 안정을 포기하고 얻은 자유를 누릴 자격이 있다고 판단한다.

'문화적으로 변형된 그룹'은 시장이 던지는 미끼로 지속되는 소비의 나락으로 떨어지기보다는 진정한 경제적 요구를 정의하는 것에서부터 출발해야 한다고 믿는다. 따라서 이들은 불필요한 지출은 줄이며 그 결과, 싫은데도 참고 벌어야 할 필요가 없고 삶을 음미하는 시간을 허용하는 탄력적인 직업을 찾을 자유를 누린다. 이들의 담론은 자신의 욕구를 자각하고 자신에게 가장 가치 있는 욕구를 만족시키는 일을 중심으로 형성된다. 시장의 논리처럼 소비자의 선호에서 시작하기보다는 개인적인 삶에서 선호하는 것에서 출발하고, 그에 따라 필요성을 정한다. 필요성의 정도에 따라 얼마나 벌어야 하는지, 자유 시간에는 어느 정도 가치를 부여할지를 결정한다. 이렇게 계산한 결과 스스로 정한 필요성을 합해 그것에 최적화된 직업이나 활동을 선택한다. 일부 사람의 경우에는 물론 이러한 생활의 내적 모순을 자각한다. 적은 돈을 가지고도 충분히 괜찮은 삶을 살 수 있다면, 그것은 자본주의 체제가 제공하는 보조금 지원이 있기 때문이다. 결국 사회적 체계가 이들의 행동에 포함되며, 이들이 모순을 안고 살아야 한다는 사실이 명백해진다. 더욱이 이들은 자신들이 사회의 대다수가 갖지 못한 선택권을 가진 엘리트의 일원이라고 생각한다. 그래서 대학 교육을 받은 단순한 중산층이라고 말하면서 스스로 위로한다.

'대안 경제 실천가 그룹'의 경우, 삶에서 일이 차지하는 중요성에 대한 담론은 모호함으로 가득하다. 이들은 일보다는 자신의 시간과 삶의 즐거움을 더욱 소중히 여긴다. 돈을 덜 받더라도 일을 덜 하는 쪽을 선호할 것이다. 이들에게 행복이란 선호하는 스케줄과 활동 종류에 따라 일을 선택할 수 있는 개인 능력에 달렸다. 다른 한편으로 현재의 경제 상황에서는 일거리를 찾기가 어렵다는 사실을 알고 있다. 이들은 모기지 상환, 빠듯한 예산, 가족에 대한 책임이라는 덫에 갇혀 있다고 느낀다. 따라서 자신이 할 수 있는 만큼 대안 경제활동에 참여하며, 개인의 행복을 추구하는 성향에 따라 다른 방식의 삶을 꿈꾼다. 그러나 이 프로젝트는 삶이 힘겨운 현실에 부딪히면 달성할 수 없는 꿈으로 인식된다.

'문화적으로 적응된 그룹'의 경우, 일은 삶을 좌지우지하기 때문에 그들에게 엄청나게 중요한 의미가 있다. 그런데 흥미롭게도, 이들도 일을 덜하고 월급을 덜 받는 것을 선호한다. 그러나 이들의 담론과 인식을 지배하는 것은 살면서 이들이 하는 모든 일에 돈을 지불할 필요가 있다는 것이다. 이들은 월세, 자동차 유지비, 전기 요금, 수도 요금, 가족이 쓰는 다양한 비용을 지불해야 한다는 사실을 끊임없이 이야기한다. 이를 위해서 가능한 한 돈을 많이 받을 수 있는 일이 필요하다. 그러면 생활이 달라지고 더 나아질 수 있지만 그저 이것이 전부일 뿐, 구조적으로 만들어진 제약에서 자유로운 상태로 돌아갈 수는 없다. 이들은 사회 속에서 만들어진 삶의 형태를 따르며, 정해진 틀에 대한 도전은 혼란스럽고 파괴적인 것으로 생각한다.

포커스 그룹 내에서 젊은 층(18~24세)의 담론과 은퇴자들의 담론을 비교하면 노동 문화가 개인적인 성취 문화로 변화하고 있다는 것을 더 잘 이해할 수 있다. 젊은이들은 대부분 대안 경제활동을 가장 이상적인 생활양식이라고 생각한다. 그러나 이 생활양식은 이들에게는 다소 추상적이다. 이들이 주로 부모와 함께 살며, 아직 직업의 세계에 들어서지 않았기 때문이다. 이들은 대부분 공부를 하는 중이기 때문에 미래를 그리면서 현재의 노력을 설명하려고 한다. 또 그저 일을 하는 것이 아닌, 하고 싶은 것을 이루기 위해 일하는 사람으로 자신을 묘사한다. 그리고 현재의 시도를 자신이 하는 공부에 맞춰 이해하려고 한다. 따라서 이들은 (자신이) 선택했으며 의미 있는 일이라는 관점에서 노동 문화를 공유한다. 한편, 경제위기 속에서 극악해진 고용 상황에 직면한 이들은 자신이 목표를 달성할 수 있을 것이라고 생각하지 않는다. 결국 젊은 층은 의미 있게 일하는 삶에 대한 희망과 그렇지 않으리라는 절망 두 가지를 모두 보여준다.

이 같은 상황은 은퇴한 사람들과는 현저한 대조를 이룬다. 이들에게 일은 무엇보다 중요하며, 그들 삶에 의미를 가져다주는 대상이다. 이들은 왜 사람들이 일을 거부하거나 일을 적게 하면서 적게 돈을 버는지 이해하지 못한다. 이들에게는 상황이 어떻든 일을 거부하는 젊은이들을 은연중에 무시하는 경향이 있다. 산업사회와 현재 사회 간 문화의 분열은, 이미 충분히 산 사람들과 이제 막 자신의 삶을 그리기 시작하는 사람들 사이에서 사고방식의 첨예한 대립으로 드러난다.

대안 경제활동에 참여하는 것은 현재의 제도 환경에서는 특정한 위험
risk을 암시한다. 위험은 이러한 활동에 개인이 참여하는 정도와 규모에
따라 증가한다. 실제로 포커스 그룹을 분석하여 얻은 한 가지 두드러
지는 결과가 있는데, 개인적인 선호 때문에 담을 넘어 다른 삶의 방식
을 시도하게 되는 결정적 요인은 노동시장의 의무가 아니라 개인적인
의지였다. 예를 들어, '문화적으로 적응된 그룹'과 '대안 경제 실천가 그
룹'이 은퇴 시기가 다가오고 노동시장을 빠져나가게 되면서 반복적으
로 느끼는 두려움은 사회보장연금을 받을 권리를 잃는 것에서 비롯된
다. 그러나 대안적인 삶의 방식에 적극적으로 참여하는 사람들의 담론
에서는, 리스크에 대한 두려움은 신뢰라는 강력한 해독제의 영향으로
누그러진다.

　이들은 자기 주변 사람들과 지원 네트워크를 신뢰한다. 만약 지금의
삶을 선택하지 않았다고 해도 위험을 느꼈을 것이고, 이것은 이들이 원
하는 삶이다. 사회안전망과 다른 종류의 공공 지원 측면에서 미래를
걱정하는 경우에도 이들은 상대적으로 젊은 사람들의 사고방식으로,
자신이 지원이 필요한 시점에 다다르면 문제가 해결될 가능성이 있다
고 낙관한다. 이들에게 필요한 도움을 어떻게 받을 것인지 묻자, 사회변
동의 가능성을 예상하고, 필요가 있으면 서로 도와줄 수 있을 만큼 충
분한 연대 네트워크가 기하급수적으로 늘어날 것으로 믿고 있다. 따라
서 전통적인 복지국가에 의존하기보다 서로 돕는 자체 관리형 네트워
크에 희망을 건다. 이러한 담론은 사실 근대 복지국가 이전의 상호부조
주의 운동과 그 기원이 연관되어 있다.

　또 대안 생활양식에서 직면한 위험에 대해 질문했을 때, '문화적으
로 변형된 그룹'은 자신이 느끼는 실질적인 위험을 언급했다. 바로 현재
의 경제위기로부터 확인했던 것처럼 자본주의 체제에서 생활하는 것
을 언급했다. 이들의 관점에서 볼 때 위험이란 실업, 낮은 봉급, 불확실
한 신용, 기본적인 사회복지 비용 감축 등 사람들이 의지하여 살고 있

는 전반적인 제도 구조의 불안정성이다. 반대로 훨씬 낮은 수준의 소비와 소비 영역을 벗어나 삶의 의미를 찾는 것을 허용하는 자율 경제활동의 경우에는 경기순환, 금융투기, 공공정책의 실패 등 사람의 통제를 벗어난 모든 과정에 의존하지 않고자 한다. 사실 일부 사람들은, 미래에 대해 끊임없이 걱정하는 것은 현재의 즐거움을 망치는 것이라고 주장한다. 미래는 우리의 통제를 벗어난 것이므로, 의미가 끊임없이 이어지는 현재의 역학에서 벗어나 다른 미래를 구축하는 것이 현명하다고 생각한다.

이 중요한 태도와 대조적으로, 다른 사람들은 이런 활동에 동반되는 위험에 빠져 허우적댄다. 이들은 보통 좀 더 자유로운 시간을 갖고, 흥미로운 경험을 확장해줄 아이디어를 추구한다. 그러나 활동의 실용 가능성을 고려할 때는 사회보장과 은퇴의 영향으로 선택을 망설이다가 결국 포기한다. 이들은 돈을 더 많이 버는 데서 안정과 안락함을 찾는다. 비록 돈이 행복을 의미하지 않는다는 사실에 모두 동의한다 해도 마찬가지다. 행복은 대안 활동에서 제시하는 삶의 청사진과 비슷한 세계 속에 존재하지만 이는 금지된 낙원으로 보인다.

위험 요소는 대안 경제활동을 지속가능하게 하는 지원 네트워크의 규모가 커짐에 따라 감소한다. 네트워크가 클수록 신뢰를 구축하는 연대의 표현이 더욱 강력해지고 안전감은 더욱 커진다. 커다란 네트워크는 신뢰를 형성한다. 작은 네트워크는 불안감을 전파하고, 사회의 지배적인 논리에 동반되는 지속적인 긴장 때문에 생활의 피로감이 유발된다. 대안 경제활동과 관련해서 느끼는 위험은 지원 네트워크가 대안 사회조직을 대표할 정도까지 성장하면 비로소 줄어든다. 이 같은 네트워크 규모의 영향은 특히 소비자협동조합, 교환네트워크, 윤리은행 등의 활동이 기하급수적으로 성장한 것을 설명해준다. 우리는 네트워크의 가치가 (연결된) 노드의 수가 증가함에 따라 기하급수적으로 증가하는 것을 알고 있다. 신뢰와 안정은 특정한 활동 네트워크에 참여하는 사람들이 증가할수록 급격히 증가하는 한편, 위험 감지와 이와 관련된 두려움은 줄어든다. 활동이 의미가 있을 만큼 중요한 것이 되려

면, 활동에 참여하는 사람과 조직 수의 관점에서 임계질량에 도달해야
한다.

'문화적으로 적응된 그룹'은 위험을 느끼지 않는다. 대안 경제활동에
참여하는 것을 진지하게 고려하지 않기 때문이다. 이들은 대안 경제활
동을 하는 사람들을 부정적으로 본다. 은퇴자들은 이러한 형태의 경제
활동을 그저 잘못된 것이며, 자신이 삶에서 중요하다고 생각하는 것에
반한다고 생각한다. 그다지 비판적이지 않은 다른 사람들은 서로 연관
된 정반대의 두 가지 이유에서 '문화적으로 변형된 그룹'이 사실 어떠
한 위험도 감당하지 않는다고 생각한다. 하나는, 이들이 사회적으로 안
정적인 위치에 있기 때문에 위험을 감당할 여지가 있는 엘리트라는 것
이고, 둘째는, 일부 사람은 가진 것이 없고 잃을 것이 없기 때문에 체제
의 규칙에 따라서 살아갈 진정한 기회가 없었다고 생각한다. 그러나 대
안 경제활동에 참여하기를 거부하는 사람들에게 위험에 대한 두려움
은 매우 현실적이다. 실제로 이 두려움은 너무나 압도적이어서 이들은
이것을 감수할 생각조차 하지 못한다. 때문에 이런 위험에 무감하여,
감히 위험을 감수하려는 사람들에게 분개한다. 그래서 이들을 시스템
은 비난하면서 무임승차만 즐기는 엘리트라고 일축한다.

대안 경제활동 구축: 정체성, 네트워크, 집단Circles

대안 경제활동에 의도적으로 참여하는 사람들은 정체성이 뚜렷하다.
이들은 실패한 체제에 대한 대안을 찾겠다는 신념으로 비자본주의적
인 삶의 방식에 참여하는 사람이라고 스스로를 정의한다. 이들의 동기
는 주로 이념적이며, 경제적 필요성 때문에 유사한 활동에 참여하는
사람들과 차별성을 보인다. 이들은 종종 "사람들"보다 "우리"라는 말을
사용하고, "우리" 대 "그들", "나" 대 "타인"으로 나눈다. 이들의 관점에서
볼 때 의도적으로 대안 경제활동에 참여하는 것은 기존 주류 세계를
파괴함과 동시에 특정한 영역과 새로운 사회를 구축하는 것이다.

그룹 내 논쟁에서는 두 가지 축이 확실히 드러난다. 바로 대안 문화

를 받아들이는 축과 거부하는 축이다. 그러나 구분이 확실하지 않다. 그 이유는 "나는 이것을 하지 않는다. 그러나 이것을 하는 사람들을 안다"라고 말하는 그룹이 있는 반면에 "나는 이것을 한다. 그러나 이것을 하지 않는 사람들을 안다"라고 말하는 의식 그룹이 있기 때문이다. 따라서 의도와 정체성의 관점에서 양극성이 아니라 활동의 연속성이 있는 듯 보인다. 이러한 정체성의 구축은 대체적으로 사회적 환경에 의존한다. 대안 정체성은 자신과 마찬가지로 사회적 조직에 비판적이고 차별화된 삶을 위해 필요 위험을 감수할 준비가 된 사람과 접촉할 때 발생한다. 예를 들어, 한 포커스 그룹에서 어느 여성은 자신은 대안 경제를 실천하고 싶지만 친구와 가족의 압력에 굴복하게 된다고 말했다. 그러나 다른 남성 토론자는 환경에 대한 이해가 부족할 때, 간단히 친구 네트워크를 변경하여 자신의 관점과 좀 더 비슷한 문화의 본거지를 찾는다고 말했다. 두 가지 경우 모두 행동을 형성하는 데 있어서 사회적 환경의 결정적인 영향력을 여실히 보여준다.

정체성에 관한 한 가지 흥미 있는 논쟁은 "대안"이라는 용어의 사용이다. 이러한 유형의 활동에 참여하는 사람 중 일부는 기존 사회와 자신과의 거리를 표시하기 위해 이 용어를 사용하기를 원한다. 그러나 자신이 운동으로 간주하는 것을 확장하는 전략에 더욱 민감한 또 다른 사람들은 대안 활동의 내용에 동의하는 사람들을 모으기 위하여 용어의 장벽을 고집하지 않는다. 그들은 특별하고 분리된 범주로 분류되고, 이름이 붙여지는 것을 거부한다. 여기에서도 마찬가지로 단순히 활동에 참여하는 것이 아니라 정체성을 확실히 정하려는 의지는, 지배적인 사회규범과 공개적으로 단절하는 데 도움을 줄 수 있는 감정적 지원과 사회자본을 제공하는 우호적인 환경의 유무에 달려 있다. 한편, '대안 경제 실천가 그룹'은 작은 규모에서는 '문화적으로 변형된 그룹'의 활동에 보통 동의하지만, 전체 사회가 대안 가치를 중심으로 조직되는 것을 보고 싶어하지는 않는다. '대안 경제 실천가 그룹'은 이러한 시도를 불가능한 것, 따라서 추구할 가치가 없는 "유토피아"라 여긴다. 그러나 이들은 작은 규모에서 일상을 다르게 살 수 있는 가능성을 본다. 즉 삶을 바꿀 준비는 되어 있지만 세계를 전부 바꾸려 들지는 않는다. 이들은 실천가 집단, 다시 말해 직접적으로 아는 사람들의 모임을 구성하고자 하며, 이곳에서 사회 변화의 가능성을 본다. 그 이유는 작은 규모 속에서 직접 배우고 상호작용하면서 개인적인 신뢰가 구축되면 새로운 사회 규칙이 유기적으로 증가할 수 있다고 생각하기 때문이다. 신뢰는 큰 집단 안에서는 형성되기가 더욱 어렵다. 왜냐하면 알지 못하는 사람끼리 신뢰가 싹트기는 어렵기 때문이다.

요컨대 신뢰는 대안 경제활동을 하는 사람들에게는 필수적이며, 사회적 지원에 의해 형성되고, 활동을 공유할 수 있는 사람들의 네트워크에 개인적으로 접촉할 때 만들어진다. 이런 직접적 앎이 있다면 두려움 없이 실험할 수 있다. 다른 사람과 함께하면 실수해도 괜찮다. 그러나 네트워크는 개인적인 접촉을 어렵게 하는 규모 이상으로 확장될 수 없다. 비슷한 대안 활동을 알고 있는 누군가를 안다는 것은 안전함과 학습 경험을 제공하는 연결 고리를 만들어준다. 공유 행동의 강도가 결국 공유를 실천하는 가능성을 결정하는 셈이다.

과정으로서의 대안 활동: 정보 공유와 시간의 역학dynamics

포커스 그룹 내의 토론에서 참가자들은 대부분의 사회 구성원들이 대안 경제활동의 범위와 강도에 대해 알지 못한다는 사실을 강조한다. 그리고 얼마나 많은 사람이 이러한 경제문화에 참여하고 있는지 더 많은 사람이 알수록 대안 활동이 더 많이 확산된다는 사실에 모두 동의한다. 그러면 문제는 정보를 확산할 방법이다. 담론에서는 두 가지 견해가 대립한다. 하나는 대안 문화의 형성 과정이 불충분한 내부 소통을 겪고 있는 것으로 보이기 때문에 시너지와 협력 가능성이 줄고 있다는 것이다. 한편, '문화적으로 변형된 그룹'의 일부는 다른 사람이 하는 일을 즉각 알 수 있는 유기적인 과정이 있기 때문에 외부적인 조직 지침이 없어도 서로의 노력을 연결할 수 있다고 생각한다. 이러한 관점에서 사람들은 자신에게 유용하거나 이상적이라고 생각하는 장점만을 자신의 경험에 통합한다. 새롭게 떠오르는 경제활동에서 조직의 역학에 대해서는 논의가 진행 중이다. 조직하는 노력을 형성하기 위한 의도적인 의제가 있는지, 아니면 네트워크가 자생하여 마침내 그들의 가치를 수렴하여 활동 간 연결을 공고히 하는 더 느린 과정에서 다시 네트워크가 스스로 환경을 설정하는지에 관한 논의다. '문화적으로 변형된 그룹' 중 특히 얼마 동안 대안 활동에 의식적으로 참여했던 사람들은 이들 활동을 하나의 과정으로 본다. 시간이 지나면서 이들 활동이 발전하면 그것에 내재된 사회적 관계가 강화된다. 과정은 활동을 낳는다. 대안 문화를 실천하며 사는 것은 새로운 경제활동에 내재된 새로운 문화 형태를 발생시키는 것이다. 학습 과정을 공유하는 것은 원래 의도한 것이 아니지만 궁극적으로 알게 된 새로운 형태의 삶을 살도록 유도하는 열린 실험 과정이다. 사람들은 미리 프로그램화된 목표를 좇아서 움직이지 않는다. 이들은 실천하면서 배우는 과정에서 목표와 함께 자기 자신을 발견한다.

보이지 않는 대안 경제: 바르셀로나에 나타난 비자본주의 경제활동 징후

》

비자본주의 경제활동의 확산과 경제위기의 관련성

우리가 알아낸 것 중에서 아마도 가장 중요한 것은 우리가 조사한 거의 모두(응답자의 97%)가 현재의 경제위기가 시작된 2008년부터 일종의 비자본주의 경제활동에 참여했다는 사실이다.[1] 비록 이들 활동 중 하나인 윤리은행은 재화와 서비스에 돈을 지불하고 때때로 수익을 얻으려고 하지만, 대개의 활동 목표가 수익 창출이 아니라 개인적인 의미를 추구한다는 점에서 비자본주의적이다. 사실 이러한 활동에서는 대부분 금전적 지불이나 교환이 전혀 이루어지지 않는다. 우리는 연구의 구성 요소로서 위기 후 사람들의 활동과 태도에 초점을 맞추기 위해 2008년에서 2011년 사이를 집중적으로 살폈다.

우리가 실시한 설문조사에 따르면, 비자본주의 경제활동은 적은 수의 사람만 참여하는 미미한 움직임이 아닌 것이 드러났다. 표 9.2는 각 활동에 참여하는 설문 응답자의 비율을 나타내는데, 참여하는 사람이 예상보다 훨씬 많음을 보여준다. 또 도시 원예에서 공동육아에 이르기까지 돈을 교환하지 않는 경제활동도 다양하게 이루어지고 있음을 알 수 있다. 우리는 이들 활동이 놀라울 정도로 다양하고 심도 깊게 활용된다는 사실에 관한 증거를 제시하고 참여자 유형을 보여줄 것이다.

표 9.2는 금융위기가 시작된 해인 2008년 이후 특정 시점에 활동한 사람들이 총인구에서 차지하는 비율을 나타낸다:[2] 우리는 26가지 활동을 분류하여 자급자족, 이타주의, 교환과 협동의 세 가지 범주로 묶었다. 자급자족 활동은 재화와 서비스를 사기 위해 시장에 가는 대신에 스스로 일하는 것을 포함한다. 예를 들어 응답자의 거의 20퍼센트는 자체적으로 소비하기 위해 채소를 길렀다. 이것은 인구밀도가 높은 도시 지역치고는 상당한 수치다. 응답자의 절반 이상이 스스로 집을 수리했으며, 3분의 1 이상이 가전제품을 직접 수리했다. 역시 3분의 1 이상이 스스로 옷을 만들거나 수선했다. 다른 활동에 비해서는 낮은 비율이지만 역시 중요한 활동으로는 스스로 자동차나 오토바이, 자전거를 수리했고(21.5%), 거리에서 쓸 만한 물건이나 식품을 주운 사람도 16.1퍼센트나 되었다. 관련 자료를 토대로 한 정성적qualitative 관찰 결과 우리는 사람들이 돈을 절약하기 위해 이런 일을 했다는 사실을 알았다. 아마도 이들은 지불할 돈이 없거나 아니면 스스로 이 같은 활동을 즐겼을 것이다.

두 번째 범주에 속하는 활동의 성격은 우리가 이타주의라고 부르는 것이다. 이것은 금전적 보상을 받지 않고 시장에서 무엇인가 가치 있는 일을 다른 사람을 위해 서비스하는 것을 말한다. 설문 응답자의 21퍼센트는 가격을 흥정하지 않고 다른 사람의 집을 고쳐주었으며, 11퍼센트는 다른 사람의 자동차나 오토바이, 자전거를 역시 돈이 개입하지

않은 상태에서 고쳐주었다. 16퍼센트는 가족이 아닌 아이나 노인, 환자
를 돌봐주었고, 3분의 1 이상이 가족이 아닌 타인에게 이자 없이 돈을
빌려주었다.

　교환과 협동은 세 번째 그룹의 활동을 일컫는 말이다. 여기서는 교
환의 매개체로 돈을 사용하지 않고, 물물교환 같은 재화와 서비스 교
환이 포함된다. 응답자 중 약 65퍼센트가 가족이 아닌 사람들에게서
책이나 음악, 영화를 빌리거나 빌려주었다. 약 22퍼센트의 응답자는
가격을 흥정하지 않고 옷과 가전제품 그밖의 다른 물품을 교환했다.
17~24퍼센트는 돈을 받지 않고 가르치거나 서비스를 교환했다. 그리
고 17퍼센트 이상이 가족이 아닌 타인과 자동차를 같이 탔고, 34퍼센
트가 비디오카메라, 연장, 가전제품을 함께 사용했다.

[표 9.2] 바르셀로나 인구의 대표적인 표본 자료, 2008~2011

활동	각 활동에 참여한 설문 응답자의 비율(%)	절대 인원
자급자족 활동		
자기 집을 수리하거나 페인트칠을 함	55.6	445
자기 옷을 만들거나 수선함	39.0	312
가전제품을 스스로 수리함	34.6	277
자동차, 오토바이, 자전거를 스스로 수리함	21.5	172
거리나 시장에서 쓸 만한 물품이나 식품을 주움	16.1	129
자가소비를 위해 토마토나 채소 등 산물을 경작함	18.8	150
자가소비를 위해 닭, 토끼 등 동물을 사육함	1.9	15
이타주의 활동		
가족이 아닌 타인에게 책, 영화, 음악을 빌리거나 빌려줌	64.5	516
가족이 아닌 타인과 비디오카메라, 연장, 가전제품 등을 공동으로 사용함	34.0	272
가족이 아닌 타인에게 이자 없이 돈을 빌려줌	34.0	272
가격을 흥정하지 않고 다른 사람의 집을 수리함	21.3	170

가격을 흥정하지 않고 아이, 노인, 환자들을 돌봄	16.1	129
가격을 흥정하지 않고 타인의 자동차, 오토바이, 자전거를 수리함	11.1	89

교환과 협동 활동

인터넷에서 합법적으로 소프트웨어를 다운로드함	39.8	318
농업생태적 농사일을 하는 농부를 앎	29.5	236
무료 소프트웨어를 사용함	24.6	197
가격을 흥정하지 않고 수업을 교환함	23.8	190
가격을 흥정하지 않고 제품, 옷, 가전제품 등을 교환함	21.9	175
가족이 아닌 타인과 차를 공유해서 사용함	17.6	141
가격을 흥정하지 않고 서비스를 교환함	16.9	135
식품협동조합 회원(현재나 과거에)임	9.0	72
마을 공동체 정원에 참여함	6.9	55
가족이나 직원이 아닌 성인 두 명 이상과 함께 거주함	6.0	48
내 자녀를 돌봐주는 대가로 다른 자녀를 돌봄	5.3	42
소셜화폐를 사용함	2.3	18
윤리은행이나 신용협동조합에 참여함	2.0	16

활동	각 활동에 참여한 설문 응답자의 비율(%)	절대 인원
자급자족 활동		
자기 집을 수리하거나 페인트칠을 함	8.4	67
자가소비를 위해 토마토나 채소 등 산물을 경작함	4.5	36
자가소비를 위해 닭, 토끼 등 동물을 사육함	2.6	21
거리나 시장에서 쓸 만한 물품이나 식품을 주움	2.4	19
자동차, 오토바이, 자전거를 스스로 수리함	2.3	18
자기 옷을 만들거나 수선함	2.1	17
가전제품을 스스로 수리함	0.5	4
이타주의 활동		
가족이 아닌 타인에게 이자 없이 돈을 빌려줌	6.1	49

가격을 흥정하지 않고 다른 사람의 집을 수리함	3.0	24
가격을 흥정하지 않고 아이, 노인, 환자들을 돌봄	2.4	19
가족이 아닌 타인에게 책, 영화, 음악을 빌리거나 빌려줌	1.5	12
가격을 흥정하지 않고 타인의 자동차, 오토바이, 자전거를 수리함	0.6	5
가족이 아닌 타인과 비디오카메라, 연장, 가전제품 등을 공동으로 사용함	0.3	2
교환과 협동 활동		
농업생태적 농사일을 하는 농부를 앎	29.5	236
가족이나 직원이 아닌 성인 두 명 이상과 함께 거주함	6.0	48
식품협동조합 회원(현재와 과거)에 임	3.1	25
가격을 흥정하지 않고 수업을 교환함	2.1	17
마을 공동체 정원에 참여함	1.9	15
내 자녀를 돌봐주는 대가로 다른 자녀를 돌봄	1.1	9
가족이 아닌 타인과 차를 공유해서 사용함	1.1	9
가격을 흥정하지 않고 서비스를 교환함	1.0	8
인터넷에서 합법적으로 소프트웨어를 다운로드함	0.5	4
가격을 흥정하지 않고 제품, 옷, 가전제품 등을 교환함	0.4	3
소셜화폐를 사용함	0.4	3
무료 소프트웨어를 사용함	0.1	1
윤리은행이나 신용협동조합에 참여함	0.0	0

　　놀랍도록 많은 사람(응답자 중 97퍼센트)이 최소한 한 가지 활동에 참여했다. 83퍼센트는 세 가지 이상의 활동에 참여했다. 응답자들은 평균 6개 활동에 참여했는데, 이는 비자본주의 활동이 바르셀로나에서는 삶의 일상적인 부분이라는 뜻이다. 이들 활동에 도움이 되는 기술적 도구들이 상대적으로 최근에 나타나는 것은 젊은 층에서 유사한 활동에 관한 수요가 늘고 있다는 사실을 보여준다. 이 기술의 주 사용자들이 젊은 층이기 때문이다.

　　응답자 800명 중 2008년 이후 관련 활동을 하지 않은 사람은 고작 22명이었고, 이 소수 그룹의 77퍼센트가 64세 이상이었다. 상당수가 나이와 건강 문제 때문에 더 이상 활동하기가 어려웠다고 설명했다.

　　구체적인 활동 외에도 우리는 사람들에게 경제위기에 영향을 받았는지, 어떻게 받았는지 물었다. 응답자의 과반수인 62퍼센트가 경제위기로 악영향을 받았다고 대답했다. 응답자의 절반은 경제위기가 그들의 지출과 수입에 부정적인 영향을 미쳤으며, 자신과 가족의 미래를 걱정하게 되었다고 대답했다. 응답자의 거의 3분의 1은 경제위기가 고용에 부정적인 영향을 미쳤다고 대답했다. 위기가 시작된 이후 우울증과 걱정에서부터 약물 오용에 이르기까지 스트레스와 관련된 질병 사례가 증가했는데 많은 사람이 이를 경제위기 탓으로 보고 있다. 2008년 10월 초에 세계보건기구WHO는 사람들이 가난과 실업에 직면하게 되면서, 정신건강 문제와 자살이 증가할 것이라고 경고했다(Reuters, 2008). 실제로 설문 응답자의 29퍼센트 이상이 경제위기로 자신의 건강에 문제가 생겼다고 대답했다.

　　우리는 또 자본주의에 대한 태도와 사회 변화에 관한 인식 관련 질문을 했는데, 그 결과 응답자들은 자본주의 체제에 대해 상당히 환멸을 느끼는 것으로 밝혀졌다. 자본주의에 대해 어떻게 생각하는가라는 질문에 대해 응답자의 절반 이상이 "나쁘다" 또는 "매우 나쁘다"고 대답했으며 2.5퍼센트만 "매우 좋다"고 대답했다. 한편 자본주의에 대한 부정적인 태도에도 불구하고 절반이 훨씬 넘는 77.4퍼센트가 사회가 더욱 좋게 변화할 수 있다고 믿었고, 67.8퍼센트가 이러한 변화에 개인적으로 기여할 수 있다고 생각하는 것으로 나타났다.

　　한편 거의 60퍼센트에 이르는 응답자가 선택이 가능하다면, 일을 덜하고 돈을 덜 벌고 싶다고 대답했다. 많은 사람이 비자본주의 활동에 깊이 참여하고 있음을 시사하는 이 같은 결과는 또한 이들에게 자본주의 체제에 대한 불만과 노동 생활을 구성하는 다른 방법에 대한 열망이 있으며 응답자들이 시간에 대한 더 큰 자율을 원하고 있음을 보여준다. 일을 덜하고 싶다고 말한 사람들은 친구와 가족과 더 오랜 시

간을 보내고, 새롭게 늘어난 시간에 즐길 수 있는 활동을 찾고 싶다고
대답했다.

누가 무엇을 하는가?
사회적 범주와 비자본주의 활동의 강도
»

특정한 사회인구학적 그룹을 살펴보면 평균에 비해 상대적으로 많거
나 혹은 적은 수의 활동에 참여하는 사람들을 확인할 수 있다. 여기
서 우리는 이들이 무엇을 하는지 구체적으로 이해하고, 비자본주의 활
동에 왜 더욱 많이 또는 적게 참여하는 이유를 알기 위해 이들 그룹
을 좀 더 깊이 연구했다. 표 9.3은 우리가 분석한, 각 그룹이 참여하는
평균 활동 수와 각 그룹의 차이를 보여준다. 총인구의 평균 활동 수는
6.29가지다. 특정한 그룹 간 스펙트럼의 가장 높은 끝에 있는 젊은이
및 학생과, 반대로 낮은 끝에 있는 노인과 은퇴자들 사이에는 중복되
는 부분이 명확하게 나타났다.

　외국에서 태어난 사람들이 비교적 많은 활동(평균 7개)에 참여하고
있었는데, 이들 중 상당수는 거의 모든 자급자족 활동에 참여하고 있
었다. 40.6퍼센트가 자기 옷을 수선하거나 만들며, 4분의 1 이상이 자
신의 자동차, 오토바이, 자전거를 수리하고 길에서 식품이나 쓸 만한
물품을 모은다. 상당수가 교환 활동에 참여하고 있었는데, 다음 활동
이 평균 이상을 기록하고 있다는 사실에서 확인할 수 있었다. (1) 돈을
받지 않고 가족이 아닌 환자, 노인, 아이들을 돌보고(32% : 16%), (2) 이
자 없이 가족이 아닌 타인에게 돈을 빌려주며(48% : 34%), (3) 자기 자
녀를 돌봐주는 대가로 타인의 자녀를 돌봐준다(6% : 5%). 이들의 활동
이 교환네트워크에 집중되어 있는 것은 그다지 놀랍지 않았는데, 외국
에서 태어난 사람들은 서로 가까운 거리에 살면서 도움을 주고받기 때
문이다. 흥미롭게도 우리의 설문에 응답한 외국 출신 주민들은 상대적
으로 정착된 삶을 살고 있었다. 절반 이상이 10년 이상 바르셀로나에

서 살았고, 4분의 1 정도가 5~10년 살았다.:3 정확히 68퍼센트가 25세에서 49세 사이이며, 37퍼센트가 자신을 고용인employee이라고 생각한다. 외국 태생은 소득 구조에서 중하층을 차지하는 편인데, 35퍼센트가 한 달에 1000~2000유로, 20퍼센트가 한 달에 2000~3000유로를 번다. 나머지 20퍼센트가 한 달에 1000유로 미만을 번다. 이 수치는 이 그룹의 응답자가 보고한 실업률인 19퍼센트에 상응하는 것으로, 바르셀로나의 전반적인 실업률에 근접하는 수치다. 외국 태생 사람들의 활동 분석을 이민자 포커스 그룹의 결과와 연계하면, 이민자는 대체로 토착민보다 비자본주의 활동에 더 참여하는 경향이 있다. 역설적인 것은 이들이 좀 더 전통적인 문화권에서 훨씬 자본주의적인 문화권으로 이주했다는 점이다. 이는 인간관계 면에서 아무리 바람직하더라도 자본주의적 환경에서 편안한 삶을 살기에는 비자본주의적 활동이 충분치 못하다는 것을 나타낸다.

[표 9.3] 사회인구학적 범주의 활동 강도 비교

사회인구학적 범주	참여 활동 수 (평균)	평균 이상 또는 이하
총인구	**6.29**	
성별***		
남성	7.08	0.79
여성	5.61	−0.68
나이***		
64세 이상	4.08	−2.21
50~64세	5.52	−0.77
35~49세	7.13	0.84
25~34세	7.9	1.61
18~24세	8.28	1.99
학력 수준***		
석사 이상	7.29	1.00
대학	6.77	0.48
고교 수준 교육	6.37	0.08
중학교 수준 교육	5.55	−0.74

학력 없음/초등교육 수료 못함	4.35	−1.94
직업***		
자유 전문직, 기업가, 중간 관리자	7.69	1.40
개인 사업자	7.24	0.95
고용인, 육체노동자	6.86	0.57
주부	4.39	−1.90
은퇴자	4.36	−1.93
실업자	7.57	1.28
학생	8.21	1.92
혼인 여부***		
미혼	7.66	1.37
기혼	5.47	−0.82
동거	9.48	3.19
이혼/별거	7.31	1.02
사별	4.5	−1.79
출생지**		
바르셀로나	6.53	0.24
카탈루냐의 다른 지역	6.05	−0.24
스페인	5.17	−1.12
외국 태생	7.01	0.72
바르셀로나 거주 기간***		
바르셀로나에서 계속 거주(출생 포함)	6.3	0.01
20년 이상	5.33	−0.96
10~20년 사이	7.88	1.59
5~10년 사이	7.4	1.11
5년 이하	8.88	2.59
소득***		
5000유로 이상	7.65	1.36
4001~5000유로	7.11	0.82
3001~4000유로	6.83	0.54
2001~3000유로	6.99	0.70
1001~2000유로	5.82	−0.47
1000유로 미만	6.82	0.53
알 수 없음	6.1	−0.19
무응답	5.23	−1.06

*** 0.00 수준에서 통계적으로 유효함.
** 0.01 수준에서 통계적으로 유효함.

학생들 역시 대안 경제활동에 상당히 활동적인 그룹이다. 외국 태생과 마찬가지로 이들의 활동은 자급자족과 교환 중심의 범주에 집중되는 경향이 있다. 3분의 1 이상이(표본 전체의 16%에 비교하여 34%) 거리에서 찾은 쓸 만한 물건과 식품을 모으고, 31퍼센트가 자신의 자동차, 오토바이, 자전거 등을 수리했다. 이 그룹은 채소를 키운다거나 집을 수리하는 등 가정 중심의 자급자족 활동에는 참여하지 않는 편이었다. 그 이유는 모든 연령의 연구 대상 중 싱글이 가장 많은 그룹이기 때문이다. 교환 중심 활동과 관련하여, 거의 90퍼센트(표본 전체의 65%와 비교하여)가 가족이 아닌 타인에게 책, 영화, 음악을 빌리거나 빌려주었고, 58퍼센트(표본 전체의 34%와 비교하여)가 비디오카메라, 연장, 가전제품의 사용을 공유했다. 이들은 학생이라는 신분 덕택에 동료와의 소통을 위한 준비된 시스템 외에도 다른 학생들에게 쉽게 접근할 수 있는 네트워크를 가지고 있었다. 이들이 교환 중심의 활동에 많이 참여하는 것도 바로 이 때문이었다.

고용 측면을 고려했을 때, 중견 관리자들이 상당히 활동적이었다. 이 그룹을 구성하는 사람들은 과반수(64%)가 남자이며 대부분(43%) 35~49세다. 미혼인구와 기혼인구는 동률 46퍼센트를 차지했다. 교육 수준이 높았는데, 대학 학위가 있는 사람들이 71.4퍼센트나 되었다. 86퍼센트는 자신의 집을 수리하거나 페인트칠을 한 적이 있으며, 100퍼센트가 가족이 아닌 타인에게 책, 음악, 영화 등을 빌리거나 빌려주었다. 64퍼센트가(표본 전체의 34%와 비교하여) 타인에게 이자 없이 돈을 빌려주었고, 역시 64퍼센트가(표본 전체의 40%와 비교하여) 인터넷에서 합법적으로 소프트웨어를 다운로드받았다. 43퍼센트가(표본 전체의 16%와 비교하여) 무상으로 아이나 환자, 노인을 돌봤다.

전반적으로 남성이 여성보다 더 많은 대안 활동에 참여하는 것으로 나타났다. 측정치로는 남성 7.1개, 여성 5.6개로 차이가 별로 나지 않았지만, 이는 참여가 적은 고령 인구층에서 여성의 참여가 높았기 때문이다. 당연하겠지만, 남성과 여성이 참여하는 각 활동에서는 성별 차이가 확연했다. 가정과 관련된 활동뿐 아니라 그 밖의 경우에도 마찬가지였다. 예를 들어 55퍼센트의 여성이 자신의 옷을 수선하거나 직접 만들었지만 남성은 20퍼센트에 그쳤다. 남성 응답자의 거의 절반이 가전제품을 직접 수리했다. 그러나 여성은 22퍼센트만이 가전제품을 직접 수리했다. 남성은 기술과 관련된 활동에 좀 더 참여하는 경향이 있다. 54퍼센트의 남성(여성 27%와 비교하여)이 인터넷에서 소프트웨어를 다운로드 받았으며, 34퍼센트(여성 16.5%와 비교하여)가 무료 소프트웨어를 사용했다.

미혼 커플은 특히 대안 활동에 적극적이었다. 이는 아마도 미혼 커플 가정과 연관된 문화적 독립 기능 때문인 것으로 생각한다. 역시 특별히 활동적인 그룹은 바르셀로나에 가장 최근에 살기 시작한 사람들이다(5년 미만). 이는 다른 환경에서 살게 된 사람들 사이에서 나타나는 창업가정신 및 자율성 패턴과 일치한다.

실업자의 경우는 평균보다 더 많은 활동에 참여하는 경향을 보였다(7.6회). 놀라울 것도 없이, 이들의 활동은 자급자족 범주에 집중되어 있다. 30퍼센트(표본 전체의 19%와 비교하여)가 자급자족을 위해 채소를 심었다. 거의 절반(표본 전체의 35%와 비교하여)이 가전제품을 직접 수리했으며, 거의 70퍼센트(표본 전체의 56%와 비교하여)가 집을 수리했다. 이런 결과는 이 그룹이 직업이 있을 때보다 시간이 많고 돈을 덜 번다는 점을 감안하면 당연한 것이다.

경제위기 및 자본주의를 보는 태도와 대안 활동 간의 관계

설문조사를 분석한 결과 경제위기로 악영향을 받은 사람들은 그렇지 않은 사람들보다 비자본주의 활동에 더 많이 참여하는 것으로 나타났다(6.52회: 6.29).[4] 악영향을 받은 그룹 중에서 고용 상황이 영향을 받은 하위 그룹 중 엄청난 숫자가 비자본주의 활동에 참여했다(평균 7.4). 이 결과는 경제위기에 뒤이어 대안 경제활동이 증대되고 확산되었다고 설정한 우리의 가설을 뒷받침하는 일부 증거다.

또한 자본주의에 대한 태도와 비자본주의 활동의 참여 강도 사이

[표 9.4] 자본주의에 대한 태도와 비자본주의 활동의 강도

태도	평균 활동 수
자본주의는 매우 나쁘다	7.6
자본주의는 내 개인적 삶에 매우 나쁘다	8.9
나는 적게 일하고 적게 벌고 싶다	7.0
나는 긍정적인 사회 변화에 기여할 수 있다고 믿는다	7.1

의 관계를 보면(표 9.4), 전반적으로 자본주의에 환멸을 느끼고 변화를 바라는 사람들 중 많은 수가 대안 활동에 참여하는 경향이 높았다. 자본주의 자체를 "매우 나쁘다"고 생각하는 사람들은 평균 7.6가지 활동에 참여했다. 자본주의가 "내 개인적인 삶에 매우 나쁘다"고 생각하는 사람들은 평균 8.9가지 활동에 참여했으며, "적게 일하고 돈을 적게 벌고 싶다"고 한 응답자는 거의 7가지 활동에 참여했다. 또 "긍정적인 사회 변화에 기여할 수 있다"고 생각하는 사람들이 많은 수의 활동(7.1)에 참여하는 경향을 보였다.

홍미롭게도, 적게 일하고 적게 돈을 버는 데 흥미를 표명하는 사람들은 대개 사회경제구조에서 중하층을 차지했는데, 3분의 1 이상이 한 달에 2000유로 미만을 벌었다. 남성(46.4%)보다 더 많은 여성(56.3%)이 적게 일하고 돈을 적게 받는 것을 선호했는데, 이는 집안일과 양육 활동이 일반적으로 여성의 몫이기 때문이다. 이러한 태도를 유지하는 그룹은 모든 연령대에 비교적 고르게 분포한다. 하위 그룹 중 가장 큰 그룹(27%)은 35~49세 연령대로, 소득 면에서 대부분 안정기에 이르렀고, 어린 자녀와 늙은 부모를 부양하는 책임이 있는 사람들이다. 이 그룹의 절반은 기혼인데 가계소득에 기여하는 배우자가 있다면 돈을 더 적게 벌겠다는 선택이 쉬워질 수도 있다는 것을 암시한다. 그러나 이 중 거의 3분의 1은 미혼으로 배우자와 함께 살지 않는다.

우리가 조사한 가장 젊은 그룹(18~24세)은 자본주의에 대해 매우 부정적으로 느끼지는 않는 반면 세계를 더 나은 곳으로 만드는 데 개인적으로 기여할 수 있다고 생각하지도 않는다. 자신이 세계에 긍정적인 영향을 미칠 수 있다고 생각하는 사람은 대체로 25~49세 연령대

이며 비교적 교육 수준이 높다. 18~24세의 사람들은 많은 수가 여전히 부모와 함께 살기 때문에 세상을 그렇게 힘겹다고 느끼지 않는 것으로 추측할 수 있다.

이어서 자본주의에 대해 긍정적이거나 부정적인 태도를 보이는 응답자의 특성을 파악하고자 "자본주의에 대해 어떻게 생각하는가?"라는 질문에 "좋다" "매우 좋다" "나쁘다" "매우 나쁘다"라는 답변을 제시했다. 성별, 학력, 나이를 살필 때 우리는 긍정적인 인지와 부정적인 인지 사이에 그다지 큰 차이를 발견하지 못했다. 그러나 소득수준을 고려했을 때 큰 차이가 나타났다. 놀라울 것도 없지만 자본주의에 부정적인 시각을 가진 응답자 중 45퍼센트가 한 달에 2000유로 미만을 벌었다. 대부분 나이가 많은 사람으로 26퍼센트가 64세 이상이었다.

설문 분석 결과 두 가지 중요한 사실을 도출했다. 첫 번째, 생활비를 줄이고, 멀리 떨어진 지역과 공동체로서 연결하고, 다른 사람들을 돕고, 자급자족하는 등 여러 사람이 참여하는 다양한 비자본주의 활동이 존재한다. 두 번째, 이들은 자본주의와 그 덫에 큰 불만을 지니고 있다. 또 자본주의에 대한 환멸과 평균보다 높은 활동 참여의 상관관계는 지배적인 경제구조에 만족하지 않는 사람들이 조용하지만 확실하게 자신의 삶과 시간을 관리하기 위한 대안적인 방법을 찾고 있다는 사실을 보여준다. 이들은 불만족하고 있지만 긍정적인 사람들이며, 세상은 더 낫게 변화할 수 있고, 자신이 그 변화의 일부가 될 수 있다고 생각한다.

결론: 경제문화에서 정치 운동으로
»

2011년 5월 15일, 인터넷에서는 "진정한 민주주의"를 외치며 스페인의 마드리드, 바르셀로나 등지의 도시에서 가두시위를 벌이자고 호소하는 글이 돌았다. 기초의원 선거가 있기 며칠 전이었다. 경제위기에 잘못 대응하고 있는 정치인들의 무능력과 부정직함을 항의하기 위해 활동가들이 나선 것이다. 어떠한 조직이나 리더도 없이, 수만 명이 이 호소에 응했다. 마드리드에서는 시위가 끝나자 20명이 넘는 시위자들이 중앙 광장에서 밤새 야영하며 정치인들의 무책임으로 걷잡을 수 없게 된 위기 상황을 바로잡자는 토론을 했다. 다음 날 밤에는 한 무리의 사람들이 바르셀로나의 카탈루냐 광장에서도 똑같이 모이기로 결정했다. 이들은 친구들에게 합류할 것을 트위터로 요청했고, 친구들은 또 다른 친구들에게 트위터를 보냈다. 처음에는 수백 명이었지만, 3일 뒤 광장을 지킨 사람들은 수천 명으로 늘어났다. 또 마드리드를 비롯하여 스페인의 카탈루냐 등지의 지역에서도 수천 명이 도시에 집결했다. 이들은 스스로 "분노한 사람들"이라 불렀다. 이 시위는 대량 실업, 주택의 강제 퇴거, 빈약한 교육, 공공서비스 축소를 비롯해 생활 전반에 퍼져 있는 불평등을 향한 분노에서 촉발됐기 때문이다.

이들은 자신이 느끼는 분노를 은행가, 정치인, 정치기구, 정부에 표출했다. 이들이 보기에 이번 위기는 진정한 위기가 아니라 제대로 된 삶을 제공한다는 자본주의의 실패와, 사람들의 이익을 대변한다는 의사擬似 민주주의 기구의 무능함의 결과였다. 이들은 몇 주 동안 야영하면서 무엇을 해야 할지, 어떻게 해야 할지에 대해 집회를 열고 여러 위원회를 통해 토론을 진행했다. 이들은 어떠한 공식적인 리더나 이데올로기, 영구적인 조직화를 단호하게 거절했다. 집회에서 결의를 하려면 수시간에 걸친 개별 토론과 공개 투표를 거쳐야 했는데, 거의 한 달이 지난 다음에야 각 지역의 집회 대열은 야영을 끝내기로 결정했다. 동시에 사람들은 스페인의 이웃 지역과 도시에 집회 조직을 구성해야 한다고 목소리를 높였다. 정치 기관을 대상으로 시위하고, 모든 국가의 파산과 유로존 붕괴를 방지하기 위해 유럽연합EU과 국제통화기금IMF이 제시한 긴축정책에 항의하기 위해서였다. 스페인의 권위 있는 일간지인 엘 파이스*El País*가 의뢰한 설문조사에 따르면, 스페인 사람들은 대부분(84%) "분노한 사람들"에게 공감을 표시했다. 정치인과 시민들 사이의 간극이 더없이 커졌다. 스페인 의회는 "분노한 사람들"의 정치적 진정성을 의심했지만, 그럼에도 이들이 제안한 정치적 개혁을 논의하기 시작했다.

분석적 관점에서 한 가지 중요한 사실은 대안 경제활동의 참여자이며 본 장에서 우리가 분석한 대상자 중 많은 사람이 "분노한 사람들" 운동에 참가했다는 점이다. 이들이 볼 때 자본주의의 제도 및 규범과 거리를 두는 것과 정치 지도자들의 후안무치함을 반대하는 시위 사이에는 논리적 일관성이 있었다. 이들 정치 지도자들이 카탈루냐 지역, 스페인 전체, 유럽 시민 대부분을 노동시장과 사회서비스 위기라는 막다른 골목으로 몰아갔기 때문이었다. 은행은 전례 없는 수준의 이익을 기록했지만 말이다. 게다가 의식 있는 소수자들의 대안 경제활동과 상당수의 바르셀로나 인구 사이에서 비자본주의적인 경제활동이 넓게 확산된 것 간의 일관성은 광장의 시위가 주장한 대안 민주주의 프로젝트에 대한 대중의 지지를 반영하고 있다(2011년 6월 19일과 10월 15일에 수십만 명의 사람이 집결한 것으로 확인). 이 시위는 자발적인 것으로서, 공식적인 리더도 없고, 노동조합이나 정당도 참여하지 않았다. 시위는 경제위기와 사회적 희생에 대한 반작용으로 일어났지만, 시위자들은 일반적이며 경제적인 요구 사항만 주장한 것이 아니라 우리 연구에서 확인된 대안 경제활동 기반의 새로운 경제 프로젝트를 구성했다. 그러나 사회운동의 시각에서 보았을 때, 이 프로젝트의 번영을 위해서는 새로운 정치가 부상해서 이들이 사회 주변에서 새로운 삶을 위한 사회적인 조직으로 이동할 수 있도록 영향력을 행사해야 한다. 부채에 의존했던 행복한 자본주의로의 회귀가 불확실해진 시점에 위기 이전에 자본주의를 비판하며 시작된 대안적인 경제문화가 대중적인 논의의 최전방에서 부상했다. 그리고 경직되고 위축된 금융자본주의 수정 모델과 의식적인 소수자가 선택한 대안 경제의 확산 사이에서 시작된 불꽃 튀는 대립의 장이 마련되었다. 이것은 직접적인 정치적 충돌이며 그 결과는 위기 이후에 우리가 살아갈 세계를 결정하게 될 것이다.

연 구 방 법 론

우리가 설계한 연구 과정은 다음과 같은 네 가지 활동으로 구성된다.

1. 관찰 및 활동에 참여하고 있는 중요 활동가를 인터뷰하여 대안
   경제활동을 규명하고 분석한다.
2. 연구 인터뷰를 바탕으로 대안 경제활동에 대한 다큐멘터리 영화
   를 제작한다.
3. 대안 경제활동과 관련된 가치와 문제를 논의하는 8개의 포커스
   그룹을 구성한다. 영화는 논쟁을 불러일으키기 위한 자극제로 사
   용한다.
4. 정성적 연구 결과에 근거하여 제작된 질문지로 바르셀로나 인구
   의 대표 표본을 설문조사한다(800명).

그 후 각 연구 활동의 특징을 요약한다.

대안 활동 조직 및 네트워크의 선택,
그리고 이들 활동에 참여하는 사람들 인터뷰

2009년 10월에서 2010년 5월까지 우리는 대안 경제활동에 참여하는 70명을 인터뷰했다. 인터뷰 장면을 비디오로 촬영했고 필사했다. 인터뷰 대상자를 선정하기 위하여 2009년 수많은 대안 경제활동 조직과 네트워크에서 참여 관찰을 수행했다. 우리는 생산, 소비, 교환, 소셜 화폐, 윤리은행, 주택, 교육, 소통, 정보기술, 예술 범주에서 활동을 분류했다. 각 범주에서 우리는 구체적인 네트워크와 조직을 선정하고, 각 활동에 참여하는 개인을 인터뷰했다. 우리는 가장 중요한 활동과 가장 중요한 인터뷰 대상자를 정하기 위해 참여자 본인의 조언에 의지했다. 가장 확장된 활동의 경우에(소비협동조합, 교환네트워크, 도시 과수원, 농업생태적 생산자), 세 가지 기준을 사용하여 분석할 사례를 선정했는데, (1) 3년 이상 된 활동과 3년 미만의 활동 비교, (2) 활동에 참여하는 네트워크의 크기, (3) 도시와 농촌 비교 등이다.

대부분의 경우, 다음 두 가지 기준을 활용해서 각 집단의 인터뷰 대상을 선택했다. 첫 번째 기준은 남성 한 명당 여성 한 명을 인터뷰할 것 그리고 두 번째 기준은 집단에서 활동한 경력이 3년 이상 된 사람과 3년 미만인 사람을 비교해 인터뷰를 진행한다는 것이었다.

인터뷰는 모두 활동이 실제 이루어지는 곳에서 진행되었다. 인터뷰를 위해 면담 장소를 확인하고 녹화했으며, 가능한 경우에는 이들의 활동을 촬영했다. 인터뷰 시간은 40분에서 2시간까지 다양하다. 인터뷰의 57퍼센트는 바르셀로나에서 이루어졌으며, 97퍼센트는 바르셀로나의 대도시권(바르셀로나 포함)에서 이루어졌다. 나머지 3퍼센트는 타라고나Tarragona의 시골 지역에서 이루어졌다.

인터뷰 응답자의 55퍼센트가 남성이며 45퍼센트가 여성이다. 연령 분포는 다음과 같다.

18~24세   9%

25~34세	48%
35~49세	37%
50~64세	2%
64세 이상	4%

포커스 그룹

우리는 8개의 포커스 그룹을 설계했다. 설계 절차는 그룹마다 같다. 이들은 회의 전 〈카탈루냐에 대한 경의 II Homage to Catalonia II〉라는 한 시간짜리 다큐멘터리 영화를 관람했다. 회의에서 이들은 사전에 준비한 주제 가이드라인을 따라 조사팀이 지시하고 중재하는 토론에 참여했다. 토론 내용은 녹음·필사했으며, 포커스 그룹은 대안적 경제활동의 다양한 행동 강도 기준과 사회인구학적 범주를 기반으로 구성했다. 연구를 통해 젊은이, 은퇴자, 부양 책임이 있는 여성, 이민자 등 특정 그룹의 문화적 태도를 이해하기 위해서다. 다음은 우리가 연구한 그룹이다.

1. 대안 경제활동에 높은 수준으로 참여하는 사람의 그룹
2. 대안 경제활동에 낮은 수준으로 참여하는 사람의 그룹
3. 대안 경제활동에 높은 수준 또는 낮은 수준으로 참여하는 사람들의 혼합 그룹
4. 대안 경제활동에 높은 수준으로 참여하는 어머니 그룹
5. 실업자
6. 18~24세의 젊은이 그룹
7. 은퇴한 노동자 계층 그룹
8. 이민자 그룹

특정 연령과 성별 그룹을 제외한 각 그룹에는 연령과 성별, 학력 수준이 다른 사람들이 포함되었다.

이민자 그룹에는 모로코, 루마니아, 우루과이, 쿠바, 엘살바도르 출

신들이 포함되었다.

각 그룹의 참여자 수는 7명에서 12명 사이이며, 대안 경제활동 정도가 낮은 사람들로 구성된 그룹은 예외적으로 5명이었다.

포커스 그룹은 2010년 11월과 2011년 5월 사이에 대학 강의실에서 만났다. 실업자, 은퇴자, 이민자 그룹은 그들이 거주하는 지역에서 만났다.

바르셀로나 주민을 주 대상으로 진행한 대안 경제활동의 설문

우리는 바르셀로나에 거주하는 사람들을 표본으로 정하고 43개 질문이 담긴 설문지를 돌렸다. 800통의 전화 인터뷰를 2011년 2월 9일부터 10일까지 이틀간 실시했다. 질문은 26가지 대안 경제활동 목록, 자본주의와 사회 변화를 바라보는 태도, 응답자의 사회인구학적 특성에 초점을 맞췄다. 표본 설계, 인터뷰에서 사전 테스트와 실제 인터뷰는 스페인에서 가장 유명한 사설 설문조사 기관 중 하나인 인스티투토 오피나Instituto Opina의 기술팀이 진행했다(www.opina.es). 표본과 인터뷰에 관한 기술적인 세부 사항과 설문지를 요청하면 제공 가능하다(accardenas@uoc.edu).

제 5 부

세계 경제위기는 세계적인가?

2008년 위기는 세계적global인가? 즉, 전 세계가 비슷한 결과를 경험하고, 비슷한 고통을 겪으며, 미래에 대한 희망이 사라지는 동일한 과정을 견디고 있는가? 세계적인 시스템의 중심, 반주변부, 주변부에 구성된 제도들을 통해 위기를 느끼고 있는가?

대서양을 사이에 두고 미국과 유럽이 모두 주목하는 가운데, 세계 체제는 격렬하게 진화하며 혼란스럽게 요동치고 있다. 몇 세대에 걸쳐 자체적으로 구성된 다른 구조로 양분될 준비를 하고 있는 듯하다. 중심부와 주변부의 경제적·문화적 상호 의존성 그리고 자본주의적 축적 과정에서 신구 지역 간에 벌어진 혼란스러운 이행의 결과를 감안했을 때, 원칙적으로 아시아, 라틴아메리카, 아프리카에서 상당한 수준의 동요가 예상되었다. 하지만 신흥 경제권으로 불리는 나라에서 위기는 사회적인 것이지 경제적인 것이 아니다. 세계경제가 아니라 사회 역학과 관계된 잠재적인 사회혼란의 징후가 나타났으며, 어떤 대단한 경제적 동요의 신호는 발견되지 않았다. 전면적 위기는 서방 세계의 위기이고, 유럽과 미국의 균열은 대서양을 사이에 두고 커져만 가고 있다. 이는 세계경제의 새로운 구도—다극이 될지는 아직 모르지만—를 의미한다.

이것이 바로 중국과 라틴아메리카 사회학자들의 시각에서 세계자본주의 발전 역학을 분석하고, 이를 통해 이번 글로벌 위기의 非세계적인 성격을 생각해봐야 하는 이유다. 앞으로 소개할 내용은 새로운 세계의 형성에 공헌하고 있는 중요한 경제·정치 분야 활동가들의 현실 인식과 사고를 확인할 수 있는 신선하고 독특한 기회를 제공할 것이다. 이는 여전히 감춰져 있는 위기의 여파를 꿰뚫어보려는 시도이기도 하다.

10

중국에는 위기가 없는가: 중국의 사회위기

: 유텐 싱

2008년 이후 중국 경제 팽창의 단면

>>

1980년 이후 중국 경제는 성장을 거듭했다. 그 때문에 중국이 경제적으로 과도기를 지나는 나라들과 차별화되었다는 사실은 잘 알려진 이야기다. 더 흥미를 끄는 것은, 2008년의 경제위기 이래 중국이 실현한 지속적인 경제 팽창이다. 다음 수치만 보면 중국은 위기에서 아무 탈 없이 빠져나온 듯하다.

미국을 비롯해 중국의 주요 수출국에서는 2008년 경제위기 이후 소비자 지출이 대폭 줄어들었지만, 중국은 2008년에서 2009년 사이에도 9퍼센트의 경제성장률을 꾸준히 달성했다. 2010년에는 10.3퍼센트의 두 자릿수 경제성장률을 기록했다(다른 국가와의 비교는 표 10.1 참조). 2010년에는 위안화의 가치가 지속적으로 상승했음에도(이코노미스트, 2011a) 중국 무역수지가 반등하여 2009년 기준으로 25퍼센트나 상승했다(다른 국가와의 비교는 표 10.2 참조). 공식 자료에 따르면, 중국 정부의 부채는 2001년에서 2010년까지 GDP 대비 17~18퍼센트 수준의 안정적이고 합리적인 규모를 기록했고(표 10.3), 2010년 기준으로 볼 때 미국(91.5%), 일본(220%), 독일(79.9%)과 대조를 이룬다.

이 같은 수치를 보고 일부 경제학자들은 중국이 세계경제와 긍정

[표 10.1] GDP 연평균 성장률, 2001~2010

단위: %

국가	2001	2002	2003	2004	2005	2006	2007	2008	2009	2010
중국	8.3	9.1	10.0	10.1	11.3	12.7	14.2	9.6	9.1	10.3
미국	1.1	1.8	2.5	3.6	3.1	2.7	1.9	0	−2.6	2.83
인도	5.2	3.8	8.4	8.3	9.3	9.3	9.8	4.9	9.1	10.37
브라질	1.3	2.7	1.1	5.7	3.2	4.0	6.1	5.2	−0.6	7.49
독일	1.2	0.0	−0.2	1.2	0.8	3.4	2.7	1.0	−4.7	3.50
일본	0.2	0.3	1.4	2.7	1.9	2.0	2.4	−1.2	−5.2	3.94
한국	4.0	7.2	2.8	4.6	4.0	5.2	5.1	2.3	0.2	(6.11)

출처: IMF(2011); 세계은행(2012a)

[표 10.2] 무역수지, 2001~2010

시간에 따른 변화를 %로 나타냄

국가	2001	2002	2003	2004	2005	2006	2007	2008	2009	2010
중국		103.5	29.5	49.7	134.2	57.48	46.81	17.2	−31.8	25.27
미국		−15.3	−13.7	−21.1	−18.6	−7.36	10.53	6.85	43.42	−24.2
인도		400.6	24.3	−91.1	−1,418	9.58	13.16	−283	13.98	−134.7
브라질		67	154.6	181	19.14	−2.6	−88.6	−1,917	13.79	−95.5
독일		10,580	14.01	176.3	11.69	31.98	34.63	−3.16	−32.0	5.45
일본		39.7	11.06	26.3	−3.7	2.86	23.78	−25.5	−9.75	37.39
한국		−10.5	106	107.3	−42.4	−24.3	54.58	−85.3	9.25	−13.9

출처: IMF(2011); 세계은행(2012a)

[표 10.3] 정부 부채 총액, 2001~2010

단위: GDP 대비 %

국가	2001	2002	2003	2004	2005	2006	2007	2008	2009	2010
중국	17.7	18.9	19.2	18.5	17.6	16.2	19.6	16.9	17.7	17.7
미국	54.7	57.1	60.4	61.4	61.7	61.1	62.1	71.2	84.5	91.5
인도	75.8	80.1	81.2	81.2	78.8	75.7	72.9	72.9	71.1	69.1
브라질	70.2	79.8	74.6	70.6	69.1	66.6	65.1	70.6	67.8	(66.0)
독일	58.5	60.4	63.9	65.7	67.8	67.6	64.9	66.3	73.5	79.9
일본	151.7	160.9	167.2	178.1	191.6	191.3	187.7	195.0	216.3	220.3
한국	17.4	17.6	20.7	23.8	27.7	30.4	29.7	29.0	32.6	(30.9)

출처: IMF(2011)

적인 방식으로 "분리"되어 있다고 생각한다. 예를 들어 2009년까지 세계은행에서 동아시아 태평양지역 중 중국과 몽골 지역을 담당했던 데이비드 달러David Dollar 이사는 중국에서 국내 수요가 자국 성장에 9퍼센트를, 순수출이 단지 2~3퍼센트를 기여했다고 말했다(2008). 국제통화기금IMF도 중국이 2011년과 2013년 사이에 미국(1조4300억 달러), 일본, 독일을 제치고 세계 전체 생산량의 가장 큰 몫(1조6000억 달러)을 차지할 것으로 예측했다(이코노미스트, 2011b). 이에 대한 반대 의견으로 "중진국의 함정" 이론이 있는데, 중국의 급속한 경제 팽창이 오래 지속되지 않는다는 것이 그 요지다. 예를 들어 아이천그린, 박, 신(Eichengreen, Park, and Shin, 2011)은 어느 나라든 1인당 GDP가 1만7000달러를 넘으면 그 나라는 상당한 침체를 겪는다고 지적했다. 이는 첫째, 노동자를 농업에서 공업으로 이동시켜 생산성을 늘리는 것이 더 이상 어려우며, 둘째, 외국의 기술을 수입해서 얻는 이익이 감소할 것(이코노미스트, 2011c)이기 때문이다.

2008년 이후 중국의 눈부신 경제성장 기록을 액면 그대로 받아들여서는 안 된다. 2008년 말, 중국 정부는 세계 경제위기에 대처하고 수출 부문의 부진을 만회하기 위해 4조 위안(2008년 중국 GDP의 13%)에 이르는 경기부양책을 발표했다. 한편, 중국 지방정부는 부양책이 가져다주는 자유로운 거시경제적인 환경을 십분 활용했고, 추가로 20조 위안의 투자 제안을 보탰다. 이와 함께 중국의 중앙정부와 지방정부는 중국 경제를 떠받치기 위해 24조 위안, 즉 3조5000억 달러(2009년 8000억 달러에 이르는 오바마의 부양책과 비교된다)를 약속했다. 이제 문제는 중국이 어떻게 2008년 이후에 이와 같이 엄청난 규모의 투자에서 비롯된 합리적인 예산 적자를 관리할 수 있었는가 하는 점이다. 정치학자인 빅터 시Victor Shih의 대답은 "그렇지 않다"이다(2010). 그의 연구에 따르면, 중국 정부의 부채 규모는 천문학적이다. 부채는 주로 지방정부에서 발생하는데 공식 통계에는 나오지 않는다. 많은 조사 끝에, 시Shih는 중국 정부의 총부채는 공식 수치인 2008년 명목 GDP 대비 17퍼센트가 아니라 77퍼센트라고 추정한다. 그리고 국영기업이 차입한 부채까지 합산하면 100퍼센트가 넘는다. 한편 중국의 지방정부는 경기부양 프로젝트에 필요한 돈을 조달하기 위해서 많은 돈을 빌렸다. 지방정부의 예산 구조가 1990년 말 이래 적자를 기록하고 중앙정부에서 지방정부가 과도하게 돈을 빌리거나 채권을 발행하는 것을 금지하자, 지방정부는 자금 조달 문제에 대처하기 위해 또 다른 전략을 생각해냈다. 2008년 이래 성, 시, 구, 현 단위의 지방정부가 8000여 개가 넘는 도시개발투자회사UDIC를 설립한 것이다. 정부의 예산 체계에서 분리되어 있는 도시개발투자회사는 채권을 발행하고 국영은행에서 돈을 빌릴 수 있는 투자 플랫폼으로서의 역할을 했다. 2012년까지 이들이 빌린 금액은 24조 위안(3조5000억 달러, 약 3582조 원)에 이르렀다. 여기에는 지방정부가 2009년까지 이미 빌린 금액(11조4000억 위안)과 이들에게 약속한 대출 한도(12조7000억 위안)가 포함된다(Shih, 2010).

시Shih는, 지방정부의 세입 총액보다 여덟 배가 더 많은 이 부채액은 절대 갚을 수 없는 규모라고 주장한다. 지방정부의 인프라 시설, 부동산, 다른 사업에 투자한 프로젝트가 매우 야심적이기는 하지만 언제나 수익이 날 수는 없다. 부채의 이자를 상환하고 새로운 프로젝트에 자금을 계속 대기 위해 지방정부는 UDIC 산하에 더 많은 회사를 설립하는 방법을 쓰고 있으며 회계장부에는 기록되지 않는 부채를 추가로 얻고 있다. 새로 부임한 지방정부의 지도자들은 습관처럼 새로운 프로젝트를 시작하고, 새로운 부채로 프로젝트 자금을 조달한다. "오래된 부채를 새로운 부채로 갚는다"는 돈놀이와 "삼각 금융 채무triangular debt"는 중국에서 새로운 문제가 아니다. 그리고 신뢰 조작 게임*도 아니다. 중국의 불량 채권은 50퍼센트에 이르는 것으로 추정된다. 그러나 중앙은행인 중국런민은행은 이 사실을 인정하지 않는다.

당연히 시Shih는 2008년 이후 중국의 팽창적 재정 정책의 지속가능성을 우려했다. 또 중국 경제가 어떻게 세계경제와 "분리"될 수 있는지

---

* 신뢰 조작 게임game of confidence manipulation: 도박에서 상대의 신뢰를 얻은 뒤 사기 수법으로 돈을 갈취하는 게임으로 여기서는 시장조작으로 투자자를 속이는 행위를 말한다.

에 관해 중국 안팎에서 뜨거운 논쟁이 일었다. 중국 재정의 지속가능성에 대한 문제를 계속 검토하기에 앞서 지금까지 중국의 팽창주의 모델에 도움을 준 정치적인 기반과 엄청난 팽창의 사회적 결과는 무엇인지, 이런 과정이 향후 10년간 중국의 정치경제적 발전에 어떤 영향을 미치게 될지를 분석할 필요가 있다. 나는 중국의 팽창주의 모델이 중국공산당의 지배를 유지하기 위한 목적으로 모든 계층의 정치경제 엘리트의 이익을 통합하는 정치체제 위에서 구축되었다고 주장하는 바다. 이 과정에서 당이 지배하는 국가party-state 체제의 효율적인 구조조정이 도움이 되었다. 정치경제 엘리트의 통합과 팽창주의 모델이 서로 보완적인 관계를 형성하면서, 경제적·정치적 위기는 사회적인 영역으로 전환되었다.

먼저 과도한 팽창과 함께 찾아오는 것은 인플레이션이다. 2011년 4월 현재, 중국의 공식 인플레이션은 5퍼센트로 예측치보다 1퍼센트 포인트 높다. 이는 인플레이션을 통제할 수 있을지의 여부와 방법에 대한 온갖 종류의 정책 논란을 잠재우기에 충분한 수치다. 그러나 내가 만난 중국 거주민들은 모두 실질 인플레이션율이 5퍼센트보다 높다고 생각한다. 봉급생활자들은 엄두도 못 낼 정도로 천정부지로 치솟는 주택 가격(역시 공식 수치에는 완전히 반영되지 않는다)과 땅이 없는 소작농, 은퇴자, 실업자, 이주노동자 등 빈곤층에 특히 큰 타격을 주고 있는 식료품 가격 인상을 감안하면 더욱 그렇다. 중국런민은행은 2010년 이래 금리를 네 번 인상했고, 시중 은행들에게 현금을 더 보유할 것도 지시했다. 블룸버그통신Bloomberg(2011)과 바르보자Barboza(2011)는 중국런민은행이 금리를 다시 한 번 인상할 것으로 예측했다.

중국에서 차입금으로 자금을 조달하는 팽창주의와 직접적이고 중요하게 연결되어 있는 것이 바로 토지다. 지방정부의 부채는 대부분 농부들에게서 수용한 토지를 담보로 내준 것이다. 지방정부에서 부채의 구조조정이 필요할 때마다, 일정한 구획의 토지가 도시개발투자회사에 투입되었다. 추가로 확보한 자산은 UDIC가 은행에서 새로 융자를 받는 데 도움이 되었다. 이 같은 방식으로 엄청나게 많은 농부가 자기 땅에서 내몰리고, 사회적으로 불안감이 증대하는 계기가 되었다. 게다가 은행에서 더 나은 대출 조건에서 더 큰 규모로 자금을 빌리기 위해 지방정부는 관할권을 가지고 있는 토지의 상업적 가치를 높이려고 애썼다. 지방정부는 구획 토지에 대한 입찰 전쟁을 부추기고, 새로운 "토지의 왕"(지방정부에서 역사상 가장 높은 입찰 가격을 따낸 구획)의 탄생을 끊임없이 조장했다. 현재 중국에서 개인의 토지소유권은 존재하지 않지만, 정부가 독점한 토지 대여 시장에서 경매를 통해 토지의 사용 권한은 사고팔 수 있다. 지방정부는 상업적 개발이 목적인 토지 대여 시장에서 유일하게 적법한 토지 공급자다. 국가가 토지 분배를 독점하는 체제에서 정부가 후원하는 토지 대여 입찰 전쟁은 지방정부의 재정계획에서 필수 불가결한 요소였고, 이는 불가피하게 주택 가격의 상승으로 이어졌다. 2010년 청두成都 시(중국 중부 쓰촨 성에 있다)에서 정부가 통제하는 토지 대여 판매가 이루어졌을 때, 새로운 도시 프로젝트에 사용될 토지 가격이 2007년에서 2010년 사이에 10배나 올랐다. 토지를 담보로 한 팽창주의는 대규모 토지 침탈과 주택 가격의 상승을 낳았고, 빈민층뿐만 아니라 중산층에게까지 영향을 미쳤다.

그러나 이것은 단지 시작일 뿐이다. 중국에서 팽창주의가 몰고 온 사회적 영향의 문제를 파헤치기 전에, 이러한 팽창주의 모델이 정치적으로 지속가능한지에 대한 분석을 먼저 하는 것이 순서다.

정치경제 엘리트의 통합과 계속되는 중국공산당의 지배

中국의 팽창주의 모델은 궁극적으로 정치 프로젝트다. 중국의 경제 팽창은 중국공산당의 압도적인 지위를 유지하기 위한 분명한 정치적 목표를 가지고 있다. 이 모델은 국가주의 경제하에서 정치경제 엘리트가 통합하면서 가능해졌다. 다시 말하면 중국의 경제 팽창과 시장 개혁의 근간이자 목표는 중국공산당이 지배하는 국가 중심의 정치체제다. 따

라서 경제가 팽창하는 한 이 모델은 정치적으로 타당성이 있으며, 반
대의 경우도 마찬가지다.

정치적으로 중국이 동유럽과 러시아 등 경제적 전환기를 맞고 있는
여타 국가들과 다른 점은 중국공산당이 지속적으로 견고한 지위를 누
려왔다는 것이다. 중국공산당의 압도적 지위는 시장의 성장 속에서 자
본주의의 가공할 만한 주역으로 자리매김하고, 젊고 의욕이 충만하며
충성도가 높은 엘리트들을 길러내 국가조직을 효율적으로 유지함으로
써 가능했다.

새로운 지배 계층을 살펴보기 전에, 마오쩌둥 시대 이후의 중국 경
제를 간략하게 짚고 넘어가려고 한다.

1970년대 이후 중국의 시장 개혁은 경제를 일괄적으로 사영화私營
化(민영화, 사유화)하지 않고, 시장에 대해 국가가 지속적으로 간섭하고
직접 개입했다는 것이 특징이다. 중국의 시장 팽창은 국영 분야를 축
소하는 단선적인 길을 걸어온 것도 아니며, 견고한 민간 분야로 이어
지지도 못했다.

그러나 시장이 팽창하는 과정에서 지속적으로 증가해온 국가 개입
이 정확하게 독점이나 그에 상승한 시장경제의 소멸을 뜻하지는 않았
다. 왜냐하면 이 문제로 우리가 중국이나 다른 나라를 이야기할 때, 관
료 체제나 조직이라는 기관machine에 동일하게 할당된 자원을 비롯하
여 지속적인 정책 지시와 실행 능력이 결집된 동질적인 실체에 대해서
말하지는 않기 때문이다. 사실 계획경제 체제의 유산을 지닌 채 사회
주의국가의 면모를 유지하는 중국의 국가 형태는 무수한 국가기관으
로 이루어져 있다. 여기에는 정부나 당 조직과 같은 기구를 비롯해 공
익사업체, 군, 대학교, 병원, 연구기관, 국영기업, 은행 등이 포함된다. 또
한 정부 기구는 최고위층에서부터 중앙, 성, 시, 현, 향, 촌에 이르기까
지 위계적으로 조직되어 있다. 그리고 모든 단계마다 다양한 기능을 담
당하는 기관이 있다. 1980년대 이후, 많은 국가기관에, 특히 다양한 수
준의 지방정부에 지방에서 창출되는 수익의 상당 부분을 자율적으로
운용할 수 있는 권한이 부여되었다. 이러한 재정 자율권에는 재정에 대

한 책무도 함께 따른다. 지방정부는 일반 경비, 사회복지비 지출, 인프라 시설 투자에 재정적으로 많은 책임을 져야 했다. 그 결과 촌장을 제외하고 선출직이 아닌 임명직 지도자들은 토지 판매와 부동산 개발 등과 같이 수익이 창출되는 사업에 직접 관여하며 조세수입의 새로운 원천을 찾기 위해 혈안이 되었다.

고도로 세분화되고 다각화된 국가 부문sector이 운용하는 시장에 국가가 계속 간섭하고 참여한 결과, 마오쩌둥 이후 중국의 국가주의적 경제는 다음과 같은 특징을 띠게 되었다.

첫째, 시장의 형성과 팽창 과정에서 지방 국가state˙가 갈수록 중요해졌다. 그러나 이 "지방 국가" 역시 동질적인 실체가 아니다. 1980년대 이래 30년간, 우리는 성장의 기치라는 관점에서 중요한 변화를 줄곧 지켜보았다. 1980년대와 1990년 초에는 향과 촌의 기초지방정부가 산업화와 시장 팽창을 주도했다. 1980년대의 영웅들은 전설과도 같은 마을소유 집단 경영Township and Village Enterprise, TVE이다. 황야성(Huang Yasheng, 2009)은 농촌에 기반을 둔 자유화와 산업화가 민간 부문을 개발할 수 있는 역사적인 기회를 제공했다고 주장했다. 그러나 기회는 사라지고 말았다. 시골 TVE는 시장이 형성되는 과정에서 민간 분야 성장의 "불가피하고" 선형적인 경로를 따르지 않았다. 반대로 부실 TVE는 1990년대 중반에 이르자 쇠락하기 시작했으며 규모의 경제scale economy가 부족하다고 비난을 받았다. 한편, 새로운 개발의 분위기를 타면서 상층부와 도시가 중심이 되고 시정부가 주도하는 통합 성장 모델이 지지를 받았다. 규모가 큰 시정부는 중심 도시와 농촌 내륙지역을 통합했고, 이들의 관할구역은 유럽 국가 하나만큼이나 커졌다. 곧 이 지방 도시들은 해안을 따라 형성된 베이징, 상하이, 광저우 등 거대 도시를 형성했고, 곧 충칭, 톈진, 난징, 우한 외에도 칭다오, 정저우, 창사, 지난 등 해안과 내륙지역에 후발의 도시가 만들어졌다. 중국의 새

˙여기서는 성省을 지칭.

로운 지역 질서는 이렇게 강력한 대도시 권역으로 구성되었다.

둘째, 1990년대 후반 이후 중앙정부는 1980년대를 거치면서 지나치게 분산된 경제에 대응하고 강력한 시정부의 주도하에 부상 중인 대도시 지역과 균형을 맞추기 위해서 경제 운용을 다시 중앙집권 형태로 유도하려고 애썼다. 중국 국무원state council은 국가 자산을 통합 관리할 목적으로 국영기업SOE을 구조조정하는 일련의 조치에 나섰다. 이러한 노력은 국유자산감독관리위원회Assets Supervision and Administration Commission, SASAC 설립과 함께 2004년에 절정에 이르렀다.

SASAC는 "큰 고기는 잡고, 작은 새우는 놓아준다"는 원칙 아래 국영기업을 궤도에 올려놓기 위한 국가 차원의 활동을 실시했다. 규모가 작은 국영기업은, 신중하게 선택된 더 크고 전략적인 국영기업에 합병되었고 중앙정부가 소유한 독과점 기업집단으로 변신했다. 통합의 노력은 금융, 수력발전, 물류, 석유, 석유화학, 철강, 조선, 전기통신, 미디어, 귀금속, 방위, 우주항공, 식품, 인프라 시설, 부동산, 담배 등 전략적으로 다양한 분야를 망라했다. 이처럼 2009년에 실시한 국가 차원의 부양책에서 가장 많은 돈이 전략적으로 중요한 최상급 국영기업으로 흘러들어갔다.

셋째, "큰 고기는 잡고, 작은 새우는 놓아준다"는 국영기업의 구조조정 원칙에서 전략적 가치가 부족하고 힘이 미약한 작은 국영기업은 합병이나 경영권 인수의 방식으로 민영화되었다. 구조조정 결과 다양한 분야와 산업에 걸쳐 매우 복잡한 소유 구조와 정교한 사업 네트워크가 창출되었고, '국영'과 '민간' 부문을 구분하는 명확한 선을 긋는 것이 불가능해졌다. 결과적으로 중소기업은 생존을 이어갔다. 이들 사이의 경쟁은 특히 치열하여 새로 생기거나 퇴출되는 비율이 국영과 민간 둘 다 아주 높았다. 이들은 최근에 대출 규제로 심각한 타격을 받았다.

중국의 국가주의 경제에서 중요한 연결 고리는 내가 관료적 기업가bureaucratic entrepreneur, BE와 기업가형 관료entrepreneurial bureaucrat, EB라고 부르는 존재다. 기업가형 관료는 현 정부의 관리로, 이들의 주요 임무는 특별개발구역의 감독관이나 정부 소유 투자회사의 책임자 등과 같

[그림 10.1] 관료적 기업가와 기업가형 관료의 스펙트럼

이 사업을 직접 운영하는 것이다. 관료적 기업가는 정부나 당 기관, 공공사업 및 서비스 기관, 군 조직, 국가 소유의 기업 등을 포함하여 국가 기관과 밀접한 연관이 있거나 배경이 있는 사업체의 소유자, CEO, 수익을 창출하는 기업의 최상위층 관리자를 말한다.

시장의 주요 행위자로서 관료적 기업가와 기업가형 관료는 공통점이 있는데, 국가의 관료 체계와 강력하게 연결되어 있다는 것이다. 국가와의 연계성에 근거하여, 우리는 관료적 기업가와 기업가형 관료를 3단계로 분류할 수 있다. 나는 기본적으로 국가와의 연계 수준이 시장에서 이들의 위치에 직접적으로 영향을 미친다고 가정한다. 예를 들어 토지나 에너지 등의 중요한 자원과 금융에 보조금을 이용해 매우 유리한 가격 조건으로 접근 가능한 것 등이다. 이런 위치는 또 이들이 전략적 분야에 있는지 혹은 어느 정도의 독점 수준인지에 영향을 미친다. 정치경제 엘리트를 분류할 때 최상위층에 있는 사람들은 국가의 핵심과 가장 밀접하다. 이들은 "기업가형 관료"다. 세 번째 층에 있는 사람들은 시장에 가깝다. 따라서 "관료적 기업가"다(그림 10.1 참조).

유형 1- 최상위층: 기업가형 관료 계층

앞서 설명했듯이 2004년, SASAC는 직접 선택한 거대 국영기업에 의한 작은 국영기업의 전국적인 대규모 합병을 실시하여 독과점 기업 그룹을 형성했다. 합병에 성공한 국영기업 CEO는 사회의 최상위 엘리트가 되었다. 이들 CEO는 국가에 단지 '의존'하는 것이 아니라 국가를

'확장'한다. CEO와 최상급 국영기업의 고위급 관리자들은 정부, 당 관료와 동일한 관료적 위계를 이룬다. 최고위층은 장관에 버금갈 정도다. 국영기업의 CEO는 자본축적의 의무가 있는 관료의 위치에 있다. 이들 CEO는 지속적으로 당이 지배하는 국가의 정치적 의제를 수행하면서 GDP를 높인다. 최상급 국영기업의 CEO는 대부분 당, 정부 또는 군대에서 오랜 기간 상당한 경험을 쌓은 사람들이다. 최상급 국영기업의 베테랑 CEO 자리에는 성장省長, provincial governor이나 성 단위의 당 서기 등이 임명되고, 혹은 그 반대로 성장이나 성 단위의 당 서기 등이 국영기업 CEO가 된다. 국영기업의 효율적 관리를 위해 SASAC는 2004년 기존의 국가 관료층 밖에서 국영기업의 고위 관리자를 모집하기 시작했다. 그러나 설문조사에 따르면, 신규 채용자 중 2009년까지 자리를 지킨 사람은 30퍼센트에 불과하며, 자리를 유지한 대다수는 국영 부문에서 일한 경력이 있었다(Zhou and Liang, 2010).

최상위층 CEO는 문화적 자산도 보유한다. 중앙의 정부(국가)는 중국의 국가주의 사회와 문화의 오랜 전통 안에서 일종의 천명天命을 부여받았다 여겨져 그 지위가 어느 정도 정당화된다. 따라서 최고위층 지도자는 정치적으로 도덕적 정통성과 의무를 갖는다. 최고위층 국가 지도자에 대한 도덕적 정통성이 최상급 국영기업과 그곳의 CEO에게 이전되었으며, 따라서 이들은 국가의 연장선상에 존재하고 또 국가를 대표하는 것으로 보인다.

이러한 도덕적 정통성을 뒷받침하는 한 예로, 중간급 국영기업들이 사회주의 초창기 이래로 강력하고 새로운 중국을 건설하기 위해 국가주의적 임무를 수행했다는 점을 들 수 있다. 2000년대에 중간급 국영기업의 새로운 임무는 중국을 세계지도 위에서 번듯한 위치에 올려놓고, 글로벌 리더십을 성취하는 것이었다. 이를 위한 방법 중 하나가 중국의 자본과 기술 노하우를 세계로 수출하는 것이었다. 해외투자의 대표적인 예는 아프리카와 중앙아시아의 자원과 에너지 분야 투자, 아프리카와 동남아시아의 수력발전 프로젝트 투자 등을 들 수 있다. 중간급 국영기업은 경제 팽창이라는 국가주의적 임무를 수행하며 국제적인 영향력 및 지위 향상을 위해 중요한 역할을 하고 있다. 또 다른 예로는 2004년에 레노보Lenovo, 聯想集團가 IBM의 제조 부문을 인수한 것을 들 수 있다. 최상급 국영기업이 이들 임무를 얼마나 성공적으로 수행했는지에 관해서는 논란의 여지가 있다. 어쨌든, 이 같은 국가주의적 임무는 1990년대 후반부터 국영 부문의 팽창을 위한 거시경제적 정책을 정당화하는 데 도움이 되었다. 이를 뒷받침하는 주장은 다음과 같다. "규모의 경제는 글로벌 경쟁력을 얻는 데 필수적이고, 달성 가능하며, 이를 위해서는 국가가 나서야 한다." 이는 SASAC의 전 국장인 리룽룽Li Rongrong이 밝힌 것이다. 그는 SASAC에서 7년 동안 국장으로 재직했는데 그 기간은 중국의 시장 개혁이 시작된 1970년대 이후 고위급 인사로는 가장 긴 것이었다.

다른 예는 소비 부문에서 찾을 수 있다. 새로운 경제체제에서, 최상급 국영기업은 소비자인 시민의 수호자로서 부각된다. 예를 들어 중국의 북동부 '러스트 벨트'에 있는 랴오닝 성의 성도省都인 선양瀋陽에서 수행한 시장조사 결과 응답한 주택 매입자의 60퍼센트가 여전히 품질, 신뢰, 관리의 측면에서 여전히 중간급인 국영개발회사가 개발한 프로젝트를 더 믿을 만하다고 생각했다(Yang, 2010). 베이징의 주택 매입자들 역시 국영기업이 개발한 상업(민간) 주택 프로젝트를 선호한다고 밝혔다(Fleischer, 2010: 39). 최상급 국영기업의 브랜드 효과는 브랜드를 가진 다국적기업과 공유할 수 있다. 따라서 1990년대 이후 거대 국영기업과 다국적기업이 합작하는 것이 유행이었다.

최상급 국영기업에는 지방의 국영기업 또는 사영기업과는 비견할 수 없는 명성과 기대, 임무가 있다. 이들 CEO와 고위급 관리자는 다같이 정치와 경제 권력을 상호 연결하며, 최상위층의 사회 엘리트를 구성한다.

유형 2- 중간층: 기업가형 관료와 관료적 기업가 계층

최상급 국영기업 아래에는 좀 더 다양한 경제가 있다. 이들은 국가

GDP의 절반 이상과 고용의 80퍼센트 이상을 담당하며, 두 번째와 세 번째 엘리트 계층 구조의 근간을 이룬다.

앞에서 이야기했듯이, 1990년 이후 농촌에서 벗어나 도시 중심의 성장이 있었고, 중국의 새로운 지역 질서에서 지배적인 지방 세력으로 베이징, 상하이, 충칭, 광저우, 청두, 난징과 같은 주요 대도시가 부상했다. 주요 도시 지역의 중심부는 중앙과 지방 간 논쟁의 새로운 현장이 되기도 했다. 지방정부의 고위급 지도자들은 중앙정부가 허용한 행정적 권력뿐 아니라 경제구역과 뉴타운과 같은 도시 개발 프로젝트를 기업적인 관점에서 운영하면서 얻어낸 지역 권력을 모두 누린다. 도시의 지도자들은 토지와 관련된 수익에 의존하는 일종의 땅주인인 셈이다. 이들은 계획과 지역 설정에 권한을 가지고 있고, 이를 이용해서 개발 프로젝트에서 얻을 수 있는 혜택을 창출한다. 또 도시의 후원자로서 이들의 업적은 부동산 가격 상승 정도로 평가된다. 도시 개발이 이들의 정치적 의제이며 개인의 정치적 열망은 도시의 현대화에 달려 있다.

도시 중심의 지역 지도자들과 이들의 개발 비즈니스 파트너들이 두 번째 계층인 관료적 기업가와 기업가형 관료 계층을 이룬다. 이들은 다음과 같은 특징이 있다.

첫째, 상위층 엘리트와 비교하여 중간층 엘리트는 수적으로 우세하며 경쟁이 훨씬 더 심하고 덜 독점적인 시장 상황에 직면한다. 이 집단 역시 정치적·사회적 의무가 매우 무겁다. 그 이유는 1990년대 이후 지방정부가 토지 확보에만 열을 올리고, 시장 공략을 위해 사회적 약자를 보호하는 의무를 너무 빨리 포기한 것과 관련해 부정적인 평가가 늘고 있기 때문이다. 그 결과, 이 엘리트 계층은 최상위 계층보다 덜 도덕적인 자산과 더욱 모호한 정치적 의무를 갖게 되었다. 그런데 도시의 후원자와 건설자로서 이들의 정체성은 정통성의 훼손으로 인해서 농촌의 소농과 도시 중심부의 빈민 지역 주민들로부터 오히려 긍정적인 평가를 받았다. 2000년대에 사회의 조화를 우선시했던 새로운 정치적 담론에서, 이런 딜레마는 지방정부의 지도자들을 끌어내릴 수도 있었다. 여기에 대해서는 다음 부분의 사회위기에 대한 설명에서 자세히 살펴보기로 한다.

둘째, 이 집단은 농촌의 희생을 바탕으로 한 도시 개발로 이익을 보았다. 1990년대 중반에 TVE와 농촌기업이 쇠락하고, 2000년대 초에 농업세를 축소하거나 폐지하자 촌과 향 단위 기초지방정부의 재정적 기반이 사라졌다. 한편, 도시의 지역정부는 관할 행정구역 안에 있는 적지 않은 농촌 미개발 지역에 대해 상당한 통제권을 얻었다. 많은 경우 이들 지역은 도시 자체보다 훨씬 면적이 컸다. 위에서 말했듯이, 은행 융자에 필요한 담보로 사용될 수 있는 더 많은 자산을 시정부에 넘겨준 것이다. 그리하여 항구, 공항, 교량, 고속도로, 컨벤션센터, 종합스포츠센터, 뉴타운 등 새로운 계획이 더욱 증가하는 도시의 매머드 프로젝트에 자금을 댈 수 있었다. 따라서 중간 엘리트 계층의 기업가형 관료와 동맹 관계인 관료적 기업가의 형성은 정치적으로 도시와 농촌의 영역을 구분하고 도시를 확장하기 위해 농촌의 경작지를 수용하여 용도를 변경한 것이 바탕이 되었다. 빚에 기반을 둔 팽창주의는 이러한 지역성과 정치경제적 구조 위에 세워졌다.

유형 3- 하위층: 관료적 기업가

하위층 관료적 기업가는 상반된 두 가지 방향을 따라 형성되었다. 하나는 사영 부문에서 반﹢국영 부문으로 이동한 것이고, 다른 하나는 집체 부문에서 국영 부문으로 이동한 것이다. 이들은 국가의 계층 구조에서 하위층을 이루기 때문에 기업가형 관료보다는 관료적 기업가에 더 가깝다.

이 세 번째 층에서 첫 번째 그룹의 가장 대표적인 사례는 농촌에 뿌리를 둔 사영기업에서 성장한 기업가 중에서 찾을 수 있다. 이들은 가계 저축, 가계 자금 대출, 그 외 합작 형태의 공동 기금(및 토지)을 지원하는 소규모 상공업 벤처 사업을 수행했다. 초반의 성공으로 인해 이들은 촌민들에게 존경을 얻었고, 촌민위원회 위원장으로 선출되었다.(촌민 선거는 오늘날 중국에서 유일한 공개선거. 그러나 중국공산당 농촌 지부의 당 서기는 여전히 지명된다. 중국의 촌민 선거에 대한 분석은 오브라이언과 리[O'Brien, Li, 2000] 참조.) 촌민위원회 위원으로 당선되면 이른바 촌락의 '능력인'은 바닥에서부터 정부 관리가 갖춰야 할 요령과 비법을 익히기 시작한다. 이들은 촌사무소나 현顯정부로부터 대표적인 기업가로 인정받으면서 정치적인 자본을 축적하고, 정치적 인맥을 통해 금융 지원을 받았다. 이들 중 더욱 야심 찬 능력자들은 관료의 사다리를 타고 올라가 당 조직이나 지역 인민대표대회와 정치협상회의와 같은 현 단위의 다양한 지방정부 부문으로 이동한다. 그러는 가운데 사업도 강력하게 기반을 굳힌다.(기업가로 성공하기 위해 당원이 되었을 때 얻는 효과에 주로 초점을 맞추고, 사영기업이 매개가 된 정치적 관계의 중요성을 설명한 연구가 있다. 천중스[Chen Zhongshi, 2011]는 기업가에서 지역 인민대표대회와 정치협상회의의 대표로 변신한 경우가 더 중요한 정치적 자산의 유형임이 판명되었다고 주장했다.) 중소형 농촌 산업이 정체되고 도시와 국가 부문이 공격적으로 확장되면서, 농촌에 기반을 둔 기업 중 상당수가 도시에 있는 더 큰 국영기업에 인수되었다. 이 기업가 그룹은 이제 국영기업의 관리자가 되었고, 그에 따라 국영기업과 관료 네트워크에 더욱 깊게 관여하게 되었다. 이들의 경제적 자산이 이들에게 정치적 배당금을 안겨주고, 정치적 배당금은 다시 경제적 자산을 가져다주었다.

관료적 기업가의 첫 번째 그룹인 이들이 국가와 연계될 수 있었던 것은 민간 분야에서 먼저 성공을 거두었기 때문이다. 한편 세 번째 계층의 두 번째 그룹은 이들과 정반대 방향을 따른다. 이들은 국영 부문과 밀접한 관계를 유지하면서 작은 사업을 시작하는데 1980년대 또는 1990년대에 전직 관료였다가 "사업의 바다로 뛰어든(샤하이下海)" 경우다. 이러한 관계는 사영기업을 운영할 때 중요한 자산이 된다. 이런 창업의 유형은 단일 프로젝트에 기반을 둔 많은 부동산 회사와 최첨단 기술 분야의 창업 기업, 서비스 및 통상 분야의 무역업의 기업 등에서 찾아볼 수 있다.

또한 파산에 직면한 현이나 향鄕이 소유했던 집단 소유의 경쟁력 없는 소규모 지방정부 소유의 기업도 두 번째 그룹에 속한다. 이들은 대형 국영기업에 인수된 후 국영 부문과 강력한 연계를 구축했다. 현이나 향鄕의 정부는 지역 기업들의 연쇄 파산으로 발생한 재정적, 사회적 부담을 처리하려고 노력했는데, 향에서 희망하는 최고의 시나리오는 동일한 지역에서 이들 기업의 활동을 유지할 수 있도록 최상급 또는 중간급 국영기업이 사들이게 하는 것이다. 지방정부가 단순히 이러한 회사를 개인투자가나 외국인투자가에게 팔거나 자사주 매입을 조율한 경우, 지방정부 관료는 손해를 보고 국가의 자산을 팔았다거나 교활하다는 의심을 받는다. 추락하는 TVE를 관료가 직접 "사영화"하는 것은 정치적으로 위험이 매우 크다. 국영기업에 매수되는 편이 정치적으로 더 안전하다. 심지어 이것이 지방정부에 재정적인 손실을 가져다 주더라도 더 정당화되는데, 거래가 '국가 부문'에서 이루어지기 때문에 지방 관료들은 부패 혐의를 받지 않게 된다. 다른 경우, 지방정부 소유의 기업은 중앙정부가 주요한 자원을 독점하기 때문에 경쟁력이 별로 없다. 이러한 합병 메커니즘 역시 주변의 인물들을 국가 시스템 가까이 끌어들이게 된다.

국가가 경제를 장악하자 관료적 기업가와 기업가형 관료들은 각기 다른 수준에서 정치경제 엘리트의 통합을 공고히 했다. 이는 당이 지배하는 국가를 중심으로 중앙집권화가 되었지만, 당이 지배하는 국가의 조직 내에서는 분산된 상황이다. 국가주의 경제는 중국공산당의 힘을 유지하는 한편 중국 경제가 지속적으로 팽창하는 근간이다. 이렇듯 비교적 분권화된 모델에 관한 흥미로운 탐색은 세계 시장경제 시대에서 응집력의 수준을 효과적으로 유지하기 위한 중국공산당의 조직적이며 이데올로기적인 역량일 것이다. 당 조직은 지휘부를 젊고 의욕적인 인사로 구성하고 유지하기 위해 개혁의 물결을 거스르지 않았다. 국영 분야는 최고의 대학을 졸업한 재능 있고 야심 찬 청년들을 지속적으로 유치했다. 실업률이 상승하면서 국영 기관의 일자리는 더욱 이상적으로 여겨지게 되었다. 2011년 7월, 중국 도시의 기본 단체 중 하나인 거리위원회Street Committee의 베이징 관리는 당시 사무실 말단직 공

고에 천 명이 넘는 지원자가 몰렸으며 그들이 모두 대학 졸업자였다고
설명했다.

그런데 이 모델에도 단점이 있다. 경제와 정치 위기는 저지하였으나,
위기가 사회 영역으로 이동한 것이다.

사 회 안 정 화 체 제
»

권력과 돈이 집중하는 그 이면에서는 사회적 격차가 점차 늘고 있다.
중국의 지니Gini계수는 1984년 0.25에서 2006년 0.47로 우려할 정도
로 상승했다. 이는 세계에서 손꼽히는 수치다. 선택된 그룹에 주어지는
지속적인 복지 보조금과 과소신고 때문에 왜곡되기 일쑤인 소득 대신
부동산 자산의 분포를 계산하면, 이 수치는 0.661까지 올라간다. 도시
거주자에게만 주어지는 복지 혜택을 고려하면 농촌과 도시 간 소득 격
차는 2006년에 1 대 4였다(Li 외, 2008).

그러나 소득 격차만으로 사회위기가 형성되지는 않는다. 점진적인
위기로 볼 수 있는 2010년 후반 이후 중국의 사회적 긴장은 오히려 긴
장을 완화하고 위기를 방지하기 위한 구체적인 과정 중에 형성되었다.

중국의 사회위기는 불안정한 시기에 지방 관료와 경찰을 포함한 풀
뿌리 수준의 국가 대표들과 대중이 충돌하면서 시작되었다. 갈등의 원
인은 가족계획 위반자나 행상인을 상대로 폭력을 행사하고 과도한 벌
금이나 처벌을 내린 것 등 때문이었다. 그중에서 토지와 관련된 갈등
이 가장 중요한 원인이었다. 베이징의 사회학자인 위젠룽Jian-rong Yu은
2000년대 초 이후 중국에서 일어난 기록적인 사회적 소요 사태의 약
80퍼센트가 토지와 관련됐으며 토지 수용 보상금에 대한 불만, 부적
절한 이동 명령, 강제 철거와 이전에서 비롯된 것이라고 밝혔다. 내가
연구한 바에 따르면 1990년과 2009년 사이에 농지 전용과 도심 빈민
거주 지역의 재개발로 인해 농촌과 도시 거주자 중 최소한 7500만 명
이 이주민이 되었다. 이주자가 임시로 거주한 지역 철거와 여러 번 이

주하는 사람들이 겪은 계속적인 철거까지 포함하면 이주민 수치는 중국 인구의 7분의 1에 해당하는 1억5000명에서 2억 명에 이른다. 공동체 파괴가 가속화되면서 시위자의 수는 증가했다(더 자세한 분석은 Hsing 참조, 2010). 1993년에 단순 항의, 시위, 피켓 시위, 집단 청원 등을 포함해 8000건의 "공공질서 교란 행위" 사례가 보고되었다. 위젠룽(2009)에 따르면, 이 수치는 2007년에 9~10만 건으로 증가했고 400만 명 이상이 시위에 참여했다. 다음은 토지 수탈과 폭력 사태를 포함하여 2000년대 중반에 공식적으로 보고된 두 건의 사건이다.

사건 1 : 2004년 안후이 성安徽省

2004년 늦은 봄, 안후이 성 북서부의 닝다Ningda 마을에서 정부는 신규 고속도로를 건설하기 위해 방대한 양의 마을 토지를 수용했다. 마을 사람들은 수용된 토지에 대해 보상을 받기로 되어 있었다. 계약된 땅의 규모는 집마다 달랐지만 땅 자체는 집체소유*였다. 따라서 현 정부는 각 가구가 계약한 토지 면적의 차이를 고려하지 않고 토지를 잃게 된 모든 가구에게 보상금을 현금으로 똑같이 분배한다고 결정했다. 마을 대표가 현금 보상금을 분배한 후 마을에 남아 있는 토지를 계약 토지로서 모든 가구에게 재분배하기로 되어 있었다.

그러나 닝다의 당 서기는 수용한 토지의 총면적뿐 아니라 고속도로 건설 시행처가 지급한 현금 보상금 총액도 공개하지 않았다. 마을 사람들은 당 서기가 돈을 횡령했다고 의심했다. 그들은 마을 지도부에게 남은 땅을 재분배하기 전에 계약한 장부를 공개하라고 요구했다. 그러나 당 서기는 그 요청을 무시하고 땅을 재분배하기 시작했다. 5월 25일, 마을 사람들의 동의도 없이 당 서기와 마을과 향의 간부들이 토지 위에 새로운 경계 표시를 한 땅을 마을사람들에게 나눠주기 시작했다.

*농민의 집단 소유로 공동소유제와 유사하다.

그날 저녁, 마을 사람들이 그 표시를 지워버렸다. 이틀 뒤, 당 서기와 그의 아들 두 명이 왕융Wang Yong이라는 마을 사람을 살해했다. 왕융은 경계 표시를 지우는 데 참여했던 사람으로, 일흔한 살의 아버지가 보는 앞에서 칼에 열한 번이나 찔려 죽었다.

목격자가 몇 명 있었기 때문에 살인자들은 그날 저녁 체포되었다. 그러나 범인이 체포된 후에도 마을 사람 중에서 왕융의 아버지와 말을 섞는 사람은 없었다. 왕융의 아버지는 힘이 센 당 서기와의 갈등으로 아들을 잃은 후 자신이 마을에서 "반혁명분자"가 되었다고 말했다. 마을 사람들은 두려움 때문에 취재 중인 기자에게 당 서기에 대해 말하기를 꺼렸다. 그는 향정부로 들어가는 수수료와 세금 등을 교묘하게 거둬들였는데 2001년에 향에서 주는 "진보적인 당 지도자"의 칭호를 받았다. 마을 사람들은 사실대로 말했다가는 당 서기가 감옥에서 풀려난 뒤 보복하지 않을까 두려워했다(Bao, 2004).

사건 2 : 2005년 허베이 성河北省

허베이 성 딩저우定州 시 유성 마을은 베이징에서 남서쪽으로 160킬로미터 정도 떨어진 곳이다. 중국 관영 언론인 신화통신과 신베이징일보新京報에 따르면, 유성 마을 사람들은 2004년 7월에서 2005년 6월까지 자신들의 농경지에서 야영 생활을 했다. 발전소 건축 때문에 380무畝*에 이르는 비옥한 농지를 강제로 몰수당한 것과 부족한 보상금에 항의하기 위해서였다. 시위자들은 10개나 되는 거대한 텐트 아래에 흙으로 된 요새를 만들고 텐트 주변에는 방어용 참호를 깊게 팠다. 용 축제일인 2005년 6월 11일 새벽 4시, 헬멧을 쓴 300명이 넘는 남자들이 야영지를 공격했다. 버스 다섯 대와 트럭 한 대, 자동차 세 대를 나눠 타고 온 이들 중 일부는 엽총을, 나머지는 끝에 날이 달린 쇠파이프를

---

* 중국의 면적 단위. 1무는 약 666.7m²임.

들고 있었다. 마을 사람들은 벽돌과 낫으로 무장했다. 싸움 과정에서 마을 사람 6명이 사망하고 48명이 부상을 당했다. 그 장면을 어느 시위자가 3분간 비디오로 촬영했고 영상은 인터넷에 널리 퍼졌다.

당시의 공격은 마을에 감행된 최초의 공격이 아니었다. 약 두 달 전에도 30명의 남자가 한밤중에 야영지를 공격했다. 그때 유성 마을 사람들은 한 명을 포로로 잡았다. 그 전에는 50대가 넘는 건설용 트럭과 80대의 경찰차, 수백 명의 공안 요원, 공사 인부들이 약 10회에 걸쳐 농부들의 사기를 꺾기 위해서 밭을 파괴하고 강제로 공사를 시작하는 시도를 감행했다. 그러나 어느 공격도 강제 퇴거라는 용어에 어울릴 정도로 "부지를 정리"하지는 못했다. 시도가 연이어 실패하자 결국 전면 공격을 했고 결국 사망자가 발생한 것이다.

사고 후 이틀 뒤, 당 서기와 딩저우 시장이 면직당했다. 한 달 뒤 사건에 연루된 31명이 체포되었고 청부업자를 고용한 다른 131명이 구금되었다. 성정부는 마을 토지에 대한 수용을 중지하라고 명령했다. 미디어에서는 대부분 이 일을 형사사건으로 보도했고, 공사의 계약자가 주로 비난의 화살을 받았다. 그가 공격을 시작하고 폭력배들을 고용했다고 알려졌기 때문이다(*San Lian*[三聯] *Life Weekly*, 2005).

2008년 이래 소요 사건이 늘어났으며(Li, 2010) 참여자의 수와 폭력 수준도 높아졌다(Xu, Chen, and Li, 2011). 2008년 이후 변한 소요 사건의 중요한 특징은 참여 조직이나 갈등의 원인을 확인할 수 없는 상태에서 불시에 일어났다는 점이다. 참여자들은 대부분 특정한 목적 없이 행동했고 높은 임금이나 직업 보장, 공정한 보상 등 명확한 요구나 분노도 없었다. 참여자들은 소문을 듣거나 문자메시지를 받거나, 거리에서 공권력과 주민들 사이에 분쟁이 발생하면 소요에 참여했다. 참여자 규모가 커지면서 이들은 더욱 폭력적으로 변했다. 방화, 구타, 파괴, 약탈은 이런 사건에서 흔히 볼 수 있는 행동이었다. 몇 번이나 시위가 발생했고, 총 1만 명에서 3만 명에 이르는 수의 사람들이 물리적으로 공안경찰이나 전투(무장)경찰과 대치했고, 돌과 깨진 유리병을 던지고 공공건물과 경찰차를 불태웠다. 사태는 며칠 동안이나 계속되었다. 위젠룽은 이런 거대 규모의 즉흥적인 '폭동'이 체제 전반에 대한 인민의 좌절과 권력에 대한 분노의 신호라고 주장했다.

하지만 여전히 의문은 남아 있다. 무엇 때문에 충돌이 사회위기로 변화했으며, 그 충돌이 사회위기를 대변하는 것인지, 만약 그렇다면 어떤 위기인지 하는 의문이다. 만약 우리가 사회위기를 기존의 사회질서와 권력관계를 급격하게 붕괴시키는 사건으로 규정한다면, 중국에서 일어난 사태는 사회위기라고 말할 수 없다. 하지만 이런 유례없는 폭력 사건들은 사회적 논쟁에 대한 정부의 대응 방식에 상당한 영향을 미친다고 말하는 것이 공정할 것이다. 이들 충돌 속에서 위기가 끓어오르는 중이라면, 그에 대응하기 위해 정부가 만든 메커니즘은 긴장을 줄이는 데 도움이 되지 않았던 것 같다.

중국 정부는 1990년대 톈안먼 사태 1년 후 시민들이 정부를 고소할 수 있는 행정소송법Administrative Litigation Law 제정을 통해 대중의 분노를 가라앉히려고 노력했다. 또 불만을 표출하고 항의를 제기하려고 지방의 지도자들에게 편지를 쓰고 이들을 방문하는 시민들을 위해서 특별히 지정된 기관을 정부 각급 기관에 모두 설치했다. 그러나 농민이나 도시 빈민이 법적, 행정적인 방법으로 정의를 찾으려 한 시도는 거의 실망스럽게 끝나거나 종종 반감만 안겨주고 말았다(Lee, 2007). 사실 지방정부 아래서 지방정부로부터 월급을 받는 법원이나 지방법원은 한 자녀 정책 위반, 토지 횡령, 지방정부가 부과한 강제 기부 등과 같이 논란이 큰 문제와 관련된 사건은 수용하지 않았다. 불만을 토로하기 위해 행정적 절차에 호소하던 사람들은 갈등을 해결하기보다는 항의자들의 발걸음을 막아서거나 오히려 보복을 가하는 관료주의와 맞닥뜨리게 되었다.

환멸에 빠진 사람들은 냉소적으로 변했고, 일부는 더 높은 단계의 관공서를 끊임없이 찾아갔다.[1] 일부는 과격하게 변했다. 더욱 폭력적인 사례로 2011년 5월 26일에 일어났던 사건을 들 수 있다. 이날 장시 성江西省의 한 농부는 폭발물을 사용하여 세 곳의 시정부 건물을 폭파했는데, 농부 자신을 비롯하여 3명이 사망하고 6명이 부상을 입었다. 비극은 2002년에 시작됐다. 당시 농부의 집은 고속도로 건설 계획 때문에 관할 관청에 의해 철거되었다. 농부는 보상금이 너무 적다고 생각했다. 그래서 지방정부를 상대로 법원에 소송을 제기했지만, 다른 많은 사람과 마찬가지로 패소하고 말았다. 이 농부는 오랫동안 지방정부의 여러 관리들에게 항의를 계속했지만 9년 동안 아무런 성과가 없었다. 환멸이 마침내 비극을 부른 것이다.

낮은 공직에 있는 관리들은 사람들에게 두려움, 분노, 조롱, 의심을 받았다. 이들은 사람들의 속임수에 당하기도 했고 대규모 폭동 시 공격의 대상이었지, 신뢰의 대상이 된 적은 거의 없었다. 중앙정부는 분란의 범위와 규모에 당황했고, 대중은 첫 대면 후 정부에 대처하는 데 점점 더 능숙해졌다.

2000년대 후반까지 중국 정부는 법률 기관과 관리들이 해결하지 못한 산적한 사회적 갈등에 대처하기 위해서 새로운 "사회 안정" 체제를 도입했다. 매우 폭넓게 규정된 "사회질서의 분란" 사례가 관할구역 내에서 발생했는지 여부를 지방 관료의 실적 평가와 승진의 조건으로 정한 것이다. 단 한 건의 사건만 발생해도 승진 가능성이 사라지는 것은 물론이고 경력이 아예 단절되는 경우도 많았다. 결과적으로 사회 안정이 지방정부의 일상 운영에서 최우선순위의 목표를 차지했다. 다시 한 번, 사회안정유지Social Stability Maintenance라는 기관이 지방정부의 모든 단계에 설치되었다. 사회 안정을 위협한다고 간주되는 갈등에 대한 길고 포괄적인 점검표가 여러 정부 부서와 기관에 보내졌다. 위협 목록은 철거에 따른 충돌, 청년 실업, 위조, 언론 보도, 제대 군인의 취업, 자연재해, 윤리적·종교적 갈등, 생태계 파괴, 기업의 구조조정, 식품 및 약품 안전, 이전과 관련된 인프라 건설과 생태적 건설 프로젝트 등으로 다양했다. 사회 안정을 유지하기 위해 중학생과 고등학생을 비롯해 사회의 여러 부문이 동원되었다. 학생들은 과도한 수업료, 전기 안전, 식품 안전, 나아가 학교에 칼을 가지고 오는 학생, 안전하지 않은 건물, 학교 주변의 교통 문제, 교사의 정치 사상(예컨대, 학교가 불안전한 것을 방지하기 위해 지방교육국의 캠페인에 호응한 푸젠 성의 고등학교에 대한 보고서 참조[2011년 11월 17일, 푸칭 고등학교]) 등과 같은 사회 불안정의 신호를 보고하도록 촉구받았다. 연례 전국인민대표대회와 중국공산당 전국대표대회가 열리는 정치적으로 민감한 시기에는 값비싼 전자 감시 장비로 무장한 공안 요원들이 하루 24시간 매일 블랙리스트에 올라 있는 골칫덩어리들을 감시했다. 고도의 보안을 요구하는 체제는 지방정부에 업무량과 재정적 부담을 크게 늘렸다. 정부는 사회 안정을 유지하기 위해서 동네와 상가들을 감시할 자원자를 모집해야 했다. 대중 동원과 사회 안정에 정부의 자원이 집중된 결과 공무를 보는 공공기관 본연의 기능이 줄거나 멈췄다. 특히 보안 경계가 강화된 시기에는 그런 현상이 더욱 심해졌다.

　사회 안정은 단순한 관료적 일상이 아니라 결과를 요구하는 정치적인 활동이었다. 정부 관료들은 선택 가능한 최상의 경력 중 하나인 지금의 일자리를 보전하기 위해서 더욱 강압적으로 변했다. 정치적 비용이 너무 크기 때문에 이들 대부분은 처음부터 폭력을 행사하는 것은 꺼릴 만큼 용의주도했다. 먼저 공직자를 여럿 보내 불복종하는 자들을 설득한다. 설득에 실패하면 깡패들을 보내 설득 작업을 대신한다. 강제 철거와 이전이 필요할 때에는 갈등이 악화되는 것을 막고 프로젝트를 원활하게 수행하기 위해 학교 교사를 포함해 다양한 정부 기관의 직원 수백 명을 철거 인부와 함께 배치해서 정부의 권위를 보여주었다. 고용된 사설 공안 요원, 전투경찰, 무장 차량에 올라탄 역시 무장한 경찰, 심지어 헬리콥터까지 동원하여 무력을 과시하고 대치 상황에 대비한다. 지방 간부의 경우, 가족계획이나 철거, 강제 이전과 같은 인기 없는 정책을 집행하기가 소규모 전쟁을 하는 것만큼 긴장된다. 게다가 경제적 비용도 상당했다. 앞에서 설명했던 두 건의 사례에서처럼 완고한 주민들을 물리적으로 공격하기 위해서 깡패와 폭력배들(대부분 다른 지역에서 이주한 사람들)이 고용되는 일도 흔했다. 격노한 마을 사람들이 철거 인부를 공격하고 보안대와 충돌하는 경우도 있었다. 양쪽에서 부상자와 사망자가 발생하고 대립으로 인해 철거나 공사가 지연되면, 지역 지도자들에게 공공연한 악영향이 미쳤다. 정부가 주도하는 "사회 안정"

체제 내에서 이런 대립은 이들의 자리를 위협할 수도 있었다.

따라서 채찍과 함께 당근이 주어졌다. 갈등이 불거지거나 확대되는 것을 막고 물리적인 대립을 피하려는 중앙정부의 압력을 받는 지방 관료에게는 완강하지만 약삭빠른 요주의 인물을 입막음하라는 용도의 금전적 배상금이 주어졌다. 2008년 이후 많은 시, 구, 현에는 지도자들의 대외적인 이미지에 부정적 영향을 주는 요주의 인물들을 회유하기 위해서 특별 사법보조자금Judicial Supplementary Fund이 설치되었다. 권력이 집중된 지방정부의 최고 지도자들은 위기에 대처하기 위해 모든 자원을 동원했다. 활동 강도는 정치적 우선순위로 정해졌다. 목표는 즉각적인 해결과 되도록 빠른 사회 질서의 복구였다. 폭력이든 현금이든 방법은 중요하지 않았다.

어떤 방법이든, 갈등은 법의 영역 밖에서 해결되었다. 사법 체계와 관료제에 환멸을 느끼고 분개한 대부분 사람들에게 현금 보상은 정의를 내세운 이들이 투쟁으로 얻어낼 수 있는 최선의 결과였다. 시간이 지나면서 사람들은 보상의 규모가 종종 이들이 일으킨 문제의 규모와 범위에 따라 정해짐을 알게 되었다. 문제를 크게 일으키고 미디어에 노출될수록 돈을 더 많이 받았다. 정부의 조치나 사람들의 반응이 법치나 정의의 영역 안에 있는지 여부는 상관없었다.

자살 위협은 더 많은 보상금을 받으려는 흔한 전술이었다. 이 경우 시위자들은 석유통을 들고 해당 관리를 찾아가 자신의 결의를 증명하기 위해 스스로 불을 지르겠다고 위협한다. 그런 위협이 종종 성공해 더 많은 보상금을 받기도 하지만 일부에서는 역효과를 빚기도 한다. 예를 들어 위협이 허세로 받아들여지면 체면을 세우기 위해 정말로 불을 붙일 수밖에 없는 상황에 빠진다. 그렇게 부상을 당하거나 죽음에 이르면 유족은 더 많은 보상을 받게 된다. 보상 금액이 사망자의 수로 결정되면서 사람들은 정부의 관심을 사기 위해서는 희생자가 필요하다고 믿게 되었다. 정의의 대가는 목숨이고 정의의 척도는 돈이다. 한편, 권위를 유지하기 위해 정부 측은 요주의 인물들에게 그들이 쉽게 위협받지 않는다는 것을 보여주어야 한다. 중국 내에서 권위 있는 한 언론은 대규모 재개발과 철거를 시행했던 북서쪽 시안西安 지역에서 구청장이 인부들에게 철거 구역마다 4명의 희생자를 '할당'했다는 '소문'을 냈다(Liu, 2010). 대부분의 경우 물리적 충돌로 심하게 부상을 입거나 목숨을 잃는 쪽은 정부 관료가 아니다. 정면충돌은 주로 완고한 철거민과 "최전선에서 일하는" 하급 관료, 철거 인부로 고용된 떠돌이 노동자 사이에서 일어난다. 폭력은 국가와 사회 사이에서뿐 아니라 사회 내 다른 집단끼리도 발생한다.

2009년 6월에 중국 중부 허베이 성湖北省에서 일어난 폭동, 중국 용어로 "집단사건群體事件"은 중국인들이 "고압적인 관료와 고집불통들이 공동으로 만든" 폭동이라 일컫는 대표적인 사례다.

2009년 6월 17일, 스서우 시石首市에 있는 호텔의 주방장 투Tu(24세)의 시신이 호텔 정문에서 발견되었다. 지역 경찰은 투의 사망 원인이 자살이고 그의 유서를 발견했다고 발표했다. 이 호텔은 마약 밀매의 본거지로 알려져 있었다. 스서우 시의 시장과 관계가 있다고 알려진 보스는 투의 가족에게 시체를 즉시 화장하는 대가로 4700달러의 보상금을 제안했고, 가족들에게 투의 사망이 자살이라는 공개진술서에 서명하라고 계속해서 요구했다.

그러나 투의 가족은 그의 죽음이 자살이라는 것을 믿지 않았으며 보상금이 충분치 않다고 생각했다. 한편 경찰은 시신을 강제로 이송해 화장하려고 했다. 형사사건에서 중요한 증거가 될 수 있는 시신을 보호하기 위해 가족들은 석유통을 가져와 시신 주위에 바리케이드를 쳤고 문자메시지로 언론과 접촉했다. 또 친지와 친구들을 동원해서 호텔 주변의 교통을 막았다. 호텔 앞에서 투의 가족과 지지자들은 스피커를 사용하여 정의를 부르짖었다. 지나가는 사람들에게 담배와 맥주를 나눠주고 무력으로 시신을 호텔에서 끌고가지 못하도록 경찰을 저지하는 데 힘을 보태 달라고 애원했다. 처음 200명으로 시작된 시위는 1만 명이 넘는 일반인과 역시 1만 명이 넘는 공안과 전투경찰이 대치하는 대중 폭동으로 변했다. 폭동 중 경찰차 6대와 소방차가 박살 나고 호텔이 불탔다. 한번은 6~7만 명의 사람들이 거리로 나와 경찰에게 돌과 빈병을 던졌다고 보도되었다. 양쪽에서 200명 이상의 부상자가 생긴 것으로 알려졌다. 유튜브에 올라온 충돌 영상은 전투경찰 수천 명이 폭동진압용 방패를 들고 행진하던 중 군중이 돌과 물건들을 던지자 급하게 후퇴하는 모습을 보여주었다.

폭동은 4일 동안 계속됐다. 당서기를 포함하여 도시의 최고 수장이 면직되었고 시위 참가자 5명이 최고 5년형을 선고받았다. 또 다른 5명은 선동죄로 유죄 선고를 받았지만 집행유예 판결을 받았다. 그러나 투의 가족은 부검 보고서를 보기 전에 시체를 화장하겠다는 합의서에 서명을 하고 투의 아버지가 시청에서 분신하겠다고 위협한 후에 사면되었다(Zhang, 2011). 호텔 측 보상금 3만 위안 외에 중국 정부는 스서우 시 정부가 제공하는 3만5000위안, 향정부로부터 1만5000위안을 포함하여 총 8만 위안(1만1764달러)이라는 높은 보상금을 유족들에게 약속했다(Cai, 2009).

사고 후, 중국공산당 기관지인 런민일보는 사설에서 "의심스러운 죽음을 둘러싼 상황에 대해 시의적절하고 자세한 정보를 제공하지 못한 정부의 잘못과 커져가는 소문, 인터넷에 떠도는 비공식 정보"가 폭력 시위를 초래한 주요한 원인이라고 지적했다(Ren-hou, 2009).

한편 "사회 안정" 활동의 또 다른 결과로 공공의 안정을 위해 투입되는 예산이 계속 늘어나고 있다. 2007년 광저우 시의 사회 안정 유지비는 44억 위안(7000만 달러에 육박)으로 추산되는데 이는 35억 위안에 이르는 실업보험 지출액보다도 많은 것이었다. 중국 전체에서 2010년에 공공질서에 소요된 비용은 5140억 위안이었으며 이는 2009년보다 9퍼센트가 늘어난 것이다. 이 수치는 국방 예산 5320억 위안에 비견할 만한데, 국방비는 2009년보다 7.5퍼센트 상승했다. 경기부양책이 시행되고 2년 뒤인 2010년, 중국 전역에서 사용된 공공질서 유지비가 국방 예산을 능가한 것은 전혀 우연이 아니다.

이런 상황의 근본적인 이유는 법치의 후퇴나 공공질서에 필요한 국가 예산이 부풀려진 것이 아니다. 사회 안정을 위한 새로운 체제가 가져온 것은 정의와 권리를 대하는 시민의식의 상업화다. 공업 오염물이나 토지 몰수에 직면한 농부든 급여를 받지 못하고 산재로 부상을 입은 계절노동자든, 다수가 피해와 부당한 처우에 대해 정의를 구하기 위한 노력의 성공을 보상금의 크기로 가늠하고 있다. 투쟁이 공간적으로 제약받고 있는 상황에서 현금은 이들의 목적이자 정의를 가늠하는 잣대가 되어갔다. 그사이 지방정부가 폭력과 현금에 의존하는 행정으로 후퇴하고 모든 계층의 정치사회 엘리트가 압도적인 지위를 차지하면서, 국가는 정통성이 약화되고 시민의 신뢰를 잃었다.

2006년 중국사회과학원Chinese Academy of Social Sciences이 소농, 노동자, 계절노동자뿐 아니라 도시의 전문직, 공무원 등을 대상으로 시행한 전국 설문조사에 따르면 설문에 응한 7000명 중 70퍼센트 이상이 정부 관료는 1990년대 후반 이후 중국의 경제성장으로 가장 크게 혜택을 받은 집단이라고 생각하는 것으로 밝혀졌다. 정부 관료의 뒤를 이은 집단은 팝 스타(54%), 개인 사업가(52%), 국영기업 관리자(48%) 순으로 나타났다(Li 외, 2008: 64-65).

관료와 대중, 빈자와 부자, 관리자와 노동자, 고용주와 고용인 중 가장 갈등이 첨예한 관계를 묻는 설문에 응답자의 73퍼센트가 관료와 대중 사이의 관계를 중국 내 가장 중요한 갈등 관계로 꼽았다. 그다음이 빈자와 부자의 관계였다. 응답자의 73퍼센트 이상이 자신이 정부 관료의 부패를 직접 경험하거나 부패에 관해 들은 적이 있다고 응답했다(Li 외, 2008: 79).

국가와 법률 체계를 불신하게 되자 시민들은 현금 보상에 더욱 예민해졌다. 이들에게 현금은 법률 체계가 수행할 수 없는 정의와 함께 국가가 제공하지 못한 안전감을 보완하는 듯하다.(이러한 통치 구조와 연관성이 있는 것으로는 응답자의 88퍼센트 이상이 삶에서 가장 중요한 목표가 "돈을 더 많이 버는 것"이라고 대답한 2006년 사회 설문조사 결과가 있다.) 정의, 도덕성, 합법성의 영역은 의지와 완력의 갈등, 권모술수와 전략의 대립으로 바뀌었고, 종종 폭력으로 해결된다.

사회 안정 체제는 모순적인 결과를 도출했다. 정부의 자원이 '사회 안정'에 많이 사용될수록 폭력은 더 대규모로 과격하게 변화했다. 중국의 팽창 모델과 중국공산당 중심의 정치체제를 유지하기 위해 고안된 사회 안정 체제는 점점 더 불안에 떠는 사회라는 괴물을 만들어냈다. 위기는 분배, 권리, 정의라는 가치의 의미에 관해 문화적 의심을 불러일으키고 국가와 사회가 그 가치를 실현하는 최선의 방법이라 여기는 인식에 사회적 질문을 던진다. 요컨대 인권뿐 아니라 인간성의 가치와 개발 비전도 함께 위협을 받고 있는 것이다.

11

세계 경제위기의 바깥:
라틴아메리카의
위기와 도전

: 에르네스토 오토네

들어가며
»

라틴아메리카와 2008년 세계 경제위기의 관계는 특정 지역과 관련해서뿐 아니라 전반적인 신흥국과 관련해 의문을 품게 하는 독특한 상황을 보여준다. 바로 우리가 정말로 글로벌 위기에 직면한 것인지 아니면 역설적으로 세계적인 영향은 미치지만 정확하게는 세계적이지 않은 글로벌 위기를 목격하고 있는지에 관한 의문이다.

현재 위기가 진행 중이고 발생의 근원지인 미국에서 유럽과 마찬가지로 여전히 많은 문제를 일으키고 있기 때문에 아직은 분석이 조심스럽지만, 우리는 최소한 선진국과 신흥국들 사이에는 비동조화decoupling를 경험하고 있다는 점을 지적할 수 있다. 이는 세계경제의 상호 의존도와는 전혀 상관 없이, 이들 경제에서 전혀 다른 현실을 만들어내고 있다. 또 다양한 성장 정도에 반영된다.

신흥 경제국은 이번 위기 이후에도 매우 높은 수준의 성장을 유지했지만 선진국 경제는 거의 성장을 하지 않았거나 오히려 마이너스 성장을 기록했다(그림 11.1 참조).

라틴아메리카 경제 역사상 이런 세계적 추세에의 비동조화는 전례가 없다. 과거 여러 위기는 이 지역 자체에 영향을 미쳤는데, 1929년 대공황은 라틴아메리카에 최악의 영향을 끼쳤다. 소사이어티 오브 네이션스Society of Nations의 보고서에 따르면 그때 세계에서 가장 피해를 입은 국가는 라틴아메리카 국가인 칠레(Pinto, 1962)인 것으로 전해진다. 그 후 1970년대의 불안한 세계경제는 1982년에 발생한 라틴아메리카의 부채 위기에 상당한 영향을 미쳤다. 이때 라틴아메리카 국가의 경제는 상당한 타격을 받았고, 라틴아메리카카리브경제위원회ECLAC가 "잃어버린 10년"으로 명명한 시대에 접어들었다. 1990년대는 내생적, 외생적 원인에서 비롯된 여러 위기로 점철되었다. 1995년에 멕시코의 이른바 테킬라Tequila 위기도 이 지역에 어느 정도 악영향을 미쳤지만, 뒤따른 아시아, 러시아, 터키의 위기가 여러 라틴아메리카 국가에 심각한 영향을 주면서 20세기 말과 21세기 초까지 지역경제를 얼룩지게 만들었다.

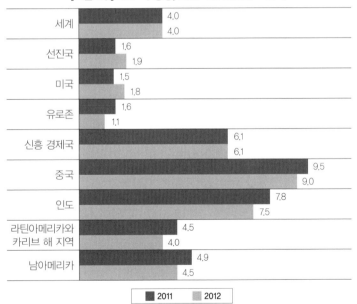

[그림 11.1] GDP의 성장, 2011~2012(연간 % 변화)

주: 2012년 수치는 예측치
출처: IMF (2011)

　때문에 이번의 상황은 매우 놀라운 것이어서, 라틴아메리카 국가들 스스로도 그들이 글로벌 위기를 견딜 수 있다는 사실을 제대로 인식하지 못하고 있었다. 라틴아메리카의 역량은 예전의 위기에서 수년 동안 어렵게 배운 경험이 축적된 것이다. 이들 국가들은 경기순환과 반대되는 요소를 투입하고, 금융 규제를 강화하며, 공적 개입을 강요당해왔다. 2008년부터 위기를 견뎌왔던 아시아의 거대 신흥 시장(중국)으로의 수출 역시 도움이 되었다.

　이 모든 요소 덕분에 2008년 위기는 그 전의 위기보다 충격이 덜했다. 성장이 둔화되기는 했지만 1년 이상 계속되지 않았고, 사회적 영향은 그다지 극적이지 않았다. 2009년에 집중된 하락세는 2010년에 강한 회복세로 돌아섰고, 2011년에 좀 더 완만한 수준에서 강화된 것으로 나타났다(그림 11.2와 표 11.1 참조).

[그림 11.2] 라틴아메리카 빈곤층과 극빈층의 변화, 1980~2010

단위 : %

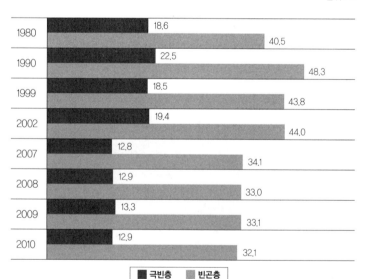

출처: ECLAC (2011)

[표 11.1] 라틴아메리카의 연간 GDP 변화, 2001~2010

단위: %.

GDP	2001	2002	2003	2004	2005	2006	2007	2008	2009	2010
GDP	0.3	−0.4	2.2	6.1	4.9	5.8	5.8	4.2	−1.9	6.0
1인당 GDP	−1.1	−1.7	0.8	4.7	3.6	4.6	4.6	3.0	−2.8	4.8

출처: ECLAC(2011)

[표 11.2] GDP 증가, 구매력평가(PPP) 기준

단위: 천 달러

국가	2011	국가	2016
아르헨티나	17,376	아르헨티나	21,452
칠레	16,172	칠레	20,187
우루과이	15,470	우루과이	19,514
멕시코	15,121	멕시코	18,033

주: 2016년 수치는 예측치
출처: IMF(2011)

[표 11.3] 연간 GDP 성장률 증가

국가	2011	국가	2012
아르헨티나	7.99	페루	6.01
칠레	6.55	볼리비아	4.50
파라과이	6.40	칠레	4.47
페루	6.25	아르헨티나	4.04
우루과이	6.00	파라과이	4.00

주: 2012 수치는 예측치
출처: IMF(2011)

IMF에서 추정한 것을 보면, 앞으로 이 회복세는 유지될 듯하다. 그렇지만 이것은 지금까지 세계경제의 중심으로 대접받던 국가들이 경험하는 문제의 규모와 위기에 대처할 수 있는 중국과 인도의 능력에 달려 있을 것이다. 예측 수치에 따르면 라틴아메리카는 2016년까지 연평균 4퍼센트 성장세를 기록하고, 일부 국가는 훨씬 더 높은 성장세를 기록할 것으로 보인다. 어떤 국가들은 "발전의 초석"이 되는 수준까지 1인당 GNP를 끌어올릴 것이다(표 11.2와 11.3 참조). 진정한 의미의 세계 불황이 거대한 규모로 발생하지 않으면 라틴아메리카 경제는 선진국

경제가 겪고 있는 불황을 경험하지 않을 것이다.

변화의 강도를 이해하려면 세계화의 과정이 라틴아메리카의 발전 과정과 어느 정도로 관계가 있었는지에 관해 좀 더 철저히 알아볼 필요가 있다.

세계화가 세계의 지배적인 흐름이 되었을 무렵, 라틴아메리카는 끝나지 않은 근대화 시기의 마지막 단계를 지나고 있었다. 근대화는 1930년대부터 1980년대까지 지속되었고, 이는 국내시장을 중심으로 국가가 주도한 산업화 과정이었다.

이 근대화 모델 전에는 첫째, 19세기 중반에 시작된 수출 주도형 경제 발전과 과두제적 근대화, 둘째, 1914년에서 1930년 사이에 최고 지도자가 부재한 기간이 존재한다.

과두제적 근대화 모델에 대해서는 자세히 설명하지 않고 단 한 가지만 지적하겠다. 이 모델에 따라 라틴아메리카 국가들이 형성되어 지도에 등장했고 당시 세계경제에 라틴아메리카가 병합되었다. 당시 자연스럽게 나타난 특성 중 일부가 지금까지 이 지역에 남아 있다. 이곳 경제가 선진국과 큰 차이를 보이는 것이나 극단적 사회 불평등, 지역 내에서 나타나는 큰 이질성 등이 바로 그 예다. 좋든 나쁘든 라틴아메리카의 출생증명서는 이 시기에 작성되었다.

끝나지 않은 근대화
»

끝나지 않은 근대화 모델은 다음 세 가지로 요약할 수 있다.

1. 좀 더 포용적인 국가와 인기 있는 국가 정체성의 형성: 라틴아메리카의 대부분 국가에서 부상하던 사회적 영역은 대의민주주의 체제의 부재 속으로 흡수되었다.(즉 선거제도가 없었고 소수자는 존중받지 못했으며 견제와 균형을 책임지는 기관이 없었다.) 대부분의 국가는 권위적인 절차, 민중 반란, 여러 형태의 정치적 권유에 호응

군부의 개입으로 형성되었다. 멕시코혁명과 제툴리우 바르가스 Getulio Vargas, 페론Perón, 로하스 피니야Rojas Pinilla, 페레스 히메네스Pérez Jiménez, 빌라로엘Villarroel 운동(혁명) 등이 그 예다. 칠레, 우루과이, 코스타리카는 이 점에서 부분적으로 예외다.

2. 과두체제 국가의 종말이 지배 계층으로서의 과두 집권층의 종말을 의미하지는 않았다. 경우에 따라 다소 변형되거나 약화되었지만, 이들 계층은 과두체제 이후에 새롭게 부상하는 상업, 금융, 산업 분야와 새로운 정치적 협력관계를 형성하고 토지를 소유한 부류를 대표하면서 지속적으로 존재했다. 여기에는 노동조합과 노동자의 정치적 대표가 포함되었다.

3. 국가가 주도하며 국내시장을 중심으로 운영되는 산업화 과정은 교조적 결정이 아니었다. 또 자유로운 선택도 아니었으며 근거 없는 믿음을 떨쳐내기 위해 ECLAC에서 고안한 것도 아니었다. 오히려 이는 1929년 위기가 만들어낸 현실이었다. 1929년에서 1932년 사이에 라틴아메리카의 6개 주요 경제권에서 수출이 33퍼센트 추락한 반면에 미국과 유럽은 보호주의 입장을 유지했다는 사실을 상기해야 한다.

이것이 국가가 주도하는, 국내시장 중심의 산업화 모델이 탄생하게 된 글로벌 경제지형이다.

이 같은 국가 모델의 틀에서 형성된 경제와 사회정치적 발전은 대규모 불평등을 동반했다.

한편 1950년과 1980년대까지 라틴아메리카는 엄청난 경제성장을 기록했다. 그 기간에 인구는 두 배로 늘었고 1인당 GDP도 두 배 이상 상승했다(ECLAC, 1991). 이런 팽창과 함께 특정 사회집단의 생활양식과 소비 형태에서 상당한 수준의 도시화와 현대화가 있었다. 특히 의료와 교육, 인프라 구조에서 눈에 띌 만한 사회적 성과가 이루어졌다. 그러나 경제 팽창을 위한 비용으로 외부의 부채와 재정의 불균형을 감수해야 했다. 또 심각한 수준의 기술 부족과 불충분한 저축-투자 절차가 공존했다(Fanjzylber, 1992).

경제 팽창의 단 열매는 악명 높을 만큼 불평등한 방식으로 분배되었기 때문에 많은 사람이 여전히 가난하거나 극빈한 환경에서 살았다. 부정할 수 없는 성과에도 불구하고, 라틴아메리카의 개발 모델은 몇몇 사람의 손에 국부가 집중되는 현상을 극복하지 못했고 이질성을 떨쳐버릴 수도 없었다. 그 과정에서 후견주의적clientelistic 국가 체계가 중심적 역할을 한 것 역시 악영향을 미쳤다.

일부 중요한 사회적 진보가 최대한으로 이루어졌음에도 후견주의 모델로는 민주주의 체제나 복지국가를 건설할 수 없었다. 1970년대 라틴아메리카 국가들에서는 국민의 35퍼센트가 빈곤했다. 이러한 과정은 냉전과 쿠바혁명 같은 대사건 때문에 정치적인 틀에 갇히고 말았다.

1960년대 후반에서부터 1970년대 초에 이르기까지 이 지역의 성장 형태는 균등하지 않았으며—그리고 대부분 실질적인 민주주의 체제도 아니었다—레흐너Lechner(1987)가 말한 냉전의 틀 안에서 "사회질서의 해체와 세분화의 위협"이 주도한 "이데올로기 인플레이션"이 만들어졌다.

이데올로기 인플레이션은 "세계 이데올로기의 접근과 양극화"의 충돌로 이어졌고, 이로써 후견주의적 국가가 힘을 보탤 수 있는 여지는 줄어들게 되었다. 그 후 1970년대에 많은 라틴아메리카 국가에 독재정권이나 군사정권이 들어서면서 보수주의자들의 연대가 우후죽순처럼 생겨났다. 국제연합개발계획UNDP에 따르면 1976년 라틴아메리카에는 민주주의 국가가 3개국뿐인 것으로 알려졌다.

군사독재 정권하에서 국가는 타협과 경제 개입의 소명 의식을 잃었다. 군사독재 정권은 근본적으로 억압적인 역할을 수행하는데, 라틴아메리카의 경우에는 위기에 대응해 출현한 신자유주의 독트린의 철저한 적용을 담당했다. 특히 시민사회를 붕괴시켜 패권을 잡고자 했다.

그러나 신자유주의 독트린은 그나마 남아 있던 민주주의 국가에서도 지배적이었다. 이 시기에 규제 완화와 민영화가 추진되었고, 수출을 위한 생산이 시작되었다.

1970년대와 1980년대 사이, 즉 세계화의 진전에 가속도가 붙기 시작하고 세계경제가 극적으로 국제화되면서 그나마 남아 있던 근대화 모델은 유효성을 모두 잃었고, 심지어 몇 안 되는 민주주의국가에서조차 침체되었다.

이미 라틴아메리카 지역은 저축, 투자, 부가가치 등의 산출 면에서 심각한 단점이 누적되었다. 통제하기 힘든 대외 부채를 안고 있었고 경쟁력이 부족했으며, 천연자원이 고갈되고 인플레이션으로 생활이 고달팠다. 게다가 산업과 기술은 갈수록 낙후되었다. 대외 부채가 여전한 상황에서 미국에서 금리가 상승하고 수출 상품 가격이 하락하여, 1982년 위기로 가는 길에 들어섰다.

이것은 경제와 사회의 붕괴뿐 아니라 정치와 문화의 붕괴이기도 했다. 후견주의적 국가 모델은 라틴아메리카가 공유하는 정체성의 주요 원천이었다. 이 모델의 종말은 또 소속감의 진공상태를 만들었다. 새로운 신자유주의 최소국가minimal state(야경국가) 모델과 독재주의는 어떤 여과 과정이나 국가 정체성을 구축하려는 노력 없이 세계경제로의 통합만을 주장했기 때문이다(Castells, 2003).

그러나 이 시기에 냉전 위기의 틀에서 정치체제의 민주화와 민주적 다원주의의 발전을 위한 조건이 만들어졌다는 점은 반드시 언급되어야 한다.

내부의 발전과 냉전 위기가 종식된 덕분에 1990년대에 이 지역의 민주주의가 복구되었다. 그러나 빈곤율은 4퍼센트에 이르렀다.

1990년대

1990년대, 라틴아메리카는 당시 세계적으로 진행 중이던 세계화의 특징이 반영된 신자유주의 시대였다.

그러나 라틴아메리카에는 중요한 대안적 사고를 가진 학파가 존재하고 있었는데, ECLAC 내에서 페르난도 파인질베르Fernando Fajnzylber가

주창하고 만든 이 학파는 평등과 함께 생산적인 변형을 추구하자고 설파했다(ECLAC, 1990).

ECLAC는 라틴아메리카에서 어떤 국가도 합리적인 수준의 형평과 납득할 만한 1인당 GDP 성장을 동시에 이룰 수 없었음을 경험적으로 증명한 빈 상자 이론empty box theory을 바탕으로 1990년에 이 지역 정부들에게 사회적 형평성을 갖춘 생산 형태의 전환을 권유하는 하나의 이론을 제시했다. 이 이론은 다음 다섯 가지로 요약할 수 있다.

1. 가장 중심적인 아이디어는 생산 패턴의 변화가 체계적이고 의도적인 기술적 발전의 결합에 기초해야 하며, 이는 기업이 운영하는 전체 시스템을 모두 포괄해야 한다는 것이다.
2. 자체적으로 충분하지 않더라도 응집력 있고 안정적인 거시경제 관리가 필요하다.
3. 성장과 형평 간의 공생적 관계는 실현 가능하며 경제 발전은 사회 발전을 포용해야 지속가능하다.
4. 개방적인 지역주의가 필요하다.
5. 근본적인 개발 목표를 둘러싼 최소의 공감대와 함께 민주적이고 다원적이며 참여적인 조건이 필요하다는 사실을 받아들여야 한다.

이 다섯 가지는 모두 인정을 받았지만, 부분적으로 적용되었다. 칠레는 예외적으로 성공한 유일한 나라다. 카르도소F. H. Cardoso 정부의 브라질 역시 이 가이드라인 중 상당수를 적용했고, 훌륭한 결과를 도출했다.

1990년대 중반에 이르기까지 균등한 경제 변형은 개선과 단점을 모두 보여주었다. 이 지역의 나라는 대부분 1991년에서 1996년까지 평균 3.2퍼센트 성장하여 그런 대로 경제 회복을 실현했다. 또한 거시경제적인 안정에 있어서도 상당한 발전이 있었으며 수출이 늘고 해외시장을 다변화하는 한편 외부에서 자금을 조달하는 방식도 개선되었다.

또 지역 내에서 경제적인 상호 의존성도 상당히 커졌는데, 이는 새롭게 만들어진 공식적인 통합 협정에 의해 촉발된 것이다.

그러나 기술적·사회적 단점을 극복하기에 성장 수준은 턱없이 못 미쳤고, 경제는 아직도 상당히 허약했다. 국내 저축율은 아주 낮았다. 총투자액이 늘기는 했지만 여전히 불충분했고, 라틴아메리카 지역의 특징이던 구조적 갈등은 더 심해졌다.

국가마다 빈곤 수준이 상당한 차이를 보였다. 1990년대 전반기에 빈곤율은 48퍼센트에서 39퍼센트로 떨어졌다. 중요한 발전이기는 하지만 지난 10년간 35퍼센트에서 48퍼센트로 상승한 것을 상쇄하기에는 역부족이었다. 이 정도로는 전반적인 빈곤층의 규모를 충분히 줄일 수 없었다.

1990년대 중반에 이르자 이 지역에서 거둔 발전의 성과도 갈수록 미미해졌다. 테킬라 위기와 그 후 러시아와 아시아에 몰아친 경제위기가 라틴아메리카 경제에 결정적으로 작용했다.

세계화의 "어두운" 그림자가 이 지역에 치명적인 영향을 주었다고 판명된 격동의 시대가 왔다. 21세기 초기는 심각한 경제, 정치, 사회의 위기로 점철되었고, 이 지역의 GDP는 계속 감소했다. 2000년에 성장세가 약간 회복되었지만(3.7%), 2001년에는 불과 0.4퍼센트였고, 2002년과 2003년에는 1.5퍼센트였다. 이런 상황의 주된 원인은 세계경제—특히 금융시장의 변동성—자체였는데 이 때문에 빈곤을 줄이지 못하고 소득분배의 격차가 커졌다.

빈곤과 관련하여 ECLAC에서 발표한 수치를 보면, 1990년대에 달성했던 발전이 손상된 것을 알 수 있다. 2003년에 빈곤층은 전체 인구의 43.9퍼센트, 절대 수치로는 2억5000만 명이었다. 전에 없는 심각한 상황이었는데, 심지어 아르헨티나에서도 빈곤율이 40퍼센트에 이르고 그중 20퍼센트가 극빈층이었다. 유일한 예외였던 칠레는 오히려 1990년대보다 약간 낮은 수준을 기록했는데 빈곤율은 40퍼센트에서 18.8퍼센트로, 극빈율은 14퍼센트에서 4.7퍼센트로 하락했다. 칠레의 상황은 경기 대응 정책을 적용할 수 있는 능력이 반영된 결과였다.[1]

글로벌 위기에 직면하다

다행히 라틴아메리카의 부정적인 상황은 2004년 이후 탄력이 붙은 새로운 세계경제의 주기에 힘입어 회복되기 시작했다. 그 결과 2004년에는 라틴아메리카와 카리브 해 국가의 경제가 6퍼센트 성장했고, 2005년에서 2008년까지는 4.5퍼센트 이상 성장했다. 덕분에 이전 경제 사이클에서 가장 심하게 타격을 받은 국가들도 강한 회복세를 나타냈다.

새로운 경제 사이클은 단기적으로 경제에 숨통을 틔어주었다. 모두 외부의 우호적인 시나리오와 금리 인하, 중국과 인도를 중심으로 한 거대 경제 국가들의 수요 증대 등 다양한 원인으로 원자재 가격이 일시적으로 상승한 덕분이었다.

이들 요인이 서로 결합하여 2003년에서 2008년 사이에 라틴아메리카에서 상당히 긍정적인 조건이 다수 형성되었는데, 이것은 적어도 지난 40년 동안 본 적이 없는 것이다. 경제는 해마다 약 4.5퍼센트 성장했고 사회 지표가 모두 개선되었으며, 빈곤율은 라틴아메리카의 거의 모든 지역에서 하락하여 2008년에는 33퍼센트까지 떨어졌다. 소득 분배도 미미하기는 했지만 개선되었으며 전반적인 발전의 질도 향상되었다. 저축과 투자가 늘어나고 경기 대응 정책 시행을 위한 첫걸음을 뗐으며, 실업률이 떨어지고 사회복지비의 지출도 늘고 내용도 좋아졌다.

남아메리카가 좀 더 발전하고 멕시코와 중앙아메리카는 발전한 정도가 미미했지만(이들은 낮은 기술을 활용한 제조품을 미국에 수출하기 때문에 중국과 경쟁 관계다) 전반적으로 상황이 개선되었으며, 라틴아메리카 전체에 새로운 기회가 열리는 듯했다. 2007년에 이미 ECLAC는 세계경제, 그중에서도 특히 미국의 특정한 문제들에 주목했다. 세계경제의 "연착륙" 가능성과 그 영향이 라틴아메리카 경제성장을 둔화시킬 것으로 예측되었지만, 급격한 변화는 없을 것으로 보였다.

2008년 3분기에 몰아닥친 글로벌 위기는 라틴아메리카 경제를 뒤흔들었다. 모두 잘 알고 있지만, 이번 위기는 미국과 유럽에서 출발했으며 라틴아메리카는 이에 대해 전혀 책임이 없다. 따라서 사실상, 미국이나 유럽의 금융 시스템보다 규제가 촘촘했던 라틴아메리카의 금융 시스템은 금융위기에 영향을 받지 않았다.

위기의 파장이 라틴아메리카에까지 밀려온 것은 2008년 말이었고, 약간의 회복 신호가 나타난 2009년 3분기까지 계속되었다. GDP 성장은 2009년에 −1.9퍼센트까지 떨어졌다.

GDP의 성장세가 하락한 원인은 세계경제 전체로 수출액이 줄고 투자가 급감했기 때문이다. 관광객이 감소하고 실업률이 상승했으며, 단기간이었지만 이주민의 본국 송금이 감소했다.

라틴아메리카 지역에서 실행한 경기 대응 정책으로 빈곤율과 극빈율은 약간의 호전을 보였다. 이 때문에 세계경제, 특히 거대 신흥국들이 회복할 때 라틴아메리카 역시 앞에서 언급한 분야에서 급속한 회복세를 보였다. 2010년 GDP는 6퍼센트 성장을 실현했고, 2011년의 예측치는 4.2퍼센트였다.

라틴아메리카 경제의 일차적 문제점은 불확실한 선진국 경제의 회복과 관련되어 있다. 따라서 우리는 역사적으로 새로운 전환점에 서 있으며 글로벌 위기가 이 지역에 심각하게 피해를 입히지 않은 만큼 이 지역은 세계경제보다 더 빨리 회복할 수 있을 것이라고 주장할 수 있다.

물론 신중함이 필요하다. 라틴아메리카가 직면하고 있는 거대한 도전 과제는 지속가능한 개발을 확립하고, 세계화 과정에 대한 긍정적이고 지속가능한 통합 형태를 달성하는 것이다. 그러나 새로운 점도 있는데, 세계적인 위기 속에서 라틴아메리카 지역이 처음으로 비교적 자율적이고 성공적인 실적을 기록했다는 것이다. 아주 조금일지라도 이 지역이 종속적인 것에서 상호 의존적인 것으로 이동하고 있다고 말할 수 있다. 라틴아메리카가 세계 무대에서 새로운 주인공으로 도약할 수 있다고 생각할 근거가 생긴 것이다.

상황을 객관적으로 보면, 라틴아메리카는 복합적인 문화 정체성, 중간 단계의 경제 상황, 역사적으로 취약한 경제체제를 가지고 있다.

라틴아메리카는 남아프리카처럼 저소득 지역은 아니지만, 그렇다고 선진국도 아니다. 아시아와 유라시아의 많은 국가와 마찬가지로 중간층에 속한다. 소득은 중간 정도이고, 아프리카 대륙과 좀 더 발전한 국가의 중간쯤이다. 라틴아메리카의 1인당 GDP는 경제협력개발기구 OECD 국가들의 1인당 GDP의 5분의 1 수준이고, 남아프리카 지역의 1인당 GDP의 2배다.

라틴아메리카 지역은 지리학적으로나 경제적으로 이질성이 매우 강하다. 1인당 국민소득이 400달러에 가까운 아이티Haiti부터 구매력평가PPP 기준으로 1인당 국민소득이 1만5000달러에 이르는 칠레, 아르헨티나, 멕시코까지 다양하다. 이 지역은 또 브라질 같은 대륙 국가와 카리브 해의 작은 도서 국가로 이루어져 있다(Ottone and Vergara, 2007).

그럼에도 전반적으로 높은 빈곤율과 극빈율, 지속적으로 불평등한 소득분배, 불평등한 기회, 만족스럽지 않은 경제성장과 영구적인 "기술 진보의 블랙박스", 탄탄한 정치체제의 부재 등 전반적으로 유사한 문제점에 공통적으로 직면해 있다. 오늘날 라틴아메리카와 세계화의 진전 사이의 관계를 이해하려면 현재 상황에서 가장 두드러진 측면을 분석할 필요가 있다.

여전히 취약한 민주주의

앞서 이야기했듯이, 라틴아메리카의 민주주의적 진보는 해당 역사에서 선례를 찾아보기 힘들 정도다. 현재까지 쿠바를 제외하면 모든 국가가 국제 표준에 맞는 선거를 통해 정부를 세웠으며 이러한 방식으로 심각한 갈등을 해결해왔다.

오늘날 취약한 민주주의 체제를 운영하는 라틴아메리카 국가들은 현재의 '여론정치'적인 세계에서 모든 민주주의국가가 경험하고 있는 것과 유사한 문제에 직면해 있다. 여기에는 시민과 정당, 의회 등 정치 제도의 간극, 새로운 IT 기술의 지원을 받은 대중의 목소리가 대의민주주의를 실현하면서 나타나는 문제, 도처에 존재하는 이미지와 양방향 통신 등이 속한다. 더욱이 이 모든 문제는 심각한 사회 불평등으로 인한 도전 과제에 그다지 좋지 않은 사회 응집력으로 대응하고 있는 라틴아메리카의 부족함 때문에 더욱 악화되었다.

이제 취약한 대의민주주의를 겨우 강화하기 시작한 라틴아메리카는 세계화의 과정에서 제시된 민주주의 자체와 관련된 도전 과제도 해결해야 한다.

라틴아메리카 지역의 정부는 오늘날 중도우파, 중도좌파, 네오자코비안neo-Jacobean 등과 같이 여러 정치적 성향을 보인다. 민주주의 제도는 네오자코비안 정부에서 특히 어려움을 겪고 있다(Ottone, 2010).

여기서 "네오자코비안"이라고 명명한 체제의 성향은 대표성에 있어서 차이를 나타내는데, 베네수엘라와 에콰도르의 경우와 같이 거버넌스 부족 또는 부패가 폭넓게 인식되면서 초기의 인기나 시민들의 지지에서 유발될 수도 있고, 볼리비아의 토착민 다수가 보여준 경우와 같이 전체 사회를 배제하는 데서 시작될 수도 있다.

그러나 정치적인 수사, 실용적인 차이, 이들 체제의 다양한 경제 및 사회적 결과를 배제하고 보면, 이들은 민주주의의 논리를 강조하고 양극화하는 권력 축적을 지향하는 분명한 소명을 공유하고, 권력의 분립을 침해하며, 때때로 표현의 자유마저 침해한다. 이들의 상황은 역설적이다. 선거를 통한 민주주의라는 원칙과 지역 및 세계 환경이 이들에게 민주주의 체계를 존중하라고 요구하고 가끔은 한계점까지 몰아붙이지만, 이들은 민주주의의 가치를 중요시하지 않거나 전혀 애정이 없기 때문이다. 베네수엘라가 확실히 이런 경우인데, 이곳에서는 강요된 민주주의적인 관행이 본질적으로 부정을 위한 논의에 힘을 실어주고 있으며 거대하고 근본적인 아이디어 프로젝트에서는 제대로 기능하지 않는다.

취약한 민주주의는 네오자코비안 체제의 신념에서 첨예하게 드러나지만 여기에서 끝나지 않는다. 제도의 약점, 정적을 악마로 묘사하여 권력을 획득하려는 경향, 정치와 돈의 결합, 법의 확실성과 규칙을 존중하지 않는 면은 다른 정치적 성향(우리베Uribe와 키츠너Kitchner의 경향과 같은)도 부분적으로 마찬가지다. 그리고 범죄적 요소와 부패가 국가의 영역에 침투하는 사례는 흔하여, 정부의 정치적 성향에 상관 없이 어느 국가에서나 볼 수 있다.

라틴아메리카에서 국제범죄 특히 마약 범죄가 선정적인 언론의 유일한 먹잇감이던 시절은 이미 오래전이다. 범죄는 많은 국가에서 중요한 정치 문제로 발전했다. 라틴아메리카는 이제 세계에서 범죄율이 가장 높으며, 이것이 정치제도를 약화시키고 전체 시민사회에 피해를 입히고 있다. 야만적인 집단이 출현해 특정 지역을 점령했다. 멕시코와 같이 국토가 큰 나라에서 상상을 초월한 야만적이고 비인간적인 범죄가 벌어지고 있는 상황은 여전히 취약한 민주주의 체제에 전례 없는 도전장이며, 최소한의 국가 역할까지 위태롭게 한다. 이러한 새로운 전개 국면을 어떻게 해결할 것인지는 미지수다. 그런데 한 가지 확실한 것은 지금까지의 접근 방식이 모두 실패했다는 사실이다.

끝나지 않는 불평등

앞서 살펴봤듯이 라틴아메리카는 사회적 불평등 중에서 특히 소득 분배의 불평등이 지속적인 것이 특징이다. 세계화가 라틴아메리카의 불평등을 초래한 것은 아니다. 그러나 교육과 소통에 영향을 미쳤으며, 불평등을 강화하고 현대화했다.

가장 부유한 소수 인구에게 소득이 과대하게 집중된 것이 특징인 라틴아메리카의 심각한 불평등과 관련해 최근 상황을 보면 모두 부정적인 것만은 아니다. 2010년에 ECLAC가 발간한 라틴아메리카의 『사회적 파노라마Social Panorama』에는 그해 빈곤율은 32.1퍼센트로, 극빈율은 12.95로 감소했다고 밝히고 있다(ECLAC, 2010a). 이는 라틴아메리카 전체에서 2002년과 2009년 사이의 몇몇 예외를 제외하면 소득분배가 개선되었다는 것을 의미한다. 베네수엘라, 아르헨티나, 브라질 같은 일부 국가에서 이러한 감소 수치는 매우 중요하다. 다른 나라에서는 다소 완만했지만 지속되는 경향을 나타냈다.

내가 이야기하는 것은 빈곤율의 감소와 소득분배의 개선을 동시에 의미한다. 만약 다른 절차에 의해 구성된다면, 1인당 평균소득의 수준에서 시작된 불평등이 확대되어 더 큰 빈곤으로 이어질 수 있기 때문이다.

그럼에도 라틴아메리카의 소득수준이 불평등한 정도는 여전히 매우 심각하다. 일부 라틴아메리카 사람들은 나름대로 자부심을 가지고 세계 최고라고 말하기를 좋아한다. 그러나 이는 사실이 아닌 듯하다. 만약 라틴아메리카의 지니계수를 남아프리카의 지니계수와 비교하면, 물론 후자가 더 높을 것이다. 그러나 OECD 국가, 중앙아시아, 서아시아, 태평양 지역 국가에 비해서는 독보적인 2위를 차지한다. 유럽과의 차이는 0.52 대 0.34로 실로 엄청나다. 가장 평등한 소득분배를 자랑하는 라틴아메리카 국가라도 최악의 분배 상태를 나타내는 유럽 지역의 국가보다 지니계수가 여전히 높다.

빈곤의 수준에 관하여 여타 개발도상국과 비교하면 또 다른 결과가 나타난다. 이 부분에서는 라틴아메리카가 좀 나은 편인데, 사회 이동, 소비 형태, 자산과 기본 서비스의 접근성은 예외다.

결과적으로 불평등한 소득분배와 관련된 주제는 심각한 숙제일 뿐 아니라 복잡한 문제라는 측면을 고려할 필요가 있다. 소득분배의 불평등은 전반적인 불평등과 함께 다루어서는 안 되며, 사안의 복잡성을 고려하는 다른 측면에서 접근할 필요가 있다.

이미 지적했듯이 세계화의 과정은 시장소득 면에서 세계 다른 지역과의 격차를 벌려놓았다. 이런 맥락에서 유럽과의 격차도 증가했다. 이와 함께 라틴아메리카와 유럽의 지니계수 간에 엄청난 차이가 나는 것은 유럽 복지국가의 역할 때문이다. 즉 세후 소득의 격차, 사회적 지원,

실업보험 그리고 궁극적으로 소득에 영향을 미치는 일체의 이전소득에 대한 역할을 말한다. 라틴아메리카에서 국가의 개입으로 생기는 격차는 2퍼센트 포인트가 채 안 된다. 유럽에서는 약 10퍼센트 포인트이며, 매우 다른 차원에서 분배를 개선하는 노력이 이루어지고 있는 것을 알 수 있다(Perry and López, 2008).

앞서 설명한, 호황 기간에 시작된 불평등을 줄일 수 있는 가능한 방법은 근로소득을 늘리는 동시에 가난한 가계로 소득을 이전하는 것을 결합하는 것이다. 이것이 분배를 개선하는 긍정적인 경로를 유지하면서도 2008년의 위기를 극복할 수 있었던 이유다.

이런 추세를 강조하고, 지속적인 불평등을 끝내며, 라틴아메리카 사람들의 삶 전체에서 나타나는 생산과 재생산의 역학을 파괴하는 것은 미래의 복지국가를 향해 나아가는 중요한 과정이다. 그렇게 하려면 먼저, 젊은이 중에서도 특히 가난한 계층의 젊은이들에게 더욱 안정적이고 나은 일자리를 제공해야 한다. 이들 집단을 노동시장에 잡아두는 것만으로도 불평등을 엄청나게 개선할 수 있다.

이 모든 것은 사회복지비의 지출을 계속 늘리고, 경제 사이클과 상관없이 지속한다는 것을 암시한다. 사회복지비의 지출을 효율적으로 관리해야 한다는 사실을 인정한다면, 이 지역에 새로운 재정 공약이 필요하다는 사실을 외면할 수 없다. 이는 사회정책에 더욱 많은 자원을 제공하고, 좀 더 발전적인 방식으로 세금을 거둘 수 있다는 재정 공약이다.

세계의 다른 지역과 비교할 때, 라틴아메리카의 조세는 역진세 구조이고 간접세의 비율이 상당히 높다는 사실을 기억해야 한다. 성장을 저해하지 않는 차원에서 국가가 조세수입을 올리고, 좀 더 효율적으로 세금을 거둘 여지가 있다. 왜냐하면 대부분의 국가에서 국민의 세금 부담이 적고 탈세율이 높으며 면제자가 너무 많기 때문이다. 이에 대한 대응으로 새로운 재정 공약에는 높은 수준의 사회적 신뢰와 국가 행위의 정당성이 강력히 요구된다.

장기적으로 좀 더 평등한 사회를 형성하기 위한 기본 요소는 교육이다. 교육 불평등 해결을 가로막는 원인은 다양한데, 일례로 지역적 텃세territoriality는 이 지역 국가들의 길목 곳곳을 막고, 극심한 사회 분열을 초래한다. 지역적 텃세의 해결은 평등, 생산성, 근대적 시민정신의 구축을 이루어낼 것이다.

정보사회에서 비롯된 새로운 형태의 불평등에도 주목해야 한다. 라틴아메리카는 2000년 이후 디지털 분야에서 상당한 발전을 이루어, 정보통신기술의 접근성과 사용 형태 측면에서 떠오르는 시장이다. 그러나 선진국을 비롯하여 다른 신흥국뿐 아니라 이 지역 내에서도 새로운 정보기술의 접근성 차이로 인한 새로운 격차가 나타나고 있다.

라틴아메리카는 세계 인터넷 사용자의 8퍼센트를 차지한다. 이 수치는 아시아태평양 지역의 39퍼센트에 비하면 한참 뒤진다. 그러나 이동전화 서비스업은 상당한 규모로 발달했으며 실제로 일부 국가에서는 가입자의 수가 거주자의 수를 앞지른다. 예를 들어 칠레는 인구가 약 1800만 명이지만 가입자 수는 2000만 명이다. 그러나 이는 생산성 증가로 이어지지 않았으며, 불평등 해소에도 도움이 되지 않았다. 다만 좀 더 발전된 국가들과 부분적인 융합을 만들어냈을 뿐이다. 따라서 정보화시대에 새로운 전략을 설계하려면 끊임없는 노력이 필요하다(*comScore*, 2010; ECLAC, 2010b).

개방된 정체성

라틴아메리카 지역의 정체성은 세계화의 결과로 후견주의 국가가 몰락한 시기부터 정해진 틀 안에서 변화를 겪었다. 그러나 세계 다른 지역에서 볼 수 있는 정체성의 갈등은 보이지 않는다. 게다가 700여 개의 다른 민족이 존재한다는 사실도 갈등의 잠재적인 가능성을 의미하지는 않는 것으로 보인다.

그렇다고 문제가 없는 것은 아니다. 인구수가 가장 많은 소수민족인 아프리카계 후손과 토착민들은 일상의 차별, 인종차별, 누적되는 경제, 사회, 정치적 불이익을 받아왔다.

그런데 오늘날 일부 라틴아메리카 국가의 정치 담론에서 정체성의 개념이 등장하고 있다. 특히 볼리비아처럼 지역사회와 강력하게 연결되어 있으며 수적으로 우세한 토착민이 거주하는 국가에서 이런 경향이 뚜렷하다. 이러한 국가에서 모두 36개의 정체성이 확인되었는데 이는 지방, 지역, 인종의 정체성과 국가의 계획 사이의 복잡한 관계를 설명해준다(Ottone and Sojo, 2007).

볼리비아에서는 토착 국가의 개념과 함께 서구 국가들과 자유주의 국가 혹은 마르크스주의 국가의 개념을 비교하는 토론의 장이 열리는데, 여기에서는 다양한 지역 세력권의 다중심 국가의 아이마라Aymara 계율의 관점에서 전자를 선호한다(Mamani, 2006).

그러나 민족과 정체성의 문제가 볼리비아에만 국한된 것이 아니다. 이 지역의 모든 국가가 어느 정도 공통점이 있는데 특히 과테말라, 페루, 에콰도르, 멕시코, 콜롬비아, 칠레 같은 국가가 특히 그렇다. 칠레의 경우 토착민은 적지만 강력하고 상징적인 유산을 보존하고 있다. 또 이 지역에 거주하는 아프리카계 후손이 토착민의 수를 추월하고 있다는 사실도 간과해서는 안 된다.

라틴아메리카 지역에서 토착민 문제를 정치적으로 해결하는 방식은 천차만별이다. 멕시코는 상당히 많은 인구가 토착민이지만 정치적 담론에서는 이러한 이해관계를 특별히 고려하지 않는다. 또 과테말라 같은 역설적인 경우도 있다. 여론조사에서 토착민 대통령 후보인 리고베르타 멘추Rigoberta Menchú는 같은 토착민들에게서 충분한 지지를 얻지 못했다. 여러 국가에서 토착민의 정체성은 저마다 다양한 위치에 놓여 있다. 과테말라의 경우 메스티사혜mestizaje의 생물학적 및 문화적 융합의 실패를 지적하는 사람에서부터 메스티사혜를 국가적 가치로 평가하는 사람들까지 다양하다. 후자의 개념은 멕시코의 역사와 때때로 몇 년 동안 연구의 대상이 되었던 브라질의 역사에서 큰 비중을 차지한다. 그러므로 메스티사혜에 대한 담론과 그 현실은 실제의 불평등에서 유래한, 단결과 긴장의 요소로서 다른 국가들에서도 중요한 분석 대상이다.

한편 다른 대륙의 국가들에서는 종교 갈등이 인종과 문화의 정체성에까지 영향을 미치면서 그 영향이 최근에는 지역에서 세계로 커지고 있다. 다행히 라틴아메리카 국가는 대부분 신앙의 자유와 세속적 성향이 강하여 심각한 종교 분쟁이 발생하지 않는다. 이는 규제의 원리로서 이해되는 세속주의가 시민으로서의 공적 생활에 참여하도록 결정하는 사회의 고리라는 사실을 설명하고, 사회적 응집력의 원천으로서 이 같은 원칙에 가치를 더해주고 있다. 결과적으로 갈등은 효율적인 시민권의 혜택을 제한해서 배척과 사회적 불평등을 야기할 때 주로 발생한다.

지역의 현대성modernoty은 이름이 붙여진 순간부터 정확하게 세계에 대한 개방성에 의존한다. 이때부터 현대성은 문화적 정체성의 지속적인 의미화resignifying를 나타내는 혼합주의syncretism로 정의된다.

문화의 관점에서 라틴아메리카가 직면한 세계화의 과제는 두 가지 질문으로 요약된다. 첫 번째는 다른 문화와 중첩될 때 지역의 역사적 경험을 어떻게 활용하며, 서로 연결되고 세계화된 새로운 지형에서 어떻게 경쟁 우위로 돌아서게 하는가 하는 것이다. 두 번째는 여러 문화와 인종적 정체성의 발전적인 공존에서 시작해 시민권의 내용을 다시 생각해야 하는 과제—산업화된 사회 역시 직면한—에 대응하여 이 지역에서 오랫동안 상충한 혼합주의의 역사를 어떻게 활용할 것인가 하는 것이다.

라틴아메리카 지역이 이종異種 문화와의 관계를 받아들이는 것은 "정체성"의 복잡성 증가로 대표되는 현대성이라는 맥락 안에서 자신을 인정하는 가장 참다운 방법일 것이다.

해결되지 않은 생산 문제

사회복지의 관점에서 발전을 이루었음에도 라틴아메리카에서 평등은 여전히 나아지지 않은 상태다. 마찬가지로 지난 몇 년간 이룬 경제 발전에도 불구하고, 전략적 관점에서 볼 때 이 지역의 생산적 변화 역시 미해결 과제로 남아 있다.

이러한 변화가 이루어지지 않는 한, 현재의 성장은 지속가능하지 않다. 그렇다면 필요한 것은 견실한 거시경제 정책을 수립하고 재정에서 책임 소재를 확실히 가려야 할 뿐 아니라, 모든 생산 활동에서 가치를 창출하고 모든 요소의 생산성을 높이는 것이다.

라틴아메리카가 세계경제 안에서 어떻게 자신의 입지를 결정해야 할까? 정체되고 세계경제에 통합된 지금의 형태에 가치를 부과하지 못한다면, 또다시 기회를 잃을 것이 분명하다. 몇 년간 호황이 더 지속될 수도 있겠지만, 새로운 유형의 경제 통합이 없다면 긍정적인 미래가 있을 것이라는 확신은 없다. 이와 반대로 약점투성이인 미래는 거의 확실하다.

라틴아메리카 사람들이 발전했다고 해도, 전략적 의지는 변한 것이 거의 없다. 이 지역은 미국과 유럽의 무역, 연구, 개발 분야에서 여전히 주변국이다. 라틴아메리카와 달리 아시아는 이 분야에서 괄목할 만한 발전을 이룩했다.

이 지역에서 성장과 형평의 빈 상자는 불행하게도 여전히 비어 있다. 투자도 여전히 불충분하고 수출도 생산구조에서 역동성을 견인하지 못하며, 서비스 무역에서도 시장점유율을 잃었다. 라틴아메리카의 지역 통합은 전진을 멈췄고 연구와 개발에 할당된 자원은 턱없이 부족하며, 지식집약적 산업이 산업 전체에서 차지하는 비율이 매우 낮다. 마지막으로 장기적으로 볼 때 이 지역은 세계경제 안에서 지속적으로 성장할 수 있는 좋은 기반을 갖추지 못했다.

이번의 위기에도 불구하고 라틴아메리카는 방금 이야기한 변화를 이끌어낼 가능성이 열려 있다. 오늘날 소비 시장은 상당히 많은 세계 인구를 포함할 수 있을 만큼 확장되었다. 이 시장은 온갖 종류의 원자재와 서비스에 대한 수요를 늘리고, 매우 전문화된 제조 활동에 기회를 열어주었다.

원자재 가격은 여전히 오를 가능성이 매우 크며, 이 때문에 이 지역은 상당 기간을 벌 수 있을 것이다. 게다가 최첨단 기술이 점차 저렴해

지면서, 라틴아메리카는 이에 대한 적응과 접근성을 개선할 수 있게 되었다. 따라서 라틴아메리카는 세계의 생산구조에서 더욱 빠르게 자리매김하고, 가치 사슬에서 한 자리를 차지할 수 있도록 노력해야 한다.

이렇게 하려면 수출품의 품질 개선과 함께 제조업, 광업, 농업 사료 단지, 서비스, 관광, 금융에 이르기까지 온갖 종류의 다각화와 혁신이 필요하다. 그를 위해서는 각 국가가 10년 내지 20년 후를 내다보는 전략적 비전과 지역 특유의 노력이 필요하다. 최근에 라틴아메리카 지역 밖에서 발전을 이뤄낸 국가에서는 모두 전략적 비전과 함께 적극적인 공공 부문과 역동적인 민간 부문의 연합이 있었다. 또 정치와 선거 주기political-electoral cycles보다 생명이 긴 전략을 수립할 수 있게 하는 포괄적인 합의와 이해가 바탕에 깔려 있었다.

효율적인 발전 전략의 핵심은 기술의 학습과 경쟁이 연결된 장場을 개발하고 다각화하는 것이다. 제조업에서 기술의 변화가 크게 이루어진다고 해도, 혁신과 기술의 발전은 생산구조 전체로 확장되어야 한다.

21세기가 과거 시대처럼 "천연자원의 저주"로 얼룩지게 해서는 안 된다. 19세기 말까지 그랬듯이(과두제적 근대화) 채권 소유자와 지배층의 게으른 정신이 기회를 잃게 만들어서는 안 된다.

오늘날 새로운 기술이 탄생하고 생명공학이 발전하며, 정보기술은 하루가 다르게 변화하여 부가가치를 창출할 수 있는 영역이 크게 늘어났다. 생산의 결과물 사이에 뚫을 수 없는 벽은 없다. 중요한 것은 무엇을 만드느냐가 아니라 어떻게 만드느냐다. 생산의 변화 과정은 저절로 발생하지 않는다. 기술 단계를 높은 수준으로 올리려면 국가가 활력을 제공해야 한다.

더 나은 세계, 더 나은 삶?

민주주의를 강화하고 불평등과 인종차별을 종식하며 생산구조의 변화를 획득하는 것—환경을 보존하는 책무와 범죄와의 전쟁 같은 다른 전략적 문제와 함께—은 더 잘 살고, 스스로 재설계하기 시작한 세계 속에서 좀 더 크고 긍정적이며 주도적인 역할을 위해 라틴아메리카가 반드시 극복해야 하는 도전 과제다.

일부 문제는 초국가적인 특징이 있어서 모든 국가가 여타 국가들과 문제 해결을 위해 협력할 필요가 있는데, 진지하고 철저한 지역 통합 과정에 착수하는 것이 시급하다. 이를 위해서는 인종차별 폐지론자들이 상용하는 알맹이 없고 과장스러운 문구와 역사적 사실을 잔뜩 인용하는 수사법은 잊어야 한다. 이 임무를 수행하기 위해서는 두 가지가 선행되어야 한다. 첫 번째는 특정한 확신에 치우쳐 선교사 노릇을 하는 문화를 바꾸는 것이다. 네오자코비안 성향의 정부는 반反북미 정서를 외교정책의 축으로 삼는다. 그들은 대체로 현재든 과거든 가리지 않으며 조지 W. 부시의 제국주의적 경향을 띤 신보수주의와 버락 오바마가 주창한 새로운 비전을 구분하지도 않는다. 네오자코비안은 통합된 라틴아메리카를 21세기 사회주의의 흐릿한 전초기지로 보는 것 같다. 그들이 하는 것이라고는 무엇인가를 무력화하는 것뿐인데, 말하자면 발전이 다소 느리기는 하지만 공유된 인프라 구조, 상호작용, 협력의 기반을 구축하는 목표 자체를 아예 마비시키려 든다.

새로운 하위 지역 및 지역 기관을 창설해도 이 과정의 진정한 내용을 주도하는 데 거의 역할을 하지 못한다. 그중에서도 가장 최악인 것은 미주대륙을 위한 (볼리바르) 동맹ALBA* 같은 급진적인 이데올로기형 활동 국가들과 퍼시픽 림Pacific Rim (환태평양국가군) 같은 좀 더 보수적인 국가들이 서로 반대하여 부딪칠 경우다. 남아메리카국가연합UNASUR, 남미공동시장MERCOSUR, 리우그룹Rio Group (아직까지 기능이 크게 부각되지 못했다) 같은 이데올로기형 설득력이 없는 기관이 더해진다면 똑같은 노력을 기울이는 기구들만이 교류할 뿐, 정말로 필요한 통

---

*2011년 4월 현재 베네수엘라, 쿠바, 볼리비아, 니카라과, 도미니카연방, 온두라스 (2009년 쿠데타로 탈퇴 상태), 에콰도르, 세인트빈센트 그레나딘Saint Vincent and the Grenadines, 앤티가 바부다Antigua and Barbuda 등 총 9개국.

합을 도출하지 못할 것이다.

두 번째 요소는 국가정책에 대한 변수로서 외교정책을 실행하는 방식을 바꾸는 것이다. 즉 어떤 국가가 내부적으로 어려움을 겪는 경우, 오직 현직 대통령을 지원할 목적으로 근본적인 국수주의를 조장하여 이웃 나라와 국경 충돌이나 통상 관계에서 갈등을 일으키는 것을 말한다.

반대로 정작 필요한 것은 라틴아메리카 국가들이 동일한 운명체라는 사실을 이해하는 것이다. 이는 함께 각자의 가능성을 개발하자는 의지를 통해 얻을 수 있으며, 가장 약한 국가를 경제적으로 보호한다.

국가들은 모두 책임이 있지만 다 똑같지는 않다. 역사상 처음으로 국제사회에서 주역으로 인정받는 라틴아메리카 국가(브라질)가 탄생한 것은 유쾌한 일이다. 브라질은 BRICs(브라질, 러시아, 인도, 중국)의 일원일 뿐 아니라 세계경제에서 비중이 커지기 시작한 국가 그룹인 이글스 Eagles: Emerging and growth-leading economies 중 하나다.

브라질이 경제, 정치, 사회의 발전을 이루려면 아직 갈 길이 멀지만 국제적 및 경제적 문제를 많이 극복했다. 멕시코와 함께 브라질은 세계 무대에서 라틴아메리카의 비중을 늘리는 데 기둥 역할을 하고 있다.

라틴아메리카는 콜롬비아와 베네수엘라 간 분쟁과 볼리비아의 내부 상황 같은 갈등을 지역 내에서 민주적인 방법으로 풀어내며 성장해왔다. 온두라스 위기에서는 그다지 성공하지 못했지만 에콰도르의 상황에 대해서는 즉각적인 경고음을 낼 수 있었다. 이상의 더 강력한 정치적 밀도와 강도 높은 노력이 요구되는 상황이다.

개발의 분수령에 도달한다는 것은 단순하게 구매력 기준으로 1인당 소득이 2만2000달러의 고지를 돌파하고 이 고지가 그 나라의 현재 소득분배 구조와 유사한 소득분배 구조로 달성된다는 것을 의미한다면 그 결과로서 한 국가 내에서 가장 잘사는 20퍼센트 상위층은 세계에서 가장 부유한 국가의 생활수준과 동등한 생활수준을 누리게 되겠지만, 가장 가난한 나라의 20퍼센트 국민은 여전히 최악 수준의 생활을 하게 될 것이다.

개발의 분수령은 단순히 결정적인 성장 수준의 달성을 의미하지는 않는다. 이는 많은 요소가 결합된 것이어야 한다. 여기에는 1인당 연소득의 상당한 증가, 가장 가난한 20퍼센트의 소득 증가, 그 집단이 다른 원인에 제약받지 않고 열정과 역량에 따라 삶의 계획을 추구할 수 있는 능력 등이 포함된다. 이렇게 되려면 사회의 귀속성social ascription이 최소화되고 불이익이 동일한 집단 내에 축적되지 않아야 하며 세대에서 다음 세대로 이어지지 않는 사회가 필요하다.

프랑스 가수인 미스탱게트Mistinguette는 "돈이 행복을 가져다주지는 않지만 안심을 시켜준다"라고 말했지만, 나는 소득이 삶의 질과 동일하지 않듯이 성장이 곧 발전이라고는 절대로 생각하지 않는다.

오늘날 학계와 정계의 토론은 행복 자체를 포함하여 더 넓은 삶의 질의 개념을 아우르고자 경제적 비전 이외의 여타 가치의 측정을 위해 다른 사회 지표의 확장을 논의하고 있다. 그러나 나는 행복에 관한 한 약간 회의적인데, 사회적 행동을 피하는 섬세하고 변덕스러운 개인들의 균형에 따라 행복이 달라진다고 믿기 때문이다. 이 때문에 복지well-being의 개념, 그중에서도 특히 레비스트로스Claude Lévi-Strauss(1955)가 말한 공적 행동의 최대 결과로서의 "복지being well" 개념에 집중하고 있다. 그는 "염세주의는 과장된 인본주의 대신에 원만한 인본주의를 촉진하는 모든 상황에 필요하다고 나에게 가르쳐주었다"고 설명한다.

모든 라틴아메리카 거주자들에게 더 나은 삶을 제공하기 위한 발전을 이야기할 때, 우리는 국가마다 고유한 속도와 방식이 있다는 것을 알고 있다. 왜냐하면 이 지역은 여전히 매우 이질적이기 때문이다. 비대칭을 극복하고 더 큰 동질성을 얻는 길은 멀다.

이 지역의 몇몇 국가는 비교적 당당한 걸음걸이로 나아가 여울을 반쯤 건너고, 건너편을 꽤 또렷하게 볼 수 있다. 또 일부 국가는 험난한 바위가 있는 지형으로 좀 더 불안정하게 발걸음을 옮긴다. 또 다른 일부는 이제 막 강둑을 떠났는가 하면 일부는 출발도 하지 않았다. 강을 건너야 지역을 넘어 세계에서 더욱 주도적인 역할을 수행할 수 있다. 그러나 세계 자체가 빠르게 변하기 때문에 가능성을 장담할 수는 없다.

2008년 위기는 그때와 마찬가지로 지금도 복합적인 영향을 미친다. 이 위기는 지정학적 균형에도 질문을 던지고, 탈규제와 함께 벼랑 끝까지 내모는, 억제되지 않는 욕심을 기준으로 움직이는 세계경제의 면모를 드러낸다. 또 위기는 가장 발전된 형태의 사회복지를 허물고 엄청난 불균형을 드러내며, 궁극적으로 영원히 지속될 줄만 알았던 세계화 경제문화의 단점을 보여주었다.

바로 어제, 대안 조직의 영역이었던 의문은 오늘의 새로운 타당성을 얻는다. 예를 들어 이들은 지구의 지속가능성, 세계 수준에서의 의사결정, 국제금융 구조, 소비 형태, 정치 변화에 대해 말하고 있다. 세계화와 발전의 새로운 형태, 선진국에 팽배한 경제문화에 관한 생각이 필요하고 정당해졌다. 마누엘 카스텔의 역설적인 말처럼 선진국의 시민들은 이제 신용카드가 취소되는 것 외에 잃을 것이 없기 때문이다.

이는 독재주의의 악몽으로 끝장난 향수에 젖은 반反자본주의와는 거리가 멀다. 우리는 새로운 기술적 가능성에 의해 뒷받침되는 다양한 분야의 개혁을 구상해야 한다. 시장과 수익이 자리를 지키더라도 대중 역시 비중을 가지고 있고, 공간은 시민들의 가치에 이끌린 사회에 개방된 새로운 세계화의 단계로 가는 길을 열어줄 민주주의를 확장해야 한다.

라틴아메리카는 여울의 중간쯤을 건너고 있다. 지금까지 온갖 모습의 화신을 표방했고 이제는 민주주의적 가치를 지키기 시작한 이곳 라틴아메리카는 가까운 미래에 세계 무대에서 좀 더 강력한 목소리를 내고 존재감을 갖게 될 것이다. 민주주의적 가치란 문화의 융합으로 관용을 지각하고 종교적 차원에서도 적대적이지 않은 것이다. 라틴아메리카는 "모든 희망을 버린 자들이여, 이 문을 통과하는 저주받은 영혼들이여"[2]라는 명문銘文 아래 "슬픔의 도시"로 들어가듯이 절박하게 모든 것을 수용하는 방식이 아니라 스스로 세계적인 위치를 점하게 될 것이다. 무엇보다 라틴아메리카는 개혁의 힘을 얻었고, 과거의 글로벌 위기에서 다치지 않고 개혁을 실행했다. 또 민주주의의 내재적 가치와 발전의 필요성을 어렵사리 이해했고 정치와 사회 속 행위자의 다양성이 "함께하는 삶"의 방해물이 아니라는 확신에 이르렀다. 이로써 라틴아메리카는 최고의 세계가 아닌—강조하건대—더 나은 세계로서 세계화를 필요로 하는 새롭고 다양한 세계주의를 창조하는 데 뜻깊은 기여를 할 수 있다.

위기의 여파
속에서 살아가기

독자들이 이 글을 읽을 즈음이면, 2008~2012년에 강타했던 경제위기는 다시 한 번 탈바꿈하고 있을 것이다. 그러나 독자 여러분과 세계는 경기 순환의 국면이나 경제 발전 여부와 관계없이 위기의 여파 속에 있을 것이다. 우리가 말하는 여파란, 1990년대 초부터 경제와 사회를 바꿨던 세계 정보자본주의와 금융자본주의를 되살리기 위한 미봉책과 거의 붕괴 직전의 폐허 더미에서 부상한 사회와 경제, 조직 체계의 지형을 말한다. 미래가 어떻게 변화할지는 아무도 모른다. 위기의 중심에 있던 강력한 금융 체계의 특성 중 하나가 미래의 사유화이기 때문이다. 미래는 단기적인 수익을 좇아 거래되는 선물시장으로 대체되었다. 여기까지 읽었다면 이미 알겠지만 그 결과는 시스템의 예측 불가능성과 세대 간 결속의 붕괴다.

미래 모습은 알 수 없지만 그 대신 매우 중요한 무언가를 알고 있다. 바로 우리가 가까운 과거로도 되돌아갈 수 없다는 점이다. 자본의 가상화, 대체로 규제되지 않은 환경에서의 모든 것의 증권화, 가치 평가 과정에서 재화와 서비스 생산의 비동조화, 통화정책과 금융정책 간의 단절, 다양한 수준의 생산성과 공공부채를 안고 있는 유럽 경제를 완전히 하나로 통합하겠다는 허황된 시나리오, 주변부(중국)였던 곳에서 축적한 자본을 빌려 글로벌 네트워크의 중심부로 옮겨 온 국가에 대출하는 것 등 이 모두가 지속가능성의 한계에 도달했다. 현재 논의되는 것은 시스템의 개편 필요성이 아니라 무엇을 어떻게 개편해야 하는가다. 특히 누가 무엇에 대해 얼마나 지불했고, 누구에게 이익이 돌아갔으며 새로운 기구와 규칙으로 전환되는 과정에서 누가 고통을 감내했는지에 관한 것을 논의해야 한다. 이는 글로벌 네트워크형 경제체제에서, 민족국가에서 그리고 각각의 개별 네트워크 사회에서 논의되고 있는 가치, 이익, 전략, 정책을 강조하는 권력 관계에 따라 궁극적으로 결정될 것이다.

사실 사회체제는 내부 갈등의 결과만으로 붕괴되지 않는다. 위기, 갈등, 대처는 언제나 사회적 과정이다. 그리고 이 사회적 과정은 사회적 행위자의 이익, 가치, 신념, 전략에 의해 실행되고 구체화된다. 즉 시스템이 자동적으로 논리를 재생산하지 않을 때, 시스템을 복원하려는 시도와 함께 새로운 이해와 가치를 기반으로 새로운 시스템을 조직하려는 프로젝트가 만들어진다. 궁극적인 결과는 이처럼 다른 논리를 가진 행위자들 사이에서 발생한 분쟁과 논의의 결과일 때가 많다. 위기를 유발한 세계 금융자본주의 시스템은 어떤 집단 이익의 표현이었을 뿐 아니라 특정한 경제문화의 발현이었다. 우리가 책에서 여러 이론적 관점을 기반으로 분석했던 이들 이익과 문화는 경제와 사회에서 여전히 지배적인 위치를 차지하고 있다. 따라서 시스템을 재편하는 첫 단추는 더 엄격한 제도의 틀을 구축하는 것과 축소된 부의 재분배, 일부 다루기 힘든 관리자의 무절제에 대해 시스템의 논리를 강제할 수 있는 강화된 경계 태세 안에서 동일한 게임의 법칙을 복구하려는 시도라고 할 수 있다.

2008년 9월에 발생한 금융시장의 실패 이후 경제정책 차원에서 많은 전략이 검토되었고, 일부는 정부, 기업, 국제기구 등에 의해 실행되었다. 새로운 정책 수립 환경에서 국가는(민족국가와 다른 국가들의 네트워크를 포함해) 다음에서 설명하는 메커니즘으로 자본주의를 관리할 방향을 가늠하는 역할을 했다.

• 주요 금융기관과 기업이 종말을 맞으면 경제와 사회에 대혼란이
일어날 수 있으므로 이들을 되살린다.

일부 경우에는 정부의 보호 아래 실제적인 국유화를 잠시 경험
할 수도 있다. 이들은 생존 가능한 비즈니스 계획과 함께 다시 사
유화된다. 미국의 AIG와 시티그룹, GM, 영국의 로이드Lloyds, 독
일의 하이포리얼에스테이트Hypo Real Estate 등이 그 예다. 국제통화
기금IMF에 따르면, 2009년 중반까지 금융위기가 몰고 온 최초의
여파로 세계 각국의 정부는 4320억 달러를 투자하여 은행 자본
을 확충하고, 총 4조6500억 달러에 이르는 은행의 채무를 보증
해주었다. 중국, 인도, 브라질, 러시아의 국영 은행은 전체 투자액
에서 차지하는 비중이 급격히 커졌고 대출도 증가했다. 미국에서
는 은행에 투입한 정부 자본의 3분의 2가 자기자본 비율이 가장
낮고, 위기 중에 대출 손실이 가장 컸던 대형 은행 다섯 곳에 돌
아갔다. 금융기관이 안정화되자마자 이들은 사유 부문으로 되돌
아갔다. 일부 경우에 이들은 받았던 대출금을 정부에 되돌려주었
지만 자신의 이익을 늘리는 데 집중했을 뿐, 경제를 살리기 위한
적극적인 역할은 거부했다. 유럽연합EU은 금융기관과 회원국 정
부를 구제하기 위해 금융 안정화 기금을 만들었다. 유럽중앙은행
ECB은 그리스, 포르투갈, 이탈리아, 스페인, 아일랜드의 국채를 사
들이며 해당 국가의 채무불이행을 막기 위해 지속적으로 개입했
다. 그리고 EU 회원국 정부들은 그리스, 포르투갈, 아일랜드에 대
한 구제금융 방안을 마련했다. ECB는 또 은행 간 거래에도 활발
하게 개입하여 대부분 거래의 중재자 역할을 했다. 은행들이 서
로 믿지 못해 ECB에서 제공하는 유동성의 보증이 필요했기 때
문이다. 이 방식은 엄청난 공적 자금을 필요로 했다. 따라서 납세
자들이 낸 세금이 기업으로 막대하게 이동했을 뿐 아니라 세계
금융시장 외에도 주요 민간 자금과 국부펀드 대출기관에 대한 정
부의 차입 의존이 심각했다.

- **금융기관과 대출 관행에 대한 국가의 감독을 강화한다.**

  G20 국가는 다수의 규제 정책에 동의했고, 모든 금융기관에 자기자본을 2007년의 1.5퍼센트에서 상향 조정하여 유가증권 매각액의 5퍼센트 수준으로 늘릴 것을 권고했다. 그러나 이 권고는 현실에서 받아들여지지 않았다. 2011년, EU는 유럽의 많은 은행에 자본을 확충하고 모든 금융기관에 대해 자기자본 비율을 올릴 것을 강력하게 권고했다. 그러나 이에 대해 논란이 많았고 은행들 대부분이 이를 피해갔다. 역외 금융센터에 대한 감시 조치와 재무 담당 경영자의 보너스에 대한 모호한 규제 역시 고려되었지만 실행된 것은 거의 없었다. 그 대신 중국, 인도, 브라질, 러시아, 산유국 등 자본을 쥐고 있는 국가에 유리한 조건으로 권력 공유 합의를 내어주고 IMF, 세계은행, 국제결제은행BIS 같은 국제 금융기관의 기능을 강화하려는 시도가 이루어졌다. G20은 세계경제를 이끄는 주요 단체로서 G8로 이미 대체됐다.

- **국가적 차원에서 경제를 되살리기 위한 금융 부양책을 편다.**

  그러나 경기부양 전략은 두 가지 상반되는 정책 조합을 포함하고 있다. 하나는 공적 분야, 특히 인프라 시설과 고용과 관련된 산업(예를 들어 에너지, 공공사업) 부문에서 투자를 늘리는 것이다. 또 다른 하나는 감세다. 분명히 전자는 조세수입을 늘리겠지만, 후자는 세수를 소비자, 그중에서도 특히 소득이 높은 사람들에게 제공한다. 상반되는 계층의 이익에 기초한 이들 두 가지 전략에 대한 논쟁은 정치적 쟁점으로 바뀌어 혼란을 주고 경기부양 노력을 저해한다.

- **위기 시의 사회적 요구(늘어나는 실업보험, 주택수당 제공, 건강보험 혜택 확대, 교육 보조금 지급, 공공서비스 재정비 등)에 응한다.**

  그러나 위기가 계속되어 공공지출로 지탱할 수 있는 기간을 넘을 때 이러한 노력은 좌절된다.

위기 해결을 위한 방법의 저변에는 금융 시스템의 건전성을 복구하여 다시 시장의 자율에 맡기는 쪽을 옹호하는 사람들과 수요와 신용이 급격하게 하락한 시장의 자체적 가동 능력을 의심하는 사람들 사이에서 커져가는 정책 논쟁이 있었다. 그 결과, 이들은 단기적으로 많은 일자리를 창출할 수 있는 공공지출을 강조하는 새로운 형태의 임시 신新케인스주의를 제안했다. 소수 사람들은(예컨대, 집권 초기의 오바마 대통령) 이번 위기가 생산방법 변화를 위한 기업의 혁신 기회라고 생각했고, 또 일부는, 그중에서도 특히 환경운동계에서는 지금과는 다른 소비를 위한 기회로 생각했다. 한편에서는 이 위기를, 혁신과 새로운 기술을 지원하는, 특히 의료와 교육에서 개선된 복지국가의 범위를 확장하기 위해 대중의 지지를 결집할 수 있는 기회로 여겼다.

그러나 이러한 전략 중 어느 하나도 이루어진 것은 없다. 남은 것이라고는 2008~2012년에 주요 대기업, 금융기관, 빚을 잔뜩 진 정부를 위한 구제금융뿐이었다. 구제 방식에서도 위기를 발생시킨 똑같은 메커니즘이 가동된 결과 금융의 불안정, 시장의 변동성, 투자 하락, 실업률 증가, 수요 급감 등과 같이 동일한 결과를 이끌었다는 것이 문제였다. 위기 이후에 서서히 떠오른 새로운 금융 시스템은 적은 자본금으로 가상 자본을 만들거나 규제를 피해갈 능력이 적은 원래 목적에 집중한 시스템이다. 게다가 일부 금융기관이 붕괴되고 대부분의 금융기관이 내부의 구조조정을 대대적으로 거쳐야 했다. 이 금융 시스템은 시장에서 수익을 창출하는 소수의 선택된 분야를 지원할 수 있을 뿐 전반적으로 경제를 되살릴 만큼 자본을 공급할 수 있을 것으로 보이지 않는다. 공공지출을 크게 늘리자는 신케인스주의식 시도는 이를 시행했던 국가에서 그리 오래 연명하지 못했다. 공공부채가 빠르게 증가하자 이 전략을 지탱하는 비용이 증가하고, 과도하게 빚을 진 국가의 채권 가치가 떨어지며 심지어 전체 경제의 신용등급을 떨어뜨리는 등 재정적으로 한계에 이르렀다. 또 정치적 제약도 있었다. 보수주의 진영이 세금 인상과 공공지출에 반대하며 신케인스주의의 프로젝트를 모두 효과적으로 무력화하고 정보복지국가의 꿈을 한낱 유토피아적 이상으로 만들었다. 게다가 나라마다 정치 엘리트들은 서로 격렬하게 비방하면서 위기의 고통을 활용해 정적政敵을 파괴하려고 했다. 그 결과 국내외적으로 응집력이 있는 위기관리의 부재 현상이 나타났으며, 불만과 불신에 찬 시민들 마음에는 정부 권위가 실추되는 것으로 비쳐졌다. 따라서 2008년 위기의 즉각적인 여파는 위기를 관리하는 정부가 무능력으로 규정된 것인데 여기에는 2010년 경제위기와 2011년 금융위기의 악화도 포함된다. 금융 기업은 수익성을 되찾은 반면에 부동산 시장은 붕괴되었다. 모기지 연체에 뒤이은 주택 압류가 어디서나 급증했다. 대출의 생명선이 줄어든 중소기업 사이에서는 파산이 줄을 이었다. 실업률이 상승하고 수요가 급감했다. 시민들은 자국에 숨어서 모든 가능한 방법으로 다른 사람 또는 국가와의 연대가 부족하다는 사실을 보여주었다. 정부가 나서서 고통 분담이 당장 필요하다고 호소해도 마찬가지였다. 실제로 높은 생활수준을 탐닉하던 비즈니스 엘리트의 비전과 정보가 부족한 서민들 앞에서 오만함을 견지하던 정치 엘리트들의 비전은 시민과 권력자 사이의 간극을 벌려놓았고, 바야흐로 통제할 수 없는 분노와 포퓰리스트들의 반발, 대안 사회운동에 길을 내어주게 되었다.

따라서 이번 위기의 여파는 다음과 같다. 첫째, 개혁 능력을 잃은 금융 시스템에 기초한 경제적 모델의 잔재는 기능을 상실했다. 둘째, 누적된 자본이, 스스로를 죽였다고 생각하는 오랜 중심부(미국)에서 아직 관리능력은 부족하지만 실물경제를 소유하고 만들 수 있는 새로운 주변부(중국)로 이동했다. 셋째, 지도자를 믿지 못하고 권리는 박탈당한 시민들의 외부적 압력과 내부적인 자멸로 사면초가에 몰린 국가에 남아 있는 정치 시스템이다. 넷째, 옛 사회조직이 빈껍데기가 되고 사회변동의 새로운 행위자가 발생기 상태에 있는 아직 혼란스러운 시민사회다. 마지막으로 새로운 지형의 가장 중요한 특징인데, 시장과 은행에 대한 신뢰 등 확실성을 제공하던 오랜 경제문화가 설득력을 잃고, 그 대신 삶의 의미를 경제적 의미로 해석하는 새로운 문화가 만들어지는 과정에 있다는 것이다.

제 1 장

1: 존 설John Searle의 『캠퍼스 전쟁The Campus War』(1971)은 최근 몇 년 동안 버클리에서 일어난 사건들이 1960년대의 사건들과 얼마나 비슷한지를 보여준다. 특히 경찰이 일단 학내에 진입하고 난 후 교수들이 학교의 운영자들에게 비협조적인 모습을 보인 것이 대표적이다.

2: 위기에 관한 참조는 모두 *OED* online 〈http://www.oed.com〉에서 인용함(2011년 3월 3일 접속).

3: 여파에 관한 참조는 모두 *OED* online 〈http://www.oed.com〉에서 인용함(2011년 3월 3일 접속).

제 3 장

1: 이 같이 돈에 의존하는 방식으로 자본주의를 설명하고 신용-대출이라는 사회관계로 자본주의를 이해하는 것은 잉햄Ingham (2004, 2008)의 주저에 거의 의존했다.

2: 누구나 자신이 원하는 측면에서 이들 사건에 접근하려고 한다. 내가 특히 통찰력이 있다고 평가하는 분석 두 가지는 Tett(2009)와 Lanchester (2010)다.

3: 다음의 설명은 Ingham (2011)에 나오는 금융위기의 탁월한 설명에 따른 것이다.

4: 미국 모기지 시장 붕괴의 배후에 깔린 미심쩍고 약탈적인 실태를 잘 설명한 자료는 Stiglitz (2009: ch. 4) 참조.

제 4 장

1: 예컨대 Henri Leridon(2009)을 참조. Leridon은 1969년 이후, 인구의 감소가 제로 성장과 지속가능한 발전이라는 개념이 등장한 것과 관련이 있다고 본다.

2: 나는 이 문제를 심층 연구한 뒤 이 사례를 인용한다. Wieviorka(1988) 참조.

제 5 장

1: 피드백과 여러 제안, 연구 조사에서 큰 도움을 준 케빈 드리스콜Kevin Driscoll과 멜리사 브라우Melissa Brough, 에번 브로디Evan Brody에게 감사를 표한다. 또 통찰력 있는 피드백을 위해 전체 여파 담당 그룹과 마찬가지로 이 논문을 이끌고 브레인스토밍을 진행한 마누엘 카스텔에게도 감사의 인사를 전한다.

제 6 장

1: OED online ⟨http://www.oed.com⟩에서 인용함(2011년 7월 1일 접속).

제 8 장

1: #스페인혁명#spanishrevolution은 2011년에 발생한 운동의 초기에 마드리드와 바르셀로나 등 전국 도시의 광장에 모인 스페인 사람의 집단을 가리키는 통상의 온라인 표현이다. #을 사용하여 트위터와 직접 연관되도록 한 것은 그 후에 "분노한 사람들The Indignants"이라고 불리는 집단이 일으키는 현재의 사건을 쉽게 온라인으로 검색하기 위해 도입한 것이다.

2: 디지털 저작권 위반은 기술의 변화에서 비롯되었다. 콤팩트 카세트compact cassette는 개인적으로 컴퓨터를 사용하던 초기에 개인이 음악이나 소프트웨어를 복사하는 길을 열어주었다. 그 후 이 수법은 해적 행위의 전

형적 형태인 플로피디스크로 대체되었다. 이어 전자게시판BBS과 인터넷의 발달로 디지털 해적 행위의 콘텐츠는 전 세계로 퍼져나갈 수 있었다(Li, 2009: 284-285).

제 9 장

1: 이 장에서는 비자본주의 경제활동의 줄임 말로 '대안'이라는 용어를 사용한다.

2: 우리는 경제위기 이후의 시기에 초점을 맞추기 위해 2008년부터 비자본주의 경제활동에 참여하는 사람들을 면밀하게 분석했다. 이 그룹은 조사의 대표성을 나타내며, 전체 조사 대상자 수의 88퍼센트를 차지한다.

3: 이들에게 언제 이주했는지는 묻지 않았다. 따라서 더 오랫동안 스페인에 살았을 수도 있다.

4: 각각의 응답자가 얼마나 많은 활동에 참여했는지를 세어, 비자본주의 활동에 참여한 정도를 대신 표현하는 형태로 매우 조심스럽게 이 숫자를 사용했다. 응답자에게 하루에 또는 일주일에 얼마나 시간을 할애하여 이 활동을 하는지는 묻지 않았다.

제 1 0 장

1: 인터뷰한 바에 따르면, 문제를 만들려 하거나 문제를 일으키는 사람 또는 어떤 소요의 주동자로 비춰지는 경우, 이들은 돌아올 수 없는 강을 건너는 것으로 여긴다. 일단 사람들이 폭동의 길로 들어서면, 이들은 지방정부의 블랙리스트에 오르게 되며 사회 안정의 위협 요소로 간주된다. 이들은 끊임없이 괴롭힘을 당하며 정부의 감시를 받게 되고, 대부분 더 이상 정상적인 삶을 영위할 수 없게 돼 직장도 잃는다. 이러한 과정에서 이 사람들은 더 높은 정부 기관에 불만을 제기하지 않을 수 없게 되며, 시위를 계속한다. 결과적으로 이들은 안정 유지 체제regime를 위협하는 장기적인 '말썽꾼'으로 낙인찍힌다.

1: 모든 수차는 라틴아메리카와 카리브 해 국가의 경제 및 사회 개발에 관환 연간 ECLAC 보고서에서 인용했다.

2: 단테 알리기에리Dante Alighieri, 『신곡La Divina Commedia』, 「지옥Inferno」 편 제II곡.

서문

Aitken, Richard (2007). *Performing Capital: Towards a Cultural Economy of Popular and Global Finance*. New York: Palgrave Macmillan.

Akerloff, George A., and Shiller, Robert J. (2010). *Animal Spirits: How Human Psychology Drives the Economy and why it Matters for Global Capitalism*. Princeton: Princeton University Press.

Castells, Manuel (1980). *The Economic Crisis and American Society*. Princeton: Princeton University Press.

Castells, Manuel ([1996] 2010). *The Rise of the Network Society*. Oxford: Blackwell.

Coriat, Benjamin, Coutrot, Thomas, and Sterdyniak, Henri (2011) (eds). *20 ans d'aveuglement: L'Europe au bord du gouffre*. Paris: Éditions Les Liens qui Libèrent.

Engelen, Ewald, et al. (2011). *After the Great Complacence: Financial Crisis and the Politics of Reform*. Oxford: Oxford University Press.

Giddens, Anthony (1991). *Modernity and Self-Identity: Self and Society in the Late Modern Age*. Cambridge: Polity Press.

Hutton, Will, and Giddens, Anthony (2000) (eds). *On the Edge: Living with Global Capitalism*. London: Jonathan Cape.

Judt, Tony (2010). *Ill Fares the Land*. New York: Penguin.

McDonald, L. S., and Robinson, P. (2009). *Colossal Failure of Common Sense: The Incredible Story of the Collapse of Lehman Brothers*. New York: Crown Business.

Markoff, John (2006). *What the Dormouse Said: How the Sixties Counterculture Shaped the Personal Computer Industry.* New York: Penguin.

Moran, Michael (2009). *Business, Politics, and Society: An Anglo-American Comparison.* Oxford: Oxford University Press.

Nolan, Peter (2009). *Crossroads: The End of Wild Capitalism and the Future of Humanity.* London: Marshall Cavendish.

Ostrom, Elinor (2005). *Understanding Institutional Diversity.* Princeton: Princeton University Press.

Sennett, Richard (2006). *The Culture of the New Capitalism.* New Haven: Yale University Press.

Stiglitz, Joseph (2010). *Freefall: America, Free Markets, and the Sinking of the World Economy.* New York: W. W. Norton.

Tett, Gillian (2009). *Fool's Gold.* London: Little, Brown.

Wolf, Martin (2008). *Fixing Global Finance.* Baltimore: Johns Hopkins University Press.

Zelizer, Viviana A. (2011). *Economic Lives: How Culture Shapes the Economy.* Princeton: Princeton University Press.

Zaloom, Caitlin (2006). *Out of the Pits: Traders and Technology from Chicago to London.* Chicago: University of Chicago Press.

제1부 전조前兆

:

제 1 장

Abram, David (1996). *The Spell of the Sensuous.* New York: Vintage Books.

Adams, Henry (1918). *The Education of Henry Adams, an Autobiography.* Boston and New York: Houghton Mifflin Company.

Baldassare, Mark, Bonner, Dean, Petek, Sonja, and Willcoxon, Nicole (2010). "PPIC Statewide Survey: Californians and Higher Education" <http://www.ppic.org/main/publication.asp?i=963> (accessed Aug.

18, 2011).

Birgeneau, Robert J. (2011a). "Chancellor Birgeneau's Fall 2011 Welcome and State of the Campus Message", Aug. 26 <http://cio. chance.berkeley.edu/chancellor/Birgeneau/ChancellorBirgeneausFal l2011WelcomeandStateoftheCampusMessage.htm> (accessed Sept. 9, 2011).

————(2011b). "Chancellor Responds to Gov. Brown's budget veto", June 16 <http://newscenter.berkeley.edu/2011/06/16/chancellor-responds-to-gov-browns-budget-veto> (accessed June 21, 2011).

————(2011c). Telephone conversation, June 15.

Botte, John (2006). *Aftermath: Unseen 9/11 Photos by a New York City Cop*. New York: Collins Design.

Brown, Gordon (2011). "Connecting the Dots: Take back the Future", *Newsweek*, May 23 and 30: 7.

Brush, Stephen (1967). "Thermodynamics and History: Science and Culture in the 19th Century", *Graduate Journal* 7: 467–565.

Carroll, James (2011). "Amid Disaster, Community", *Boston Globe*, May 23: A9.

Clark, Nicola and Jolly, David (2011). "German Air Traffic Resumes", *New York Times*, May 25 <http://www.nytimes.com/2011/05/26/world/europe/26volcano.html?hp> (accessed April 12, 2012).

Confucius (1980 edn.). *The Analects of Confucius*, trans. James R. Ware <http://www.analects-ink.com/mission/Confucius_Rectification.html> (accessed Mar. 3, 2011).

Diamond, Peter A. (2011). "When a Nobel Prize Isn''t Enough", *New York Times*, June 6: A19.

Filkins, Dexter (2010). "In Afghanistan, the Exit Plan Starts with 'If'", *New York Times*, Oct. 17: 11.

Foucault, Michel (1970). *The Order of Things: An Archaeology of the Human Sciences*. New York: Random House.

Freedberg, Louis (2011). "Chancellor: UC Berkeley Morphing into Federal University", *California Watch Daily Report*, Feb. 23.

Friedman, Thomas L. (2006). *The World is Flat*. New York: Farrar, Straus & Giroux.

———(2008). *The World is Hot, Flat, and Crowded: Why we Need a Green Revolution and how it Can Renew America.* New York: Farrar, Straus & Giroux.

———(2011). "The Earth is Full", *New York Times*, June 7: opinion page.

Goodman, Peter S. (2009). "The Recession's over, but not the Layoffs", *New York Times*, Nov. 8: News of the Week in Review, 3.

———(2010). "A Spill into the Psyche", *New York Times*, July 18: News of the Week in Review, 1.

Greene, Brian (2011). "Darkness on the Edge of the Universe", *New York Times*, Jan. 16: opinion page.

Hoey, Robin (2011). "Staff Assembly Digests Chancellor's Stark Campus Update", *Berkeley NewsCenter*, May 25.

Husserl, Edmund ([1936] 1976). *Die Krisis der europäischen Wissenschaften und die transzendentale Phänomenologie, in Gesammelte Werke*, vi. The Hague: Martinus Nijhoff.

Johnson, Simon (2009). "The Quiet Coup", *Atlantic*, May <http://www.theatlantic.com/magazine/archive/2009/05/the-quiet-coup/7364/> (accessed April 12, 2012).

———and Kwak, James (2010). *Thirteen Bankers: The Wall Street Takeover and the Next Financial Meltdown.* New York: Pantheon.

Kermode, Frank ([1966] 2000). *The Sense of an Ending: Studies in the Theory of Fiction*(with a New Epilogue). Oxford: Oxford University Press.

Kerr, Clark (2001~2003). *The Gold and the Blue: A Personal Memoir of the University of California, 1949–1967.* Berkeley and Los Angeles: University of California Press.

Krupnick, Matt (2009). "Protesters Shut down Free Speech Movement Tribute", *Contra Costa Times*, Dec. 3.

Latour, Bruno, and Lépinay, Vincent Antonin (2008). *The Science of Passionate Interests: An Introduction to Gabriel Tarde's Economic Anthropology.* Chicago: Prickly Paradigm Press.

Le Roy Ladurie, Emmanuel (1976). *The Peasants of Languedoc*. trans. John Day. Urbana and Chicago: University of Illinois Press.(Published in French in 1968.)

Leonhardt,David (2011). "Spillonomics:Underestimating Risk", *New York Times*, May 31.

Lévi-Strauss, Claude (1992). *Tristes Tropiques*, trans. John and Doreen Weightman. New York: Penguin.

Liptak, Adam (2011). "Justices Turning More Frequently to Dictionary, and Not Just for Big Words", *New York Times*, June 12.

Long, Pamela O. (2005). "The Annales and the History of Technology", *Technology and Culture* 46/1 (Jan.), 177–186.

Lowe, Donald M. (1982). *History of Bourgeois Perception*. Chicago: University of Chicago Press.

McCants, Anne E. C. (2002). "There and Back Again: The Great Agrarian Cycle Revisited", *EH.Net Economic History Services*, Dec. 12 <http://eh.net/bookreviews/ peasants-languedoc> (accessed April 12, 2012).

McNeill, J. R. (2000). *Something New under the Sun: An Environmental History of the Twentieth-Century World*. New York and London: W. W. Norton & Company.

Márquez, Gabriel García ([1967] 1991). *One Hundred Years of Solitude*, trans. Gregory Rabassa. New York: HarperPerennial.

Marris, Peter ([1974] 1986). *Loss and Change*. London: Routledge and Kegan Paul.

Marx, Leo (2010). "Technology: The Emergence of a Hazardous Concept", *Technology and Culture* 51/3 (July), 561–567.

Meyerowitz, Joel (2006). *Aftermath: World Trade Center Archive*. London: Phaidon Press.

Murakami, Haruki (2010). "Reality A and Reality B", *New York Times*, Nov. 29: opinion page.

National Commission on Terrorist Attacks and Zelikow, Philip D. (2011). *The 9/11 Commission Report: The Attack from Planning to Aftermath*(Authorized Text, Shorter Edition). New York: W. W. Norton

& Company.

Norris, Floyd (2011). "Japan's Meltdown and the Global Economy's", *New York Times*, Mar. 18.

Peck, Don (2011). "Can the Middle Class Be Saved?", *Atlantic* 308/3 (Sept.), 63.

Perrow, Charles (1984). *Normal Accidents: Living with High Risk Technologies.* New York: Basic Books.

Polgreen, Lydia (2010). "The Special Pain of a Slow Disaster", *New York Times*, Nov. 11: F1.

Searle, John (1971). *The Campus War: A Sympathetic Look at the University in Agony.* New York and Cleveland: World.

Simon, Jason (Director, Marketing and Communications Services, Office of the President, University of California) (2011). Telephone conversation, Aug. 17.

Smith, Crosbie (1998). *The Science of Energy: A Cultural History of Energy Physics in Victorian Britain.* London: Althone.

Welton, Donn (1996). "World", in D. Borcher (ed.), *Encyclopedia of Philosophy Supplement.* Basingstoke: Macmillan Reference.

Williams, Raymond (1958). *Culture and Society, 1780–950.* London: Chatto & Windus.

Williams, Rosalind (1982). *Dream Worlds: Mass Consumption in Late Nineteenth-Century France.* Berkeley, Los Angeles, and London: University of California Press.

———(1990). *Notes on the Underground.* Cambridge, MA: MIT Press.

———(1993). "Cultural Origins and Environmental Implications of Large Technological Systems", *Science in Context*, 6/2: 377–403.

———(2002). "A Technological World We Can Live in", *Technology and Culture* 43/1 (Jan.), 222–226.

———(2004). "An Historian's View", in Manuel Castells (ed.), *The Network Society: A Cross Cultural Perspective.* Cheltenham: Edward Elgar.

Carac̦a, J. (1999). *Science et communication*. Paris: Presses Universitaires de France.

Cippola, C. (1978). *Clocks and Culture*. New York: W. W. Norton & Co.

Freeman, C. (1994). "The Economics of Technical Change", *Cambridge Journal of Economics* 18: 463-514.

Giddens, A. (1990). *The Consequences of Modernity*. Oxford: Blackwell.

Polanyi, K. (1957). *The Great Transformation*. Boston: Beacon Press.

Prigogine, I. (1996). *La Fin des certitudes*. Paris: Odile Jacob.

Vieira, A. ([1718] 1982). *História do Futuro*. Lisbon: Imprensa Nacional.

Wallerstein, I. (2004). *World-Systems Analysis*. Durham: Duke University Press.

제2부 어떤 위기이며, 누구의 위기인가?
:
제 3 장

Alessandri, Piergiorgio, and Haldane, Andrew G. (2009). *Banking on the State*. London: Bank of England.

Beck, Ulrich (2006). *The Cosmopolitan Vision*, trans. Ciaran Cronin. Cambridge: Polity.

Gentleman, Amelia (2011). "I Feel Angry. They Bailed Out the Bank But it's Joe Public Who Has to Pay", *Guardian*, June 30, 6.

Habermas, Jürgen (1988). *Legitimation Crisis*, trans. Thomas McCarthy. Cambridge: Polity.

Howden, Daniel (2011). "Disaster Averted? Not if you Listen to the Greeks", *Independent*, June 18, 3.

Ingham, Geoffrey (2004). *The Nature of Money*. Cambridge: Polity.

———(2008). *Capitalism*. Cambridge: Polity.

————(2011). "Postscript: The Financial Crisis and its Aftermath", in Geoffrey Ingham, *Capitalism*. Cambridge: Polity, 227–264.

Lanchester, John (2010). *Whoops! Why Everyone Owes Everyone and No One Can Pay*. London: Penguin.

Mann, Michael (1993). *The Sources of Social Power*, ii. *The Rise of Classes and Nation-States, 1760–1914*. Cambridge: Cambridge University Press.

Marshall, T. H. (1992). *Citizenship and Social Class*. London: Pluto Press.

Newsnight (28 and 29 June 2011), reporter Paul Mason, June 28 and 29.

Reinhart, Carmen M., and Rogoff, Kenneth S. (2009). *This Time is Different: Eight Centuries of Financial Folly*. Princeton: Princeton University Press.

Sheppard, D. K. (1971). *The Growth and Role of UK Financial Institutions, 1880–1962*. London: Methuen.

Sinclair, Timothy J. (2005). *The New Masters of Capital: American Bond Rating Agencies and the Politics of Creditworthiness*. Ithaca, NY: Cornell University Press.

Smith, Helena (2011). "Papandreou Shuffles Pack But Fails to Quell Protest", *The Guardian*, June 17, 5.

Stiglitz, Joseph (2009). *Freefall: Free Markets and the Sinking of the Global Economy*. London: Penguin.

Story, Louise, Thomas, Landon, Jr. and Schwartz, Nelson D. (2010). "Wall St. Helped to Mask Debt Fueling Europe's Crisis", *New York Times*, Feb. 14.

Tett, Gillian (2009). *Fool's Gold: How Unrestrained Greed Corrupted a Dream, Shattered Global Markets and Unleashed a Catastrophe*. London: Little, Brown.

US Federal Reserve (2010). *Components of US Debt*.

Albert, Michel (1991). *Capitalisme contre capitalisme*. Paris: Seuil.

Attali, Jacques (2008). *La Crise et après?* Paris: Fayard.

Camic, Charles (2007). "Sociology during the Great Depression and the New Deal", in Craig Calhoun (ed.), *Sociology in America: A History.* Chicago: University of Chicago Press, 225–280.

Le Cercle des économistes (2009). *Fin de monde ou sortie de crise?*, ed. Pierre Dockès and Jean-Hervé Lorenzi. Paris: Perrin.

Chapin, F. Stuart (1935). *Contemporary American Institutions: A Sociological Analysis.* New York: Harper.

Cohen, Daniel (2009). *La Prospèritèdu vice.* Paris: Albin Michel.

Dobry, Michel (1992). "Brève note sur les turpitudes de la crisologie: Que sommes nous en droit de déduire des multiples usages du 'mot' crise?", *Cahiers de la sécuritéintérieure(IHESI)*, 7 (Jan.).

Durkheim, Emile (1893). *The Division of Labour in Society.* New York: Free Press.

———(1897). *Suicide.* New York: Free Press, 1951.

Guyau, Jean-Marie (1887). *Esquisse éune morale sans obligation.* Paris: F. Alcan.

Jahoda, Marie, Lazarsfeld, Paul F., and Zeisel, Hans (1933). *Die Arbeitslosen von Marienthal.* Bonn: Allensbach. Eng. trans., New Brunswick, NJ: Transaction Publishers, 2002.

Leridon, Henri (2009). *De la croissance zéro au développement durable.* Paris: Collége de France/Fayard.

Lordon, Frédéric (2009). *La Crise de trop: Reconstruction d'un monde failli.* Paris: Fayard.

Lynd, Robert (1929). *Middletown: A Study in Contemporary Culture.* New York: Harcourt, Brace & Company.

Maalouf, Amin (2009). *Le Dérèglement du monde.* Paris: Grasset.

Merton, Robert (1938). "Social Structure and Anomie", *American Sociological Review* 3: 672–682.

Morin, Edgar (1976). "Pour une crisologie", Communications 25:

149–163.

——— (1984). "Pour une thèorie de la crise", in Edgar Morin, *Sociologie*. Paris: Fayard, 139–153. (First published as Morin, 1976.)

Schroeder, Paul L., and Burgess, Ernest W. (1938). "Introduction", in Ruth Shonle Cavan and Katherine Howland Ranck (eds), *The Family and the Depression: A Study of One Hundred Chicago Families*. Chicago: University of Chicago Press, pp. vii-xii.

Sennett, Richard (2005). *The Culture of the New Capitalism*. New Haven: Yale University Press.

Stiegler, Bernard (2009). *Pour une nouvelle critique de l'économie politique*. Paris: Galilée.

Touraine, Alain (1974). *Production de la sociètè*. Paris: Seuil.

——— et al. (1976). *Au-delàde la crise*. Paris: Seuil.

Wieviorka, Michel (1988). *Sociétés et terrorisme*. Paris: Fayard.

제3부 위기에 대처하기

:

제 5 장

Advertising Age (2011). "Chrysler to Run Two-Minute SuperBowl Commercial", Feb. 2.

Banet-Weiser, Sarah (2012). *Authentic: The Politics of Ambivalence in a Brand Culture*. New York: New York University Press.

Brown, Wendy (2001). *Politics out of History*. Princeton and Oxford: PrincetonUniversity Press.

Bureau of Labor Statistics (2011). *Civilian Labor Force and Unemployment by State and Metropolitan Area*. Washington: US Department of Labor.

Castells, Manuel (2009). *Communication Power*. Oxford: Oxford University Press.

Chrysler Group LLC (2011). "Quarterly Profit Reports" <http://www.chryslergroupllc.com> (accessed July 7, 2011).

Corrupt Authority (2010). "Businessman Latest to Plead Guilty in Detroit City Hal Corruption Scandal", Dec. 24 <http://www.corruptauthority.com> (accessed July 7, 2011).

Couldry, Nick (2010). *Why Voice Matters: Culture and Politics after Neoliberalism*. London: Sage Publications.

Dayan, Daniel, and Katz, Elihu (1994). *Media Events: The Live Broadcasting of History*. Cambridge, MA: Harvard University Press.

Detroit Free Press (2008). "Detroit is Poorest Big City in US", Aug.27 <http://www.freep.com/article/20080827/NEWS06/808270343/Detroit-is-poorest-big-city-in-U.S.> (accessed July 1, 2010).

Duggan, Lisa (2003). *The Twilight of Equality? Neoliberalism, Cultural Politics, and the Attack on Democracy*. Boston: Beacon Press.

Ewen, Stuart (2001). *Captains of Consciousness: Advertising and the Social Roots of the Consumer Culture*. New York: Basic Books.

Flint, Jerry (2009). "Bailing out Detroit's Bailout Plans", Forbes, Jan. 2.

Foster, Peter (2009). "No End to Capitalism", *Financial Post*, Sept. 18.

Foucault, Michel (2010). *The Birth of Biopolitics: Lectures at the Collége de France 1978–1979*. New York: Palgrave.

Frank, Thomas (1998). *The Conquest of Cool: Business Culture, Counterculture, and the Rise of Hip Consumerism*. Chicago: University of Chicago Press.

Freire, J. P. (2011). "Chrysler Releases $9M Super Bowl Ad while Requesting More Taxpayer Dollars", *Washington Examiner*, Feb. 7.

Gilmore, Ruth Wilson (2007). *Golden Gulag: Prisons, Surplus, Crisis and Opposition in Globalizing California*. Berkeley and Los Angeles: University of California Press.

Goldman, Robert, and Papson, Stephen (1996). *Sign Wars: The Cluttered Landscape of Advertising*. New York: Guilford Press.

Harvey, David (2005). *A Brief History of Neoliberalism*. Oxford: Oxford University Press.

Heath, Stephen, and Potter, Andrew (2004). *Nation of Rebels: Why Counterculture Became Consumer Culture*. New York: Harper.

Illouz, Eva (2007). *Cold Intimacies: The Making of Emotional Capi-*

talism. Cambridge: Polity Press.

Illouz, Eva (2003). *Oprah Winfrey and the Glamour of Misery: An Essay on Popular Culture*. New York: Columbia University Press.

Kiefaber, David (2009). "Walt Whitman is Reborn. To Sell Jeans", *Adweek*, July 6 <http://www.adweek.com/adfreak/walt-whitman-reborn-sell-blue-jeans-13954> (accessed July 1, 2011).

Kiley, David (2011). "The Inside Story: Chrysler's Risky Eminem Super Bowl Commercial", Feb. 8 <http://autos.aol.com/article/chrysler-eminem-super-bowl-ad/> (accessed July 15, 2011).

Klein, Naomi (2000). *No Logo: No Space, No Choice, No Jobs*. New York: Picador.

Lears, T. J. Jackson (1981). *No Place of Grace: Antimodernism and the Transformation of American Culture, 1880–1920*. Chicago: University of Chicago Press.

LeDuff, Charlie (2010). "What Killed Aiyana Stanley-Jones?", *Mother Jones* (Oct.-Nov.).

Levi Strauss and Co., (2010). "We are all Workers", June 24 <http://www.levistrauss. com/news/press-releases/levis-proclaims-we-are-all-workers-launch-latest-go-forthmarketing-campaign> (accessed July 1, 2010).

Lipsitz, George (2006). *The Possessive Investment in Whiteness: How White People Profit from Whiteness*. Philadephia: Temple University Press.

Littler, Jo (2008). *Radical Consumption: Shopping for Change in Contemporary Culture*. Maidenhead: Open University Press.

Lury, Celia (2004). *Brands: The Logos of the Global Economy*. London and New York: Routledge.

Mukherjee, Roopali, and Banet-Weiser, Sarah (2012) (eds). *Commodity Activism: Cultural Resistance in Neoliberal Times*. New York: New York University Press.

Newton, Matthew (2010). "Levi's Attempts to Salvage 'Go Forth' Campaign with Sincerity", June 24 <http://www.trueslant.com> (accessed July 1, 2011).

Ong, Aihwa (2006). *Neoliberalism as Exception: Mutations in Citizenship and Sovereignty*. Durham, NC, and London: Duke University Press.

"Prouder, Better, Stronger" (1984). Official US Presidential Campaign Advertisement for the Republican Party of the United States of America.

Schudson, Michael (1986). *Advertising, the Uneasy Persuasion: Its Dubious Impact on American Society*. New York: Basic Books.

Smith, Christopher Holmes (2011). "We Have Armageddon! Media Ritual, Moral Panic, and Market Meltdown". Annenberg Research Seminar, Annenberg School for Communication and Journalism, University of Southern California, Los Angeles, California, Aug. 29.

Spence, Lester (2011). "From the DOGG to Eminem: Chrysler Then and Now" <http://www.lesterspence.com> (accessed Mar. 15, 2011).

Stevenson, Seth (2009). "Levi's Commercials, now starring Walt Whitman", *AdWeek*, Oct. 26.

Sturken, Marita, and Cartwright, Lisa (2009). *Practices of Looking: An Introduction to Visual Culture*. 2nd edn. Oxford: Oxford University Press.

Sugrue, Thomas J. (1996). *The Origins of the Urban Crisis: Race and Inequality in Postwar Detroit*. Princeton: Princeton University Press.

Weinstein, Adam (2011). "Chrysler's Deplorable 'Detroit' SuperBowl Ad", *Mother Jones*, Feb. 7.

Whitman, Walt (1872). "Pioneers! O Pioneers", in *Leaves of Grass, 1871–1872*. New York: J. S. Redfield.

——(1892). "America", in *Leaves of Grass, 1891–1892*. Boston: James R. Osgood

Williams, Corey (2011). "Detroit Schools Struggle to Solve Budget Woes", Mar. 20 <http://www.msnbc.msn.com/id/42179951/ns/us_news-life/t/detroit-schools-struggle-solve-huge-budget-woes/> (accessed July 1, 2010).

Williams, Raymond (1961). *The Long Revolution*. Ontario: Broadview Press.

Williams, Rosalind (1991). *Dream Worlds: Mass Consumption in Late Nineteenth Century France*. Berkeley and Los Angeles: University of California Press.

Zelizer, Viviana (2011). *Economic Lives: How Culture Shapes the Economy*. Princeton: Princeton University Press.

제 6 장

Appadurai, A. (1990). "Disjuncture and Difference in the Global Culture Economy", *Theory, Culture, and Society* 7/2: 295–310.

Authers, J. (2010). *The Fearful Rise of Markets: A Short View of Global Bubbles and Synchronised Meltdowns*. Harlow: Pearson Education Limited.

Beck, U. (2009). *World at Risk*. Cambridge: Polity Press.

——— *A God of One's Own*. Cambridge: Polity Press.

———and Grande, E. (2007). *Cosmopolitan Europe*. Cambridge: Polity Press.

Boyes, R. (2009). *Meltdown Iceland: Lessons on the World Financial Crisis from a Small Bankrupt Island*. London: Bloomsbury.

Bremmer, I. (2010). *The End of the Free Market: Who Wins the War between States and Corporations?* New York: Portfolio.

Brown, G. (2010). *Beyond the Crash: Overcoming the First Crisis of Globalization*. London: Simon & Schuster.

Cable, V. (2009). *The Storm: The World Economic Crisis & What It Means?* London: Atlantic Books.

Chartier, D. (2010). *The End of Iceland's Innocence: The Image of Iceland in the Foreign Media during the Financial Crisis*. Ottawa: University of Ottawa Press; Quebec: Presses de l'Universitédu Québec.

Coleman, J. S. (1990). *Foundations of Social Theory*. Cambridge: Belknap.

Davies, H., and Green, D. (2010). *Banking on the Future: The Fall and Rise of Central Banking*. Princeton and Oxford: Princeton University Press.

Edelman Trust Barometer (2011). 2011 Edelman Trust Barometer <http://edelman.com/trust/2011/uploads/Edelman%20Trust%20 Barometer%20Global%20Deck.pdf> (accessed Apr. 21, 2011).

Entman, R. M. (1993). "Framing: Toward Clarification of a Fractured Paradigm", *Journal of Communication* 43/4: 51–58.

Eurobarometer (2010). Eurobaromter 73. European Commission <http://ec.europa.eu/public_opinion/archives/eb/eb73/eb73_first_ en.pdf> (accessed Apr. 21, 2011).

Europa (2011). "Commission Recommends Access to Basic and Affordable Bank Accounts for all Citizens", press release. European Commission, July 18 <http://europa.eu/rapid/pressReleasesAction. do?reference=IP/11/897> (accessed on July 18, 2011).

Evans, D. S., and Schmalensee, R. (2005). *Paying with Plastic: The Digital Revolution in Buying and Borrowing.* 2nd edn. Cambridge, MA: MIT Press.

Fukuyama, F. (1995). *Trust: The Social Virtues and the Creation of Prosperity.* London: Hamish Hamilton.

Gasparino, C. (2009). *The Sellout: How Three Decades of Wall Street Greed and Government Mismanagement Destroyed the Global Financial System.* New York: HarperCollins Publishers.

Gates, K. (2010). "The Securitization of Financial Identity and the Expansion of the Consumer Credit Industry", *Journal of Communication Inquiry* 34/4: 417–431.

Gellner, E. (1983). *Nations and Nationalism.* Oxford: Blackwell.

Giddens, A. (1990). *The Consequences of Modernity.* Stanford, CA: Stanford University Press.

Hjarvard, S. (2002). "Mediated Encounters: An Essay on the Role of Communication Media in the Creation of Trust in the 'Global Metropolis", in G. Stald and T. Tufte (eds), *Global Encounters: Media and Cultural Transformation.* Luton: University of Luton Press, 69–84.

Holton, R. J. (1998). *Globalization and the Nation-State.* Basingstoke and London: Macmillan Press.

Ilta-Sanomat (2011). "Persukansanedustaja paljastaa: Kotona ei tv:ta,

radiota", interview with Teuvo Hakkarainen, Apr. 21 <http://www.
iltasanomat.fi/vaalit2011/Persukansanedustaja%20paljastaa%20
Kotona%20ei%20tvta¨%20ei%20radiota/art-1288384383390.html>
(accessed Apr. 21, 2011).

Kaletsky, A. (2010). *Capitalism 4.0. The Birth of a New Economy.*
London: Bloomsbury.

Keane, J. (1988) (ed.). *Civil Society and the State.* London: Verso.

King, M. (2007). Interview with Robert Peston <http://news.bbc.
co.uk/1/shared/bsp/hi/pdfs/06_11_07_fo4_king.pdf> (accessed July
18, 2011).

Kyriakidou, M. (2011). "Media Coverage of Distant Suffering and
the Mediation of Cosmopolitanism: Audience Discourses of Distant
Disasters in Greece". Submitted Ph.D. thesis. Department of Media
and Communications, London School of Economics and Political
Science.

Lowenstein, R. (2010). *The End of Wall Street.* New York: Penguin
Press.

Luhmann, N. (1979). *Trust and Power.* Chichester: Wiley.

Lynn, M. (2011). *Bust, Greece, the Euro, and the Sovereign Debt
Crisis.* Hoboken: Bloomberg Press.

Misztal, B. A. (1996). *Trust in Modern Societies.* Cambridge: Polity
Press.

———(2003). *Theories of Social Remembering.* Maidenhead: Open
University Press.

Nohrstedt, S. A. (2011). "Threat Society and the Media", in S. A.
Nohrstedt (ed.), *Communicating Risks: Towards the Threat-Society?*
Göteborg: Nordicom, 17–52.

O'Neill, N. (2002). *A Question of Trust. The BBC Reith Lectures.*
Cambridge: Cambridge University Press.

Owens, B. M., Beebe, J. H., and Manning, W. G., Jr. (1974). *Television
Economics.* Lexington: Lexington Books.

Perry, J. (2007). "Whose News: Who is the Political Gatekeeper in
the early 21st Century". Unpublished Ph.D. thesis. Department of

Media and Communications, London School of Economics and Political Science.

Posner, R. A. (2009). *A Failure of Capitalism. The Crisis of '08 and the Descent into Depression*. Cambridge, MA, and London: Harvard University Press.

Rantanen, T. (2002). *The Global and the National: Media and Communications in Post-Communist Russia*. Lanham: Rowman & Littlefield.

———(2005). *Media and Globalization*. London: Sage.

———(2009). *When News was New*. Oxford: Wiley-Blackwell.

Schechter, D. (2009). "Credit Crisis: How Did We Miss It?", *British Journalism Review* 20/1: 19–26.

Shapiro, S. (1987). "The Social Control of Impersonal Trust", *American Journal of Sociology* 93/3: 622–658.

Sim, S. (2010). *The End of Modernity: What the Financial and Environmental Crisis Is Really Telling Us*. Edinburgh: Edinburgh University Press.

Simmell, G. (1978). *The Philosophy of Money*. London: Routledge and Kegan Paul.

Sparks, C. (2007). "What's Wrong with Globalization?", *Global Media and communication* 3/2: 133–155.

Spiegel (2011). "Brussels' Fear of the True Finns: Rise of Populist Parties Pushes Europe to the Right", *Spiegel Online*, Apr. 25 http://www.spiegel.de/international/europe/0,1518,758883,00.html (accessed July 1, 2011).

Taibbi, M. (2010). *Griftopia: Bubble Machines, Vampire Squids and the Long Con that Is Breaking America*. New York: Spiegel & Grau.

Tett, G. (2010). *Fool's Gold: How Unrestrained Greed Corrupted a Dream, Shattered Global Markets and Unleashed a Catastrophe*. London: Little Brown.

Thompson, G. (2009). "What's in the Frame? How the Financial Crisis is being Packaged for Public Consumption", *Economy and Society* 38/3: 520–524.

Zhang, H. (2009). "The Globalisation of Chinese Television: Internationalisation, Transnationalisation and Re-Nationalisation". Unpublished Ph.D. thesis. Department of Media and Communications, London School of Economics and Political Science.

제 7 장

Castells, Manuel (2000). *The Rise of the Network Society*. The Information Age: Economy, Society and Culture, vol. I. 2nd edn. Oxford: Blackwell.

———(2004). *The Power of Identity*. The Information Age: Economy, Society and Culture, vol. II. 2nd edn. Oxford: Blackwell.

———(2004). *End of Millennium*. The Information Age: Economy, Society and Culture, vol. III. 2nd edn. Oxford: Blackwell.

———and Himanen, Pekka (2002). *The Information Society and the Welfare State: The Finnish Model*. Oxford: Oxford University Press.

Rahkonen, Juho (2011). "Perussuomalaisten ruumiinavaus" (Dissection of the True Finns), *Yhteiskuntapolitiikka* 76: 4.

Saxenian, AnnaLee (2007). *The New Argonauts: Regional Advantage in a Global Economy*. Cambridge, MA: Harvard University Press.

제4부 위기를 넘어서

:

제 8 장

Amorosi, D. (2011). "WikiLeaks 'Cablegate' Dominates Year-End Headlines", *Infosecurity* 8/1: 6–9.

Athique, A. (2008). "The Crossover' Audience: Mediated Multiculturalism and the Indian Film", *Continuum: Journal of Media and Cultural Studies* 22/3: 299–311.

Bauman, Z. (2000). *Liquid Modernity*. Cambridge: Polity Press.

BBC News (2010). "Election: Can Pirate Party UK Emulate Sweden Success?", Apr. 27 <http://news.bbc.co.uk/2/hi/uk_news/politics/election_2010/8644834.stm> (accessed Sept., 2011).

BBC News (2011a). "Turmoil in Tunisia: As it Happened on Monday", Jan. 17 <http://news.bbc.co.uk/2/hi/africa/9363808.stm> (accessed Sept., 2011).

BBC News (2011b). "Spanish Youth Rally in Madrid Echoes Egypt Protests", May 18 <http://www.bbc.co.uk/go/em/fr/-/news/world-europe-13437819> (accessed Sept, 2011).

Beetham, D. (1991). *The Legitimation of Power*. Houndmills: Macmillan.

Blair, A. (2008). "'We are Legion': An Anthropological Perspective on Anonymous". The Impact of Technology on Culture, Senior Symposium in Anthropology, Idaho State University.

Bodó, Balàzs (2011). "You have no Sovereignty where we Gather: Wikileaks and Freedom, Autonomy and Sovereignty in the Cloud", SSRN, Mar. 7 <http://ssrn.com/abstract=1780519> (accessed Sept., 2011).

Cardoso, G. (2008). "From Mass to Network Communication: Communicational Models and the Informational Society", *International Journal of Communication*, 2 <http://ijoc.org/ojs/index.php/ijoc/article/view/19/178> (accessed Sept., 2011).

Cardoso, G. (2011). "The Birth of Network Communication: Beyond Internet and Mass Media", *Revista TELOS (Cuadernos de Comu-nicación e Innovación)*, 88 <http://sociedadinformacion.fundacion.telefonica.com/seccion=1268&idioma=es_ES&id=2011012508180001&activo=6.do>.

Castells, M. (2000). *The Rise of the Network Society: The Information Age: Economy, Society and Culture*, vol. I. 2nd edn. Oxford: Blackwell.

——— (2009). *Communication Power*. Oxford: Oxford University Press.

——— Tubella, I., Sancho, T., Diaz de Isla, I., and Wellman, B. (2003). *La Societat Xarxa a Catalunya*. Barcelona: Random House

Mondadori.

Chen, T. M. (2011). "Governments and the Executive 'Internet Kill Switch'", *IEEE Network*, Mar.-Apr. 25/2: 2–3.

Democracia Real Ya (n.d.). *Manifesto* (English) <http://demo-craciarealya.es/? page_id=814> (accessed Sept., 2011).

Eco, U. (n.d.). "University and Mass Media" <http://www.uni-weimar.de/medien/archiv/ws9899/eco/text3.html> (accessed July 2011).

El País (2011a). "15-M: los ciudadanos exigen reconstruir la política", May 17 <http://politica.elpais.com/politica/2011/05/16/actualidad/1305578500_751064.html> (accessed Sept., 2011).

———(2011b). "Continúan protestas pacíficas en Espanãtras cinco días de resistencia", May 19 <http://www.elpais.com.co/elpais/internacional/cientos-espanolesasientan-van-cinco-dias-protestas> (accessed Sept., 2011).

Giddens, A. (1990). *The Consequences of Modernity*. Stanford, CA: Stanford University Press.

Gowan, P. (2009). "Crisis in the Heartland: Consequences of the New Wall Street System", *New Left Review* 55: 5–2.

Guardian (2011). "Hosni Mubarak Resigns—and Egypt Celebrates a New Dawn", Feb. 11 <http://www.guardian.co.uk/world/2011/feb/11/hosni-mubarak-resigns-egypt-cairo?intcmp=239> (accessed Sept., 2011).

Hanelt, C. P., and Möller, A. (2011). "How the European Union can Support Change in North Africa", *spotlight europe*, #2011/01: 1–8.

Harb, Z. (2011). "Arab Revolutions and the Social Media Effect", *M/C Journal*, 14/2 <http://journal.media-culture.org.au/index.php/mcjournal/article/viewArticle/364> (accessed Sept., 2011).

Held, D. (1989). *Political Theory and the Modern State*. Cambridge: Polity Press.

Hope, W. (2010). "Time, Communication, and Financial Collapse", *International Journal of Communication* 4: 649–669.

Jenkins, H. (2006). *Convergence Culture: Where Old and New Media*

Collide. New York: New York University Press.

——(2008). "The Cultural Logic of Media Convergence", International Journal of Cultural Studies 7/1: 33–43.

Jornal de Notícias (2011). "Geração à rascá é referência para Espanha", May 20 <http://www.jn.pt/PaginaInicial/Mundo/Interior.aspx?content_id=1857358> (accessed Sept., 2011).

Karaganis, J. (2010). "Media Piracy in Emerging Economies: Price, Market Structure and Consumer Behavior", World Intellectual Property Organization, Dec. 1–<http://www.wipo.int/edocs/mdocs/enforcement/en/wipo_ace_6/wipo_ace_6_5.pdf> (accessed Sept., 2011).

Khurana, R. (2007). *From Higher Aims to Hired Hands: The Social Transformation of Business Schools and the Unfulfilled Promise of Management as a Profession*. Princeton: Princeton University Press.

——(2009). "MBAs Gone Wild", *American Interest*, July–Aug. 4/6: 46–52.

—— and Nohria, N. (2008). "It's Time to Make Management a True Profession", *Harvard Business Review*, Oct. 86/10: 40–47.

Larkin, B. (2004). "Degraded Images, Distorted Sounds: Nigerian Video and the Infrastructure of Piracy", *Public Culture* 16/2: 289–314.

Li, M. (2009). "The Pirate Party and the Pirate Bay: How the Pirate Bay Influences Sweden and International Copyright Relations", *Pace International Law Review* 21:1: 281–308.

Lobato, R. (2009). "Subcinema: Mapping Informal Film Distribution". Ph.D. thesis, School of Culture and Communication, University of Melbourne <http://repository. unimelb.edu.au/10187/8855> (accessed Sept., 2011).

Merton, R. K. (1957). "Continuities in the Theory of Reference Groups and Social Structure", in R. K. Merton (ed.), *Social Theory and Social Structure*. Glencoe, IL: Free Press.

Mourtada, R., and Salem, F. (2011). "Arab Social Media Report, Facebook Usage: Factors and Analysis, Arab Social Media Report", 1:1 <http://www.dsg.ae/portals/0/ASMR%20Final%20May%208%20high.

pdf> (accessed Sept., 2011).

Neumayer, C., and Raff, C. (2008) "Facebook for Global Protest: The Potential and Limits of Social Software for Grassroots Activism", in Larry Stillman and Graeme Johanson (eds), *Proceedings of the 5th Prato Community Informatics & Development Informatics Conference 2008: ICTs for Social Inclusion: What is the Reality?* Caulfield, East Australia: Faculty of Information Technology, Monash University. CD-Rom.

New York Times (2011). "Slap to a Man's Pride Set off Tumult in Tunisia", Jan. 21 <http://www.nytimes.com/2011/01/22/world/africa/22sidi. html?pagewanted=1&_r=3&src=twrhp> (accessed Sept., 2011).

Nisbet, R. (1988). *The Present Age: Progress and Anarchy in Modern America*. New York: Harper & Row.

The Oath Project (n.d.). Partners <http://www.theoathproject.org/ partners> (accessed Sept., 2011).

Oreskovic, A. (2011). "Google Launches Twitter Workaround for Egypt", *Reuters*, Feb. 1 <http://www.reuters.com/article/2011/02/01/ us-egypt-protest-google-idUSTRE71005F20110201> (accessed Sept., 2011).

Partido Pirata (n.d.). *Que Proponemos* <http://www.partidopirata.es/ conocenos/que-proponemos> (accessed Sept., 2011).

Precarious Manifest (n.d.). "The Precarious Generation Manifest" <http://geracaoenrascada. wordpress.com/manifesto/english/> (accessed Sept., 2011).

Público (2011). "Indignados: el porquéde la fatiga democrática", May 22 <http://www.publico.es/espana/377681/indignados-el-porque-de-la-fatiga-democraticaelecciones 2011> (accessed Sept., 2011).

Rosen, J. (2010). "The Afghanistan War Logs Released by Wikileaks, the World's First Stateless News Organization" <http://archive. pressthink.org/2010/07/26/wikileaks_afghan.html> (accessed Sept., 2011).

Savage, M., and Williams, K. (2008). "Elites: Remembered in Capital-ism and Forgotten by Social Sciences", in M. Savage and K. Williams (eds), *Remembering Elites*. Oxford: Blackwell.

Scott, J. (2008). "Modes of Power and the Re-Conceptualization of Elites", in M. Savage and K. Williams (eds), *Remembering Elites*. Oxford: Blackwell.

Silverstone, R. (1999). *Why Study the Media?* London: Sage.

——(2000). "The Sociology of Mediation and Communication", in Craig Calhoun, Chris Rojek, and Bryan Turner (eds), *The SAGE Handbook of Sociology*. London: Sage.

Sreedharan, C., Thorsen, E., and Allan, S. (2012). "WikiLeaks and the Changing Forms of Information Politics in the 'Network Society'", in E. Downey and M. A. Jones (eds), *Public Service, Governance and Web 2.0 Technologies: Future Trends in Social Media*. Hershey, PA: IGI Global.

Stalder, Felix (2010). "Autonomy and Control in the Era of Post-Privacy", *Open: Cahier on Art and the Public Domain. No. 19: Beyond Privacy. New Notions of the Private and Public Domains* <http://felix.openflows.com/node/143> (accessed Sept., 2011).

Sundaram, R. (2001). "Recycling Modernity: Pirate Electronic Cultures in India. Sarai Reader 1:93–9" <http://www.sarai.net/journal/pdf/093-099%20(piracy). pdf> (accessed Sept., 2011).

Tambini, D. (2010). "What Are Financial Journalists for?", *Journalism Studies* 11/2: 158–174.

Touraine, A. (2004). "On the Frontier of Social Movements", *Current Sociology* 52/4: 717–725.

Underwood, P., and Welser, H. T. (2011). "The Internet is here': Emergent Coordination and Innovation of Protest Forms in Digital Culture", iConference 2011, Seattle.

Wang, S. (2003). *Framing Piracy: Globalization and Film Distribution in Greater China*. Lanham, MA: Rowman and Littlefield.

Wellman, B. (2002). "Little Boxes, Glocalization, and Networked Individualism", in Makoto Tanabe, Peter van den Besselaar, and Toru Ishida (eds), *Digital Cities II: Computational and Sociological Approaches*. Berlin: Springer.

Yar, M. (2005). "The Global 'pidemic'of Movie 'Piracy': Crime-Wave or Social Construction?", *Media, Culture and Society* 27/5: 677–696.

제 9 장

Adaman, F., and Madra. Y. M. (2002). "Theorizing the Third Sphere: A Critique of the Persistence of the 'Economistic Fallacy'", *Journal of Economic Issues* 36/4: 1045–1078.

Gibson-Graham, J. K. (2002). "Beyond Global vs Local: Economic Politics outside the Binary Frame", in A. Herod and M. Wright (eds), *Geographies of Power: Placing Scale*. Oxford: Blackwell, 25–60.

——(2006). *The End of Capitalism* (as we Knew it): A Feminist Critique of Political Economy. Minneapolis: University of Minnesota Press.

Leyshon, Andrew, Lee, Roger, and Williams, Colin C. (2003). *Alternative Economic Spaces*. Newbury, CA: Sage Publications.

Miller, E. (2006). "Other Economies are Possible: Organizing toward an Economy of Cooperation and Solidarity", *Dollars and Sense*, 266 (July–Aug.).

North, Peter (2005). "Scaling Alternative Economic Practices? Some Lessons from Alternative Currencies", in *Transactions of the Institute of British Geographers*. Oxford: Blackwell, 221–233.

Reuters (2008). "Financial Crisis may Increase Mental Health Woes" <http://www.reuters.com/article/2008/10/09/us-financial-health-mental-idUSTRE49839M20081009> (accessed June 24, 2011).

제5부 세계 경제위기는 세계적인가
:
제 1 0 장

Bao, Xiaodong (2004). "Investigation into a Murder Committed by a

Village Party Secretary in Funan County, Fuyang Municipality, Anhui Province" (*Anhui Fuyang Funanxian cunzhishu sharen shijian diaocha*), *Southern Metropolitan Daily*, July 5; for a partial report online, see <http://news.163.com/40705/9/0QH3133D0001126G. html> (accessed Feb. 10, 2009).

Barboza, David (2011). "Inflation in China Poses Big Threat to Global Trade", *New York Times*, Apr. 17 <http://www.nytimes.com/2011/04/18/business/global/18yuan.html> (accessedMay 17, 2011).

Bloomberg (2011). "China Inflation over 5 percent Signals Officials Interest Rates", May 11 <http://www.bloomberg.com/news/2011-05-11/chinainflation-over-5-signals-officials-may-boost-yuan-interest-rates.html> (accessed June 1, 2011).

Cai, Ke (2009). "Cook Killed Self: Autopsy", *China Daily*, June 26 <http://www.chinadaily.com.cn/china/2009-06/26/content_8324868.htm> (accessed May 2, 2011).

Dollar, David (2008). "Is China Delinking from the US Economy?" <http://blogs.worldbank.org/eastasiapacific/node/2804> (accessed June 1, 2011).

The Economist (2011a). "Appreciation for China", Apr. 22 <http://www.economist.com/blogs/freeexchange/2011/04/chinas_economy_1> (accessed May 3, 2011).

The Economist (2011b). "In Search of Growth", May 25 <http://www.economist.com/blogs/dailychart/2011/05/world_gdp> (accessed July 2, 2011).

The Economist (2011c). "China's Economy: The Middle-Income Trap", Apr. 5 <http://www.economist.com/blogs/freeexchange/2011/04/chinas_economy> (accessed Aug. 3, 2011).

Eichengreen, Barry, Park, Donghyun, and Shin, Kwanho (2011). "When Fast Growing Economies Slow Down: International Evidence and Implication for China", NBER Working Paper No. 16919 (Mar.).

Fleischer, Friederike (2010). *Suburban Beijing: Housing and Consumption in Contemporary China*. Minneapolis: University of Minnesota Press.

Fuqing Experimental High School Plans of Stability Maintenance (2011) (*fuqing shiyan zhongxne 2011 nian weiwen gongzuo jitma*) <http://www.8qsygz.cn/E_Read-News.asp?NewsID=404> (accessed Dec. 18, 2011).

Hsing, You-tien (2010). *The Great Urban Transformation: Politics of Land and Property in China*. Oxford: Oxford University Press.

Huang, Yasheng (2009). *Capitalism with Chinese Characteristics: Entrepreneurship and the State*. New York: Cambridge University Press.

IMF (2011). "World Economic Outlook Database, April 2011" <http://www.imf.org/external/pubs/ft/weo/2011/01/weodata/weoselgr.aspx> (accessed June 5, 2011).

Lee, Ching Kwan (2007). *Against the Law: Labor Protests in China's Rustbelt and Sunbelt*. Berkeley and Los Angeles: University of California Press.

Li, Lin (2010) (ed.). *The 2010 Report on Rule of Law*. Beijing: Chinese Academy of Social Sciences.

Li, Pei-lin, Chen, Guangjin, Zhang, Yi, and Li, Wei (2008). *Social Harmony and Stability in China Today* (zhongguo shehui hexie wending baogao). Beijing: Social Science Press.

Liu, Jinsong (2010). "Lianhu District Government of XianMunicipality Denied Setting Death Quota in Demolition Projects" (*xianshi lianhuqu foren chaiqianzhong fenpei siwang minge*), May 31 <http://www.eeo.com.cn/2011/0531/202511> (accessed June 5, 2011).

O'Brien, Kevin, and Li, Lianjiang (2000). "Accommodating 'Democracy' in a One-Party State: Introducing Village Elections in China", *China Quarterly* 162: 465–489.

Ren-hou, Shi (2009). "Beijing Aims to Stem Mass Incidents", *Asian Times*, July 2 <http://www.webcitation.org/5wUpA8gNk> (accessed Mar. 2011).

San Lian Life Weekly (2005). "The Attack on Villagers in Dingzhou, Hebei: The Village under the Shadow of Horror" (Hebei Dingzhou xiji cunmin shijian shimo: beikongju longzhao de cunzhuang), *San Lian*

shenghuo zhoukan, July 1 <http://news.qq.com/a/20050701/001470.
htm> (accessed Feb. 12, 2009).

Shih, Victor (2010). "Big Rock-Candy Mountain", *China Economic Quarterly*, June: 26–32.

World Bank (2012a). "GDP Growth" <http://data.worldbank.org/
indicator/NY. GDP.MKTP.KD.ZG> (accessed June 5, 2011).

World Bank (2012b). "Current Account Balance" <http://data.
worldbank.org/indicator/BN.CAB.XOKA.CD> (accessed June 5, 2011).

Xu, kai, Chen, Xiaoshu, and Li, Weiao (2011). "A Bill of Public Security" (*gonggong anquan zhangdan*), *Canjin Magazine*, May 8.

Yang, Mengyu (2010). "Property Projects Developed by State-Owned Enterprises Were Popular: Brand Name Projects Guarantee High Quality" (*yangqibeijing loupan shouqinglai; dapinpai defangzi zhiliang youbaozheng*) <http://news.sy.soufun.com/2010-05-21/3364689.htm> (accessed Mar. 6, 2011).

Yu, Jianrong (2009). "Defending the Last Frontier of Social Stability" (*shouzhu shehui wending de dixian*), public lecture in the auditorium of the Ministry of Finance, Beijing, Jan. 6 <http://www.zjyizhan.com/
newsdetail.php?case=2&classid=22&id=90> (accessed July 2, 2011).

Zhang, Jinghong (2011). "Participants' Logic of Action in Value-Oriented Mass Incidents" (*jiazhi zhudaoxing qunti shijianzhong canyu zhutide xingdong loji*), Chinese Journal of Sociology 31/2: 73–96.

Zhongshi, Chen (2011). "Empowering State Capitalism in China: The Revival, Legitimization and Development of Private Enterprises", *doctoral dissertation, Department of Sociology*, University of California, Berkeley.

Zhou, Limin, and Liang, Xiao (2010). "Central Level SOE Management Recruitment Started Again, less than 30% of the Previous Recruitment Stayed" (*yangqi quanqiu haixuan zaiqihang wangjie kongjiang liucun buzu 30%*) <http://finance.sina.com/bg/ chinamkt/
sinacn/20100702/181789396.html> (accessed Mar. 2, 2011).

Castells, Manuel (2003). "Panorama de la era de la información en América Latina¿Es sostenible la globalización?",in Fernando Calderón (ed.), ¿Es sostenible la globalización en América Latina. Santiago: Fondo de Cultura Económica.

comScore (2010). "State of the Internet with a Focus on Latin America", June <http://www.comscore.com>.

ECLAC (1990). Economic Commission for Latin America and the Caribbean, *Transformación Productiva con Equidad: La Tarea prioritaria del desarrollo de América Latina y el Caribe en los añs noventa*. Santiago: ECLAC.

———(1991). Economic Commission for Latin America and the Caribbean, "Nota sobre el desarrollo social", *Primera Cumbre Iberoamericana, Guadalajara, México*. Santiago: ECLAC, July 18–19.

———(2008). Economic Commission for Latin America and the Caribbean, *La Transformación Productiva veinte añs después: Viejos problemas, nuevas oportunidades*. Santiago: ECLAC.

———(2010a). Economic Commission for Latin America and the Caribbean, *Panorama Social*. Santiago: ECLAC.

———(2010b). Economic Commission for Latin America and the Caribbean, *Las Tic para el crecimiento y la igualdad: Renovando las estrategias de la sociedad de la información*. Santiago: ECLAC.

———(2011). Economic Commission for Latin America and the Caribbean, *Balance Preliminar de las Economias de América Latina y el Caribe*. Santiago: ECLAC.

Fajnzylber, Fernando (1992). "Industrialización en América Latina: De la 'Caja Negra' al 'asillero Vacio'", Santiago: ECLAC.

IMF (2011). World Economic Outlook 2011. International Monetary Fund.

Lechner, Norbert (1987). "Problemas de la democratización en el contexto de una cultura post-moderna", quoted by J. J. Brunner, in Gonzalo Martner (ed.), *Diseñs para el cambio*. Caracas: Nueva

Sociedad.

Lévi Strauss, Claudes (1955). *Triste Tropiques*. Paris: Librairie Plon.

Mamani, Pablo (2006). "Hacia un estado multicéntrico construidos con tecnología indígena comunal", interview by Juan Ibarrondo and Luis Carlos Garcia, *La Paz*(Sept.).

Ottone, Ernesto (2010). "zquierdas, Centro Izquierdas y progresismos en AméricaLatina Hoy", *Algunas distinciones Estudios Públicos*, 118 (Autumn).

———and Sojo, Ana (2007). "a sociabilidad de la Cohesión Social en América Latinay el Caribe", *Pensamiento Iberoamericano*, Segunda Epoca 1: 5–30.

———and Vergara, Carlos (2007). "a desigualdad social en América Latina y el caso chileno", *Revista de Estudios Públicos* 108 (Spring).

Perry, Guillermo, and López, J. Humberto (2008). "eterminantes y consecuencias de la desigualdad en América Latina", in Jose Luis Achinea and Oscar Altimir (eds), *Hacia la Revisión de los paradigmas del Desarrollo de América Latina*. Santiago: ECLAC.

Pinto, Aníbal (1962). *Chile: Un caso de desarrollo frustrado*. Santiago: Universitaria.

찾 아 보 기

여파

1판 1쇄	2014년 6월 30일
1판 2쇄	2015년 7월 10일
엮은이	마누엘 카스텔·주앙 카라사·구스타보 카르도소
옮긴이	김규태
펴낸이	강성민
교정교열	송경희 이주선
편집	이은혜 박민수 이두루 곽우정
편집보조	이정미 차소영 백설희
마케팅	정민호 이연실 정현민 지문희
홍보	김희숙 김상만 한수진 이천희

펴낸곳	(주)글항아리 │ 출판등록 2009년 1월 19일 제406-2009-000002호
주소	413-120 경기도 파주시 회동길 210
전자우편	bookpot@hanmail.net
전화번호	031-955-1934(편집부) 031-955-8891(마케팅)
팩스	031-955-2557
ISBN	978-89-6735-119-9 93300

글항아리는 (주)문학동네의 계열사입니다.

이 도서의 국립중앙도서관 출판시도서목록(CIP)은 e-CIP 홈페이지(http://www.nl.go.kr/ecip)에서
이용하실 수 있습니다.(CIP제어번호: CIP2014017877)